suhrkamp taschenbuch
wissenschaft 1570

Dieses Buch folgt den Spuren der Antikenrezeption in den Anfängen der Psychoanalyse. Jenseits häufig begangener Pfade wie der Ödipus- und Mytheninterpretation geht es von der paradoxen Überlegung aus, die Antike werde gerade dort erkenntnistheoretisch relevant, wo ihre Präsenz fragmentarisch und verhüllt, im Gewande des rhetorischen Zitats, in Erscheinung tritt. Im Übergang von den *Studien über Hysterie* zur *Traumdeutung*, von der Welt noch beweisbarer Hypothesen zu einer »Eindeutigkeit des Vorläufigen« (Blumenberg), tritt die antike Literatur dort auf, wo (natur-)wissenschaftliche Beweisbarkeit aussteht.

Paola Traverso, geboren in Gavi (Italien), ist Dozentin für Allgemeine und Vergleichende Literaturwissenschaft sowie für Romanische Philologie an der Freien Universität Berlin.

Paola Traverso
»Psyche ist ein griechisches Wort ...«

*Rezeption und Wirkung der Antike
im Werk von Sigmund Freud*

Aus dem Italienischen
von Leonie Schröder

Suhrkamp

Titel der italienischen Ausgabe
»Psiche è una parola greca ...« Forme e funzioni
della cultura classica nell'opera di Freud
Genua 2000

Bibliografische Information Der Deutschen Bibliothek
Die Deutsche Bibliothek verzeichnet diese Publikation
in der Deutschen Nationalbibliografie;
http://dnb.ddb.de

suhrkamp taschenbuch wissenschaft 1570
Erste Auflage 2003
© dieser Ausgabe Suhrkamp Verlag Frankfurt am Main 2003
Umschlag nach Entwürfen von
Willy Fleckhaus und Rolf Staudt
Druck: Nomos Verlagsgesellschaft, Baden-Baden
Printed in Germany
ISBN 3-518-29170-X

1 2 3 4 5 6 – 08 07 06 05 04 03

Inhalt

Einleitung

> »Es ist auch nicht die innere Schwierig-
> keit, denn es ist so gut wie gesichert.
> Sondern die Tatsache, daß ich genötigt
> war, ein erschreckend großartiges Bild
> auf einen tönernen Fuß zu stellen, so daß
> jeder Narr es umstürzen kann.« (Freud an
> Arnold Zweig, 16. Dezember 1934)

Diese Studie gilt der Begegnung zwischen klassischer Antike und
Psychoanalyse im Werke Freuds. Wie jedes analytische Vorhaben,
das sich dem Einfluß einer spezifischen Quelle auf die Konstruktion eines umfassenden Theoriegebäudes widmet, läuft sie Gefahr,
sich vom Gegenstand der eigenen Untersuchung blenden zu lassen.
Indem sie zwangsläufig einen bestimmten Aspekt aus der Nahper-
spektive fokussiert, ist sie dazu verführt, eine kausale Beziehung zwischen diesem spezifischen Aspekt und der Theorie als ganzer zu po-
stulieren und alle anderen Elemente geringer zu schätzen. Dies mag
so weit gehen, daß sogar diejenigen Komponenten aus dem Blick
geraten, denen in der Hierarchie der Quellen eine ungleich größere
Bedeutung zukommen dürfte. Im Fall der Psychoanalyse gilt dies
etwa für die positivistische Neurologie und die Medizin der Romantik, deren Einfluß auf Freuds Denken und Entwicklung sicherlich weitaus bedeutender war als die antike Literatur. Um einer solchen Gefahr in einer Studie aus dem Weg zu gehen, die die Beziehungen zwischen Antike und Psychoanalyse zur Zeit ihrer frühen,
aber grundlegenden Entdeckungen analysieren will, gilt es zum einen den Zusammenhang von Freuds Gesamtwerk, wenn auch
gleichsam in den Hintergrund der Darlegung verschoben, zu wahren, zum anderen eine Antwort auf die Frage zu suchen, inwieweit
Freuds Rezeption des klassischen kulturellen Erbes für das theoretische Gebäude der Psychoanalyse eine produktive Rolle eingenom-
men hat und wie sich diese Rezeption in den weiteren Kontext jener
Strömungen des abendländischen Denkens einfügt, aus denen sich
die Psychoanalyse nährt.

Doch bevor die Bedeutung eines doch recht engen Untersu-
chungsgegenstandes wie desjenigen der antiken ›Quellen‹ im Freud-

schen Werk relativiert wird, stellt sich die Frage nach der Legitimation der Fragestellung. Klassische Elemente im Werk eines Autors, der seine Bildung in der zweiten Hälfte des 19. Jahrhunderts erfuhr, sind an sich nicht verwunderlich, erst recht nicht im Werk eines Autors, der im Wien der Monarchie wirkte, einem Reich, in dem die Kultur der Antike als einendes Substrat der verschiedenen ethnischen und kulturellen Komponenten gepriesen wurde. Genau betrachtet überraschen sie auch nicht im Werk eines Mediziners, hält man sich beispielsweise vor Augen, daß der Physiologe Josef Breuer – Freuds Freund und »Mentor«, der ihm bis Mitte der neunziger Jahre bei seinen frühen psychopathologischen Untersuchungen zur Seite stand – in ebenjenen Jahren mit dem Altphilologen Theodor Gomperz über die Interpretation des Katharsis-Begriffes in Aristoteles' *Poetik* korrespondierte.

Verbindet auch der rhetorische Rückgriff auf das klassische Kulturerbe Freud mit einem Großteil der zeitgenössischen Gelehrten, unterscheidet ihn doch der durchaus eigentümliche, weit über die sonsthin geltenden Konventionen hinausreichende Gebrauch, den er von diesem Erbe macht.

Das eigentliche Problem wird erst dann deutlich, wenn man die distinktiven Momente von Freuds Antike-Rezeption herauszulesen sucht, das heißt der Frage nachgeht, ob sie reines ›Ornament‹ oder den theoretischen Grundannahmen der Psychoanalyse inhärent und für diese konstitutiv ist. Anders formuliert: Wäre die Psychoanalyse ohne den Beitrag der antiken Literatur das, wozu sie geworden ist? Ich denke, diese Frage läßt sich wenigstens teilweise verneinen, diese Verneinung ist jedoch so zu verstehen, daß sie nicht so sehr der antiken Literatur im besonderen als vielmehr der Literatur *allgemein* eine unverzichtbare Rolle zuerkennt, gleichwohl der ersteren eine spezifische Wertigkeit zumißt, nicht zuletzt, weil die Antike von der autoritativen Aura der Gründungs-Wahrheiten umhüllt ist und – als Widerschein der archaischen Welt – Freuds phylogenetische Perspektive zu stützen schien.

Dieser Studie liegt also implizit die Auffassung zugrunde, daß die Psychoanalyse – obgleich sie niemals nachgelassen hat, dies anzustreben – keine ›exakte‹ Naturwissenschaft ist, sondern eine hermeneutische Theorie oder, besser noch, eine Theorie, deren wissenschaftlicher Status ambivalent ist und die sich an der Schwelle zwischen Natur- und Geisteswissenschaften ansiedelt. Von den ersteren übernimmt sie Form und Untersuchungsmethode; mit den letzteren hat sie den Inhalt, den Untersuchungsgegenstand gemein.

Ist der Rückgriff auf die Metapher für jede Form abstrakten Denkens ebenso kennzeichnend wie zwingend, um sich konkret und mitteilbar zu machen, so gilt dies erst recht für die Psychoanalyse. Aus Gründen indes, die ihrem besonderen Status einer im Werden begriffenen Wissenschaft immanent sind, ist die Psychoanalyse gehalten, neben dem rhetorischen einen anderen Gebrauch von der Metapher zu machen: Dieser Gebrauch ließe sich als epistemologisch bezeichnen. Nicht zuletzt kommt der Literatur, namentlich der klassischen Literatur, in der Zeit, als die Psychoanalyse noch in den Anfängen steckte – und in anderen Modalitäten auch noch in späteren Phasen –, die Funktion zu, zur Begründung der Psychoanalyse als »Naturwissenschaft« beizutragen. Dabei mag es sich um eine Naturwissenschaft *sui generis* handeln – eine Wissenschaft jedenfalls, die sich aus eigenem Recht nicht unter die spekulativen Disziplinen einreiht.

Das Schlüsselmoment des Übergangs, in dem die neurophysiologischen Grundlagen von Freuds Psychologie brüchig werden und die Ungewißheit ihres wissenschaftlichen Status deutlich wird, bildet die *Traumdeutung* (1900). Konnte Freuds Vorgehen noch in den *Studien über Hysterie* (1895) darauf setzen, den induktiv-experimentellen Wissenschaften zugerechnet zu werden, so wagt sich seine Studie über den Traum nunmehr auf das ungesicherte Terrain kaum überprüfbarer Hypothesenbildung vor. Zwar wies schon die Hysterie die Merkmale eines doppelten Textes auf – die Symptome, die hysterische Körpersprache, die jedoch von verbalisierten Formen der Erinnerung überdeterminiert werden –, dessen verborgene Bedeutung sich allein durch den Rückgriff auf ein hermeneutisches Interpretations- und Rekonstruktionsverfahren erschließen läßt. Doch ihr manifester Ausdruck (die Symptomatik) ist allemal ›konkret‹, ist erkennbar und kann zu Beweiszwecken öffentlich dargelegt und vorgeführt werden. Genau dies hatte Charcot – und seinem Beispiel folgend Freud – gezeigt, als es ihm gelang, seiner Zuhörerschaft den Sachverhalt zu präsentieren, daß die Hysterie nicht organischen Ursprungs ist, zumal ihre Symptome auch im Zustand der Hypnose reproduzierbar sind. Die Auslegung des Traums aber, dessen latenter Inhalt dank der freien Assoziationsketten des Träumenden rekonstruiert wird, zwingt Freud zu einem – freilich weder eingestandenen, geschweige denn erklärten – definitiven Verzicht auf jede Form objektiver Überprüfbarkeit. Dergestalt eines unmittelbar analysierbaren Gegenstands ›an sich‹ beraubt, setzt sich die Psychologie von nun an den Unwägbarkeiten der Vermittlung durch Sprache aus: Um psychische Vorgänge zu beschreiben, ist sie gehalten, sich allein der Mittel der Sprache und mithin der Metapher zu bedienen, wobei diese psychischen Vorgänge ihrerseits selbst durch Sprache manifest, wahrnehmbar und somit der Analyse zugänglich gemacht werden.[1] In der Psychoanalyse bestimmt der narrative Aspekt der Sprache nicht allein die denotativen Ausdrucksformen der Vermittlung und Darlegung von Erkenntnis, auf die eine jede Wissenschaft, auch die konkreteste und exakteste, angewiesen ist, um sich mitzuteilen. Vielmehr ist dieser sprachliche Aspekt zugleich Gegenstand der Untersuchung, und zwar der einzige, über den die Psychoanalyse verfügt –, ein Gegenstand aber, den seine betont konnotativen Merkmale zu einem äußerst schwer greifbaren machen und der schon allein als solcher der Analyse die Verfahrensweisen der literarischen Hermeneutik auferlegt.

Mit der Abkehr von der Hypnose und der Einführung der Methode der freien Assoziation bei der Traumdeutung, für die Freud – woran erinnert werden sollte – fast ausschließlich Material eigener Traumbilder zur Verfügung stand, büßen Untersuchungsmethode und Therapieverfahren jenen letzten Rest der im Falle der Hysterie noch reklamierten ›Beweisbarkeit‹ ein. Die von Freud niemals aufgegebene Überzeugung, es existiere eine Verbindung zwischen Anatomie und psychischen Vorgängen, ist nun auf die *Konstruktion* von Hypothesen angewiesen, die zwar ständig modifiziert, revidiert und reformuliert werden können, die aber nie aus dem Bannkreis der Approximationen heraustreten, um in einem realen Nachweis konkret zu werden. Den neuen Zustand, in dem die Psychoanalyse sich nunmehr befindet, beschreibt Blumenberg mit dem Begriff der »Endgültigkeit des Vorläufigen«[2] und meint damit das paradoxe wie produktive Prinzip, auf dem fortan eine jede Form der psychoanalytischen Theoriebildung fußt.

Kommt der Metapher in einem explikativen wissenschaftlichen Verfahren die rhetorische oder didaktische Aufgabe zu, die formale Sprache, die in abstrakten Begriffen etwas dennoch real Gegebenes ausdrückt, verständlich zu machen oder durch Analogiebildung zu ›übersetzen‹,[3] so ist die Metapher in Freuds Theorie nicht rhetorisches Mittel, sondern eine gleichsam epistemologische Notwendigkeit. Sie ist nicht Ausdruck des Realen, sondern tritt vielmehr an seine Stelle. Zur Erklärung des Traumphänomens und zur Begründung von dessen regressiv-infantilem Charakter führt Freud in Kapitel VII der *Traumdeutung* das Konzept des seelischen Apparats in jener Form ein, die allgemein als »erste Freud-Topik« bezeichnet wird.[4] Er geht von einer Art Wahrnehmungsorgan aus, das sich aus mehreren Systemen zusammensetzt – dem Unbewußten, dem Vorbewußten und dem Bewußtsein –, welche mit verschiedenen Merkmalen oder Funktionen ausgestattet sind und sich in einer bestimmten, räumlich aufgefaßten Anordnung zueinander befinden bzw. unterschiedliche »psychische Lokalitäten« besetzt halten. Angesichts der Gefahr, sich in den Maschen eines autoreferentiellen Interpretationsnetzes zu verfangen und unwiderruflich die Schwelle von den induktiv-experimentellen Wissenschaften zur philosophischen Spekulation zu überschreiten, postuliert Freud also die Existenz einer Struktur – den seelischen Apparat –, die das hermeneutische Modell der Traumdeutung rechtfertigt.

Der psychische Apparat stellt also eine Hypothese dar, eine zwar notwendige, aber dennoch unbeweisbare Hypothese, ein Konstrukt, eine Metapher für das, was die Psychoanalyse noch nicht zu sagen vermag, aber dennoch voraussetzen muß. Diese Metapher ist ›Ersatz‹ für den chemisch-organischen Komplex, von dem Freud annimmt, daß er die Grundlage menschlicher Empfindungen ausmacht, der jedoch einer tatsächlichen, naturwissenschaftlich verifizierbaren Analyse nicht, jedenfalls noch nicht zugänglich ist. Der Status der Psychoanalyse als Naturwissenschaft – ein Anspruch, von dem Freud niemals abgerückt ist[5] – beruht auf einer Hypothese, deren Überprüfbarkeit zwar als sicher postuliert, aber dem wissenschaftlichen Fortschritt künftiger Zeit überantwortet wird: Die Psychoanalyse als »exakte Wissenschaft« wäre demnach eine Realität, jedoch eine Realität, die der Zukunft angehört. Unterdessen muß sich die Theorie mit einem ›als ob‹ begnügen: als ob das anatomisch-organische Substrat, das unser Gefühlsleben steuert, »nicht existiere« bzw. stellvertretend mittels seines psychischen ›Überbaus‹ dargestellt werden könnte. Der seelische Apparat, verstanden als anatomisch lokalisiertes chemisch-organisches System, *muß* also als real existierend – wenn eben auch noch nicht empirisch erkennbar – vorausgesetzt werden, weil seine Erscheinungsformen, sein in den

Symptomen und im Traum sich äußernder Überbau, die Annahme seiner realen Existenz gewissermaßen erzwingt.[6]

Ist der Begriff der Psyche (oder der Seele) als etwas Vorläufiges aufzufassen, als Metapher für das, was noch nicht gesagt werden kann, so entsteht die Psychoanalyse im Vakuum zwischen dem, was real überprüfbar ist, und dem, was als real angenommen, aber noch nicht beweisbar ist. In diesem Zwischenreich zwischen dem gegenwärtig nur hypothetisch Sagbaren und dem künftig verläßlich überprüfbar Sagbaren entsteht ein ›leerer Raum‹, in den u.a. die Literatur eintritt und ihre spezifische produktive Erkenntnisfunktion erlangt. Die Aufgabe, die ihr so übertragen wird – und dank der phylogenetischen Hypothese vielleicht mehr noch der antiken Literatur und dem Mythos –, besteht nicht allein in der Bereitstellung eines Arsenals an Metaphern. Aufgrund ihrer textuellen Konkretheit und, im Falle des klassischen Altertums, aufgrund ihrer die Zeiten überdauernden Wirkung, ist die Literatur selbst ein ›Symptom‹ oder so etwas wie ein ›Ersatzbeweis‹ für die Objektivität dessen, was (natur-)wissenschaftlich noch nicht nachvollziehbar ist. So nimmt beispielsweise das der *Traumdeutung* vorangestellte Vergil-Motto, worin rhetorisch die Vergilsche und hintergründig die Homerische antike Vision der Unterwelt evoziert wird, eine tiefergehende grundsätzliche Entsprechung zwischen der griechisch-römischen Kosmologie und der von Freud angenommenen Struktur des psychischen Apparats vorweg (und instituiert diese Struktur zugleich); eine Verknüpfung im übrigen, die von Freud zwanzig Jahre später in den metapsychologischen Schriften, zu denen die zweite Freud-Topik gehört, bekräftigt wird. Was in der *Traumdeutung*, verhüllt im rhetorischen Gewand des gelehrten Zitats, lediglich als ein ›Oberflächensymptom‹ erscheint – die Heraufbeschwörung des dreigeteilten Universums der griechischen Mythologie, worin die menschliche Realität zwischen Olymp und Unterwelt eingeschlossen ist –, erlangt in der metapsychologischen Theorie den Rang einer erkenntnisheischenden Metapher, die an die Stelle einer Hypothese tritt, die sich einem wissenschaftlichen Nachweis entzieht: der Hypothese vom Konflikt zwischen den drei Instanzen, aus denen der psychische Apparat besteht, dem Es, dem Ich und dem Über-Ich.

Dergestalt wird die Rezeption der klassischen Antike in der *Traumdeutung* zum Vehikel, oder vielleicht eher zum Symptom, zu einer Art *mise en abîme* jener Synthese, die vielleicht den späten,

aber durchschlagenden und dauerhaften Erfolg von Freuds Traumtheorie begründet: der Synthese zwischen Positivismus und Neo-
Romantik.

Das letzte Kapitel der vorliegenden Studie befaßt sich insbesondere mit zwei antiken Quellen der Literatur über den Traum, von
denen die eine der klassischen, die andere der hellenistischen Tradition des griechischen Denkens angehört: mit der Traumphänomenologie von Aristoteles und den *Oneirokritika* des Artemidor. Beide
Quellen scheinen sich insofern zu widersprechen und unvereinbar
zu sein, als sie das Phänomen des Traums höchst unterschiedlich
veranschlagen. Hat nach der rationalistischen Auffassung des Aristoteles der Traum keinerlei Bedeutung und ist noch weniger göttlichen Ursprungs, sondern ein rein perzeptorisch-physiologisches
Phänomen, das sich aus der besonderen Situation des Organismus
im Schlafzustand erklärt, so ist er für den ›professionellen‹ Traumdeuter Artemidor dagegen Zeichen der Dämonen oder Götter, welches die Zukunft zu deuten erlaubt, wenn der Traum präzisen Regeln gemäß ausgelegt und entschlüsselt wird. Die Differenz beider
Positionen liegt mithin auf der Hand: Erstere bescheidet sich damit,
die (psychophysiologischen) Ursachen des Traums zu ergründen,
letztere setzt diese als (dämonisch) sicher voraus und verschreibt sich
der Untersuchung von dessen narrativem und verbalem Gewebe.

Die induktiv-experimentelle Methode von Aristoteles – dieselbe,
die auch die hippokratische Zäsur in der antiken Medizin markiert
– steht der Annahme des Artemidor von einem metaphysischen Ursprung des Traumphänomens diametral entgegen. Die *Traumdeutung* beruft sich auf beide Quellen, auf Aristoteles, um den Traum
als psychophysiologisches Phänomen zu definieren und eine Kontinuität zwischen Wachleben und Schlafzustand zu behaupten, sowie
auf Artemidor, um den semantischen Wert des Traums zu begründen. Beiläufig und wie zufällig erwähnt Freud beide Quellen, wiederum in Form der rhetorischen Evokation eines nicht näher definierten »klassischen Altertums«. Doch ist die Präsenz dieser Texte in
der *Traumdeutung* bei aller rhetorischen Beiläufigkeit konstant und
durchgängig – Aristoteles steht für die Phänomenologie des Traums,
Artemidor für die Hermeneutik –, und diese wird von Auflage zu
Auflage aufs neue bekräftigt und vertieft. Was auf den ersten Blick
wie eine unzulässige Vermischung, ja eine Art Mißbrauch der Quellen ohne Berücksichtigung des Unterschieds zwischen klassischem

Rationalismus und hellenistischem Irrationalismus anmuten mag – und die ersten Rezensenten der *Traumdeutung* haben es sich nicht nehmen lassen, den Finger auf die Wunde einer derartigen ›philologischen Ignoranz‹ zu legen –, stellt sich letztendlich als ein durchaus produktives, ein den dem zeitgenössischen Denken immanenten Konflikt überwindendes und erkenntnisbedingtes Vorgehen dar. In der Tat nimmt Freud damit zwei Traditionslinien auf, die sich epistemologisch in einer analogen Relation zueinander befinden wie Positivismus und (neo)romantische Tiefendimensionalität – d. h. die zwei wesentlichen, aber im Prinzip gegenläufigen diskursiven Strömungen des 19. wie auch noch des 20. Jahrhunderts –, und führt sie (ob bewußt oder nicht) zu einer produktiven Synthese zusammen.

War auch der Positivismus noch zu Beginn des Jahrhunderts dominant, so stellt die Neo-Romantik doch den Riß dar, der schon bald dessen Grundfesten zersetzen sollte. Die Rezeption von Aristoteles und Artemidor in diesen Jahren ist ein zwar marginales, aber dennoch bedeutsames Anzeichen dieses Konflikts. Nicht zufällig stand Artemidor, dessen Werk gegen Mitte des 19. Jahrhunderts vorübergehend ein gewisser Erfolg beschieden war, unter dem Bann positivistischen Denkens.[7] Während sich die ›Wiederentdeckung‹ der hellenistischen Tradition des ›östlichen‹ griechischen Denkens, der auch Artemidor angehörte, der Kultur der Romantik verdankte, die sich ihrerseits gegen den durch die Aufklärung und den Neuhumanismus vorgeschlagenen Begriff der Klassizität richtete, so erhob dagegen der Positivismus, dem auch Freud sich weithin verpflichtet fühlte, Anspruch auf seine Abstammung vom ›westlichen‹ Rationalismus aristotelischer Prägung. Was den ersten Lesern der *Traumdeutung* als evident inkonsistent, als Widerspruch erscheinen mußte – die Hinwendung zu einer romantischen Tradition, und dies gar unter der Ägide positivistischer Postulate – oder mindestens wie die späte Wiederaufnahme von längst als überwunden erachteten Konzepten, kündigte in Wirklichkeit das bevorstehende Ende der positivistischen Parabel an und griff einer möglichen Synthese vor, die erst durch die darauf folgenden Jahre bestätigt werden sollte. Als Opfer eines ›buchstäblichen‹ Anachronismus blieb Freuds Traumbuch fast ein Jahrzehnt lang unbeachtet. Sowohl seine frühe Zurückweisung wie der sich zögerlich einstellende, aber schließlich überwältigende Erfolg sind nicht zuletzt auf jene auf den ersten

Blick seltsame Hybridisierung von Aristoteles und Artemidor zurückzuführen, oder besser: auf die Zusammenführung dessen, was sie repräsentierten.

Diese Studie konzentriert sich auf den Zusammenhang von Psychoanalyse und Kultur der Antike im Zeitraum von der Ausarbeitung der Theorie der Hysterie bis zur Abfassung der *Traumdeutung* – einschließlich deren späterer Überarbeitungen. Die Entscheidung für einen solchen Weg, der die systematische Einbeziehung der antiken Tradition in den metapsychologischen und kulturhistorischen Schriften der Folgezeit ausläßt, verdankt sich nicht allein der Notwendigkeit einer – wenn auch legitimen – Begrenzung des Untersuchungsfeldes. Vielmehr wird eine solche Einschränkung auch und vor allem von der Überzeugung geleitet, die antike Literatur werde paradoxerweise gerade dort erkenntnistheoretisch relevant, wo ihre Präsenz im Text fragmentarisch und verhüllt bleibt und noch nicht zu einem Gegenstand systematischer Untersuchung geworden ist. Diese Überzeugung gewinnt ihr Gewicht erst dann, wenn sie sich aus der Rückschau bestätigen läßt. Mit anderen Worten: Erst wenn die Dynamik der Antike-Referenz und deren Funktionen – als Ersatz-Epistemologie, als Legitimationsprinzip oder als rhetorisches Mittel der Exposition – im Gesamtzusammenhang des Werks und im Rahmen der theoretischen Entwicklungen nach der *Traumdeutung* rekonstruiert worden ist, läßt sich die Hypothese wagen, daß die unverhüllte Präsenz der antiken Literatur in den späteren Schriften nicht so sehr als Zeichen ihrer zunehmenden Bedeutung, sondern vielmehr als Bekräftigung oder als eine Art Resonanzkörper dessen zu werten sei, was sich zu Beginn der Psychoanalyse in ihren Spuren angekündigt hatte.

Die Grenze, die sich diese Untersuchung setzt, ist zum einen methodisch begründet, zum anderen von der Hoffnung getragen, dergestalt die zahlreichen Gemeinplätze über Freuds Beitrag zur Interpretation des Mythos und der Symbolik sowie zur Analyse literarischer Texte zu vermeiden – falls das angesichts einer schier nicht mehr überschaubaren Sekundärliteratur überhaupt noch möglich ist. Freilich will solch erklärte Absicht den erhellenden Reflexionen gerade zu diesen Themen, etwa der großartigen *re-lecture* Freuds durch die Lacan-Schule, die der literarischen Textanalyse neue, originelle Wege gewiesen hat, oder den Beiträgen Orlandos und Lavagettos zu Freuds Literaturtheorie, nichts von ihrem Wert nehmen.[8]

Zudem ist der Mythenforschung und der auf Freuds Spuren wandelnden Neuinterpretation der klassischen Tragödie eine Vielzahl von Publikationen und Befunden zu danken, die noch heute eine unerschöpfliche Quelle für theoretische Debatten bilden. Dies zu ignorieren würde bedeuten, die notwendigen Beziehungen zwischen den psychoanalytischen Quellen und ihren möglichen Auslegungen oder, allgemeiner gesprochen, die Verbindung zwischen Text und Rezeption in Abrede zu stellen. Eine Auseinandersetzung mit der Mytheninterpretation würde jedoch eine Entscheidung entweder für die psychoanalytischen mehr noch als für die Freudschen Untersuchungsmethoden – die wichtigsten Beiträge zur Mythenforschung verdanken wir schließlich weniger Freud selbst als vielmehr seinen Schülern und Nachfolgern[9] – oder für diejenigen der historisch-philologischen Forschung bedeuten. Obwohl ich den Gegensatz oder das sich wechselseitige Ignorieren beider Methoden letztlich für steril, dafür aber eines Syntheseversuchs für wert erachte, möchte ich das Problem hier nicht weiterverfolgen. Im übrigen ist das Ziel dieser Untersuchung weitaus bescheidener: es will einzig und allein Freuds Text interpretieren – in einem genau umrissenen, eng begrenzten Zeitraum und Kontext – und ihn in Beziehung zu einer seiner Quellen setzen.

Der Mythos ist also der ›große Abwesende‹ dieser Untersuchung. Sie hält genau an jenem Wendepunkt inne, wo die Psychoanalyse mit der Entdeckung des regressiven, archaischen Charakters der Traumtätigkeit und der Reflexion über ihre symbolischen Funktionen der vergleichenden Erforschung des mythologischen Materials und von dessen literarischem Niederschlag den Weg ebnet und sich nunmehr anschickt, einerseits die Werke der Antike unter die Texte eines analytischen Berichtes *sui generis* einzureihen, andererseits in den großen philosophischen Systemen der Antike die Legitimationsprinzipien für die eigene Theorie zu suchen. Von einem Vehikel des Erkenntnisprozesses bzw. einem Katalysator von Intuitionen, von dem die Theorie sich bisweilen fast unmerklich genährt hatte, wird die antike Welt von da an zunehmend zu einem Gegenstand der Untersuchung und zu einem Prüfstein der psychoanalytischen Grundannahmen.

Freilich kann im Verlauf der Untersuchung von einigen kurzen Ausflügen in Freuds ›philosophische‹ Produktion, in deren Rahmen die Psychoanalyse sich einer Weltanschauung annähert und zum

Werkzeug der Kulturanalyse wird, nicht gänzlich abgesehen werden. Der Blick auf den Gesamtzusammenhang des Werkes ist auch deshalb unabdingbar, weil sich Freuds Schriften durch eine signifikante Redundanz auszeichnen. Unaufhörlich kommt Freud auf einige zentrale Punkte der Theorie zurück, geht ihnen vertiefend nach und legt sie ständig neu aus, ohne sie indes grundsätzlich zu verändern oder unvermittelte Abweichungen von früheren Annahmen vorzunehmen. Die Symbolik des Traums, das Verhältnis zwischen unbewußter Phantasie und Symptom, die Unterteilung des psychischen Apparats in Systeme und Instanzen sind Themen, die immer wieder kritisch beleuchtet und neu interpretiert werden. Doch sollen hier die theoretischen Entwicklungen nach der *Traumdeutung* vor allem retrospektiv einbezogen werden, als Bezugspunkt zur Bestätigung (mit den Worten Freuds) der inspirierenden Funktion der Welt der Antike schon seit den ersten Entdeckungen hinsichtlich der Ätiologie der Hysterie und der Bedeutung der Träume.

In den Anfängen der Psychoanalyse besteht die Verbindung zwischen klassischer Kultur und Freuds Denken aus einem dichten Geflecht von Spuren, Metaphern und Referenzen. Diese Anspielungen sind eher vorläufigen Charakters und nur selten eindeutig, aber um so bedeutsamer, wenn man sie in ihrer Funktion als epistemische Vorboten dessen wahrnimmt, was später der Psychoanalyse als signifikant eingeschrieben sein wird. Die Psychoanalyse ist in ihren Anfängen – und zu Recht wurde sie als solche betrachtet – eine ausschließliche, eine eigenständige Entdeckung Freuds. Als theoretische Disziplin ist sie fast gänzlich unbekannt und als Therapieform an wenigen Personen erprobt, die häufig nicht einmal wissen, daß sie einer ›analytischen Behandlung‹ unterzogen werden. Die *Traumdeutung* entsteht am Schreibtisch, in jener *splendid isolation*, in die die akademische Welt Freud gezwungen hatte. Sie speist sich allein aus den Quellen der Erkenntnis, die sich aus den Beziehungen zu den Patienten ergibt, sowie dem intensiven Briefgespräch mit dem Berliner Arzt und Freund Fließ.[10] Als theoretisches System hat die Psychoanalyse gewissermaßen noch nicht das Licht der Welt erblickt, ist eines jeden Rechtfertigungszwanges enthoben und schert sich wenig um die Auseinandersetzung mit ihrer wissenschaftlichen Umgebung. Nur bisweilen, etwa im später verfaßten und wohl als Zugeständnis an wissenschaftliche Gepflogenheiten konzipierten ersten Kapitel der *Traumdeutung*, worin die Ergebnisse der damaligen Traumforschung untersucht werden, sieht sich Freud gehalten, Kritik vorzubeugen. In dieser besonderen Situation relativer Abgeschiedenheit gestattet er sich den Luxus, frei mit den unterschiedlichsten Quellen und Materialien zu experimentieren – mit seinen eigenen Träumen, den Träumen »mit offenen Augen« der Dichter, den »Märchen« der Antike –, und verzichtet dabei auf Belege und Bestätigungen. Er zögert nicht, sich auf riskante Intuitionen einzulassen, ohne sich um den Imperativ der Überprüfbarkeit zu kümmern, dem der vorherrschende Positivismus jegliche Disziplin unterstellte, die in den Rang einer Wissenschaft aufsteigen wollte. Die *Traumdeutung* ist also ein Wagnis, ein Werk, das – mit Hilfe der Klassiker und mit deren Weltvorstellungen – die ›kanonischen‹ Wissenschaften herausfordert und dabei eine neue Welt zu entdecken vermag. Das spätere Werk hingegen sucht die mit der *Traumdeutung* verbundenen neuen Wahrheiten zu bestätigen und appelliert dabei an die Autoritäten der Antike, um so den Nachweis der Richtigkeit seiner eigenen Thesen zu erbringen.

In den Jahren nach der Abfassung der *Traumdeutung* greift Freud immer gezielter auf die Klassiker der europäischen Literatur zurück, vor allem aber bezieht er sich immer durchgängiger auf die großen Denker der antiken Philosophie und auf deren Weltanschauung. Schließlich – mit der Entdeckung der symbolischen und universellen Bedeutung des Ödipuskomplexes – wird auch der Mythos zum Schauplatz der metapsychologischen Konstruktionen:[11] Das Prinzip des Triebkonfliktes zwischen Eros und Thanatos oder die Hypothese der ursprünglichen Einheit alles Lebenden, die Freud in *Die endliche und die unendliche Analyse* (1937) und in *Jenseits des Lustprinzips* (1920) formuliert, suchen ihre Bestätigung in der Lehre des Empedokles, nach der die beiden entgegengesetzten Prinzipien *philia* und *neikos* die Geschicke des Menschen und des Universums bestimmen, sowie in dem androgynen Mythos, den Plato im *Symposion* Aristophanes in den Mund legt.

Wenn es stimmt – wie von seiten der psychoanalytischen Forschung oft behauptet wurde –, daß die Kluft zwischen Psychoanalyse und zeitgenössischen Wissenschaften so groß war, daß erstere gezwungen war, die Grundlage ihrer Aussagen weit weg, ja sogar im Mythos zu suchen, so stimmt es auch, daß Freud sie so weit entfernt wie möglich suchte. Und noch aus einem weiteren Grund werden die klassischen Autoren zu einer immer stärker bevorzugten Referenz, und zwar aus demselben Grund, der Freud von Anfang an von Philosophen wie Nietzsche und Schopenhauer fernhielt,[12] deren Theorien immerhin viele Berührungspunkte mit seiner eigenen aufwiesen. Bereits in den Briefen an Fließ führt Freud immer wieder Klage über seine akademische und wissenschaftliche Vereinsamung und bekundet, wie sehr er unter dem Schweigen leidet, das über sein Werk gebreitet werde. Zugleich fehlt es aber umgekehrt nicht an einem von Selbstmitleid durchzogenen Stolz, sich für den ersten zu halten, der so kühn war, sich gegen den Geist seiner Zeit zu stellen und sich Fragen zu widmen, die Medizin und Wissenschaft aus ihrem Geltungsbereich verbannt hatten. Er beschafft sich Nietzsches Werke, in denen er »die Worte für vieles, was in mir stumm bleibt«,[13] zu finden hofft, aber die Furcht, ihnen zu erliegen, die eigene Originalität in Frage gestellt und sich zu einer Änderung des eingeschlagenen Weges oder gar zum Abbruch seiner Studien veranlaßt zu sehen, ist stärker, und er bricht die Lektüre ab. Während er an seinem Traumbuch schreibt, überkommt ihn die Angst, wenn ihm ein zeitgenössisches Buch zum gleichen Thema in die Hände fällt. Manchmal weigert er sich sogar, es zu lesen, und oft blättert er es nur an, um es dann mit Erleichterung beiseite zu legen. Sogar die Analogien mit der antiken Traumdeutung, die Freud immerhin mehrfach als »Vorstufe« der psychoanalytischen Interpretationsmethode bezeichnet hat, stören ihn, vor allem dann, wenn sie gehäuft auftreten oder andere ihn darauf verweisen.

Freud will seine »Vorläufer« allein entdecken und findet sie fast immer in einem Bereich – dem der Humanwissenschaften –, der ihm nichts anhaben kann: Die Selbsternennung der Psychoanalyse zur Wissenschaft bzw. Naturwissenschaft gestattet ihr, die Geisteswissenschaften, Literatur, Kunst und Dichtung sowie die erklärtermaßen »vorwissenschaftlichen« Mythen und die antike Philosophie auf Abstand zu halten. Schließlich kann zwischen Disziplinen mit unterschiedlichem Status kein Vergleich greifen und auch keine Rivalität aufkommen, höchstens ein unschuldiges ›Kokettieren‹. Mit dem Rekurs auf Empedokles oder Plato vergab sich Freud nichts an Originalität. Sich auf sie zu beziehen bedeutete im Gegenteil, die Psychoanalyse in eine philosophische Tradition universaler Geltung zu stellen und die eigenen Annahmen mit einem überzeitlichen Prestige und einer unantastbaren Autorität auszustatten, die sie gegen jede Kritik immunisierte.

Nahm die Antike für Freud in den »Jahren der großen Entdeckungen« die Bedeutung einer Art von Arbeitshypothese und methodologischer Intuition an, so wurde sie in der Folgezeit – als sich die Psychoanalyse als Lehre zunehmend etablierte und dem direkten Vergleich mit anderen Wissenschaften standzuhalten suchte – zu einem Untersuchungsgegenstand und zu einer Quelle, aus deren Fundus Freud maßgebliche Belege und Bestätigungen schöpfte.

Ein symptomatisches und besonders aufschlußreiches Beispiel für diese ›legitimatorische‹ Funktion der Klassik im späteren Werk stellt die Bezugnahme auf Plato dar. Die Gleichsetzung von Freuds *Libido*-Begriff mit Platos *Eros*-Begriff[14] (der nachzugehen Freud seinen Schülern nahegelegt hatte), die bis heute die verzerrte Plato-Rezeption in der orthodoxen Psychoanalyse zu verantworten hat, mutet wie das Ergebnis einer gewollten, *a posteriori* und zu apologetischen Zwecken getroffenen Entscheidung an. Vor allem nach der Erscheinung der *Drei Abhandlungen zur Sexualtheorie*, die das Konzept der kindlichen Sexualität eingeführt und den Einfluß der Sexualität auf alle Bereiche des Gefühlslebens – vom neurotischen Symptom bis zu den Anlagen künstlerischer Schöpfung – ausgedehnt hatten, wurde von der Kritik der Vorwurf des Pansexualismus erhoben. Freud zögert nicht, dagegen die Autorität des »göttlichen Plato« ins Feld zu führen und zu behaupten, seine eigene Theorie stelle durchaus nichts Anstößiges dar, sondern stimme »wortwörtlich« mit der Platonischen *Eros*-Lehre überein. Was am meisten dabei überrascht, ist, daß als Quelle für die Entdeckung dieser erklärten Affinität das *Symposion* angeführt wird, eine Schrift, in der Plato den *Eros*-Begriff aller Sexualität entkleidet und ihn auf die Suche nach dem höchsten Gut hin ausrichtet, und nicht etwa der *Phaidros*, wo auch die leidenschaftlichen, nichtrationalen Aspekte des physischen Begehrens berücksichtigt werden. Die im *Phaidros* dargelegte Vorstellung vom Konflikt zwischen den drei Seelenteilen – das *Epithymetikon* und das *Thymoeides* aus dem Bereich des Nichtvernünftigen sowie das *Logistikon* aus demjenigen der Vernunft – hätte sich bei weitem besser für den Vergleich mit Freuds Theorien angeboten. In der Tat figuriert der *Eros*-Begriff, zu dem Freud seinen eigenen gesellen will, zwar im *Symposion*, mitnichten aber handelt es sich dabei um ein ›Platonisches‹ Konzept: Vielmehr ist es die Antwort des Aristophanes auf die zentrale Frage des Dialogs, wer und was Eros ist. Diese Antwort wird aber von der Rede des Sokrates, der in Diotimas Namen spricht und dessen Meinung von der Kritik übereinstimmend Plato selbst zugeschrieben wird, sogleich angefochten und widerlegt. Freud dürfte Plato nicht gut gekannt haben. Zwar hatte er mit Sicherheit das *Symposion* gelesen, andere Dialoge hingegen finden in seinem Werk keine Erwähnung. Doch schwächt nicht so sehr dieser Umstand die Bedeutung Platos für Freuds Theorie – mit anderen Autoren, die zur Herausbildung einiger Schlüsselbegriffe der Psychoanalyse beigetragen haben, dürfte Freud womöglich noch weniger vertraut gewesen sein – als vielmehr die Absichten und die Umstände, die Freud dazu veranlaßten, sich derart prominent auf Plato zu beziehen. Die Plato-Referenz ist nicht allein willkürlich, sondern auch instrumentell, und sie wurde im nachhinein konstruiert, als die Theorie bereits ausformuliert worden war und es nun darum ging, sie durch die Anrufung eines illustren Zeugen, dessen Autorität über jeden Verdacht erhaben war, vor dem Tribunal der Kritik zu verteidigen.

Die Entscheidung, diesseits jener Schwelle zu verharren, die den Moment der Inspiration von deren Folgerungen in den späteren Werken und Untersuchungen scheidet, bedeutet, sich auf die Suche nach verstreuten Spuren und Fragmenten der Klassik in Freuds Werk zu begeben, sie in ihrer Bedeutung für die Entstehungsgeschichte des Œuvres fruchtbar zu machen, um dabei zu versuchen, herauszufinden, auf welche Weise Freud die Modelle der Antike übernahm und sich von ihnen hat leiten lassen, ehe er die Antike mit dem Blick des Forschers von außen her zu betrachten begann. Beide Phasen unterscheiden sich hinsichtlich der Zwecke, zu denen Freud die Materialien der Antike herangezogen hat. Es ist derselbe Unterschied, der zwischen einer ›privaten‹ Verwendung, einer freien Lektüre liegt, d. h. zwischen der Interpretation oder Übersetzung eines Textes (manchmal sind es nicht mehr als wenige Zeilen) in die eigene Sprache – die der Psychoanalyse – und der ›öffentlichen‹ Präsentation eines ›Dokuments‹, das nachträglich als wissenschaftlicher Beweis zur Legitimation der eigenen theoretischen Annahmen vorgelegt wird.

Der erste Teil des Kapitels über die *Studien über Hysterie* ist Freuds theoretischem Werdegang gewidmet. Er erzählt in knapper Zusammenfassung die Etappen »von der Neurologie zur Psychopathologie« – ein Titel, der in den einführenden Werken zur Psychoanalyse so häufig wiederkehrt, daß er in Anführungszeichen gesetzt zu werden verdient. Obwohl den in der psychoanalytischen und biographischen Forschung seit geraumer Zeit zu Allgemeingut gewordenen Erkenntnissen hier kaum etwas Neues hinzugefügt werden soll, schien mir dieser historisch-biographische Überblick jedoch insofern sinnvoll, als er erlaubt, auch die ersten und zuweilen schwer erkennbaren Spuren aufzunehmen, die den ursprünglichen, genetischen Kern der Antike-Referenz in Freuds Werk darstellen.

Mit Ausnahme vielleicht der Abschnitte zum Verhältnis zwischen Freuds Traumtheorie und der antiken Traumdeutung stützt sich diese Untersuchung wesentlich auf ›Indizien‹, die zum Teil — etwa im Fall des Vergleichs zwischen dem Katharsis-Begriff von Aristoteles und demjenigen Freuds — in den wahrscheinlich von Freud benutzten Quellen Bestätigung gefunden haben, zum Teil aber auf die Feststellung von Analogien und Parallelen beschränkt geblieben sind. Die Gefahr eines solchen Verfahrens liegt offensichtlich darin, über Freud hinaus zu argumentieren; doch — auch wenn es nicht immer möglich war, sich auf das zu stützen, was Freud tatsächlich gesagt hat — denke ich jedenfalls nicht weit über das hinausgegangen zu sein, was Freud hätte sagen können.

Ein Teil dieser Studie widmet sich einem sekundären Aspekt der Antikenrezeption in Freuds Werk und befaßt sich mit dem Gebrauch von Metaphern und Redewendungen sowie mit der Indienstnahme literarischer, namentlich lateinischer Quellen. Verweist dieser Aspekt auf den besonderen Stil von Freuds Wissenschaftsprosa, den Schönau der Tradition »einer schönen intellektuellen Prosa« zurechnet, so erschöpft sich die Funktion der lateinischen Referenzen nicht allein in ihrer rhetorischen Dimension. Was mich dazu bewog, einen Aspekt zu berücksichtigen, der in dieser Studie auf den ersten Blick aus dem Rahmen fällt, ist die selbst für einen Autor dieser Zeit auffällige Präsenz von im Gesamtwerk (einschließlich des Briefwechsels) eingestreuten lateinischen Sprüchen, die einen nicht geringen Anteil der Zitatnachweise im letzten Band der *Gesammelten Werke* ausmachen.[15] Von der Annahme geleitet, dem lateinischen Zitatenschatz Freuds könnte ähnlich Signifikantes wie die in der Deutung des Vergil-Mottos zutage geförderten Erkenntnisse entlockt werden, gingen die ersten Versuche in dieser Studie dahin, aus jener ›Präsenz des Lateinischen‹ mehr zu vermuten als eine bloß ornamentale Reverenz eines Gelehrten der Jahrhundertwende an eine humanistische Rhetoriktradition. Diese

Ausgangsvermutung mußte ich indes bald aufgeben und einräumen, daß der Weg der Freudschen Rezeption der Antike – selbst wenn er in der Tat nicht immer der Spur des Ödipus und des Mythos nachgeht – doch anders verläuft. Diese Zitate – die beim genauen Hinsehen oft nur der Form nach solche sind – überzustrapazieren, sie zu Evidenzen des Einflusses einer Kultur zu machen, auf die Freud sich nicht hatte berufen wollen, wäre nicht allein eine undankbare Aufgabe, sondern nachgerade irrig gewesen. Dennoch ließ sich die Vermutung nicht ausräumen, für ›so viel Lateinisch‹ müsse doch wohl mehr als nur ein banaler Grund vorliegen, und es lohne sich, seiner Bedeutung in einer Untersuchung über das Echo der Antike (und ihrer Sprachen) in der Psychoanalyse nachzuspüren. Aus diesem ersten, falschen Schritt ging eine kleine Studie über Freuds Stil und den Gebrauch seiner ›Privatsammlung‹ lateinischer Sprüche hervor. Wichtige Anregungen hat sie durch Schönaus Analyse von »Sigmund Freuds Prosa«[16] – ein grundlegender Text der Freudforschung – erfahren. Die von Schönau gesammelten und systematisch dargelegten Materialien wurden hier weiteren, über die rhetorische Analyse hinausgehenden Überlegungen zugrunde gelegt. Dabei konnten einige Erkenntnisse gewonnen werden, die die spezifischen Funktionen der Antike-Referenzen für die Begriffsbildung der psychoanalytischen Theorie als epistemische ›Vorboten‹ und als erkenntnistheoretisch relevante Wegweiser beleuchten. Die Ergebnisse sind in einem Exkurs wiedergegeben.

Die Anmerkungen sind nicht nur als kritischer Apparat konzipiert, sondern nehmen häufig die Gestalt eines bibliographischen Essays an; eher noch als dem Quellennachweis zu dienen, wollen sie alternative bzw. komplementäre Wege zu der von mir angezeigten Richtung aufweisen.

Schließlich möchte ich mich für thematische und andere Unterstützung bei Freunden und Kollegen bedanken – bei Ewa Claussen, Francesco Della Corte, Dan Diner, Gerhard Fichtner, Brigitte Fritsch, Lucia Giavotto Künkler, Joachim Graffmann, Matthias Grau, Bernhard Hurch, Daniela Koch, Joachim Küpper, Alberta Lavanna, Silvana Rocca, Anna Traverso, Susanne Zepp.

Besonderer Dank gilt meinem Lektor, Bernd Stiegler.

Ich widme diese Arbeit dem Andenken meines Vaters, dem es nicht vergönnt war, sich »den Studien« zu widmen, dessen unstillbarer Wißbegier seine Kinder aber die ihrigen verdanken.

I. Interpretationen

Das im folgenden entworfene Bild zur Literaturlage erhebt keinen Anspruch auf Vollständigkeit. Dies vor allem deshalb, weil es einige der wichtigsten Beiträge zur Interpretation und Revision von Freuds Denken ausschließt, die – um mit Pontalis zu sprechen – dem »Après Freud« zugehören.[1] Weit davon entfernt, ein Forschungsbericht zu sein, wird es sich also darauf beschränken, einige grundlegende Auffassungen und Tendenzen der geisteswissenschaftlichen, der philologischen sowie der psychoanalytischen Forschung zum Verhältnis von Psychoanalyse und Antike wiederzugeben bzw. diese kritisch zu würdigen. Werke der Sekundärliteratur, die in den späteren Kapiteln ausführlicher diskutiert werden, bleiben in dem nachfolgenden Überblick zudem unberücksichtigt. Hingegen sollen psychoanalytisch orientierte Beiträge zum Mythos wie zur klassischen Tragödie – obwohl nicht Teil der Untersuchung im engeren Sinne – jedenfalls hier (und nur hier) und zwar aus zweierlei Gründen kurz vorgestellt werden: Zum einen stehen sie in direkter Folge zur mit der *Traumdeutung* begonnenen Interpretationsarbeit, die den Ödipuskomplex ins Spiel brachte, welcher sehr bald den Status eines »Kernkomplexes«[2] von Mythologie und Neurose erlangte; zum anderen stellen sie – zumindest quantitativ – den bedeutendsten Beitrag der Psychoanalyse zum Gegenstand der klassischen Antike dar.[3]

In der schier unüberschaubaren Anzahl von Publikationen zum Werke Freuds gibt es – von denjenigen Schriften, die sich mit dem Mythos befassen, abgesehen – keine systematische Darstellung des Verhältnisses der Psychoanalyse zu ihren antiken Quellen. Der Untersuchung von Worbs (1988)[4] kommt das Verdienst zu, Freuds Indienstnahme der Antike im Kontext der kulturellen Wende im Wien des Fin de siècle sowie im Lichte der ›neo-romantischen‹ Wiederentdeckung des archaischen Griechenlands untersucht zu haben.[5] Worbs' Interesse gilt freilich weniger der Bedeutung der antiken Kultur für Freuds Werk als vielmehr dem eher indirekten Einfluß der Psychoanalyse auf die Rezeption der griechischen Tragiker um die Jahrhundertwende – namentlich in den Dramen Hofmannsthals. Obwohl Hofmannsthal, Bahr und die Gruppe des »Jungen Wien« kaum Berührung mit Freud hatten – zumal Freud jeder künstlerischen Avantgarde mit Skepsis begegnete und in Sachen Kunst und Literatur eine durchaus konventionelle Auffassung vertrat –, wurde die Anfang des Jahrhunderts in Wien auflebende Debatte über die Tragödie durchaus von den Resultaten der psychologischen Forschung beeinflußt – insbesondere von der von Freud und Breuer in den *Studien über Hysterie* angebotenen Interpretation des Katharsis-Begriffes.

Auch Bettelheims Essay von 1986[6] – eine Kritik der englischsprachigen Freud-Übersetzungen – beabsichtigt keinen Beitrag zum Verhältnis der Psychoanalyse zur Welt der Antike zu liefern, doch bietet der Text überaus interessante Anregungen für die Interpretation einiger Schlüsselbegriffe der psychoanalytischen Theorie, die Freud der Kultur der Antike entnommen hatte. Die Herauslösung dieser Begriffe aus ihrem klassischen und humanistischen Kontext führe unweigerlich – so Bettelheim – zu krassen Mißverständnissen und Verzerrungen in der Rezeption von Freuds Werk. Dies gelte etwa für den Ödipuskomplex, der in Amerika zu einer Art ›psychiatrischer Formel‹ verkommen sei, statt als Teil eines Mythos in all seinen Nuancen wahrgenommen zu werden; oder für den alten und volkstümlich aufgeladenen Begriff der *Seele*, der im Englischen als *mind* übertragen wurde. Der englische Text lasse die Psychoanalyse als Naturwissenschaft, im Sinne einer ›harten Wissenschaft‹ erscheinen, so, als handele es sich um einen speziellen Bereich der Medizin oder Psychiatrie. Bettelheim seinerseits ist hingegen davon überzeugt, die Psychoanalyse gehöre einer humanistischen *europäischen* Tradition an, die der amerikanischen Kultur fremd geblieben sei – daher die Mißverständnisse einer positivistischen Rezeption des Freudschen Werkes. Freud selbst habe, vor allem in den letzten Jahren seines Wirkens, die humanistische Herkunft seiner Lehre unmißverständlich hervorgehoben. Auch wenn Bettelheims Schrift manches verkürzend polemisch zuspitzt, gelingt es ihm durchaus, das überzeugende Bild eines ›humanistischen Freud‹ und einer Psychoanalyse zu entwerfen, die sich mehr aus der Klassik denn der Neurologie genährt habe.[7] Eine ähnliche Auffassung vertritt Tourney (1965), der in einer kurzen Darstellung die Beziehungen der Psychoanalyse zur griechischen Antike entfaltet und in Freud den Schöpfer eines neuen Mythos sieht, der die eigenen wissenschaftlichen Annahmen »im Gewand« des griechischen Mythos zu allgemeinen Prinzipien erhoben habe.[8]

Die Untersuchung von Roccatagliata (1981) über die »Ursprünge der Psychoanalyse in der Kultur der Antike« ist hinsichtlich dessen, was der Autor »antike Psychiatrie« nennt, zwar opulent dokumentiert, hält aber das Versprechen des Titels keineswegs ein: Von Freud und der Psychoanalyse ist dort jedenfalls kaum die Rede.[9] Eher auf die Ermittlung von Parallelen gerichtet, bezieht sich Roccatagliatas Darstellung der antiken Interpretation des Traumphänomens und der antiken Auffassung von Geisteskrankheiten implizit auf Freuds psychoanalytische Theorie: Die für die Antike untersuchten Probleme sind mit jenen identisch, die Freud behandeln sollte, die psychologischen Ursachen nervöser Störungen, die auf Suggestion und Hypnose fußende »magische« Therapie der Geisteskrankheit, die Valenz der dem Traum zugeschriebenen Bedeutungen, die Auffassung der hysterischen Phänomene, welche der mittelalterlichen Vorstellung von Besessenheit gleicht. Die Psychoanalyse ist in der gesamten Untersuchung als permanenter, jedoch nie explizit gemachter Bezug präsent, und ihre Terminologie wird ständig – und zudem oft willkürlich[10] – auf die Begriffswelt der klassischen Theorien angewandt. Eine Auseinandersetzung mit dem Werk Freuds findet jedoch nicht statt; vor allem fehlt es an einer theoretischen Verknüpfung, an der Darlegung eines Nexus, der die Annahme von einem »Ursprung der Psychoanalyse« aus der Kultur der Klassik rechtfertigen könnte. Zwar mag es in der Tat offenkundige Übereinstimmungen und Analogien zwischen der »antiken Psychiatrie« und Freuds Theorie geben, die es rechtfertigen, sie nebeneinanderzustellen; auch lädt der weitgehend vage, fragmentarische Charakter der entsprechenden Referenzen in Freuds Werk geradezu zu Spekulationen über den Einfluß der antiken dynamischen Psychiatrie auf seine Theorie ein. Doch Roccatagliata bleibt in seiner Untersuchung den Beweis dafür schuldig, die Psychoanalyse habe der Antike einiges zu danken und sei sich dieses Umstandes gar bewußt – oder, um mit seinen Worten zu sprechen: den Beweis dafür, daß die psychologischen Theorien des 19. und 20. Jahrhunderts, die in Freuds Werk »zu gipfeln scheinen«, in Wahrheit »tiefe Wurzeln in einer fernen, glorreichen Vergangenheit« hätten, aus der sich »die Gegenwart ausgiebig bedient« habe.[11]

Was schließlich das Verhältnis Freuds zur römischen Kultur angeht, hat sich die (psychoanalytische) Literatur vor allem mit der Interpretation des Vergil-Mottos der *Traumdeutung*[12] und der Untersuchung der ambivalenten Bedeutung Roms für Freud befaßt.[13] Selbst die unzähligen und häufig eher einer Hagiographie zuneigenden biographischen Werke, die sich aufgrund zunehmender Originalitätserwartung den ungewöhnlichsten und auf den ersten Blick unbedeutendsten Aspekten in Freuds Werk angenommen haben, schenken dessen humanistischer Bildung oder der Indienstnahme der griechischen und lateinischen Literatur in seinem Werk im großen und ganzen kaum Beachtung.[14] Nirgends fehlt der pflichtschuldige Hinweis auf Freuds tiefe Vertrautheit mit der Welt der Antike, doch deren Gewicht wird meist Ödipus aufgebürdet, der immer wieder als Kronzeuge des Beitrags der Literatur bei der Entdeckung der Psychoanalyse aufgerufen wird.

Nicht einmal die umfangreiche, höchst detaillierte Biographie von Jones,[15] die sich doch ausführlich mit Freuds wissenschaftlichem Werdegang sowie dem kulturellen Hintergrund der psychoanalytischen Entdeckungen befaßt, scheint der antiken Literatur eine besondere Bedeutung beizumessen. Im Einklang mit vielen ›offiziellen‹ Äußerungen Freuds, der, ständig um den Wissenschaftsstatus der Psychoanalyse bangend, die Herkunft seiner Disziplin aus der experimentellen Methode geltend machte, neigt Jones dazu, eher die in Brückes Physiologie-Labor und in der psychiatrischen Klinik von Meynert[16] verbrachte Zeit denn die von Freud vorgenommenen Grenzüberschreitungen in das Gebiet der Philosophie und der Literatur für ausschlaggebend zu halten.

Das von Jones gezeichnete Bild wird von einigen in der zweiten Hälfte der 1980er Jahre erschienenen Untersuchungen zum Teil korrigiert. Auf der Grundlage des biographischen Materials, das mit der ungekürzten Ausgabe der Briefe Freuds an Fließ zugänglich gemacht wurde, haben diese Arbeiten sich erneut der Entstehung der Psychoanalyse und Freuds wissenschaftlichem Werdegang zugewandt. In McGrath' *Freud's Discovery of Psychoanalysis* (1986)[17] zeichnet der Autor die Etappen von Freuds Hochschulbildung nach und untersucht, ausgehend von einigen Briefen an Eduard Silberstein[18] – einem Freund der Gymnasialzeit –, den Einfluß des Philosophen Brentano auf Freud und auf dessen Annäherung an die Problematik psychischer Vorgänge.[19] Freuds Begeisterung für philosophische Fragestellungen war damals so groß, daß er die Möglichkeit eines doppelten Studienabschlusses in Medizin und Philosophie in Erwägung zog. Für die Erforschung der klassischen Elemente in

Freuds Werk sind die Untersuchung von McGrath und die erwähnten autobiographischen Zeugnisse nicht so sehr aufgrund des dargelegten Materials interessant, sondern mehr noch, weil sie eine Interpretationsperspektive eröffnen, die die Vermutung nach sich zieht, Freuds Denken habe sich vorzugsweise entlang deduktiver und nicht induktiv-experimenteller Wege entwickelt. Dazu gehörte auch die Lektüre der Klassiker als Vehikel von Intuitionen und Antizipationen.

Zu den biographischen Werken kann auch Brückners Studie über Freuds Privatlektüre gezählt werden. Brückner beschäftigt sich mit den Autoren, die Freud im Verlauf seines Lebens gelesen und geliebt hat, denen er aber weder – wie im Falle Goethes, Dostojewskis, Leonardos oder Jensens – eine besondere Untersuchung widmete, noch sie zur Bestätigung seiner eigenen Theorien herangezogen hatte. Brückners Arbeit beschränkt sich folglich auf »Bücher, die mehr der Muße gedient haben als dem Geschäft der Auslegung«.[20] Die vom Autor selbst zugestandenermaßen willkürlich vorgenommene Auswahl umfaßt keinen einzigen Titel eines klassischen Autors oder eines Werks, das ein wie auch immer geartetes Interesse Freuds an der Kultur der Antike erkennen lassen würde. Dabei fehlt es vor allem im Briefwechsel, aber auch in den Zeugnissen von Zeitgenossen nicht an Nachweisen.[21] Zudem figuriert auf der Liste der »10 lesenswertesten Bücher«, die Freud auf Wunsch des Buchhändlers (und Verlegers) Hugo Heller zusammengestellt hatte,[22] Th. Gomperz' Hauptwerk *Griechische Denker*, und unter den »10 wichtigsten Werken der Weltliteratur« benennt er an erster Stelle Homer und die Tragödien des Sophokles.[23]

Obwohl die Studien von Carl Schorske[24] und Marthe Robert[25] die Beziehungen zwischen Freuds Werk und der Literatur der Antike nicht systematisch analysieren, stecken sie doch den Rahmen ab, in dem Freuds Interesse für die griechisch-römische Antike anzusiedeln ist. Beide Autoren gehen davon aus, daß zwischen Freuds jüdischer Abstammung, seinem Wunsch nach Assimilation und der Aneignung einer Kultur, die ein neutrales Gebiet der Begegnung zwischen Juden- und Christentum eröffnete, eine durchaus enge Verbindung besteht. Mit der im Jahre 1860 eingeleiteten Liberalisierung, so Schorske, wurde die im neoklassischen Stil gehaltene Statue der Athene vor dem neuen Parlamentsgebäude errichtet. Was die Statue der Athene im Bereich der Politik repräsentieren sollte, war im kulturellen Bereich bei weitem bedeutungsvoller: Das griechisch-römische Erbe lieferte eine von konfessionellen Konnotationen gereinigte Grundlage für die Etablierung einer säkularen, liberalen Kultur. Die Gymnasialreform schrieb der Klassik eine grundlegende Bedeutung für die Erziehung der neuen bürgerlich-liberalen Eliten zu. Dieser Aspekt der neu eingeleiteten habsburgischen Kulturpolitik sollte sich für die Juden, die gerade in jenen Jahren ihre volle staatsbürgerliche Gleichstellung erlangt hatten, als besonders positiv wie folgenreich erweisen. Dank des Rekurses auf die griechisch-römische Tradition war eine kulturelle Annäherung zwischen jungen Christen und Juden leichter geworden. Sie konnten sich im Studium einer zwar paganen, ihnen aber gemeinsamen, die unterschiedlichen religiösen Zugehörigkeiten überwindenden Kultur treffen. Die Beschäftigung mit den Klassikern ermöglichte den Juden einen Zugang zur kulturellen Assimilation, der relativ frei war von den Gefahren der Häresie oder Apostasie. Während Freud in der Familie jüdisch erzogen worden war, wurde ihm in der Schule die Kultur der Antike nahegebracht. Der säkulare Kosmopolitismus des habsburgischen Liberalismus lieferte ihm in den Mythen und der Kultur von Juden und Griechen die Materialien für die Konstruktion seiner Identität, seiner Werte und seiner kulturellen Verortung. Schorske zufolge bewegt sich Freuds gesamtes Werk in einem ständigen Spannungsverhältnis zwischen diesen beiden Polen – der jüdischen und der christlich-abendländischen Kultur.[26] Die Entwicklung seines Denkens zeige darüber hinaus einen zirkulären Verlauf auf. So habe Freud in seiner Jugend die spezifischen Überzeugungen seiner Zeit geteilt und sich beiden Kulturen, der antiken wie der modernen, in gleicher Weise gewidmet. Sein späteres Werk war vor allem auf die individuelle Psyche gerichtet. Die Kulturen der Vergangenheit stellten für dieses Werk ein Reservoir von Symbolen und Bildern bereit; sie seien jedoch nicht als historisch spezifische Konfigurationen angesehen worden. Gegen Ende seines Lebens kehrt Freud mit der Studie über Moses und den Monotheismus[27] zur systematischen Analyse von Kulturphänomenen zurück und sucht sich ihnen mittels eines historisch-anthropologischen Zugriffs zu nähern. Anstelle der griechisch-römischen Kultur tritt das Interesse für eine noch fernere, noch tiefer in seiner Psyche eingegrabene Vergangenheit: die Vergangenheit Israels und Ägyptens.[28]

Roberts These unterscheidet sich in mancherlei Hinsicht von der

Schorskes. Ihr zufolge bildet die jüdische Kultur ein quasi durch ›Vererbung‹ verinnerlichtes und daher nicht befragtes Substrat, gewissermaßen die »Tiefen-Struktur« von Freuds Bildung und Denken, während die klassische Kultur – die in seinem Werk ausdrücklich hervortritt – als sekundär erworben zu gelten habe. Diese habe aber die erstere überlagert: Es handele sich um eine angeeignete Identität, mit der Freud *bewußt* umgehe, im Gegensatz zu einer ihm gleichsam immanenten Prägung.

Hat die Freud-Forschung den klassischen Elementen in seinem Werk wenig Beachtung geschenkt, so haben die Untersuchungen, die sich mit der Psychoanalyse als Komplex von Techniken und Regeln befassen und sie als offenes Interpretationssystem für vielfältige und vielschichtige Textlektüren heranziehen, hingegen eine beträchtliche Zahl von Studien über die klassische Tragödie und die Mythologie hervorgebracht.[29] So bildet Freuds Mytheninterpretation den ständigen Bezugspunkt in Van der Starrens Analyse der Sophokles-Trilogie.[30] Seine 1948 erschienene Untersuchung steht durchaus noch in der ›klassischen‹ Tradition der Freud-Interpretation – markiert aber bereits einen Wendepunkt in den Studien zu Ödipus. Die Innovation rührt nicht zuletzt daher, daß Van der Starren ein Gräzist ist, der eine psychoanalytische Perspektive einnimmt. Bis dahin hatten Altphilologen und Psychoanalytiker hinsichtlich des Ödipus-Mythos zwei Fronten gebildet – auch heute im übrigen stellt sich die Situation nicht sehr viel anders dar, obwohl die Streitigkeiten und Polemiken weitaus nuancierter sind. Beharren die einen auf einem rein philologisch-literarischen (oder historischen) Verständnis von Sophokles' Tragödie, so ignorieren die anderen auf der Suche nach universal geltenden unbewußten symbolischen Spuren die Sophokleische Spezifik des tragischen Stoffs. Van der Starrens Studie unterscheidet sich von früheren (psychoanalytischen) Arbeiten darin, daß der Autor sich nicht allein auf die Feststellung der Existenz eines unbewußten Konfliktes in der Tragödie beschränkt, wie ihn die Psychoanalyse enthüllt. Hatte diese den unbewußten Konflikt aus ihrer Wahrnehmung heraus ermittelt, sozusagen ›von außen‹ her, und damit den Text wie einen Traum oder eine Erzählung eines Patienten behandelt, so will Van der Starren aufzeigen, daß Sophokles selbst seiner Dramengestalt die psychischen Mechanismen zugeschrieben habe, denen man in der analytischen Kur begegnet.

Die vergleichende Untersuchung der drei griechischen Tragiker und ihrer Darstellung des Ödipuskomplexes sowohl in der positiven Version der Liebe des Sohnes zur Mutter als auch und vor allem in der negativen Form des Hasses gegen den Elternteil des eigenen Geschlechts, bildet das Thema einer Studie von André Green mit dem bezeichnenden Titel *Un œil en trop*.[31] Green zufolge bezieht die psychoanalytische Lesart der Tragiker ihre methodologische Rechtfertigung aus der Identifizierung des Bühnenraumes mit einer Art Freudschem Unbewußten, innerhalb dessen ein doppelter Austausch zwischen dem Zuschauer (mit seinen unbewußten Trieben) und dem eigentlichen Schauspiel zum einen und der Theaterbühne zum anderen erfolge. Die Bühne stelle die Schwelle des Dialogs zwischen Bewußtem und Unbewußtem dar, welcher die Außenwelt gegenüberstehe. Die Theaterbühne sei die »andere Bühne« des Unbewußten, der Bühnenraum die Grenze, auf die der Blick des Zuschauers falle, »wie auf eine Barriere, die ihn aufhält und ihn auf den Betrachter des Schauspiels, das heißt ihn selbst als Quell jenes Blickes zurückverweist«.[32] Die Zweiteilung in Zuschauerraum und Bühne wird durch die Zweiteilung in sichtbare und unsichtbare Bühne verdoppelt – den choreographischen Raum. Dieser Doppelcharakter des Theaters aus Sichtbarem und Unsichtbarem, Gesagtem und Ungesagtem, Realität und Darstellung (halluzinatorischer Darstellung), der den Freudschen Räumen des Bewußten, Unbewußten und äußerer Realität ähnelt, rechtfertige »das dritte Auge« der Psychoanalyse auf die Tragödie – ihren Blick über den Text (als Gegenstand des Philologen) und den Kontext (als Gegenstand des Kulturhistorikers) hinaus.

Die psychoanalytische Forschung hat sich aber vorzugsweise der Mytheninterpretation zugewandt. Der rote Faden, der sie durchläuft, ist zum wiederholten Male das Phantasma des Ödipuskomplexes.[33] In seinen symbolischen Repräsentationen, seiner Formulierung als Ursprungsmythos, nimmt der Ödipuskomplex im Mythos die gleiche Bedeutung ein, die ihm im Seelenleben des Einzelnen zukommt – und nicht nur in dem des Neurotikers: Die mythologischen Götter entsprechen den Eltern; ihnen gegenüber hegt das Kind widerstreitende Gefühle der Feindseligkeit und der Liebe – in Verbindung mit dem Bewußtsein eines schwer erträglichen Empfindens der Unterlegenheit.

Auf den Spuren des bereits von Freud und der ersten Generation von Analytikern vorgezeichneten Weges[34] sieht die psychoanalytische Forschung im Mythos das Zeugnis des »éternel semblable«, des archetypischen Konflikts des Ödipus. Was die gegenwärtige psychoanalytische Mythendeutung jedoch von der Interpretation Freuds unterscheidet, ist der Verzicht auf die phylogenetische Annahme, auf die Hypothese, wonach die im Mythos und im Konflikt des tragischen Helden sich niederschlagende psychische Realität[35] von einem archaischen Erbe herrühre, namentlich von der als historisch angenommenen Tötung des Urvaters.[36]

Freuds große Leistung für die moderne Mythenforschung liegt im Konzept der Projektion unbewußter psychischer Realität auf die kollektive kulturelle Mythenproduktion sowie in der symbolischen Deutung des Traums. Im Anschluß an Otto Ranks *Der Mythos von der Geburt des Helden* (1909) hatte Freud festgestellt, daß die gewöhnlichen »Urphantasien«[37] – in seiner Sprache als »Familienroman der Neurotiker« bezeichnet –[38] im Verlaufe der Kindheit entstehen, um dann in das Unbewußte einzugehen; das bewußte Leben des Erwachsenen bewahre dennoch Spuren einer Vergangenheit, die nicht nur in bezug auf die Kindheit als real erlebt empfunden, sondern darüber hinaus in eine mythische Realität projiziert würden.

Von Freuds *Traumdeutung* ausgehend entwickelt Otto Rank so etwas wie ein Grundmodell, eine Art »Durchschnittssage«, auf die alle aus der Antike überlieferten Mythen von der Geburt des Helden – von Moses, Romulus, Ödipus etc.– zurückzuführen seien. Diesen Sagen ist der Umstand gemeinsam, daß zwischen dem Helden und seinen Eltern ein Konflikt bestehe. Gemeinhin ist dabei von zwei Elternpaaren die Rede: Aufgrund einer unheilvollen Weissagung des Orakels oder anderer Umstände sind die (adligen) Eltern gehalten, den Sohn auszusetzen. Dieser wird von Hirten, in einigen Fällen sogar von Tieren großgezogen. Nachdem das Kind abenteuerlichen Wechselfällen des Lebens ausgesetzt ist, trifft es auf seine leiblichen Eltern, rächt sich (oder rächt sie), wird als legitimer Sproß anerkannt und erlangt schließlich Ruhm und Würde eines Helden oder gar eines Halbgottes. Die klinische Erfahrung und die Analyse des Traums legen eine Übereinstimmung zwischen den unbewußten Phantasien des Individuums und dem als historische Realität präsentierten Schicksal des mythischen Helden nahe. So wären die Erlebnisse des Helden nichts anderes als eine Übertragung unbewußter Phantasien auf die Ebene der mythischen Erzählung. Traum,

Tagtraum, Mythos und dichterischer Schöpfung ist gemein, daß sie die unbewußten Wünsche als erfüllt phantasieren: Alle entspringen demselben Quell – den unbewußten Trieben. Für die Psychoanalyse steht also fest, daß »die Ödipus-Phantasie in Gestalt von Metamorphosen und Varianten in der Mythologie wiederkehrt, so, als lese man die Erzählung eines Patienten«. [39]

Obwohl die psychoanalytisch orientierte Forschung den historischen Gesichtspunkt inzwischen stärker berücksichtigt und sich den Anforderungen philologischer Genauigkeit geneigter zeigt, als dies in den Werken der Gründungsväter der Fall war, ruft sie bei Religionshistorikern und Philologen nach wie vor Mißtrauen und Skepsis hervor. Diese halten ihr vor, »für den Signifikanten blind zu sein«, worauf die Psychoanalytiker entgegnen, die Philologen ihrerseits liefen Gefahr, »sich vom Signifikanten verblenden« zu lassen. [40] Hat sich die Psychoanalyse, legitimiert durch Freuds Beispiel, durchaus freizügig aus dem Fundus der Altertums- und Geisteswissenschaften bedient, [41] zeigten letztere hingegen nur sehr geringes Interesse an Freuds Werk und an dem mit seinem Namen verbundenen psychoanalytischen Vorgehen. [42] Kam es zu einer Kontroverse und erfolgten dennoch Reaktionen, dann eher mit der Absicht, eine als unzulässig erachtete Einmischung in ihr Gebiet abzuweisen. [43]

Zu den fundiertesten Kritiken an Freuds Interpretation des Ödipus-Mythos zählen zweifelsohne die Beiträge von Vernant[44] und Bollack. [45] Mögen ihre Interpretationen des Sophokles-Textes zum Teil differieren, so halten beide Autoren Freud und den psychoanalytischen Studien über den Mythos doch übereinstimmend vor, einen literarischen Stoff unzulässig aktualisiert zu haben, [46] der allein im Kontext der Athenischen Gesellschaft des 5. vorchristlichen Jahrhunderts angemessen verstanden werden könne. Der Fehler der Psychoanalyse bestehe also darin, die Figur des Ödipus enthistorisiert und somit universalisiert bzw. anthropologisiert zu haben. Dabei sei der Kontext des Sophokles-Textes und seine historische und kulturelle Spezifik gänzlich aus dem Blick geraten. So werde dort nicht etwa ein universell vorfindlicher und unbewußt wirkender Wunsch sowie die – einem psychoanalytischen Verfahren ähnliche – progressive Enthüllung einer verdrängten Schuld thematisiert. Vielmehr stelle der Text das historische Drama der Selbstzerstörung einer königlichen Familie dar, [47] in dem Mord und Inzest eine durchaus untergeordnete Rolle spielten (Bollack). Nach Vernant verleiht der Sophokles-Text darüber hinaus dem politischen Denken im Athen des 5. Jahrhunderts Ausdruck und thematisiert dabei Konflikte und Widersprüche, die ein neu gesetzter rechtlicher und institutioneller Kontext nach sich gezogen habe, in dem die Entstehung des Rechts und die damit verbundenen Institutionen des politischen Lebens die traditionellen religiösen und moralischen Werte in Frage stellten. Die durch die Ausarbeitung eines juristischen Schuldbegriffs aufgeworfenen Probleme hätten notwendig zu einer neuen Bewertung menschlichen Handelns geführt. Der Mensch sei zunehmend als selbstverantwortlich handelndes Subjekt erachtet worden und habe sich immer stärker von den religiösen Mächten frei gemacht, die bis dahin das Universum lenkten. Das Theater, im klassischen Griechenland eine Art Volksversammlung und zugleich Gerichtsort, sei in dieser neuentstandenen politischen und geistigen Konstellation zum privilegierten Forum öffentlicher Debatten geworden. Das tragische Bewußtsein habe sich in dem Moment ausgebildet, als menschlicher und göttlicher Bereich sich bereits so weit auseinanderentwickelt hatten, um einen Gegensatz auszubilden, zugleich aber noch derart ineinander verwoben schienen, daß sich ein innerer Zwiespalt einstellen konnte. So wurde der Mensch der beklemmenden Frage nach dem Urspung seiner Handlungen ausgesetzt – der Frage nämlich, ob diese Handlungen einer lenkenden Bewußtheit entsprangen oder vielmehr von etwas abhingen, was sich ihm entzieht und seine Kräfte übersteigt.[48]

In der Tragödie glaubte Freud eine Übersetzung von Traummaterialien zu erkennen – die Projektion kindlicher Phantasien auf eine als real erachtete Geschichte. Die Tatsache, daß die Tragödie bis auf den heutigen Tag das Publikum ergreift und bewegt, schrieb Freud der Existenz eines unbewußten, eines universell vorausgesetzten Inzest-Wunsches zu. Eine solche Perspektive vermag nach Vernant freilich nicht zu erklären, warum die Tragödie an der Wende vom 6. zum 5. vorchristlichen Jahrhundert gerade in Griechenland und nicht andernorts entstanden ist und warum sie relativ schnell an Bedeutung einbüßte oder aber durch eine philosophische Reflexion eingeholt und ersetzt wurde, die – indem sie diese erklärte – jene Widersprüche auflöste, auf denen das dramatische Universum der Tragödie beruhte.[49] Schließlich sei kaum einsichtig, daß Ödipus von einem Inzest-Wunsch Iokaste gegenüber getrieben gewesen sein sollte, sei er doch bis zum bitteren Ende, das heißt, bis der Diener (der ihn als Kind – als Iokaste und Laios ihn auf dem Kithairon dem Tod zu überantworten suchten – aus den Händen eines thebanischen Hirten entgegennahm und der Pflege Meropes und Polibios anvertraute) im Drama auftritt und den endgültigen Beweis für Ödipus' Inzest und Vatermord liefert, davon überzeugt gewesen, daß Merope seine Mutter sei: Ihr gegenüber hegte er schließlich – und dies in Einklang mit der Liebesauffassung der griechischen Kultur, die zwischen familiärer Zuneigung bzw. Freundschaft einerseits (*philia*) und erotischer Leidenschaft (*eros*) andererseits deutlich unterschied – Gefühle reiner Sohnesliebe.

Daß Freud wiederum *eros* und *philia* miteinander vermengt hat – und mit und nach ihm seine Schüler –, ist unbestreitbar. Dies geht aus seiner Gleichsetzung des psychoanalytischen *Libido*-Begriffes mit Platos *Eros*-Theorie noch deutlicher hervor als aus seiner Interpretation des Sophokles-Dramas.[50] Doch selbst wenn man einräumt, daß der Inzest nicht das Hauptmotiv der Sophokles-Tragödie darstellt,[51] scheint es doch problematisch, die Unwissenheit des Ödipus als Beweis für eine fehlgehende Lesart Freuds zu reklamieren. Eher dürfte das Gegenteil der Fall sein: Gerade Ödipus' ›schuldlose Schuldhaftigkeit‹, der Umstand, daß er wider Willen zu etwas getrieben wird, was sein Bewußtsein ihm bei Kenntnis des realen Zusammenhangs seiner Handlung strikt verbieten würde, macht es möglich, in der Figur des Ödipus die universelle Matrix des psychischen Konflikts zwischen unbewußtem Wunsch – der sich im Text in der Weissagung des Orakels ausdrückt – und der illusorischen Wirklichkeit des bewußten Ich zu erkennen; denn dieses Ich wird gerade deshalb schuldig, weil es, davon überzeugt, souveränes Subjekt der eigenen Handlungen zu sein, sich dem Schein der Wahrnehmung anvertraut und so der Erkenntnis verweigert, daß sein Schicksal an einem Ort eingeschrieben ist, der ihm zwar zugehört, von dem er aber keine Kenntnis hat. Gerade weil Ödipus das flieht, was er als seine einzige Realität zu erkennen glaubt und die er zu beherrschen nicht zweifelt, geht er seinem unseligen Schicksal entgegen und begeht die doppelte Untat. Derjenige – wie es im Epilog von *König Ödipus* heißt –, der »das berühmte Rätsel gelöst hatte und zum mächtigsten aller Männer wurde« (*hos ta klein' ainigmat' edei kai kratistos en aner*),[52] war, von seinem stolzen Sinn verblendet, nicht in der Lage, den tragischen Text seines eigenen Schicksals zu lesen. In der Figur des Ödipus finden sich also die Merkmale jener besonderen Situation des tragischen Helden versinnbildlicht, die von Aristoteles als *hamartia* bezeichnet wird – eine Art von (un-übersetzbarem) Unbehagen und Unausgeglichenheit, das fehlende und fehlerhafte Bewußtsein für die Grenzen zwischen Identität und Alterität. Diese innere Lage führt die tragische Figur ihrer selbst zum Trotze dazu, »als Unwissende zu handeln«, und dies dergestalt, daß sie verkennt, was sie weiß oder besser: hätte wissen können.[53]

Der Einwand gegen Freuds Interpretation des Sophokles-Dramas, er habe den tragischen Stoff aus dem historischen Kontext gerissen und die philologischen Implikationen, die eine sinnvolle Annäherung an die »Wahrheit« des Textes erlaubten,[54] übersehen, verdient um so mehr Aufmerksamkeit, als dieser Einwand die Wege des Verstehens literarischer Texte an den historischen Horizont ihrer Entstehung bindet und die Legitimität ihrer Aktualisierung verwirft. Nun sind die Prämissen, auf denen die Freudsche Interpretation beruht, dieselben, die eine hermeneutische Lesart begründen; die mit dem »Ödipuskomplex«[55] beantwortete Problemstellung rührt also nicht an die Struktur des Textes, sondern geht dessen Wirkung auf den Grund.

Sicher ist richtig, daß Freuds Interpretation die Umstände der Entstehung der Tragödie zu einem bestimmten historischen Zeitpunkt und unter bestimmten Bedingungen des politischen und kulturellen Lebens der griechischen Polis nicht zu erklären vermag, was im übrigen auch nicht sein Anliegen war. Richtig ist aber auch, daß die historisch-philologische Interpretation ihrerseits ebensowenig erklären kann, warum das Sophokles-Drama bis heute seine Wirkung bewahrt und weiterhin von einem Publikum angenommen wird, dessen Bildungskanon sich zunehmend vom klassisch-humanistischen Ideal entfernt, welches für Freuds Zeitgenossen wohl noch Gültigkeit hatte, heute aber bestenfalls zu einem Privileg weniger Fachleute verkümmert ist. Ein Werk aber, das vom historischen Moment seiner Entstehung so stark abhinge, daß die Kenntnis des historischen Kontextes zur unabdingbaren Voraussetzung des Textverständnisses gehörte, mit anderen Worten ein Werk, das sich selbst nur um den Preis erklären kann, Teil einer Kette von extraliterarischen Ereignisses zu werden, dürfte wohl kaum einen hinreichenden Grad an Autonomie aufweisen, die es ihm erlaubt, zu überdauern und Wirkung zu erzielen – und dies auch dann, wenn sich die Voraussetzungen für sein Verständnis erschöpft haben, der historische Abstand zwischen Text und Rezipienten so groß geworden ist, daß zwischen den Erwartungen des letzteren und den im Text transportierten Werten und Inhalten sich ein Hiatus auftut.

Will man nicht davon ausgehen, daß die Kanonisierung eines ›Klassikers‹ – und unter den Texten des Sophokles handelt es sich bei *König Ödipus* ebenso wie bei der *Antigone* und der *Elektra* sicherlich um Klassiker der abendländischen Literatur – kraft eines Autoritätsaktes erfolgt, der normativ festlegt, welche Texte in das kollektive Gedächtnis einzugehen haben und welche nicht,[56] das heißt mittels eines gleichsam ungeschriebenen Dekrets, stellt sich die Frage, warum ausgerechnet *König Ödipus* zu jenen Dramen der antiken Literatur gehört, die seit Jahrhunderten aufgeführt werden und sich durchgängig der Gunst des Publikums erfreuen. Man kann also schwerlich umhin, einzuräumen, dem Text sei trotz veränderter Rezeptionsbedingungen etwas eigen, das ihm ermöglicht, lesbar und verstehbar zu bleiben. Dies fordert wiederum, herauszufinden, was er »der jeweiligen Gegenwart [...] so sagt, als sei es eigens ihr gesagt [worden]«.[57] Eine solche Auffassung des Textes übergeht seine ihm eigene historische Dimension keineswegs. Nur wird diese historische Dimension von dem Ausgangspunkt gelöst, an dem ein Konzept von Literaturgeschichte als chronologischer Prozeß sie festhält,[58] und sie wandelt auf den Wegen der verschiedenen Textauslegungen, die jeweils das zutage fördern, was dem Text an Ungleichzeitigem und Überhistorischem eingeschrieben ist.[59] *König Ödipus* ist ein »Klassiker« im Sinne der Definition Gadamers – ein Text nämlich, der jene Fragen zu beantworten vermag, die verschiedene Leser zu verschiedenen Zeiten an ihn stellen,[60] ein Text also, der seine kommunikative Kraft auch dann nicht einbüßt, »wenn die Welt, zu der er nunmehr spricht, eine andere ist als die, an die er sich ursprünglich wandte«;[61] kurz: ein Text, der »nie aufhört zu sagen, was er zu sagen hat«.[62]

Nach einem solchen hermeneutischen Verständnis ist das literarische Werk ein in ständiger Bewegung begriffener Gegenstand, der erst im Dialog mit dem jeweiligen Rezipienten und vermittels seiner jeweils spezifischen Wahrnehmungen (literarische) Realität erlangt. Freilich verliert das Konzept von »Wahrheit« des Textes dabei den Charakter von Objektivierbarkeit, da sich die Hierarchie von Text und Rezeption (von Antwort und Frage) zugunsten der letzteren verkehrt: denn »... alles solches Verstehen [ist] am Ende ein Sichverstehen«.[63]

Weder gilt es hier dem hermeneutischen Modell uneingeschränkt zu folgen, noch kann ignoriert werden, daß die Hermeneutik – sowohl in Gadamers Formulierung als auch in der durch die Rezeptionsästhetik erfolgten Revision – Gefahr läuft, eine teleologische Auffassung zu legitimieren, die Gegenwart in Gestalt der aktuellen Interpretation als notwendiges Ergebnis des Geschichtsverlaufs und als letztes Glied einer Kette von Ereignissen zu erklären, die sich unweigerlich so haben abspielen müssen, wie sie sich in der Tat abgespielt haben.[64] Erlangt ein Text der Vergangenheit erst durch die jeweils aktuelle Lektüre die ihm zugewiesene Bedeutung und findet sich diese alleine schon durch die Warte der Wahrnehmung gerechtfertigt, von der aus der Text befragt wird, dann dürfte es schwierig werden, objektivierbare Kriterien zu benennen, die es erlauben, im Text den Beleg für die Nicht-Beliebigkeit einer Lesart zu finden. Die einzige Garantie dafür, daß eine Interpretation als ›richtig‹ gelten kann, wäre in der Tat – hermeneutisch gesehen – ihre Wirkung, das heißt der um sie sich ausbildende Konsens.[65]

Daß Freuds Lektüre des Ödipus-Dramas diesen hermeneutischen Anforderungen genügt und sich als äußerst produktiv erwiesen hat, dürfte kaum zweifelhaft sein. So ist es heute nahezu unmöglich – sieht man von einigen Gräzisten und Berufsphilologen einmal ab –, Ödipus nicht mit jenem Komplex in Verbindung zu bringen, der seinen Namen trägt. Freilich bedeutet dies noch nicht, Freud darin zu folgen, die Qualen des Sophokleischen Ödipus seien mit jenen identisch, die den modernen Menschen umtreiben, und nicht doch eher Resultat einer spezifischen Kultur in einem bestimmten Moment ihrer Geschichte. Es bedeutet lediglich anzuerkennen, daß die von Freud an den antiken Text herangetragene Frage, die weniger seine immanente Wahrheit als seine (kathartische) Wirkung[66] auf den Zuschauer betraf, ihn seiner historischen Ferne[67] zu entreißen vermochte und eine Antwort gefunden hat, die dem Text potentiell – aber nicht mehr als potentiell – immer schon eingeschrieben war.

Die Wahrheit von Freuds Ödipus ist vielleicht nicht die Wahrheit von Sophokles' Ödipus, aber sie ist eine von vielen möglichen Wahrheiten; vor allem ist es eine Wahrheit, die der Mythenforschung und der Literaturwissenschaft neue Wege gewiesen hat und die zum Bestandteil einer Vorstellung vom Menschen sowie einer Kultur – der unsrigen – geworden ist, die ohne jenen Komplex, der, zu Recht oder auch nicht, den Namen des Ödipus trägt, nicht mehr denkbar sind. Vielleicht ist die Psychoanalyse, wie Lévi-Strauss einmal schrieb,[68] eine neue Quelle der Ödipus-Legende, ein moderner Mythos sozusagen, der nicht anders als der antike Mythos Material für viele verschiedene Versionen geliefert hat, ebenso wie die Version des Sophokles *eine* Version des antiken Mythos darstellte – eine von vielen.

II. Studien über Hysterie

Die Berufswahl

»Eine besondere Vorliebe für die Stellung und Tätigkeit des Arztes habe ich in jenen Jugendjahren nicht verspürt, übrigens auch später nicht. Eher bewegte mich eine Art von Wißbegierde, die sich aber mehr auf menschliche Verhältnisse als auf natürliche Objekte bezog und auch den Wert der Beobachtung als eines Hauptmittels zu ihrer Befriedigung nicht erkannt hätte.«[1]

Diese Sätze, die den ersten Seiten der *Selbstdarstellung* entstammen, zeugen von der Abneigung gegen die Medizin, die Freud sein ganzes Leben lang begleiten sollte. Sehr bald entfernte er sich deshalb von der Arbeit im Krankenhaus und von der traditionellen Medizin, um sich statt dessen den psychologischen Studien und der Erforschung der Rätsel des menschlichen Geistes zu widmen. Nie wurde er müde zu betonen, wie gering sein Talent und seine Berufung für die Medizin seien, so daß einer seiner Biographen schrieb: »Er erklärte einmal, es gebe drei Dinge, denen er sich nicht gewachsen fühle: Regieren, Heilen und Erziehen.«[2] Noch 1927 – in dem Nachwort zu *Die Frage der Laienanalyse* (1926), einem Werk, das nicht zufällig verfaßt worden war, um das Recht der Nicht-Mediziner auf Ausübung der Psychoanalyse zu verteidigen und letzterer, bisweilen implizit, den Status einer Geisteswissenschaft zu verleihen scheint – schrieb er: »Nach 41jähriger ärztlicher Tätigkeit sagt mir meine Selbsterkenntnis, ich sei eigentlich kein richtiger Arzt gewesen. Ich bin Arzt geworden durch eine mir aufgedrängte Ablenkung meiner ursprünglichen Absicht, und mein Lebenstriumph liegt darin, daß ich nach großem Umweg die anfängliche Richtung wiedergefunden habe.«[3]

Auf die Gefahr hin, Altbekanntes zu wiederholen und auf eine Geschichte einzugehen, deren Fakten ermittelt und deren Interpretationen nahezu ausgeschöpft sind, soll erneut gefragt werden, welche Gründe – jenseits der etwas drastischen Behauptung von Jones: »Für einen Angehörigen des jüdischen Mittelstandes kamen im damaligen Wien nur Handel oder Industrie, Jurisprudenz oder Medizin in Frage«[4] – den jungen Freud bewogen haben könnten, sich der medizinischen Laufbahn zuzuwenden, und auf welche »ursprüngliche Absicht« er in dem zitierten Passus hat anspielen wollen.

Die wohl wichtigste Quelle zur Rekonstruktion der Motive einer solchen Entscheidung, die angesichts seiner vorwiegend literarischen und philosophischen Interessen während der Gymnasialzeit durchaus nicht nahelag, sind die Briefe Freuds an seinen in Freiberg wohnenden Freund Emil Fluß aus den Jahren 1872-1874.[5] Obgleich es vielleicht übertrieben ist zu behaupten, diese Briefe wirkten »in manchen Zeilen [...] wie die ›schlaftrunkene‹ Vorwegnahme der Psychoanalyse«,[6] zeugen sie doch von dem spannungsreichen, ambivalenten Verhältnis zwischen dem Hang zur Spekulation und einer empirisch-materialistischen Grundüberzeugung, das der Psychoanalyse eingeschrieben ist und Freuds gesamtes Werk prägt. Zudem geht aus diesen Briefen deutlich hervor, daß von Anfang an eine enge Verbindung zwischen Literatur und Psychoanalyse vorlag (wenn wir den Begriff Psychoanalyse hier mit ihrem Begründer gleichsetzen), was die Annahme bestätigt, daß nämlich Literatur – hier Literatur im weitesten Sinne und ohne nähere Bestimmung oder gattungsspezifische Unterscheidungen – bei der Entstehung von Freuds Denken durchaus keine untergeordnete Rolle einnimmt, sondern ein konstitutives, ja ein epistemologisch produktives Element ist.

Schließlich war es dank eines literarischen Textes, daß Freud im Jahre 1873 die während der Gymnasialzeit gehegten Unsicherheiten hinsichtlich seiner Zukunftspläne überwand und – das Projekt einer juristischen Laufbahn hinter sich lassend – zum Studium einer naturwissenschaftlichen Disziplin und zur biologischen Forschung ›konvertierte‹. In einem Brief vom 1. Mai 1873 schreibt er an den Freiberger Freund: »Ich habe festgestellt, Naturforscher zu werden, [...]. Ich werde Einsicht nehmen in die Jahrtausende alten Akten der Natur, vielleicht selbst ihren ewigen Prozeß belauschen und meinen Gewinn mit jedermann teilen, der lernen will.«[7] Fünfzig Jahre später lieferte Freud die Erklärung für diesen Satz und die durchaus plötzliche, unerwartete Entscheidung, sich der Naturwissenschaft zuzuwenden: »[...] Die damals aktuelle Lehre Darwins zog mich mächtig an, weil sie eine außerordentliche Förderung des Weltverständnisses versprach, und ich weiß, daß der Vortrag von Goethes schönem Aufsatz ›Die Natur‹ in einer populären Vorlesung von Prof. Carl Brühl kurz vor der Reifeprüfung die Entscheidung gab, daß ich Medizin inskribierte.«[8]

Der Verfasser der fraglichen Schrift, die fälschlicherweise Goethe zugeschrieben wurde, ist in Wahrheit bekanntlich der Schweizer G. C. Tobler. Allerdings spiegelt das Fragment die von Goethe in den achtziger Jahren des 18. Jahrhunderts vertretene Naturphilosophie wider und wird – gefolgt von einem Kommentar Goethes selbst – in allen Werkausgaben unter seinen philosophischen und naturwissenschaftlichen Schriften aufgeführt. Bezeichnenderweise gibt es in der Pseudo-Goetheschen Schrift weder irgendeinen Hinweis auf den ›praktischen‹ Nutzen des Studiums der Natur, noch gehört sie in den Bereich der Anatomie, Botanik oder Mineralogie. Eher handelt es sich um eine Art pantheistische Rhapsodie, die ohne weiteres den von Spinoza beeinflußten Sturm-und-Drang-Hymnen jener Zeit an die Seite gestellt werden könnte. Der Text ist nicht frei von Doppeldeutigkeiten und weit davon entfernt, die Notwendigkeit einer Beherrschung der Natur durch den Menschen zu proklamieren. Wäre dies der Fall, so ließe sich sein Status als Schlüsseltext für die Berufswahl eines ehrgeizigen, aufstrebenden jungen Mannes auf banalste Art und Weise plausibel erklären. Vielmehr erscheint die Natur dem Fragment nach als Kraft, die den Impuls für eine unaufhörliche Erneuerung aus sich selbst bezieht. Weder böse noch gut, aber doch geheimnisvoll, ist die Natur eine vitale Instanz, an der der Mensch teilhat, ohne dabei ihren Mittelpunkt darzustellen; wenn auch nicht furchterregend, so wirkt sie doch in gewissem Sinn befremdlich. Vor allem scheint die Natur, wie Blumenberg dazu bemerkt, an einem dialektischen Prozeß der Enthüllung und Verhüllung teilzuhaben (»Sie spricht unaufhörlich mit uns, und verräth uns ihr Geheimnis nicht«),[9] demselben Prozeß, der die Beziehung zwischen Latentem und Manifestem prägt und die Doppeltheit jedes Textes begründet, der von der Erfahrung des Menschseins *spricht*, ohne zu *sagen*, was er verbirgt.[10]

Die Episode der Vorlesung über das Fragment »Die Natur«, die Freud für seine Berufswahl verantwortlich machen wollte, könnte als bloße Anekdote angesehen werden oder als eine der nicht seltenen nachträglichen Rechtfertigungen, die Freud wohlweislich in seine spärlichen autobiographischen Äußerungen einstreute,[11] enthielten die Briefe an Fluß nicht eine weitere literarische Referenz, die inhaltlich so eng mit den Schicksalen der Psychoanalyse verwoben ist, daß jede Zufälligkeit ausgeschlossen werden kann. Es ist *König Ödipus* von Sophokles, aus dem Freud bei der Abiturprüfung einige Verse zu übersetzen hatte, den er aber bereits einige Monate zuvor aus eigener Initiative gelesen hatte.[12] In einem Brief vom 17. März 1873 verabschiedet sich Freud von dem Freund mit einer Anspielung auf seine »erhebenden« Lektüren: »Ich muß meinen heutigen Brief früher schließen als ich wollte. [...] Ich muß manches von griechischen und lateinischen Klassikern für mich lesen, darunter König Ödipus von Sophokles. Sie [d. h.: der Angeredete] verlieren viel Erhebendes, wenn Sie all das nicht lesen können, freilich erhalten Sie sich jene Heiterkeit, die mir an Ihren Briefen wohltut.« Unter den lateinischen Texten, auf die Freud in seinem Brief anspielt, befand sich wahrscheinlich auch Vergils *Äneis*, die Thema der schriftlichen Matura-Prüfungen sein sollte und die Freud gleichfalls zuvor gekannt hatte.

Überraschend ist sicher nicht, daß ein Abiturient in jenen Jahren Sophokles oder Vergil las,[13] denn schließlich hatte die wenige Jahre zuvor in Kraft getretene österreichische Gymnasialreform die klassische Literatur zu einem grundlegenden Schulfach gemacht. Überraschend ist, denselben Autoren Jahrzehnte später, nach den positivistischen ›Wehen‹ des Medizinstudiums und der neurologischen Forschung, im Kontext der Psychoanalyse wiederzubegegnen: König Ödipus wird 1900 die Bühne der *Traumdeutung* betreten, um zehn Jahre später jenem Komplex seinen Namen zu leihen, der inzwischen fast zu einem Synonym für die Lehre Freuds geworden ist, während der *Äneis* einige Verse entstammen, die dem Traumbuch als Motto voranstehen – und übrigens vorrangig aus diesem Grund zu großer Berühmtheit gelangten.

Die herausragende Rolle, die Sophokles und Vergil – wenngleich in unterschiedlichem Maße und in unterschiedlichen Funktionen – bei der Entstehung der psychoanalytischen Theorie einnehmen, legt die Vermutung nahe, daß die Literatur für Freud von begründender Bedeutung war; die Erfahrung des Lesens – auch, aber nicht allein der klassischen Autoren – und der »Lesbarkeit« (Blumenberg) der Dinge ist nicht beiläufig, sondern untrennbar mit den theoretischen Erkenntnisprozessen verbunden. Als Freud dann die Grundbegriffe der psychoanalytischen Lehre formuliert, wird er aus dem fernen Fundus seiner Jugend-Lektüren schöpfen und die Ödipus-Sage sowie die Beschreibung der Vergilschen Unterwelt – deren literarische ›Konkretion‹ schon einen gewissen Grad an Glaubwürdigkeit zu suggerieren vermag – wieder hervorholen, um in der Form der Metapher das sagbar zu machen, was die Psychoanalyse, hat sie einmal den sicheren Boden der Überprüfbarkeit verlassen, als real voraussetzen will, dessen Nachweis sie jedoch der Zukunft überlassen muß.

Trifft es also zu, »daß die Psychoanalyse als Theorie oder Therapeutik nicht ohne Kontakt mit der Literatur entstand und ihre Anwendung auf die Literatur nicht erst nachträglich von Freud oder seinen Nachfolgern unter mißbräuchlicher Überschreitung ihrer Rolle als Ärzte oder Psychotherapeuten ersonnen wurde«,[14] und trifft weiterhin zu, daß Freuds Interessen sich außerdem von Anfang an mehr auf die humanistisch-literarischen als auf die naturwissenschaftlichen Disziplinen richteten, dann erlangt die Hypothese, die der erste Freud-Biograph, Fritz Wittels, zur Erklärung des ›Rätsels‹ von Freuds Berufswahl aufstellte, neue Glaubwürdigkeit. Dieser Annahme zufolge habe sich Freud der Laborbeobachtung und der Erforschung exakter, unumstößlicher Fakten zugewandt, um die spekulativen Neigungen und die literarischen Versuchungen zu bändigen, die ihn dazu führten, sich in unterschiedlichen Wissensbereichen zu verlieren, ohne ein klar bestimmtes Forschungsfeld für sich zu erkennen.[15]

Von der Neurologie zur Psychopathologie

In der zweiten Hälfte des 19. Jahrhunderts hatte sich in Wien von Deutschland her ein wahrer Kult der Wissenschaft ausgebreitet. Einem strikten Determinismus Darwinscher Prägung verpflichtet, machte diese Orientierung aus der Physiologie und der Zellanatomie eine Art von Weltanschauung. Diese wurden als Wissenschaften *par excellence* angesehen, die endgültige, vor allem aber exakte und überprüfbare Antworten auf jene Fragen zu liefern vermochten, auf die Philosophie oder Religion – eminent ›romantische‹ und als solche in den akademischen Kreisen in Verruf geratene Disziplinen – keine befriedigenden Lösungen geboten hatten. Unter Autoritäten wie Theodor Meynert und Ernst Brücke,[16] die auf wissenschaftlichem Gebiet nahezu unangefochten waren, stellte die Wiener Medizinische Fakultät eine Hochburg derartiger Theorien dar. Es war dieses akademische Milieu, in dem Freud seine erste ärztliche Ausbildung erfuhr und sich mit einem methodologischen Ansatz vertraut machte, dem er – zumindest seinen ›offiziellen‹ Äußerungen nach – das ganze Leben lang treu blieb, auch dann, als seine Forschungen auf dem Gebiet der Psychopathologie und später der »Metapsychologie« ihn fast zwangsläufig vom Imperativ experimenteller Überprüfbarkeit der Daten wegzuführen schienen.

Freuds Studienverlauf an der medizinischen Fakultät war zumindest zu Anfang eher ›unkonventionell‹.[17] Bevor er sich unter Anleitung Brückes gänzlich der Laborforschung zuwandte, ging er zunächst noch seinen spekulativen Neigungen nach. Im Herbst 1873 hatte er sich an der medizinischen Fakultät immatrikuliert, und obwohl in ebendiesem Jahr für Medizinstudenten die Pflicht zum propädeutischen Philosophiekurs entfiel, besuchte er mindestens drei Jahre lang eine fakultative Philosophie-Vorlesung bei Franz Brentano,[18] welcher seinen Studien über die Logik des Aristoteles und die empiristische Psychologie seinen Ruf verdankte. Durch Brentano, der Theodor Gomperz empfahl, Freud als Übersetzer von John Stuart Mill zu engagieren, kam der junge Medizinstudent erstmals mit Platos Philosophie in Berührung.[19] Kann überhaupt von einer »akademischen philosophischen Bildung« Freuds gesprochen werden, so gilt das also in erster Linie für die antike Philosophie. Auch dann, als später zeitgenössische Philosophen mit Freuds »Weltanschauung« übereinzustimmen schienen (Schopenhauer[20] und Nietzsche[21] wurden bereits erwähnt) und seine behauptete und viel beklagte intellektuelle Isolation, in der die ersten großen Werke entstanden, hätten lindern können, zog Freud es vor, geistige Gemeinsamkeiten mit den Philosophen der Antike in Anspruch zu nehmen und diese als seine »Vorläufer« zu reklamieren.

Doch zurück zu Freuds Labor-Studien der Physiologie und Zoologie, um den Weg nachzuzeichnen, welcher ihn von der Mikroskopie[22] und der absoluten Überzeugung, alle Äußerungen psychischen Lebens hätten eine biologische Grundlage und seien biologischen Ursprungs, zur »philosophischen« Spekulation und zur Anwendung einer Methode hinführen wird, ja man könnte vielleicht sagen: *zurückführen* wird, die – allen Behauptungen Freuds zum Trotz – eher auf deduktiven Verfahren denn auf klinischer oder experimenteller Beobachtung fußt.

Nachdem Freud die intellektuelle »Schlamperei« (Freud) der ersten Universitätsjahre hinter sich gelassen und den Plan eines doppelten Studienabschlusses in Philosophie und Medizin endgültig aufgegeben hatte, widmete er sich in dem von Brücke geleiteten Institut für Physiologie nunmehr ganz der histologischen Forschung. Noch 1927 schrieb Freud zu den Motiven, die ihn zur Wahl der medizinischen Fakultät bewogen, und zu dem Einfluß, den Brücke auf seine wissenschaftliche Ausbildung hatte:

»In den Jugendjahren wurde das Bedürfnis, etwas von den Rätseln dieser Welt zu verstehen und vielleicht selbst etwas zu ihrer Lösung beizutragen, übermächtig. Die Inskription an der medizinischen Fakultät schien der beste Weg dazu, aber dann versuchte ich's – erfolglos – mit der Zoologie und der Chemie, bis ich unter dem Einfluß v. Brückes, der größten Autorität, die je auf mich gewirkt hat, an der Physiologie haften blieb, die sich damals freilich zu sehr auf Histologie einschränkte.«[23]

Brücke repräsentierte in jenen Jahren in Wien die sogenannte Helmholtz-Schule, die letzterer zusammen mit Virchow, Du Bois-Reymond und Brücke selbst in den 1840er Jahren in Berlin gegründet hatte. Es war die ausdrückliche Absicht dieser Forscher gewesen, einen klaren Bruch mit der Wissenschaft und Medizin der Romantik zu vollziehen, indem man dem Vitalismus einen Denkansatz entgegenstellte, der auf einem mechanistischen, streng deterministischen Konzept beruhte, das der Physiologie den Rang einer Schlüsseldisziplin unter den Naturwissenschaften zuwies. Die Vertreter der Helmholtz-Schule gingen davon aus, daß allein physisch-chemische Kräfte im menschlichen Organismus wirkten, und unterstellten den psychischen Prozessen dieselben Gesetzmäßigkeiten, denen die physischen Organismen gehorchen. Mit kurzen Unterbrechungen arbeitete Freud sechs Jahre in Brückes Experimentallabor für Physiologie und teilte während dieser Zeit vorbehaltlos dessen positivistisches Wissenschaftsideal und den Geist eines antiromantischen Kreuzzugs. Erst 1882, ein Jahr nach Erlangung der Doktorwürde in Medizin, sah sich Freud aus wirtschaftlichen Gründen gezwungen, sich von der Forschung zu verabschieden, um den Beruf als Arzt anzutreten. Unter den vielen Abteilungen, in denen ein Sekundararzt Dienst tun mußte, befand sich auch die psychiatrische Abteilung, der Theodor Meynert vorstand.[24] Dort befaßte Freud sich mit Hirnanatomie und vergleichender Anatomie und begann – mehr aus praktischen Gründen als aus theoretischem Interesse – sein Augenmerk auf die Erkrankungen des Nervensystems zu richten.

Als die »wichtigste Erfahrung«, welche Freud dazu bewog, sich vom Somatismus der Wiener Schule zu entfernen und die ersten Schritte auf dem Weg zur Begründung der Psychologie und Psychopathologie als von Neurologie, Anatomie und organischer Chemie unabhängigen Wissenschaften zu unternehmen, gilt jedoch die Begegnung mit J. M. Charcot. Mit einem Stipendium für das Studienjahr 1885/86 zog Freud für sechs Monate nach Paris und arbeitete in der Abteilung für Nervenkrankheiten an der *Salpêtrière*.[25] Was Freud an der *Salpêtrière* vor allem angezogen hatte, war die Gewißheit, dort Erkenntnisse über die Hysterie sammeln zu können. Nach dem kurzen Intermezzo der Medizin der Romantik war diese Krankheit in Verruf geraten. Ihre Beschreibung und ›Wiederentdeckung‹ ist mit dem Namen Charcot verbunden, der in den achtziger Jahren des 19. Jahrhunderts, zumal im französischsprachigen Raum, als unangefochtene Autorität auf dem Gebiet der Nervenkrankheiten galt. Die deutsche und österreichische Medizin waren durchaus über Charcots Untersuchungen auf dem laufenden und hatten die Debatte über Hypnose und Suggestion, die sich in jenen Jahren jenseits der Grenze entsponnen hatte, aufmerksam verfolgt, zeigten sich jedoch, was die Übernahme ihrer Resultate anging, äußerst skeptisch. Diese Haltung war wahrscheinlich weniger einer Art intellektueller Kurzsichtigkeit oder einem obskurantistischen Vorurteil geschuldet – wie Freud später behaupten sollte – als vielmehr dem Methodenstreit zwischen dem Funktionalismus sowie dem anatomisch-klinischen Verfahren Charcots und dem Mechanizismus der Helmholtz-Schule. Darüber hinaus wurden mit der Hysterie all jene Elemente des Mystischen und Irrationalen assoziiert, die aus den Geisteskrankheiten das bevorzugte Studienobjekt der Medizin der Romantik gemacht hatten und die dem Positivismus wiederum als einer »vorwissenschaftlichen«, definitiv überwundenen Epoche zugehörig galten.[26]

In einem Brief an Martha Bernays vom 24. November 1885 berichtet Freud von der ›Metamorphose‹, die sich dank Charcot in ihm vollzieht:

»Ich glaube, ich verwandle mich sehr. Ich will Dir das einzeln aufzählen, was auf mich einwirkt. Charcot, der einer der größten Ärzte, ein genial nüchterner Mensch ist, reißt meine Ansichten und Absichten einfach um. Nach manchen Vorlesungen gehe ich fort wie aus Notre Dame, mit neuen Empfindungen von Vollkommenem. Aber er greift mich an; wenn ich von ihm weggehe, habe ich gar keine Lust mehr, meine eigenen dummen Sachen zu machen… Mein Gehirn ist gesättigt wie nach einem Theaterabend. Ob die Saat einmal Früchte bringen wird, weiß ich nicht; aber daß kein anderer Mensch je ähnlich auf mich gewirkt hat, weiß ich gewiß.«[27]

Der Ansatz der Wiener Schule und des Instituts für Physiologie, an dem Freud sechs Jahre lang gearbeitet hatte, war streng experimentellen Methoden sowie organisch-mechanizistischen Konzeptionen verpflichtet, die im Bereich der Neurologie die sogenannte Lokalisationslehre hervorgebracht hatten. Ihr zufolge entsprang jede neurologische Manifestation der Dysfunktion des jeweiligen Gehirnbereichs, von dem man meinte, er sei für die Arbeitsweise der betreffenden Organe zuständig und schließlich für deren Störung allein verantwortlich. Obwohl auch die französische Medizin dem organizistischen Vorurteil verhaftet blieb, das der gesamten Neurologie der Zeit gemein war, bediente sie sich im neurologischen Bereich einer klinisch-vergleichenden Methode und zog der Lokalisationslehre eine funktionale Auffassung der Hirntätigkeit vor.[28]

Ein eher zufälliges Ereignis hatte im Jahre 1870 Charcots erste klinische Beobachtungen ermöglicht. Die *Salpêtrière*, zu der eine Abteilung gehörte, in der mehr schlecht als recht Geisteskranke, Epileptiker und Hysteriker untergebracht waren, sollte umstrukturiert werden. Die Verlegung der Kranken machte die Anwendung von Auswahl- und klinischen Klassifikationskriterien erforderlich, um der Vermischung unterschiedlicher geistiger und organischer Erkrankungen, von der man zu der Zeit meinte, sie sei einer ernsthaften, methodischen Forschung abträglich, ein Ende zu bereiten. So wurde in aller Eile eine Abteilung für Hysteriker und Epileptiker eingerichtet, für diejenigen Patienten also, die bei oberflächlicher Betrachtung eine ähnliche Symptomatik – ›Krisen‹ und ›Anfälle‹ – aufwiesen, und Charcot wurde mit ihrer Leitung betraut.

Im Gegensatz zur offiziellen Neurologie, die bei fehlenden anatomischen Befunden auch die Symptome vernachlässigte und diese einer absichtlichen Simulation des Kranken zuschrieb, hatte Charcot die Hysterie zu seinem Forschungsfeld gemacht. Auch wenn es ihm nicht gelungen war, ihre genauen Ursachen festzustellen, hatte er doch eine detaillierte Klassifikation vorgelegt, in der er die Lähmungen organischen von denjenigen psychischen (traumatischen) Ursprungs unterschied.[29] Zwar ging er davon aus, daß Hysterie in erster Linie auf Erbfaktoren zurückzuführen sei, und schrieb den nichterblichen Faktoren allgemein die Rolle von »Gelegenheitsursachen« (von *agents provocateurs*) zu, doch suchte er in einem Großteil seiner theoretischen Schriften und Universitätsvorlesungen den Einfluß des Traumas als erstem unter den sekundären Faktoren in denjenigen Fällen von Hysterie zu bestimmen, deren pathogene Inzidenz sich Charcot zufolge durch Analogie mit bestimmten hypnotischen Phänomenen erklären ließ. In dem Augenblick, in dem das Opfer ein Trauma erlebe, befinde es sich in einem besonderen Zustand, in dem das normale Bewußtsein aussetzt. Das Phänomen der »Selbst-Suggestion« hinsichtlich der Folgen des Traumas entstehe unabhängig vom Willen des Subjekts und es sei der vom Therapeuten herbeigeführten Hypnose durchaus ähnlich. Sich der hypnotischen Suggestion bedienend, hatte Charcot bei seinen Patienten einen schlafwandlerischen Zustand erzeugt, in dem sie die hysterischen Symptome künstlich reproduzierten, was bewies, daß sie nicht von organischen Störungen, sondern von Vorstellungen herrührten oder daß, noch wahrscheinlicher, bei der hysterischen Krise eine mit den Inhalten einer traumatischen Erfahrung verknüpfte Szene in der Körpersprache erneut durchlebt wurde. Erstmals wurde so der psychologische Mechanismus des hysterischen Phänomens erklärt und darüber hinaus seine Allgemeingültigkeit nachgewiesen, die weder geschlechtliche noch historisch-zeitliche Unterschiede kennt.

Charcot hatte einer Krankheit, deren Auswirkungen bis dahin nicht als Untersuchungsfeld der Neuropathologie gegolten hatten, zu wissenschaftlichem Ansehen verholfen. Entsprechend der etymologischen Tradition des Wortes war die Hysterie seit der Antike als ausschließliche Affektion des weiblichen Geschlechts betrachtet worden.[30] Nicht selten hatten Ärzte ihre Ursachen einer Gebärmuttermißbildung zugeschrieben, und die Therapie bestand bisweilen in der Entfernung der Gebärmutter oder in der Ablation der Klitoris. Auch die romantische Vorstellung, die aus der Hysterie die ›leidenschaftliche‹ Krankheit *par excellence* machte – eine Vorstellung, zu der Freud in gewissem Sinne zurückkehrte –, hatte mit dazu beigetragen, daß sie am Rande des institutionellen nosologischen Diskurses blieb. Charcot gelang der Nachweis, daß sie gleichermaßen Kranke männlichen Geschlechts trifft, vor allem in den Arbeiterschichten. Die Entdeckung der Gleichheit der Symptome bei beiden Geschlechtern erwies sich sowohl unter gesellschaftlichem wie unter medizinischem Gesichtspunkt als äußerst folgenreich. Nachdem das Auftreten von Hysterie bei Männern nachgewiesen und ihr besonderer Funktionsmechanismus geklärt worden war, konnte sie nunmehr unter die Erkrankungen des Nervensystems eingereiht und zum Gegenstand wissenschaftlicher Studien und klinischer Forschung gemacht werden.

Neben einer psychologischen Interpretation der hysterischen Krise hatte Charcot auch eine physiologische Erklärung zu liefern versucht, wonach die Symptome durch »dynamische« oder »funktionale« Störungen des Nervensystems hervorgerufen würden, die den strukturellen Störungen der Nervenkrankheiten organischen Ursprungs durchaus glichen, mit dem einzigen Unterschied, daß die strukturellen Störungen irreversibel, die dynamischen dagegen vorübergehend seien. Obwohl Charcots Entdeckungen durch das Vorurteil der Erblichkeit entwertet wurden und nicht von einer organizistischen Auffassung der Nervenkrankheit abrückten, ermöglichten sie dennoch einen Zugang zur psychologischen Forschung und widerlegten endgültig die Hypothese, daß die Hysterie eine simulierte oder eingebildete Erscheinung sei.

Die Wiener Neurologie, die längst Charcot der »Scharlatanerie« und des »Komödiantengeistes« bezichtigt hatte,[31] zeigte sich auch angesichts dieser Evidenz skeptisch und neigte dazu, die Beobachtung neuer Erkenntnisse der Autorität einer Tradition unterzuordnen, deren klinisches und letztlich auch ethisches Urteil einer wesentlich mittelalterlichen Auffassung der Geisteskrankheit entsprang. Bereits seit der Pariser Erfahrung an der *Salpêtrière* hatte Freud begonnen, ernsthafte Zweifel insbesondere an der wissenschaftlichen Untersuchungsmethode der Meynert-Schule zu hegen. Als er dann 1886 vor der Gesellschaft der Ärzte in Wien einen Vortrag über einen Fall männlicher Hysterie hielt, wurde ihm – so Freud – eine äußerst kühle, entmutigende Aufnahme bereitet, die ihn tief verletzte und nicht zuletzt dazu beitrug, ihn weiter von der Wiener Ärzteschaft zu entfernen. Damit begann sein Rückzug, nicht nur von der klinischen Arbeit im Krankenhaus, sondern auch von der theoretischen Zusammenarbeit mit der Gruppe um Meynert. Als Freud der Gesellschaft einen Monat später auf Meynerts Einladung hin, der ihn zur klinischen Demonstration seiner Theorien aufgefordert hatte, einen Fall männlicher Hysterie vorstellte, dessen Symptome den von ihm beschriebenen entsprachen, war die

Aufnahme freundlicher, dies konnte die Verletzung jedoch nicht wiedergutmachen. Über diese Episode schrieb er vierzig Jahre später in der *Selbstdarstellung*:

»Der Eindruck, daß die großen Autoritäten meine Neuigkeiten abgelehnt hätten, blieb unerschüttert; ich fand mich mit der männlichen Hysterie und der suggestiven Erzeugung hysterischer Lähmungen in die Opposition gedrängt. Als mir bald darauf das hirnanatomische Laboratorium versperrt wurde und ich durch Semester kein Lokal hatte, in dem ich meine Vorlesung abhalten konnte, zog ich mich aus dem akademischen und Vereinsleben zurück. Ich habe die ›Gesellschaft der Ärzte‹ seit einem Menschenalter nicht mehr besucht.«[32]

In einer organizistischen Vision der Geisteskrankheit befangen, ging die zeitgenössische Neurologie von einer wesentlich linearen, hierarchischen Organisation der psychischen Vorgänge aus. All jene Symptomatiken, die unweigerlich auf eine komplexere Struktur des menschlichen Geistes hindeuteten und zum Teil als überdeterminiert von irrationalen, dem Untersuchungsgebiet der Anatomie entzogenen Kräften erschienen, wurden in die Zuständigkeit von Dichtern, Philosophen, Priestern oder Okkultisten verwiesen, in deren heuristische Fähigkeiten man keinerlei Vertrauen setzte. Der Positivismus, der die gesamte Kultur und Weltanschauung der zweiten Hälfte des 19. Jahrhunderts durchdrungen hatte, enthüllte hier seine Grenzen und die Unangemessenheit seiner Untersuchungsmethoden, die sämtliche Äußerungen des menschlichen Geistes gemäß einem allumfassenden Modell zu erklären versuchten, das keinerlei ›Dunkelzonen‹ zuließ; fand er sich vor einer leeren Seite, die die Formeln nicht zu füllen vermochten, so war er gezwungen, sie im Namen eines wissenschaftlichen ›Imperativs‹ zu übergehen oder zu unterdrücken.

Die Medizin erklärte die Arbeitsweise des menschlichen Organismus in quantitativen Begriffen, die akademische Psychologie beschäftigte sich mit den Beziehungen zwischen bewußtem Ich – die einzige psychische Größe, die als real betrachtet wurde – und Außenwelt unter dem Gesichtspunkt der Wahrnehmung, Ausarbeitung und Reaktion des Bewußtseins auf die realen Phänomene. Beide Disziplinen gingen getrennte, aber nur scheinbar unvereinbare Wege, denn beide waren wesentlich demselben Erkenntnismodell verpflichtet. Die Illusion, die Menschheit vom metaphysischen Joch einer theologisch vorherbestimmten Ordnung, die Wissenschaft vom Aberglauben der Vergangenheit und die Medizin vom geheimnisumwobenen Dunst befreit zu haben, in den die Praktiken von ›Mesmeristen‹, Quacksalbern und ›Hexern‹ sie gehüllt hatten, stärkte die Überzeugung – in der auch Freud sich lange gewiegt hatte und die er nur mühsam im Verlauf seiner Selbstanalyse aufgeben sollte –, in genauen Entsprechungen mit der Anatomie des Pathologischen den Interpretationsschlüssel für jedes menschliche Krankheitsphänomen und für die psychische Organisation des Individuums gefunden zu haben.

Charcot hatte gezeigt, daß sich unter Rückgriff auf die Hypnose bei geeigneten Subjekten dieselben hysterischen Symptome wie Lähmung, Zittern, Anästhesie oder motorische Aphasie erzeugen ließen, wie sie für spontane Hysterie bei anderen Patienten charakteristisch waren (und den im Mittelalter als Äußerungen der Besessenheit weidlich beschriebenen Symptomen haargenau glichen).[33] Dadurch hatte er bewiesen, daß diese Symptome, welches auch immer der unbekannte neurologische Ursprung der Hysterie sein mochte, einen psychogenen Beweggrund hatten, daß sie unter Heranziehung von ›Ideen‹, von Worten und ohne aggressive therapeutische Eingriffe erzeugt und behoben werden konnten. Unter medizinischem Gesichtspunkt bedeutete dies notwendigerweise, daß die Kranken psychologisch untersucht werden mußten. Doch für eine solche Untersuchung hatte die akademische Psychologie bis dato kein geeignetes Instrumentarium bereitgestellt, während die Medizin, wenigstens in ihrem offiziellen Gewand, sie weder als mögliches Forschungsgebiet noch als therapeutisches Hilfsmittel oder als mögliches Instrument der Ätiologie in Betracht gezogen hatte.

In Paris begann sich für Freud folglich die Idee abzuzeichnen, daß die Nervenkrankheit eine Form von darstellender Sprache sei, deren Code auf eine unbewußte Verarbeitung des psychischen Materials verweise, die andere Interpretationsverfahren verlange, als die traditionelle Psychologie sie anwandte, vor allem jedoch, daß sie nicht in quantitative Formeln übersetzbar sei. Schließlich kristallisierte sich in ihm die Überzeugung heraus, daß ihre Ursachen nicht in bestimmten organisch lokalisierbaren Hirnstörungen, sondern in der Geschichte des Kranken, seinen Beziehungen mit der Umwelt, also in einer vorwiegend psychischen Realität zu suchen seien.

Freuds Auffassung der Hysterie sollte im Laufe der Jahre verschiedene Veränderungen im Zeichen einer fortschreitenden Abwendung von Charcots Ideen durchlaufen. Hatte Freud bis 1893 das Gewicht von Erbfaktoren noch nicht genau bestimmt, obwohl er sich den extremen Vererbungstheorien widersetzte, so wird ihnen in der »Vorläufigen Mitteilung«, die Breuer und Freud in diesem Jahr den *Studien über Hysterie* vorausschickten,[34] in der vagen Definition der »erblichen Veranlagung« eine sekundäre, wenn nicht gar marginale Rolle zugewiesen. Dagegen erscheint das Trauma als ätiologische Hauptursache und zentraler Kern der therapeutischen Arbeit. Auch sollte Freud im Hinblick auf die Behandlung der Hysterie – die ihm, der wider Willen ›behandelnder Arzt‹ geworden war, mehr am Herzen lag als Charcot – Grenzen und Wirksamkeit der Hypnose und der Suggestion überprüfen, ehe er zur kathartischen Methode und von dort aus zur eigentlichen psychoanalytischen Methode der freien Assoziation gelangte. Dabei bewegte sich die Untersuchung in scheinbar entgegengesetzter, letztlich jedoch komplementärer Richtung zu den Orientierungen Charcots.[35]

Zur Perfektionierung der Hypnosetechnik verbrachte Freud im Sommer 1889 einige Wochen in Nancy, wo die bekanntesten Hypnotiker der Zeit (Bernheim, Liébault u. a.) tätig waren. Die wissenschaftliche Kontroverse zwischen der *Salpêtrière*-Schule und der Schule von Nancy hatte die Diskussion über Hysterie im Frankreich der 1880er Jahre bestimmt, die sich wesentlich um die Bewertung des Hypnotismus drehte:[36] Während Charcot und seine Schüler die Hypnose als pathologischen Zustand ansahen, der nur in hysterischen Patienten hervorgerufen werden kann, und sie demnach nicht zu therapeutischen, sondern im wesentlichen zu diagnostischen und Beweiszwecken anwandten, war sie Bernheim zufolge eine Form von suggestiver Beeinflussung, die an sich überhaupt nichts von einem neurotischen Phänomen hat, sondern zur Normalität intersubjektiver Beziehungen gehört. Charcot zog die Hypnose heran, um das Vorurteil der Simulation zu entkräften und die Hysterie als Neurose anerkannt zu sehen; Bernheim sah hingegen in der Hypnose eine Suggestionstechnik und den Weg zur Behandlung von Nervenkrankheiten, für die die offizielle Neurologie in jenen Jahren noch auf Praktiken wie Diäten, Wasserkuren und Elektroanwendungen zurückgriff.[37] Außerdem waren Charcot und seine Schule der Ansicht, daß bestimmte physiologische Phänomene wesenhaft mit dem Hypnose-Phänomen verknüpft seien, während die Forscher aus Nancy sie als Folge der vom Hypnotiker angewandten Suggestion auffaßten. Daher der Vorwurf an Charcots Adresse, er habe Hysterie in einem Großteil seiner Patienten durch Suggestion ›hervorgerufen‹.[38] Noch 1888 hatte Freud in seinem Vorwort zu dem ersten von zwei Aufsätzen Bernheims, deren Übersetzung er besorgte,[39] gegen Bernheim Charcots Partei ergriffen, indem er behauptete, der Mechanismus des Auftretens hysterischer Symptome habe zwar einen psychischen Ursprung, ihre Manifestationen seien aber nicht willkürlich, also nicht nach Belieben des Arztes, der die Hypnose anwendet, zu erzeugen, sondern der Hysterie eigen, real und objektivierbar. In den unmittelbar auf den Aufenthalt in Nancy folgenden Jahren und zum Teil noch bei der Behandlung der in den *Studien* vorgestellten Fälle ist hingegen der tiefe Einfluß Bernheims sichtbar: Die Therapie ist dem hypnotischen Verfahren anvertraut, und die Symptome werden dank des suggestiven Eingriffs des Therapeuten behoben.[40]

Durch die Hypnoseerfahrung – und dies ist wohl ihr wichtigstes Erbe für die Psychoanalyse – griff in Freud die Überzeugung Raum, daß das Geheimnis des unbewußten Lebens und der Weg zur Heilung neurotischer Symptome im Wort zu suchen sei.

Freud war niemals vollständig von der Wirksamkeit der hypnotischen Therapie und noch weniger von seiner Eignung als Hypnotiker überzeugt gewesen; immer mehr gelangte er zur Ansicht, daß es sich um eine barbarische, auf eine höchst begrenzte Zahl von Patienten anwendbare Technik handele, die bestenfalls um den Preis einer völligen Unterwerfung des Kranken unter den Therapeuten Heilung bringen konnte. Sehr bald gab er die Hypnose zugunsten der kathartischen Methode Breuers auf, die in der Verbindung von Therapie und Diagnoseforschung einen Syntheseversuch und zugleich eine Überwindung der Ideen Charcots und Bernheims darstellte.[41] Schließlich sollte die psychoanalytische Technik, die in der Verbalisierung der Symptome besteht, den Kranken wieder in sein Recht als freies Subjekt versetzen, das bei vollem Bewußtsein an dem Enthüllungsprozeß der unbewußten Regungen seiner Psyche teilhat, wie er sich im dialogischen Verhältnis mit dem Analytiker vollzieht.

»Als ob es die Anatomie nicht gäbe…«

In einem kurzen Aufsatz, den Freud 1893 auf französisch unter dem Titel »Quelques considérations pour une étude comparative des paralysies motrices organiques et hystériques« veröffentlichte,[42] begegnet man nach einer detaillierten, ›streng‹ neurologischen Beschreibung der organischen Lähmungen – in dem Moment, da die Analyse der hysterischen Symptome in Angriff genommen wird – einem eher überraschenden Satz, der eher den Charakter einer Intuition denn einer Prinzipienbehauptung hat: »L'hystérie se comporte dans ses paralysies et autres manifestations comme si l'anatomie n'éxistait pas, ou comme si elle n'en avait nulle connaissance.«[43] Mit diesem Satz hat Freud den Somatismus der Wiener Schule hinter sich gelassen und nolens volens der Medizin das Recht abgesprochen, sich der ›Rätsel‹ des Geistes anzunehmen, sie zu erklären und bevorzugtes Feld des Studiums von Nervenkrankheiten zu sein. Zwar ist die Psychoanalyse als solche noch nicht entdeckt, hat nicht einmal ihren Namen gefunden, muß noch die Phasen der Hypnosebehandlung und der Suggestion überwinden, doch scheint inzwischen klar zu sein, daß ihr ›Ort‹ woanders und der Weg ihrer Erforschung ein anderer ist. Daß sie auf diesem Weg immer häufiger mit der Literatur in Berührung kommen sollte, ist noch nicht vorauszusehen. Doch scheint dies wie notwendig eine Folge des Umstandes zu sein, daß die (neurologische) Forschung nunmehr gehalten ist, sich der Anatomie – dem einzigen Gegenstand, der in ihre Zuständigkeit fiel und sich auf experimentellem Wege überprüfen ließ – zu entsagen und sich statt dessen zunehmend der symbolischen Sprache von Repräsentationsformen zu widmen: den »szenischen« Formen im Falle der Hysterie, den religiös-rituellen im Falle der Zwangsneurose.

»Considerée psychologiquement, la paralysie du bras consiste dans le fait que la conception du bras ne peut pas entrer en association avec les autres idées qui constituent le moi dont le corps de l'individu forme une partie importante. La lésion serait donc l'abolition de l'accessibilité associative de la conception du bras«.[44] Im gesellschaftlichen Leben – fährt Freud fort – zeugen eine Reihe von Handlungen, die Anthropologen als ›Evitationsrituale‹ bezeichnen würden, von dem Affektbetrag, mit dem gewisse Gegenstände oder Körperteile ausgestattet werden. Weil diese bei anderer Gelegenheit, und oft rein zufällig, an einem unliebsamen Ereignis im Leben eines Individuums oder einer Gemeinschaft teilhatten, werden sie dem Alltagsgebrauch entzogen und in eine magisch-heilige Sphäre verwiesen, wo die Ablösung von der Assoziation mit dem traumatischen oder unheilbringenden Ereignis jede Möglichkeit der Wiederholung ausschließt. So verbrennen die ›Wilden‹ nach dem Ableben ihres Häuptlings alle Gegenstände, die in seinem Besitz waren, und folgen damit dem Gebot, daß nach seinem Tode niemand sie mehr berühren dürfe. Auf diese Weise bewiesen sie, daß der Affektbetrag, welcher der ersten Assoziation mit einem Gegenstand zukommt, es diesem verbietet, in eine neue Assoziation mit einem anderen Objekt einzutreten, und damit dieses Objekt für die neue Assoziation folglich unzugänglich macht. »Le bras sera paralisé en proportion de la persistence de cette valeur affective ou de sa diminution par des moyens psychiques appropriés.« Das gelähmte Organ oder die außer Kraft gesetzte Funktion »est engagé dans une association subconsciente qui est munie d'une grande valeur affective, et l'on peut montrer que le bras devient libre aussitôt que cette valeur affective est effacée«.[45]

Weit mehr als ein bloß zum Zweck der Veranschaulichung angeführter gelehrter Vergleich kommt der Bezug auf die antiken Traditionen und rituellen Bräuche primitiver Völker einer Parteinahme gleich. Zwanzig Jahre bevor Freud die »große Mythologie« von *Totem und Tabu* (1912-13) schrieb, worin der Phylogenese ausdrücklich die Aufgabe zugedacht wird, das individuelle Schicksal zu erklären, während die Psyche des modernen Menschen wie ein kristalliner Bodensatz archaischer Elemente und eine sublimierte, ›konvertierte‹ Reproduktion der Menschheitsgeschichte erscheint, ahnt Freud, daß zwischen der sakralisierten, symbolreichen Welt der Alten und dem scheinbar zufälligen, scheinbar irrationalen Verhalten des Neurotikers ein enger Zusammenhang besteht.[46] Noch handelt es sich hier allein darum, bestimmten Symptomen einen Sinn zu verleihen, und nicht etwa das seelische Leben und die Triebstruktur aller Individuen, der neurotischen und nichtneurotischen (was erst das Ziel der Metapsychologie sein sollte), zu erklären, sondern nur eine ebenso alte wie exzentrische Krankheit, die Hysterie. Dennoch stellt bereits die Reflexion über diese in der Antike als heilig angesehene Krankheit eine erste enge Verbindung zwischen der klassischen Welt bzw. der noch in der klassischen Zeit fortlebenden, hybriden Mischung von wissenschaftlichem Denken und archaischen, magisch-sakralen Formen und der psychoanalytischen Erforschung her.

Die Psychoanalyse steckt noch in den Anfängen. Sie will Wissenschaft werden, hat aber noch keine ihr eigenen Instrumente gefunden, um eine solche zu schaffen, und erst recht keine Mittel, um den Beweis ihrer Wissenschaftlichkeit anzutreten. Sie hat aber ihr Forschungsgebiet und die von ihr zu befragenden Quellen gefunden und ahnt, daß sie sich der Gefahr aussetzt, ihre Ergebnisse wie ein »wissenschaftliches Märchen« beurteilt zu sehen.[47] Es ist ein Grenzgebiet zwischen Wissenschaft und Mythos, das sie sich zu betreten anschickt. Dabei bildet die Hysterie, bei allen analytischen Fehlern und aller wissenschaftlichen Unreife, die Freud bei ihrer Erforschung noch an den Tag legte, die zentrale Achse, um die sich die in Paris und Nancy herangereiften Überzeugungen hinsichtlich des psychischen Ursprungs der Hysterie und hinsichtlich ihrer Symbolsprache entwickeln. Sie ist der genetische Kern der Theorie des Unbewußten und des psychoanalytischen Therapieverfahrens. Obwohl durch spätere Erfahrungen fast bis zur Unkenntlichkeit umgearbeitet, bleiben die Theorie der Hysterie (als eines Leidens, das durch eine traumatische, für das Bewußtsein unerreichbare Erinnerung erzeugt wird) und die kathartische Methode dennoch ein »Caput Nili«[48] der Psychoanalyse.

Die kathartische Methode und die Interpretation der tragischen *katharsis* nach Jacob Bernays

Einen entscheidenden Wendepunkt für die Geschichte der Hysterie und ihre Behandlungsmöglichkeiten markierte die Erfahrung, die Breuer, Freuds Gefährte in den Jahren der frühen Entdeckungen, im Jahre 1881 mit einer von ihm hypnotisch behandelten Hysterikerin machte. Es ist der berühmte Fall der »Anna O.«, einer jungen Frau aus dem jüdischen Wiener Bürgertum,[49] die zu der Zeit erkrankt war, als sie ihren sterbenden Vater pflegte. All ihre Symptome – Lähmungen, Empfindungs- und Sprachstörungen, Neuralgien, Phobien etc. – bezogen sich auf diese Lebensphase und fanden darin ihre Erklärung. Erstmals war ein Fall von Neurose in seinen tiefen psychologischen Ursachen analysiert worden, und sämtliche Symptome, die daraus hervorgegangen waren, erwiesen sich als bedeutsam und zielgerichtet, enthüllten eine ›Erzählung‹, die das Gedächtnis auszulöschen gesucht hatte. Kennzeichnend war für diese Symptome zudem, daß sie in Situationen aufgetreten waren, die den Impuls zu einer Handlung oder Verteidigung erfordert hätten, der jedoch aus ethischen oder sozialen Gründen unterdrückt worden war, so daß keine angemessene Reaktion stattgefunden hatte. Das traumatische Erlebnis war für die Erinnerung verloren, seine Folgen aber, die Symptome, hatten unverändert überdauert, so als sei die Zeit für sie nicht vergangen.[50]

Die hypnotischen Eingriffe, die andere Ärzte damals bei der Behandlung der Hysterie vornahmen, besaßen fast ausschließlich suggestiven Charakter und beschränkten sich darauf, auf die Symptome einzuwirken, um sie zu beseitigen oder zu Beweiszwecken in entsprechend prädisponierten Subjekten zu reproduzieren, ohne indes ihren Ursachen nachzugehen. Dagegen bestand die von Breuer angewandte (und eigentlich von der Patientin selbst suggerierte oder »erfundene«)[51] Therapie darin, die Kranke unter leichter Hypnose dazu zu bewegen, sich in die Situation hineinzuversetzen, in der das hysterische Symptom erstmals aufgetreten war, zu den traumatisierenden Szenen und Affekten in der Erzählung zurückzufinden und damit eine heftige emotionale Reaktion zu erregen, die – wäre sie zum Zeitpunkt des traumatischen Erlebnisses erfolgt – den Eintritt der Krankheit hätte verhindern können.[52] Unter Anwendung eines einzigen Verfahrens, nämlich der Hypnose in ihrer ›kathartischen‹ Variante, schien es also möglich, das Leiden zu beheben und gleichzeitig auf seine Ursache zurückzugehen: Untersuchungs- und Behandlungsmethode – denn diese ahmt den Entstehungsmechanismus des hysterischen Anfalls nach – fallen hier in eins, was ein konstantes Merkmal aller späteren Entwicklungen der Psychoanalyse bleiben sollte.

Besteht der Inhalt des hysterischen Anfalls in »Eindrücke[n], denen die adäquate Abfuhr versagt ist«, und »wird jeder Eindruck, dessen Erledigung durch assoziative Denkarbeit oder motorische Reaktion dem Nervensystem Schwierigkeiten bereitet«,[53] zum psychischen Trauma, so ist es Aufgabe der Therapie, die traumatische Szene ›nachzustellen‹ und die befreiende Reaktion auszulösen. In den *Studien über Hysterie*, die Breuer und Freud zehn Jahre nach der therapeutischen Erfahrung mit Anna O. veröffentlichten, wird diesem Verfahren der Name ›Katharsis‹ in der Bedeutung von »Reinigung, Befreiung vom eingeklemmten Affekt« gegeben.[54] Die kathartische Methode besteht folglich in der ›Inszenierung‹ oder künstlichen Wiedererzeugung des zum Zeitpunkt des Traumas erstickten Affekts, dessen virulenter Affektbetrag in ein Symptom konvertiert wurde und der unverändert an einem Ort überlebt hatte, den das bewußte Ich nicht kennt, der aber der wahre Quell seiner Handlungen ist.[55]

Daß die in den *Studien* dargestellte kathartische Methode den ursprünglichen Kern der psychoanalytischen Methode bildet, steht außer Zweifel, und Freud selbst hat wiederholt daran erinnert. In seiner achtzehnten Vorlesung zur Einführung in die Psychoanalyse schreibt er:

»Der Breuersche Fund ist noch heute die Grundlage der psychoanalytischen Therapie. Der Satz, daß die Symptome verschwinden, wenn man ihre unbewußten Vorbedingungen bewußt gemacht hat, ist durch alle weitere Forschung bestätigt worden, obgleich man den merkwürdigsten und unerwartetsten Komplikationen begegnet, wenn man den Versuch seiner praktischen Durchführung unternimmt.«[56]

Die Umdefinition des Katharsis-Begriffes zur Bezeichnung eines Therapieverfahrens und der Befreiung von pathologischen Gefühlszuständen war erstmals von Jacob Bernays in zwei Abhandlungen aus den Jahren 1858 bzw. 1880 vorgenommen worden.[57] Diese markierten einen Wendepunkt in der Interpretation der aristotelischen Dramentheorie, in der bis dahin die Version, die Lessing in der *Hamburgischen Dramaturgie* lieferte, als normativ gegolten hatte. Lessing hatte den Begriff *Katharsis* wesentlich in seiner moralischen Bedeutung aufgefaßt und mit *Reinigung* übersetzt, wie er den griechischen Begriffen *eleos* und *phobos* die Bedeutung *Mitleid* bzw. *Furcht* zugeschrieben hatte. Bernays vergleicht nun die Definition der *Katharsis* in der *Poetik* mit der Bedeutung und dem Gebrauch desselben Begriffes im achten Buch der *Politik*,[58] worin Aristoteles im Zusammenhang mit der Frage, welche Musik für die Erziehung der Jugend am geeignetsten sei, die verschiedenen musikalischen Gattungen und ihre Funktionen untersucht und die Katharsis mit der Wirkung der phrygischen Musik in Verbindung bringt. Bei diesem Vergleich setzt Bernays die Katharsis zur antiken Medizin in Beziehung,[59] insbesondere zu den therapeutischen Bräuchen der orgiastischen Riten, des Bacchus-Kultes und der Korybantenfeste, und definiert sie, durchaus im Sinne der beiden Autoren der *Studien über Hysterie,* als »eine von Körperlichem auf Gemüthliches übertragene Bezeichnung für solche Behandlung eines Beklommenen, welche das ihn beklemmende Element nicht zu verwandeln oder zurück zu drängen versucht, sondern es aufregen, hervortreiben und dadurch Erleichterung des Beklommenen bewirken will«.[60]

Die Abhandlungen von Jacob Bernays – klassischer Philologe in Breslau und später Bibliothekar in Bonn, dessen Nichte Freud geheiratet hatte – werden zwar in den *Studien* nicht erwähnt, waren jedoch aller Wahrscheinlichkeit nach sowohl Breuer als auch Freud bekannt.[61] Im übrigen war das Thema der Katharsis und ihre medizinische Interpretation durch Bernays um die Jahrhundertwende in Wien, der Theaterstadt *par excellence,* eines der bevorzugten Diskussionsthemen in gebildeten Kreisen, und wenn die Autoren der *Studien* den Katharsis-Begriff mit einer solchen Selbstverständlichkeit verwandten, daß der Quellennachweis sich erübrigte, dann deshalb, weil die Leser gar keinen Zweifel daran hatten, daß sie sich damit auf Bernays' Interpretation bezogen. Zudem hatte die Publikation über die Hysterie eine breite Debatte über die Neudefinition des Katharsis-Gedankens und die Funktionen der Tragödie allgemein nach sich gezogen,[62] an der unter anderem auch Breuer in einem Briefwechsel mit Th. Gomperz aktiv teilgenommen hatte.[63] Dies gibt Grund zur Annahme, daß auch die beiden Wiener Ärzte die Bedeutung, die sie der kathartischen Therapie zuschreiben wollten, vor dem Hintergrund der Schrift Bernays' und überhaupt der antiken Konzeption der kathartischen Behandlung der ›Geisteskrankheit‹ begründet und diskutiert haben.

Der Begriff *katharsis* taucht im sechsten Kapitel der *Poetik* auf, das der Definition der Tragödie und ihrer verschiedenen Teile gewidmet ist. Hier führt Aristoteles aus, daß die Tragödie eine Darstellungsform sei, die das Leben nachahme, eine abgeschlossene und nicht allzu kurze Handlung habe, eine poetische Sprache verwende und aus verschiedenen dramatischen Teilen (Szenen, Monologen, Chorteilen) bestehe. Im Unterschied zur Epik, die die Wirklichkeit durch die Erzählung imitiere, vertraue die Tragödie die Darstellung der Ereignisse der szenischen Handlung der Schauspieler an. Endlich, so Aristoteles abschließend, sei die Tragödie »eine Darstellungsform, die *phobos* (›Furcht‹ oder ›Schaudern‹) und *eleos* (›Mitleid‹ oder ›Jammern und Wehklagen‹)[64] hervorrufe und dadurch die *katharsis* dieser (oder ›ähnlicher‹) Empfindungen (*ton toiouton pathematon*) erlaube (oder ›bewirke‹)«.[65] Weist der erste Teil der hier von mir paraphrasierten Definition keine besonderen Übersetzungsschwierigkeiten auf, so haben sich um die Interpretation des Katharsis-Begriffes seit der Zeit des Humanismus zahlreiche Debatten und Kontroversen zwischen den Kommentatoren entsponnen. Das philologische Problem kreist im wesentlichen um die Frage, welcher Wert dem Genitiv *ton toiouton pathematon* zuzuschreiben ist, ob er also im subjektiv-objektiven Sinne der Katharsis *eines* Gefühls oder im separativen Sinne der Katharsis *von einem* Gefühl aufzufassen ist. Im ersten Fall – und diesem entspricht Lessings moralisierende Deutung – wären es die Affekte *eleos* und *phobos* selbst, die ›gereinigt‹, geläutert, in tugendhafte Gefühle verwandelt würden, weil sie von dem möglicherweise schädlichen Übermaß an Leidenschaftlichkeit befreit wären. So wecke die Tragödie, indem sie Mitleid und Furcht inszeniere, beim Zuschauer dieselben Gefühle und gebe sie seiner Seele in geistig gereinigter Form zurück.[66] Im zweiten Fall – und diesem entspricht die ›trivial‹ therapeutische Interpretation Bernays' – wäre Katharsis weniger als ›Reinigung‹ im geistig-moralischen Sinn des Wortes als vielmehr im Sinne des ›Purgierens‹, der Ausscheidung einer schädlichen Substanz oder der Befreiung von einer pathologischen Affektion zu verstehen.[67] Die kathartische Wirkung der Tragödie bestünde danach in der künstlichen Erzeugung eines ›Übermaßes‹ an Leidenschaften und der Herbeiführung ihrer Entladung, ähnlich wie die Medizin zur Zeit des Aristoteles die Absonderung schädlicher Säfte herbeiführte.

Hatte Plato in der *Politeia* die mimetischen Dichter aus seinem idealen Staat ausgeschlossen, weil er meinte, sie gefährdeten die Seelenharmonie des Einzelnen sowie die soziale Ordnung, und hatte er die Tragödie (bzw. das Kunstwerk allgemein), weil Nachahmung des Wahren in zweiter Potenz, als irreleitendes Hindernis auf dem Weg zur Erkenntnis des Wahren betrachtet, so schreibt ihr Aristoteles eine positive Funktion zu. Wahrscheinlich richtet sich diese Funktion jedoch nicht auf die Bildung und Erziehung des Bürgers,[68] sondern besteht in der emotionalen Lust (*hedone*)[69] der *katharsis*, die durch die ästhetische Erfahrung der *peripeteia* (eine plötzliche ›Abweichung‹ der Ereignisse von ihrem erwartungsgemäßen Verlauf), der *anagnorisis* (der plötzliche Übergang vom Nicht-Erkennen zum Erkennen)[70] und des *pathos* vermittelt bzw. hervorgerufen wurde.

Wie Plato war auch Aristoteles davon überzeugt, daß die Tragödie die Leidenschaften entfessele, doch gelangt Aristoteles, obwohl er innerhalb der gleichen Interpretationsparameter verbleibt, gerade dank der Einführung des Katharsis-Konzeptes zu einer Umkehrung von Platos Urteil: Die kathartische Wirkung wende die Gefahr einer negativen Erschütterung der Seele ab, ja sie garantiere deren ›Neutralisierung‹ und die Wiederherstellung der Seelenharmonie.

Zur Stützung seiner ›therapeutischen‹ Interpretation zieht Bernays nicht allein den Passus aus der *Politik* vergleichend heran, sondern zitiert auch aus einigen neuplatonischen Quellen, namentlich eine Stelle aus den Mysterien des Iamblicus, denn er hält es für wahrscheinlich, daß sie die Aristotelische Erläuterung des Katharsis-Begriffes aus den nicht überlieferten Teilen der *Poetik* enthält:

»Die Kräfte der in uns vorhandenen allgemein menschlichen Affectionen werden, wenn man sie gänzlich zurückdrängen will, nur um so heftiger. Lockt man sie dagegen zu kurzer Aeusserung in richtigem Maasse hervor, so wird ihnen eine maasshaltende Freude [zuteil], sie sind gestillt und entladen und beruhigen sich dann auf gutwilligem Wege ohne Gewalt. Deshalb pflegen wir bei Komödie sowohl wie Tragödie durch Anschauen fremder Affecte unsere eigenen Affectionen zu stillen, mässiger zu machen und zu entladen; und ebenso befreien wir uns auch in den Tempeln durch Sehen und Hören gewisser schmutziger Dinge von dem Schaden, den die wirkliche Ausübung derselben mit sich bringen würde.«[71]

So entspringt der Aristotelische Begriff der »Reinigung« (des »Purgierens«) in der Deutung, die Bernays' Version mit der psychotherapeutischen Variante von Freud und Breuer verbindet, keiner ethischen Überzeugung hinsichtlich des Wertes der Tragödie,[72] sondern dem Gebrauch des Terminus in der antiken Medizin bzw. handelt es sich um eine Metapher, die einen medizinisch-therapeutischen Begriff verwendet, um einen geistig-ästhetischen Prozeß zu veranschaulichen. Die Wortwahl selbst ist ein weiterer Hinweis darauf, daß die Medizin und der kultisch-rituelle Kontext die kulturhistorischen Referenten der fraglichen Stelle sind. *Katharos* ist auf griechisch einfach derjenige, der im rituell-religiösen Sinn des Wortes nicht unrein ist.[73] *Eleos* und *phobos* bedeuten weniger ›Mitleid‹ und ›Furcht‹ – Begriffe der christlichen Tradition –, als daß sie Elementaraffekte bezeichnen, wie das Weinen oder die Rührung oder das Erschrecken: tendenziell pathologische psychophysische Zustände, die nach der hippokratischen Diagnostik durch eine übermäßige Feuchtigkeit und Hitze im Körper bzw. durch eine Abkühlung und übermäßige Trockenheit des Hirngewebes erzeugt werden.[74] Schließlich bezeichnet *pathos*, obwohl häufig synonym zu *pathema* gebraucht, einen aktuellen, vorübergehenden Affekt, während *pathema* eher eine chronische Affektion und in übertragenem Sinne die Veranlagung des Menschen zu pathologischen Nervenleiden,[75] zu einer Disharmonie des Gemüts definiert, die ein Übermaß an psychischen Energien freisetzt,[76] welche die Ganzheit aus Körper und Seele bedrückt. Dank einer gelenkten, künstlich erzeugten Erregung läßt sich das seelische Gleichgewicht wiederherstellen; indem man der Seele eine »unschädliche« Freude zugesteht, kann sie von Affekten befreit werden, die andernfalls die Kräfte der Vernunft mitreißen und zur geistigen Verwirrung führen könnten. Für den Vergleich zwischen Freuds Anwendung der kathartischen Methode und der Bedeutung, die Aristoteles der Tragödie zuschreibt, erscheint mir vor allem grundlegend, daß Abreaktion und Befreiung in beiden Fällen nicht durch ein direktes Erleben der krankhaften Emotionen, sondern durch einen suggestiven Mechanismus erfolgen, der durch den *logos*, durch das Wort wirkt[77] und dessen Subjekt in der Tragödie der Schauspieler ist, der der Antike oft als ein vom *daimon* Besessener, von einem *enthousiasmos* göttlichen Ursprungs Ergriffener galt.[78] Genau wie bei der kathartischen Hysteriebehandlung muß die emotionale Erschütterung auch nach Aristoteles' Ansicht, wie sein Katharsis-Begriff impliziert, ›nachträglich‹ künstlich erzeugt werden, ehe die Seele von ihr befreit werden kann.[79]

Nach der Hippokratischen Schule, die eine ähnliche ›biodynamische‹ Auffassung vertritt, wie sie auch in Platos *Timaios* und in den naturwissenschaftlichen Schriften des Aristoteles zu finden ist, besteht die Krankheit – welcher Art auch immer – in einer Dysfunktion der Körpersäfte, und ihre Heilung vollzieht sich durch die Absonderung der verunreinigten Substanzen. Die Aufgabe des Arztes besteht darin, eine ›Krise‹ auszulösen und sie so zu steuern, daß die schädlichen Säfte aus dem Körper ausgeschieden werden können.[80] In der Hippokratischen Formulierung ist die ›kathartische‹ Behandlung eine medizinische Technik ohne jeglichen metaphysischen Bezug, die auf rein physiologischen Voraussetzungen beruht. Die medizinische Praxis des ›Purgierens‹ besteht noch durch die ganze klassische Zeit hindurch neben der kultisch-rituellen ›Reinigung‹ fort. Bei letzterer handelt es sich um eine der Behandlungsmethoden von Geisteskrankheiten, insbesondere derjenigen pathologischen Phänomene, die in der archaischen Antike als ›heilig‹ angesehen wurden, nämlich die Epilepsie und die sogenannte enthusiastische *mania*.[81]

Im antiken Griechenland galt die Epilepsie als »heilige Krankheit«, deren Manifestationen sich dem Eintritt eines Gottes oder Geistes (*daimon*) in den Körper des Kranken verdankten, der folglich »besessen« (*katochos*) war und einen Gott ›in sich hatte‹ (*entheos*).[82] Der Begriff des Wahnsinns (*mania*) hatte außerdem nicht unbedingt die negative Bedeutung, die ihm später von den sophistischen Schulen und dann vom Christentum zugeschrieben wurde, und war eng mit dem Glauben an wahrsagerische Kräfte verbunden, die bestimmten Personen nachgesagt wurden.[83] Dank des verzückten Zustands, wie er der Geisteskrankheit entsprang, die oft als göttlicher ›Enthusiasmus‹ bezeichnet wurde, konnte die Person, jeder rationalen Kontrolle bar, die Erkenntnis ›der Wahrheit‹ erreichen. Im übrigen wurden Medizin und Weissagungskunst nicht selten gleichgesetzt und galten beide als Entdeckungen des Gottes Apoll.[84]

In seinen Ausführungen über die ›Besessenheit‹ im antiken Griechenland (insbesondere im Hinblick auf die Pythia) setzt Erwin Rohde im Jahre 1899 die Erklärungen hysterischer Phänomene seitens der zeitgenössischen Psychologie, die auf der Idee einer Bewußtseinsspaltung beruhten, mit den Vorstellungen in Verbindung, welche die Griechen und andere Völker, deren Weltauffassung auf religiös-spiritualistischen Voraussetzungen gründet, mit Begriffen wie *ekstasis* oder ›Besessenheit‹, *katechesthai ek Theou*, ausdrückten:

»In jenen tief erregten Zeiten müssen die Griechen vielfach die Erfahrung von jenen abnormen, aber keineswegs seltenen Erscheinungen des Seelenlebens gemacht haben, in denen eine Spaltung des Bewusstseins […] eintritt […]. Selbst voraussetzungslose psychologische Beobachtung unserer Zeit weiss solche, bei gewissen neuropathologischen Zuständen oft (freiwillig oder unter dem Zwang experimenteller Veranstaltung) hervortretende Erscheinungen nicht anders zu beschreiben, denn als eine Verdoppelung […] der Person, Bildung eines […] zweiten Bewusstseins nach oder neben dem ersten und normalen Bewusstsein, dem das Dasein seines Doppelgängers regelmässig verborgen bleibt.«[85]

Rohde nimmt hier auf die Schriften von Janet Bezug[86] – denselben Autor, auf den Breuer und Freud sich in ihren *Studien* für die Annahme beriefen, daß die Abspaltung bestimmter Bewußtseinsinhalte ein zentrales Moment der Hysterie darstelle[87] und daß Phänomene wie Ekstase, Verzückung, Selbsthypnose sowie das Auftreten hysterischer Symptome in Personen, »welche Hang zu Kunst, zum Theater in sich verspüren«, durch einen »zweiten Bewußtseinszustand« erklärbar seien.[88]

Die Hysterie – »ein wissenschaftliches Märchen«

Die Hysterie hat alle Merkmale einer ›Grenzkrankheit‹, in der auf unregelmäßigen Wegen scheinbar organische Elemente sich mit Äußerungen psychischer Instanzen vermischen, Symptome sich von einem zum anderen Organ verlagern und sich nicht bis auf die letzte Ursache zurückverfolgen lassen; ihr Code entzieht sich den diagnostischen Verfahren der Medizin und bedient sich unterschiedslos der Körpersprache wie des verbalen Ausdrucks. Häufig verwendet die Hysterie letztere auf wenig ›orthodoxe‹ Art und Weise. Mal schaltet sie sie ganz aus, mal verzerrt sie sie so weit, daß sie ihrer kommunikativen Funktion ganz verlustig geht, die in diesem Fall anderen, nonverbalen Ausdrucksformen übertragen wird. Während des hysterischen Anfalls verhält sich der Kranke so, daß man annehmen könnte, er habe eine zweite Persönlichkeit in sich: Seine Stimme verändert sich, seine Gliedmaßen krümmen sich auf unnatürliche Weise, aufgrund der Angst wird seine Atmung unregelmäßig, oder der Hysteriker zeigt sich abwesend, wie in einem Trancezustand, unfähig, wahrzunehmen, was um ihn herum geschieht. Diese ›unheimlichen‹, ›theatralischen‹ Aspekte der Hysterie, die sie mit der Epilepsie gemein hat, haben dazu beigetragen, daß die Antike und später das Mittelalter ihr einen besonderen Status unter den Geisteskrankheiten zuwiesen (wenn sie als solche bewertet wurde) und sie in gewissem Sinne als Stätte der Begegnung zwischen den magischen oder dämonischen Mächten des Universums und der irdischen, physischen Welt des Menschen ansahen.

Nach der ›primitiven‹ und archaischen Auffassung sind Krankheiten, wie jedes andere Naturphänomen, bekanntlich nicht auf physische, rationale Ursachen, sondern auf magische Kräfte zurückzuführen, die nicht selten personifiziert sind und im gesamten Universum wirken: mal als positive Kräfte, indem sie dem Menschen alles bereitstellen, was er zur Produktion und Reproduktion der eigenen Existenz benötigt, mal als negative Kräfte, indem sie Unordnung und Chaos in Geist und Natur stiften.[89] Obwohl der Mensch zum Teil der Gewalt höherer Mächte ausgeliefert ist, die die Geschicke der Welt lenken, fehlt es ihm nicht an Möglichkeiten, in die Natur einzugreifen und sie zu beherrschen. Allerdings übt er diese Herrschaft nur auf mittelbare, symbolische Weise aus, indem er die göttlichen Mächte anruft, damit sie ihm wohlgesonnen sind, die Natur im Sinne einer seiner Existenz förderlichen Art und Weise ordnen und das Böse fernhalten, wo es das kollektive Gleichgewicht der Gruppe bedroht.

Jede ›primitive‹ Gesellschaft – und dasselbe gilt für die Völker der Antike – überträgt die Aufgabe, Fürbitte bei den Gottheiten einzulegen, mit ihnen zu kommunizieren und ihren Willen zu interpretieren, einer Gruppe von Personen, deren Mitglieder vermeintlich mit besonderen übernatürlichen Kräften ausgestattet sind oder über eine größere Erfahrung verfügen, weil sie älter sind, häufiger jedoch, weil sie an einer für heilig gehaltenen Krankheit leiden. So entsteht eine Klasse von Priestern, Magiern, Hexern und Propheten, die Charisma und Autorität besitzen und zu deren Aufgaben auch die Heilung der Krankheiten und die Vertreibung des Bösen zählt, das die feindlichen Dämonen dem Menschen eingeflößt haben. Im übrigen ist der Gründer der heiligen Medizin selbst ein Gott, von ihm wurden seine Priester in die Heilkunst eingeweiht.

Die Praktiken dieser Medizinmänner sind auch in den Werken des klassischen Griechenlands überliefert, das neben einer rationalen, ›wissenschaftlichen‹, auf die Ermittlung der Krankheitsursachen und die Beobachtung des Krankheitsverlaufs gerichteten Medizin auch die magisch-sakrale Interpretation und Therapie kannte.[90] In *De sacro morbo* beschreibt Hippokrates, der sich mit seiner naturalistisch-positivistischen Auffassung der Krankheit die zu seiner Zeit noch weit verbreiteten magisch-sakralen Bräuche belächelt, die Behandlung der Epilepsie durch Reinigungsbäder und Zauberformeln, wie sie von Zauberern (*magoi*), Entsühnern (*kathartai*), Bettelpriestern (*agyrtai*) und Aufschneidern (*alazones*) angewandt wurden,[91] und berichtet vom allgemein verbreiteten Glauben an einen göttlichen Ursprung der Krankheit:

»Wenn nämlich der Kranke eine Ziege nachahmt und wenn er (wie ein Löwe) brüllt und mit der rechten Seite zuckt, dann sagen sie, die Göttermutter sei schuld. [...] Wenn aber jemand in der Nacht von Ängsten, Schrecken und Wahnvorstellungen befallen wird, vom Bett aufspringt und nach draußen flieht, so nennen sie das Angriffe der Hekate und Heimsuchungen von Geistern der Verstorbenen.«[92]

Die von dem Kranken infolge der Reinigungspraktiken ausgeschiedenen schädlichen Säfte würden dann ins Meer geschüttet bzw. an einem unauffindbaren Ort vergraben, also mit einem Tabu belegt, da man fürchtete, es könnte Ansteckung von ihnen ausgehen.[93] Wie der Kranke in dem Freud-Passus zur Interpretation der hysterischen Lähmung, der zu Beginn des dritten Abschnitts dieses Kapitels zitiert wurde, die Folge der Krankheit, die Symptome, mit der Ursache der Krankheit verwechselt, alle auf das gefürchtete traumatische Erlebnis zurückführbaren Elemente der Krankheit auf symbolisch-assoziativer Ebene von sich entfernt und sich den Gebrauch bestimmter Organfunktionen durch eine Art ›Selbstverbot‹ untersagt, so eliminiert die antike magisch-sakrale Therapie die Überreste der Krankheit konkret, indem sie sie aus der Sphäre des Sozialkontakts ausschließt.

Zu den »Zauberformeln«, mit denen man die Epilepsie zu behandeln pflegte, macht Hippokrates keine genauen Angaben, doch ist es nach Bernays durchaus wahrscheinlich, daß die von Hippokrates erwähnten magisch-sakralen Therapiebräuche, die sich des ›verzaubernden‹ Wortes (*epode*) und der Musik bedienten, mit den orgiastischen Tänzen der Korybanten und den dionysischen Initiationsriten zusammenhängen.[94] Diese festlichen Bräuche konnten nach antikem Glauben nicht nur Wahnsinn hervorrufen, sondern ihn auch heilen, und zwar durch ein sympathetisches Verfahren, das mit Hilfe derselben Mittel, die den Wahnsinn erzeugt hatten, sie bis zum Äußersten treibend, eine Art schwärmerischen Überschwang oder Energieüberschuß herbeiführte. Wurden diese Energien freigesetzt, so verwandelten sie sich in ihr Gegenteil: »Die von dem mythischen Sänger Olympos hergeleiteten, phrygischen Lieder versetzen sonst ruhige Menschen in Verzückung; dagegen von Verzückung besessene empfinden, nachdem sie jene rauschenden Lieder gehört oder gesungen haben, eine Besänftigung«.[95] Die Riten des Dionysos-Kults waren ebenso wie die vom obsessiven Klang der

Flöten und Trommeln begleiteten korybantischen Tänze[96] ein Mittel zur kathartischen Entladung individueller und sozialer Emotionen und Spannungen wie Angst, Neid, Aggressivität oder unterdrückter Sexualtrieb, die andernfalls zu Devianz oder psychischen Störungen hätten führen können.

Die griechische Antike hat sich von der vorhomerischen bis zum Ende der hellenistischen Zeit – jeder rationalisierenden Philosophie zum Trotz – der ›Magie‹ bedient und eine Reihe von Kulthandlungen vorgesehen, die dem Menschen zu zeitlich begrenzten und sozial kontrollierbaren Gelegenheiten gestatteten, sich ›wie ein Irrer zu gebärden‹, indem er die Symptome und extremen Manifestationen der Krankheit rituell imitierte. Bernays schreibt: »Wo der Menschengeist sich noch nicht in sich selber eingewohnt hat, da wird das Außersichsein für heilig und göttlich gehalten; und der öffentliche Cultus nahm daher den orgiastischen Taumel in seinen weihenden Schutz und bestimmte ihm feste Formen der Besänftigung.«[97]

Der für den Wahnsinn typische »Enthusiasmus« sowie die Fähigkeit, die Zuschauer in einen »enthusiastischen« Zustand zu versetzen, werden auch dem Dichter – der ja die Werke nicht nur verfaßt, sondern auch öffentlich vorträgt – und dem tragischen Schauspieler zugeschrieben:

»Denn alle rechten Dichter alter Sagen sprechen nicht durch Kunst, sondern als Begeisterte und Besessene alle diese schönen Gedichte, und ebenso die rechten Liederdichter, sowenig die, welche vom tanzenden Wahnsinn befallen sind, in vernünftigem Bewußtsein tanzen, so dichten auch die Liederdichter nicht bei vernünftigem Bewußtsein diese schönen Lieder, sondern wenn sie der Harmonie und des Rhythmos erfüllt sind, dann werden sie den Bakchen ähnlich und begeistert, wie diese aus den Strömen Milch und Honig, nur wenn sie begeistert sind, schöpfen, wenn aber ihres Bewußtseins mächtig, dann nicht, so bewirkt auch der Liederdichter Seele dieses, wie sie auch selbst sagen. [...] Denn ein leichtes Wesen ist ein Dichter und geflügelt und heilig, und nicht eher vermögend zu dichten, bis er begeistert worden ist und bewußtlos und die Vernunft nicht mehr in ihm wohnt.«[98]

Der Fähigkeit des »Begeisterten«, die Gefühle des Publikums mitzureißen, scheint Aristoteles die kathartische Rolle des Schauspielers und der klassischen Tragödie zuzuschreiben und somit implizit ihren dionysischen Ursprung und ihre Abstammung von den medizinischen und magisch-sakralen archaischen Riten anzuerkennen. Gleichermaßen besteht die ›psychotherapeutische‹ Wirkung der Katharsis der Theateraufführung in der Wiederherstellung dessen, was Plato als Harmonie, *sophrosyne*, bezeichnet hatte, ihre gesellschaftliche Funktion in der Befreiung der Seele von Trieben, die, würden sie andernorts auf spontane, unkontrollierte Art und Weise ausgelebt, nicht allein das seelisch-körperliche Gleichgewicht des Individuums, sondern auch die gesellschaftliche Ordnung bedrohen könnten. Dabei wird die gesellschaftliche Ordnung als organischer Zusammenhang verstanden, dessen Teile zu einem harmonischen Ganzen verschmelzen sollten, wie es auch für das Verhältnis von Seele und Körper erstrebenswert ist. Die Katharsis hat folglich nicht zuletzt den Zweck, die Anpassung oder Wiederanpassung des Individuums an den gesellschaftlichen Kontext zu sichern, ähnlich wie es auch für die Riten und Feste gilt,[99] die die Verletzung der sozialen oder moralischen Regeln an einem bestimmten Ort und für einen bestimmten Zeitraum institutionalisieren oder vielmehr gebieten, ihre Sanktionierung (die den Wunsch der Regelübertretung nährt) zeitweilig aussetzen und schließlich die Wiederherstellung des individuellen und kollektiven psychischen Gleichgewichts gewährleisten.[100]

Hypnose, Suggestion und die Magie des Wortes

Jedes Erlebnis, so Freud in den *Studien über Hysterie*, rufe einen mit einem bestimmten Affektbetrag ausgestatteten seelischen Eindruck hervor, den das Ich gewöhnlich durch Abreagieren oder assoziative Denkarbeit zu überwinden und zu verarbeiten imstande sei. Geschehe dies aber nicht, so erlange der seelische Eindruck die Bedeutung eines Traumas und werde aus dem Repertoire der Assoziationen des bewußten Ich ausgeschlossen, dem er nicht mehr direkt zugänglich sei. So werde er zur Ursache für hysterische Symptome, die das Trauma gewissermaßen symbolisch reproduzieren bzw. seine Erzählung ins Szene setzen und eine Art verzerrte Umschreibung der unbewußten Assoziation zwischen den vom hysterischen Symptom betroffenen Körperteilen und dem affektiven Erlebnis darstellen, an dem letztere beteiligt waren: »Die motorischen Phänomene des hysterischen Anfalles lassen sich zum Teil als allgemeine Reaktionsformen des die Erinnerung begleitenden Affektes (wie das Zappeln mit allen Gliedern, dessen sich bereits der Säugling bedient), zum Teil als direkte Ausdrucksbewegungen dieser Erinnerung deuten.«[101] Der Affektbetrag ist erhalten geblieben und wirkt durch die Symptome, mit denen sich das Ich wehrt, um den Assoziationsmechanismus zu unterbrechen und sich der Erinnerung an das Trauma und der schmerzlichen Erfahrung zu verschließen.

War erst einmal bewiesen, daß die Verbindung zwischen Symptomen und Ursache nicht in irgendeiner Funktionsstörung des zentralen Nervensystems zu suchen ist, sondern in einer ausgebliebenen Assoziation von Begriffen, das heißt von Symbolen und Vorstellungen, so war der einzuschlagende Weg, um die fehlenden Teile der Erinnerung zu rekonstruieren, die Assoziationsfunktionen auf kohärente Weise wiederherzustellen und dadurch die Symptome zu beheben, zwangsläufig ein verbaler, mußte sich also der Sprache bedienen. Wenn die Erinnerung während der Hypnose wieder zutage gefördert wird, indem die sie begleitenden emotionalen Komponenten wachgerufen werden, und der Kranke seine Erinnerungen in Worte zu kleiden, die Symptome in Worte zu übersetzen vermag, dann verschwinden diese, weil die »Flucht in die Krankheit« angesichts dessen, was zu einer – wenn auch schmerzlichen – dem bewußten Ich verfügbaren Wirklichkeit wird, nunmehr überflüssig ist.

Bei der Hysteriebehandlung, wenigstens in der noch rudimentären oder ›vor-psychoanalytischen‹ Form der *Studien*, beruht die therapeutische Wirksamkeit der Sprache weniger auf ihrem kommunikativen Wert als auf ihrer suggestiv-hypnotischen Kraft. Um es mit den Worten der antiken Medizin zu sagen, ist hier das therapeutische Wort kein dialektischer *logos*, kein rationaler Diskurs, der durch Argumente überzeugt und sich auf den *nous* beruft, sondern ein persuasiver *logos* oder *epode*, ein verführerisches, verzauberndes, ›magisches‹ Wort, das sich an die *psyche*, das Andere des rationalen Individuums und Ebenbild des Göttlichen, wendet.[102]

Die Psychotherapie, so hatte Freud im Jahre 1890 geschrieben,[103] ist eine »Seelenbehandlung«:

»Psyche ist ein griechisches Wort und lautet in deutscher Übersetzung *Seele*. Psychische Behandlung heißt demnach *Seelenbehandlung*. Man könnte also meinen, daß darunter verstanden wird: Behandlung der krankhaften Erscheinungen des Seelenlebens. Dies ist aber nicht die Bedeutung dieses Wortes. Psychische Behandlung will vielmehr besagen: Behandlung von der Seele aus, Behandlung seelischer oder körperlicher Störungen, welche zunächst und unmittelbar auf das Seelische des Menschen einwirken. Ein solches Mittel ist vor allem das Wort, und Worte sind auch das wesentliche Handwerkszeug der Seelenbehandlung. Der Laie wird es wohl schwer begreiflich finden, daß krankhafte Störungen des Leibes und der Seele durch bloße Worte des Arztes beseitigt werden sollen. Er wird meinen, man mute ihm zu, an Zauberei zu glauben. Er hat damit nicht so Unrecht: die Worte unserer täglichen Reden sind nichts anderes als abgeblasster Zauber.«[104]

Dank der Hypnosetherapie kann die Wissenschaft dem Wort etwas von seiner alten Magie zurückgeben. Die Worte sind das Mittel, dessen sich der Arzt bedient, um den Patienten in Hypnose zu versetzen und mit seinem »zweiten Bewußtsein« zu kommunizieren, mit jenem dem Gedächtnis unzugänglichen Teil der Seele, wo die Erinnerungen aufbewahrt sind. Mit Worten beseitigt die Hypnose das Symptom und suggeriert dem Kranken die Rekonstruktion des traumatischen Erlebnisses, das sich in ein hysterisches Symptom verwandelt hat.

Die Wort-Therapie wurzelt in den heiligen Bräuchen der primitiven Völker und der Alten.[105] Ehe die Medizin mit der ›positivistischen‹ hippokratischen Zäsur und ihrer Hinwendung zum Studium der Anatomie und der Organfunktionen auf die rationale Grundlage der empirischen Beobachtung gestellt wurde, kannte sie kein anderes Mittel des Eingriffs bei körperlicher oder geistiger Erkrankung, als der Magie des Wortes die Macht zu übertragen, die Dämonen des Bösen zu besiegen und die Harmonie der Seele wiederherzustellen. Eben weil die antike Medizin überzeugt war, daß die Widersprüche und Symptome, die dem Körper zusetzen, in der Seele ihren Ursprung haben, hatte sie gelernt, sie zu beherrschen und auf sie noch eher als auf den Körper einzuwirken. Weder die Wort-Therapie noch die Hypnosebehandlung ist eine Erfindung Freuds. Doch hatte sie, auch wenn sie bei allem wissenschaftlichen Fortschritt jahrhundertelang überlebte, bis zu Freud, das heißt, bis sie durch die ›romantisch-positivistische Synthese‹ der Freudschen Zäsur erneut aufgewertet und ihr die Würde eines medizinischen Therapieverfahrens verliehen wurde, in der offiziellen Nosologie eine Randstellung innegehabt, ja war als abergläubische, obskurantistische Praxis, als Überrest einer vorwissenschaftlichen, archaischen, wesentlich anti-aufklärerischen Welt bekämpft worden. Mit der Hypnose ist die Psychotherapie ›zu den Ursprüngen zurückgekehrt‹ und hat die Macht der Seele anerkannt. Gestützt durch die modernen wissenschaftlichen und neurologischen Kenntnisse über das Triebleben – aber vorerst sind es einfache »Gemütsbewegungen« – schickt sie sich nun dazu an, nach demselben suggestiv-hypnotischen Modell zu arbeiten, das die magischen Eingriffe der heiligen Therapie kennzeichnete: »Die Psychotherapie ist kein modernes Heilverfahren. Im Gegenteil ist sie die älteste Therapie, deren sich die Medizin bedient hat. [...] die Methoden der primitiven und der antiken Medizin [...] werden [Sie] zum größten Teil der Psychotherapie zuordnen müssen; man versetzte die Kranken zum Zwecke der Heilung in den Zustand der ›gläubigen Erwartung‹, der uns noch heute das nämliche leistet.«[106]

Die Wirksamkeit jedes Heilverfahrens hängt von der emotionalen Einstellung des Kranken ab, von seiner Bereitschaft, Heilung zu erwarten und sie zu unterstützen, von dem Vertrauen, am ›richtigen Ort‹ zu sein und alle nötigen Schritte unternommen zu haben, um Genesung zu erlangen, schließlich von der Autorität, die er dem Arzt zuerkennt. Auf denselben Prinzipien beruhte die heilige Therapie der Antike.

Was in moderner Zeit im Wirken von Magiern, Zauberkünstlern und Wahrsagern zu einer abergläubischen Praxis verblaßt und verkommen ist, war in der Antike Sache der Medizin: »Die Ärzte haben von jeher, in alten Zeiten noch viel ausgiebiger als heute, Seelenbehandlung ausgeübt.« Wenn man unter Psychotherapie, so Freud weiter, den Versuch versteht, bei dem Kranken die idealen psychischen Bedingungen zu schaffen, damit er die Heilung »akzeptiert«, herbeiwünscht und an sie glaubt, dann ist diese Heilmethode die historisch älteste und wirksamste:

»Den alten Völkern stand kaum etwas anderes als psychische Behandlung zu Gebote; sie versäumten auch nie, die Wirkung von Heiltränken und Heilmaßnahmen durch eindringliche Seelenbehandlung zu unterstützen. Die bekannten Anwendungen von Zauberformeln, die Reinigungsbäder, die Hervorlockung von Orakelträumen durch den Schlaf im Tempelraum können nur auf seelischem Wege heilend gewirkt haben.«[107] Die Persönlichkeit des Arztes selbst habe sich ein Ansehen verschafft, das sich direkt von der göttlichen Macht ableitete, da die Heilkunst in ihren Anfängen in den Händen der Priester gelegen habe: »So war die Person des Arztes damals wie heute einer der Hauptumstände zur Erzielung des für die Heilung günstigen Seelenzustandes beim Kranken.«[108]

Auf eine »magische« oder »dämonische« Krankheit antwortete die Antike mit einer ebenso »magischen« Therapie; sie bediente sich der Suggestion der heiligen Stätten, des Charismas des Priester-Arztes, sie verwandte Zauberworte, um zur Seele zu sprechen und mit den Dämonen der Krankheit zu kommunizieren, die in die Seele eingedrungen waren:

»Wir beginnen nun auch den ›Zauber‹ des Wortes zu verstehen. Worte sind ja die wichtigsten Vermittler für den Einfluß, den ein Mensch auf den anderen ausüben will; Worte sind gute Mittel, um seelische Veränderungen bei dem hervorzurufen, an den sie gerichtet werden, und darum klingt es nicht länger rätselhaft, wenn behauptet wird, daß der Zauber des Wortes Krankheitserscheinungen beseitigen kann, zumal solche, die selbst in seelischen Zuständen begründet sind.«[109]

Die Zauberworte sind in dieser Schrift noch die suggestiven »Formeln« der Hypnose. Mit der Entdeckung des Widerstands und des Verdrängungsmechanismus sollte Freud die Hypnose und die kathartische Methode jedoch bald durch die Methode der freien Assoziation ersetzen.[110] Wie dank der Hypnose aber die Existenz des Unbewußten ›bewiesen‹ werden konnte und Arzt und Patient in einen Schattenbereich des Gefühlslebens vorzudringen vermochten, so zielen auch die neuen Wege der psychoanalytischen Therapie auf die Erlangung einer tieferen Kenntnis, auf die – im Fall der Hypnose automatische, im Fall der freien Assoziation bewußte – Wiederaneignung derjenigen Triebkräfte seitens des Ichs, die einen neurotischen Konflikt verursachen können, wenn sie unbekannt und ungebändigt bleiben. An die Stelle des Monologs des Hypnotiseurs tritt in der Psychoanalyse der Dialog mit dem Patienten. Das Wort aber bleibt nach wie vor das machtvollste Werkzeug in der Hand des Analytikers, um in die Seele zu blicken und zu ermöglichen, daß der verdrängte Wunsch die Oberfläche des Bewußtseins erreicht, und Freuds von antiken Gottheiten bevölkertes Arbeitszimmer sollte – wie es die Erinnerungen seiner Patienten beschreiben – immer wieder an eine Art heiligen Tempel gemahnen, zu dem man mit der »gläubigen Erwartung« eines Pilgers gelangt.[111]

Noch 1926 schrieb Freud in *Die Frage der Laienanalyse*:

»Wir wollen übrigens das Wort nicht verachten. Es ist doch ein mächtiges Instrument, es ist das Mittel, durch das wir einander unsere Gefühle kundgeben, der Weg, auf den anderen Einfluß zu nehmen. Worte können unsagbar wohltun und fürchterliche Verletzungen zufügen. Gewiß, zu allem Anfang war die Tat, das Wort kam später, es war unter manchen Verhältnissen ein kultureller Fortschritt, wenn sich die Tat zum Wort ermäßigte. Aber das Wort war doch ursprünglich ein Zauber, ein magischer Akt, und es hat noch viel von seiner alten Kraft bewahrt.«[112]

Seelenbehandlung – oder Behandlung durch die Seele – und Wort-Therapie sollten ein ständiges Begriffspaar von Freuds Psychoanalyse bleiben, die an eine antike Auffassung der Behandlung von Geisteskrankheiten anknüpfte, welche den Gebrauch des Wortes, die dialogische Form einschloß und sich in ihrer philosophischen Bedeutung im Sokratischen Gebot der Inschrift des Apoll-Tempels in Delphi resümieren läßt: *gnothi seauton*.[113] *Psyche* (oder *Seele*) ist für Freud nicht nur eine in ihren Bestandteilen quantifizierbare und analysierbare psychische Instanz, sondern sie ist in erster Linie *psyche* in der mythologischen, klassischen und humanistischen Bedeutung des Wortes. Die griechische Philosophie unterschied zwischen *nous,* der rationalen Instanz mit Sitz im Gehirn, und *psyche*, dem Lebenshauch oder vitalistischen Hauch, der Instanz, die an allen Gefühlsregungen teilhat und ihnen vorsteht. Wenn die antike Philosophie sich der Erforschung der Geisteskrankheiten zuwendet und vor allem wenn sie nach einer höheren Weisheit und einem größeren Glück in der Selbsterkenntnis und im Einssein mit den verschiedenen Teilen des Kosmos strebt, dann bezieht sie sich nicht auf den *nous*, sondern auf die Seele, den verletzlichsten, aber auch reaktivsten Teil des Menschen. Zu den Göttern oder zu den dunklen, dämonischen Mächten des Kosmos tritt man mittels der Seele in Beziehung, die – im Wahn, im Traum – andere Erfahrungen ermöglicht als eine rationalisierende, klassifizierende Größe wie der Intellekt, dem eher das Sammeln, die Auswahl und die Analyse der gesamten Erfahrungen zukommt. Bei der Seele, diesem teilweise unbekannten Ort, Sitz unzähmbarer Triebe, in denen die Alten den Ausdruck des Göttlichen gewahrten, setzt die Psychoanalyse an, um die Rätsel des Gefühlslebens zu erforschen, und erneuert dabei eine uralte Tradition, ein Geflecht aus magisch-sakralen Bräuchen und einer philosophischen Reflexion, die in der Erkenntnis und im (Selbst-)Bewußtsein das einzige Instrument sah, um die ›Zwiespältigkeiten‹ des Gefühlslebens zu beherrschen.

Die Wort-Therapie hatte sich stets dicht an jener fließenden Linie entlangbewegt, die noch während der gesamten klassischen Periode Religion und ›Wissenschaft‹ ineinanderwob und von der historischen Einheit zweier Geisteshaltungen zeugt, die nur vom modernen, von der Dichotomie ›rational‹ vs. ›irrational‹ beherrschten Standpunkt aus unvereinbar erscheinen. Mindestens bis zur Hippokratischen Zeit war sie jedoch eine Konstante der griechischen Antike gewesen und hatte verschiedene Veränderungen im Sinne einer fortschreitenden Anpassung an die Entwicklungen des philosophischen und wissenschaftlichen Denkens, einer Rationalisierung des mythisch-sakralen Diskurses durchlaufen. In archaischer Zeit war ihre heilige Bedeutung vorherrschend, wie die Homerischen Dichtungen beweisen, und sie war weit davon entfernt, eine *techne*, eine Heilmethode in Händen einer Klasse von Ärzten oder Priestern zu werden. Die archaische Wort-Therapie umfaßt das Gebet (*euche*), die magische Verzauberung (*epaoide*) und die motivierende, suggestive Rede (*terpnos logos*). Die wachsende Bedeutung der Rhetorik im nachhomerischen Griechenland brachte es mit sich, daß man an einen systematischen Einsatz der verbalen Überzeugungskraft für die Heilung bestimmter Krankheiten zu denken begann. Ihrer magischen Komponenten weitgehend beraubt, ist die Platonische *epode* eine säkularisierte Form der suggestiven Rede, die auf ihre »verzaubernden« Eigenschaften nicht völlig verzichtet, vorausgesetzt, sie ist erhebend, *logos kalos*, auf die Schaffung einer höheren Harmonie (*sophrosyne*) zwischen den rationalen und irrationalen Seelenteilen gerichtet (*peitho*, der ›säkulare‹ Begriff zur Bezeichnung der überzeugenden, verführenden Rede, ist auch der Name einer Göttin, *Peitho*, Tochter des Okeanos und der Tethys, die Synthese zwischen *logos* und *eros*).[114] Beruft sich das dialektische Wort mit seiner Stringenz und rationalen Kohärenz auf den *nous* und sucht auf logisch-spekulative Art zu überzeugen, so wendet sich das suggestive Wort an die Seele, an ihre emotiven und triebhaften Teile, die zu körperlichem und geistigem Unwohlsein führen, wenn sie sich selbst überlassen werden.

Wenn Plato zur Bezeichnung dieses ausschließlich auf den Gebrauch des Wortes gestützten ›psychotherapeutischen‹ Verfahrens den Begriff *katharsis* verwendet, der an anderen Stellen seines Werkes sowohl in der archaischen, kultisch-rituellen Bedeutung der Reinigung als auch in der eng medizinisch-physiologischen Bedeutung des Purgierens auftaucht, so versteht er ihn im ethischen und zugleich im psychologischen und medizinischen Sinne. Ist der *nous* nämlich rein und als solcher weder einer Katharsis fähig noch bedürftig, so erkrankt hingegen die Seele, wenn sie vom Körper und seinen Begierden angesteckt wird. Auf sie einzuwirken, sie vom bedrohlichen Triebkonflikt zu befreien und das subtile Gleichgewicht zwischen ihren Teilen wiederherzustellen, das die unabdingbare Voraussetzung für die psychische Gesundheit ist, bedeutet also ebenso eine Behandlung der somatischen Krankheitserscheinungen, die nichts anderes sind als der Ausdruck ihres Unbehagens oder ihrer Schuld. Katharsis ist bei Plato folglich eine aus der sakralen und medizinischen Tradition hergeleitete Metapher, die allerdings nicht auf ihre ursprüngliche Möglichkeit, ein therapeutischer Eingriff im engeren Sinne zu sein, verzichtet, in einer Übergangszeit, in der sich die Naturwissenschaften, allen voran die Medizin, noch nicht völlig von der Philosophie und von der Rhetorik gelöst haben.

Mit Hippokrates wird die Krankheit nicht länger als Folge einer ›Schuld‹ oder einer dämonischen Besessenheit, sondern als Resultat eines natürlichen physiologischen Prozesses betrachtet. Damit verliert die therapeutische Praxis ihren magisch-sakralen Charakter und wird zu einem Beruf, *techne iatrike*. Zwar verkennt die Hippokratische Schule die Bedeutung der »psychotherapeutischen« Behandlung, des Dialogs zwischen Arzt und Patient nicht, doch wird er nun endgültig dem Zweck der Diagnoseforschung unterstellt. Das Wort, *logos*, wird von Hippokrates vor allem im Sinne der *ratio* verstanden. War die Hippokratische Zäsur einerseits für die Begründung einer wissenschaftlichen, auf Beobachtung und physiologischer Forschung fußenden und von jeder metaphysischen und philosophischen Implikation befreiten Medizin notwendig, so konnte diese Zäsur doch andererseits nur um den Preis stattfinden, die Entwicklung der Reflexionen über die Möglichkeiten der therapeutischen Anwendung des Wortes fast vollständig zum Stillstand zu bringen.

Hatte noch Aristoteles dem *logos* die dreifache Macht zugeschrieben, als rationales, dialektisches Wort zu überzeugen, als rhetorisches Wort zu überreden und dank der kathartischen, reinigenden und purgierenden Wirkung des tragischen Wortes zu heilen, so war die nachfolgende Epoche durch die Dichotomie zwischen wissenschaftlichem Diskurs und philosophischem bzw. heilig-religiösem Diskurs geprägt. Ersterer schloß die Möglichkeit einer therapeutischen Wirkung des Wortes aus und schrieb ihm die nebensächliche Aufgabe zu, zunächst eine positive Beziehung zwischen Arzt und Patient herzustellen; letzterer verkam dort, wo er nicht auf die Anwendung der verbalen Psychotherapie verzichtete, zu einer abergläubischen Praxis, und ihm wurde jede Wissenschaftlichkeit bestritten. Mit dem Christentum, das die Einheit von Körper und Wort in der Gestalt Christi, *logos*, Fleisch gewordenes Wort, symbolisch herstellt, erreicht die antike Tradition der verbalen Psychotherapie vielleicht ihre vollendetste Form – nicht zu Unrecht sollte Foucault die Psychoanalyse als »säkularisierte Konfession« bezeichnen –,[115] doch sollte der auf den sakralen Bereich beschränkte Brauch der Konfession den Abstand der verbalen Therapie vom medizinwissenschaftlichen Diskurs definitiv bekräftigen.

Hatten Medizin und Wissenschaft für ihre Durchsetzung einen Prozeß der Entideologisierung durchlaufen und sich als autonomer Diskurs im Verhältnis zu Religion und Philosophie konstituieren müssen, so bestand für die Psychoanalyse bei dem Versuch der Einführung oder Wiedereinführung der Wort-Therapie im Rahmen der Disziplinen, denen *per definitionem* das Attribut der Wissenschaftlichkeit zukam, die umgekehrte Schwierigkeit. Das heißt, die Psychoanalyse, entstanden in der streng positivistischen Kultur der zweiten Hälfte des 19. Jahrhunderts, war gehalten (auch wenn sie es nur ungern tat) wenigstens vorläufig auf Distanz zu dieser Kultur ihrer Zeit zu gehen.

III. Bemerkungen zur *Traumdeutung* (erster Teil)[*]

Zur Wahl des Titels

Die Bibliographie am Ende der *Traumdeutung* (1900)[1] läßt zwei Interpretationsrichtungen im Bereich der Traumforschung erkennen. Den wissenschaftlich-neurologischen Untersuchungen zum Traumphänomen, die bereits im Titel ihre naturwissenschaftliche Folie enthüllen, stehen die kulturhistorischen und geisteswissenschaftlichen Arbeiten über die Interpretationen des onirischen Lebens gegenüber, die jede Kultur von der Antike an in ihren Dichtungen, in esoterischen Lehren, in ihren Mythen und Volksmärchen ausgedrückt hat. Nur selten spricht sich in den Titeln der letztgenannten Richtung die Absicht aus, das Wesen des Traums zu analysieren oder seine Phänomenologie zu beschreiben. Eher greifen sie allgemein auf die Terminologie zurück, mit der die Alten die Wahrsagung durch die Entzifferung der Traumsymbolik zu bezeichnen pflegten: *Oneirokrisis* (oder *oneirokritike techne*), *Traumdeutung* in deutscher Übersetzung.[2]

Mit implizitem Hinweis auf die orientalischen Deutungspraktiken und Traumbücher, auf deren Grundlage die Antike ihre Traumtheorien formuliert hatte, nennt Freud im Briefwechsel mit Fließ seine Arbeit über den Traum »ägyptische[s] Traumbuch«[3] oder auch »mein Traumbuch«, ein Begriff, der an die aus der Antike überlieferten Traumsammlungen und die Volks-Traumbücher erinnert, deren sich die Weissager und Traumdeuter bedienten, die an den Tempeleingängen und auf den städtischen Märkten gegen Bezahlung die Zukunft deuteten und sich dafür auf die in feste Formeln übersetzte Traumsymbolik stützten.[4]

In seinem Essay über die englische Übersetzung der *Traumdeutung* (*The Interpretation of Dreams*), die seines Erachtens die Nuancen und vagen Umrisse des deutschen Wortes *deuten* nicht einzufangen versteht, vergleicht Bettelheim die Lektüre der Zukunftsverkündung, wie die Astrologie sie praktiziert, mit Freuds Traumtheorie. Sterndeutung und Traumdeutung stehen beide für uralte ›Wissenschaften‹, durch die der Mensch den künftigen Gang der Ereignisse zu beherrschen suchte, indem er die verborgene Bedeutung vergangener Ereignisse (Träume, die Bewegung der Sterne) interpretierte: »[Freud] stellte gewissermaßen den Glauben der Astrologen auf den Kopf: Er zeigte, daß wir durch die Auslegung von Träumen nicht die Zukunft voraussagen, wohl aber umgekehrt unbekannte Ereignisse der Vergangenheit entdecken können.«[5] Mit der Wahl eines Titels, der beim Leser Assoziationen zu antiken, magischen und abergläubischen Bräuchen wecken mußte, schlug Freud sich auf die Seite von Astrologen und Wahrsagern und suchte mit ihnen, als wahrer »Traumdeuter«,[6] dem Sinn und der ›verborgenen‹ Bedeutung von Phänomenen nachzuspüren, die sich der linearen Interpretation des naturwissenschaftlichen Verfahrens und der organisch-quantitativen Analyse entziehen, welche der zeitgenössischen Medizin als einzig zuverlässig galten.

»Deuten heißt einen verborgenen Sinn finden«:[7] Mit dem Begriff *Traumdeutung* wollte Freud daran gemahnen, daß er die vielgestaltige Natur des Traums zu durchdringen und Licht in seine tiefere Bedeutung zu bringen gedachte, indem er zu rekonstruieren versuchte, was sich zwischen den Zeilen eines Textes (dem des manifesten Inhalts) mit einer unzusammenhängenden, lückenhaften Grammatik verbirgt. Der Titel *Traumdeutung*, an den uns hundert Jahre Psychoanalyse so sehr gewöhnt haben, daß uns kein anderer denkbar schiene, mußte dem Fachpublikum, an das Freud sich bis zu jenem Zeitpunkt gewandt hatte, wie das alarmierende Zeichen einer Abkehr vom Wege, wenn nicht gar wie eine Provokation klingen. Die Wahl des Titels und das vorangestellte Motto, das auf eine Reise in die Unterwelt anspielt, sind eine Warnung an den Leser, daß er keine naturwissenschaftliche Abhandlung, keine detaillierte, vollständige Traumphänomenologie in eng wissenschaftlichem Sinne erwarten darf, sondern auf ein ›offenes‹ System, auf einen Rekonstruktions- oder Übersetzungsversuch eingestellt sein muß: sicher nicht auf die Übersetzung von göttlichen Botschaften oder Orakelsprüchen, jedoch auf die aus einer Sprache, der des Unbewußten, die ähnlich wie die literarische Sprache mit Symbolen, Metonymien und Metaphern arbeitet und sich jeder systematischen Interpretation entzieht.

»Flectere si nequeo superos«:
die prometheische Deutung des Mottos

Erstmals zitiert Freud die der *Traumdeutung* vorangestellten Vergil-Verse *Flectere si nequeo superos, Acheronta movebo* in einem Brief an Fließ vom 4. Dezember 1896, worin er ankündigt, daß er diese Stelle aus der *Äneis* zur Einleitung eines Kapitels über die Symptombildung in einem (nie erschienenen) Werk zur Analyse und Behandlung der Hysterie heranziehen will.[8]

Drei Jahre später, im Juli 1899, taucht das Motto kurz vor Fertigstellung der *Traumdeutung* in einem weiteren Brief an Fließ wieder auf: »Motto für den Traum hat sich nicht ergeben, seitdem Du das Goethesche sentimentale umgebracht. Es wird beim Hinweis auf die Verdrängung bleiben. Flectere si nequeo superos / Acheronta movebo«.[9] Offenkundig hatten die beiden Freunde des öfteren über die Wahl des Mottos diskutiert, wenn Freud meint, er habe für das Vergilzitat optiert, nachdem Fließ sich über die geplante Heranziehung der Goethe-Verse negativ geäußert hatte. Der Auswahl der literarischen Zitate und Mottos, welche die einzelnen Werke begleiten sollten, kommt in dem Briefwechsel also beinahe die gleiche Wichtigkeit zu wie der wissenschaftlich-theoretischen Diskussion über deren Inhalte. Die Auswahl des Mottos verdankt sich keiner rein rhetorischen oder ästhetischen Entscheidung, sondern gehört, sozusagen gleichberechtigt neben anderen Fragen, zum theoretischen Gerüst und zur gedanklichen Struktur des Werkes.

Der Passus, der dem siebten Buch der *Äneis* entstammt, ist in Büchmanns Sammlung *Geflügelte Worte,* dem ›Brevier‹ der Zitate und gelehrten Sprichwörter jedes gutbürgerlichen deutschen Haushaltes jener Zeit, enthalten, der ihn folgendermaßen übersetzt: »Kann ich die Götter mir nicht erweichen, so lock' ich die Hölle.«[10] Diejenige, die diese drohenden Worte spricht, ist Juno, die olympische Widersacherin des Trojaner-Geschlechtes, die sich gezwungen sieht, die Mächte der Unterwelt anzurufen, nachdem ihr Versuch fehlgeschlagen ist, Jupiter durch Überredungs- und Verführungskünste zur Hilfe zu bewegen, um Äneas an der Landung im Latium und an der Gründung Roms zu hindern. Bei ihrer Rückkehr aus Argos sieht die Göttin, auf ihrem geflügelten Wagen sitzend, vom Himmel aus die Flotte der Dardaniden in der Nähe der Tibermündung beim Bau der Mauern, nunmehr sicher, das Endziel ihrer

Reise erreicht zu haben. Zornentbrannt erinnert sie sich ihrer früheren Versuche, den römisch-trojanischen Bund zu verhindern, indem sie mit Äolus' Hilfe einen Sturm gegen die trojanischen Schiffe gesandt und ihren Kurs in Richtung auf die Meerenge von Messina zu lenken versucht hatte, wo Skylla in ihrer Höhle haust und Charybdis die Schiffe auf den Meeresgrund hinabzieht und verschlingt. Ohnmächtig, allein den Willen der Götter zu beugen und die Ordnung des Fatums zu stürzen, ruft Juno »jene Mächte an, die die Götter gewöhnlich verachten, weil sie ihre Antithese sind«,[11] steigt in die Tiefen des Erebus hinab, wählt unter den Furien Alekto, die »Rachedürstige«, zu ihrer Verbündeten und befiehlt ihr, Unheil am Hofe des Latinerkönigs zu stiften und einen Krieg zwischen den Bewohnern des Latium und den trojanischen Gästen zu entfesseln.

> *Ast ego, magna Iovis coniunx, nil linquere inausum*
> *quae potui infelix, quae memet in omnia verti,*
> *vincor ab Aenea. Quod si mea numina non sunt*
> *magna satis, dubitem haud equidem implorare quod usquam*
> *flectere si nequeo superos, Acheronta movebo.*[12]

Einen Kommentar zu dem Motto und seinen möglichen Auslegungen liefert Freud selbst in einem Brief vom 30. Januar 1927 an den Philosophen Werner Achelis, worin er einer »prometheischen« Interpretation des Mottos widerspricht:

»Endlich ein Wort zur Übersetzung des Mottos, das die ›Traumdeutung‹ trägt, auch zu seiner Deutung. ›Acheronta movebo‹ übersetzen Sie mit ›die Festen der Erde bewegen‹. Aber es heißt doch viel mehr: die Unterwelt aufrühren. Ich hatte das Zitat von Lassalle entlehnt, bei dem es gewiß persönlich gemeint war und sich auf soziale – nicht psychologische – Schichtung bezog. Bei mir sollte es bloß ein Hauptstück aus der Dynamik des Traumes hervorheben. Die Wunschregung, die von den oberen seelischen Instanzen zurückgewiesen wird (der verdrängte Traumwunsch) setzt die seelische Unterwelt (das Unbewußte) in Bewegung, um sich zur Geltung zu bringen. Was können Sie daran ›prometheisch‹ finden?«[13]

Achelis, der das Motto *ad hominem* interpretiert und Freud Rachegelüste unterstellt hatte, die dieser nicht an sich erkannte, ließ sich zu keiner Änderung seines Urteils bewegen und fügte den Worten, mit denen er die *Traumdeutung* in seiner Schrift bedacht hatte

(»Der Griff selbst war so gewaltig, daß er den Rahmen alles in der Wissenschaft Gewohnten sprengen mußte, und sogar Freud selbst zu prometheisch klingenden Äußerungen wie der Anrufung des Acheron veranlasste«),[14] lediglich eine Postille hinzu, in der er Freuds diesbezügliche Position referierte, ohne indes eine gewisse Skepsis zu verbergen und darüber hinaus auf eine vermeintliche und wenig glaubhafte Freudsche ›Naivität‹ anzuspielen:

»Es ist mir bekannt, daß Freud selbst das betreffende Vergilzitat als Motto verwandte, um ein theoretisches Hauptstück seiner Lehre von der Traumdeutung gleichnishaft zu unterstreichen. Trotzdem kann es Freud schon zur Abfassungszeit seines Buches schwerlich entgangen sein, daß der unbefangene Leser, dem ich mich in diesem Falle anschließe, mit Recht einen prometheischen Unterton zu spüren vermeinen darf.«

Im übrigen war Freuds Kritik an der Übersetzung von Achelis nicht ganz korrekt. Achelis hatte die Vergil-Stelle nämlich richtig übersetzt: »Wenn ich die Götter droben unbeugsam finde, so will ich, daß in Bewegung gerät / die acherontische Macht«,[15] während die »Festen der Erde«, die Freud in seinem Brief moniert, an anderer Stelle in der Schrift des Philosophen vorkommen, und zwar als freie Paraphrase der Vergil-Verse und als Metapher, mit der er die Folgen von Freuds Theorie für die Entwicklung des philosophischen Denkens umschreibt.[16]

Ein Blick auf den Zeitraum von 1896, dem Jahr, in dem Freud erstmals die Möglichkeit erwog, die Verse aus der *Äneis* in einem seiner Werke heranzuziehen, bis 1899, dem Jahr, in dem die *Traumdeutung* in Druck gegeben wurde, macht auch anhand der biographischen Daten deutlich, daß die Hypothese von Achelis – und von einem Großteil der Forschung, die sich nach ihm mit dem Motto befaßt hat[17] – durchaus plausibel ist.

Das Jahr 1896 markiert einen einschneidenden Wendepunkt in Freuds Leben und in der Entwicklung seiner Theorie. Ein Jahr war seit der Veröffentlichung der *Studien über Hysterie* vergangen, und ihre negative Aufnahme,[18] vor allem in medizinwissenschaftlichen Kreisen (von denen Freud sich eine offizielle Anerkennung erwartet hatte), hatte zur Verschärfung der Unstimmigkeiten mit Breuer, dem Mitautor der *Studien*, beigetragen, der Freuds Hypothesen über die sexuelle Ätiologie der Neurose nicht gänzlich teilte. Freud, der sich von seinen alten Lehrern verlassen und von der akademischen Welt herabgesetzt fühlte,[19] flüchtete sich schließlich in eine intellektuelle Isolierung, die erst einige Jahre nach Erscheinen der *Traumdeutung* enden sollte (»[ich] lebe in solcher Isolierung, als ob ich die größten Wahrheiten gefunden hätte«).[20] Sein einziger Gesprächspartner blieb der Berliner Freund und Kollege Fließ, dem er in fast täglichem Briefgespräch seine Theorien über Hysterie und Abwehrneurosen sowie seine ersten Hypothesen zur Natur und Bedeutung des Traumes unterbreitete.

Nachdem der Versuch, ein auf quantitativen Verhältnissen beruhendes Modell der psychischen Vorgänge zu entwerfen, gescheitert war,[21] richtete Freud sein Augenmerk nunmehr ausschließlich auf die psychologischen und ›philosophischen‹ Aspekte des Gefühlslebens.[22] Der Verzicht auf die Suche nach einem biologischen Fundament für die eigenen Annahmen – der freilich als vorläufig präsentiert wird –, zieht die Untersuchung auf ein gefährliches, unsicheres Terrain, dem die solide Stütze des wissenschaftlichen Positivismus und seiner Untersuchungswerkzeuge abhanden gekommen ist. Freud entfernt sich immer mehr von den Interessen, die die ersten Jahre seiner Tätigkeit gekennzeichnet hatten (»Mir graut übrigens vor all der Psychologie, die ich in den nächsten Jahren aus Büchern holen soll«),[23] und richtet seine Aufmerksamkeit nun auf all das, was zur ›Vorgeschichte‹ der Menschheit gehört. Die Lektüre von Jacob Burckhardts *Griechische[r] Kulturgeschichte* führt zur Entdeckung »unerwartete[r] Parallelen«;[24] an einer anderen Stelle des Briefwechsels wird die Entdeckung, daß es dank der Traumanalyse möglich sei, in der fernsten Vergangenheit zu graben und unter den Schichten der Erinnerung verschüttete Fragmente von Bildern und Episoden der frühen Kindheit wieder ans Licht zu bringen, mit dem neuen Troja verglichen, das Schliemann dem Limbus des Homerischen Mythos entrissen und einer skeptischen, ungläubigen Kultur in all seiner wissenschaftlich-historischen Konkretheit vor Augen geführt hatte (»Es ist, als hätte Schliemann wieder einmal das für sagenhaft gehaltene Troja aufgegraben!«).[25] Ohne methodisch vorzugehen und wahrscheinlich ohne genau zu wissen, welche Ergebnisse er zu erwarten hat, versucht Freud, Phänomene, die sich ihm seit geraumer Zeit während der Sitzungen mit den Patienten aufdrängten (Träume, Phantasien, Fragmente unzusammenhängender Kindheitserinnerungen), und solche, die wie eine ›erweiterte‹ oder historisch kodifizierte Reproduktion der erstgenannten erscheinen – der

Mythos und die literarischen Produktionen, die Sagen der Antike, die religiösen Rituale und die Teufelsvorstellungen des christlichen Mittelalters –, zu einer Synthese zu verbinden.

In dem Bewußtsein, vor einer Entdeckung zu stehen, die alle bisherigen Kenntnisse und Überzeugungen der Psychologie hinsichtlich des Traums und des Seelenlebens allgemein erschüttern sollte, sich zudem neuerlich dem Vorwurf der »Scharlatanerie« auszusetzen, der bereits seine Arbeiten über die Hysterie getroffen hatte, und den Dissens zu den akademischen Wissenschaften weiter zu vertiefen, beschließt Freud, seine Reise in die Welt der Träume mit den Worten der ›höllischen‹ Juno einzuleiten,[26] deren betont rebellischer, Rache verkündender Ton sicherlich seinen Gefühlen angemessen war. So läßt sich das Motto mit Achelis unschwer als eine Art Drohung gegen die Oberen (*superos*), die unangreifbaren Universitätsprofessoren, interpretieren. Der Inhalt dieser Drohung, die Anrufung der Mächte der Unterwelt, des chaotischen Reichs des Unbewußten, wäre als Hinweis auf die durchschlagenden und beunruhigenden Folgen seines Werkes zu deuten, welches das von diesen Professoren errichtete, beruhigende positivistische Theoriegebäude aus den Angeln heben würde.[27]

Die *Traumdeutung* wird so das Werkzeug einer durch das Bewußtsein der eigenen Größe und den Glauben an die eigene wissenschaftliche Sendung genährten intellektuellen Rache; es ist vielleicht ein ›ungeeignetes‹ Werkzeug, aber auch Juno war zur Anrufung der Götter der Unterwelt gezwungen worden, nachdem sie es mit den Mitteln der Überredungskunst bei ihrem Gemahl versucht hatte, und hatte auf eine extreme Lösung zurückgegriffen, auf die sie vielleicht besser verzichtet hätte. 1899 in Druck gegeben, wird die *Traumdeutung* auf dem Titelblatt neben dem Vergilzitat das Datum 1900 verzeichnen, als solle damit der Anbruch einer neuen Epoche angezeigt werden, die nach Freud nicht mehr an den Schatten des Acheron vorbeikommen würde, um sich zu erklären.

Die politische und die psychoanalytische Deutung

So weit die von Achelis vorgeschlagene »prometheische« Interpretation, die im Lichte der biographischen Daten gerechtfertigt erscheint – und rückblickend auch im Lichte der theoretischen und kulturellen Konsequenzen von Freuds Traumtheorie für die Entwicklungen des abendländischen Denkens hinsichtlich der Bewertung des Trieblebens. Die Forschungsbeiträge, die sich nach Achelis mit dem Motto beschäftigt haben, folgen in ihren grundsätzlichen Linien dieser ersten Polemik, an der Freud selbst als Protagonist beteiligt war.

Zur Bekräftigung der »prometheischen« Hypothese wird auch Lassalle bemüht, der das Motto in seiner Schrift *Der italienische Krieg und die Aufgabe Preußens* (1859)[28] als Warnung an die preußische Regierung verwendet hatte, der er mit einem bewaffneten Volksaufstand drohte. Einigen Autoren zufolge[29] stellt die Bezugnahme auf Lassalle, dem Freud die Urheberschaft des Mottos zugeschrieben hatte, einen Beleg für Freuds politischen Standort dar und zeigt, daß die metaphorische Sprache der Psychoanalyse in Analogie zum Modell des sozialen Konflikts konstruiert sei.[30] Freud habe Achelis' Meinung genau in dem Moment implizit bestätigt, als er sie zu widerlegen suchte, das heißt, als er fast provokatorisch Lassalle als Quelle für das Zitat angab und Vergil und Schiller,[31] zwei Autoren, die ihm sicher vertrauter waren als der Politiker Lassalle, damit überging. Zu Recht weist Schorske darauf hin, daß Freuds Kenntnis der Antike und der *Äneis* so weit reichte, daß er keineswegs auf die ›Quelle‹ Lassalle hätte zurückgreifen müssen.[32]

Derselben Ansicht scheint auch der offizielle Freud-Biograph Ernest Jones zu sein, der zwar weder auf das Motto noch auf seine möglichen Auslegungen eingeht, aber bezeichnenderweise dem zweiten Band seiner Biographie ein Zitat aus den *Georgica* als Widmung mitgibt und auf diese Weise mit Vergils Worten auf die ferne Anrufung des Acherons zu antworten scheint:

> *Felix qui potuit rerum cognoscere causas*
> *Atque metus omnis et inexorabile fatum*
> *Subiecit pedibus, strepitumque Acherontis avari!*[33]

Unter den Beiträgen, die den Kontext von Vergils Werk nicht übersehen und von dort aus Freuds Wahl zu verstehen suchen, überwiegen die psychoanalytischen Interpretationen, die um die Gestalt Junos und eine vermeintliche Identifikation Freuds mit der olympischen Göttin zentriert sind, dem Gegensatz zum väterlichen, patriarchalischen Prinzip, das Zeus repräsentiert.

Nachfolgerin der chthonischen Hera, der Fruchtbarkeitsgöttin des griechischen Olymp, Beschützerin der Ehe und der Frauen, deren Kult sich von Argos ausgebreitet hatte, das auch Junos Heimat war, nimmt die römische Juno unter den olympischen Göttern eine ambivalente Stellung ein.[34] Ihre engen Beziehungen zu den Erdgottheiten, ihr Kult als Mondgöttin – vielleicht ist es nicht überflüssig, daran zu erinnern, daß der Mond nach der stoisch-pythagoreischen Lehre, auf die Vergil sich zu beziehen scheint, Sitz der *psyche*, des leidenschaftlichen Seelenteils ist – sowie ihre Affinität zu den irrationalen, dämonischen Mächten des mythologischen Universums rücken sie in die Nähe der Höllenmächte und der Furien, der »Bluträcherinnen«, jener grauenerregenden Gestalten, die anzurufen sie nicht zurückscheut, um das Schicksal ihren Zwecken zu beugen.[35]

Freuds Identifikation mit Juno, einer Gottheit des Olymp, in gewissem Sinne aber auch der Unterwelt, hat Damrosch zur Hypothese vom Bündnis Freuds mit den weiblichen Triebkräften des Unbewußten gebracht, die der von Zeus verkörperten männlichen Herrschsucht (dem Über-Ich) entgegenstünden.[36] Konkret bezieht sich Damrosch auf die bacchischen Tänze, zu denen Amata, angestiftet durch Alektos Zaubertrank, die latinischen Frauen einlädt, um die Heirat zwischen Lavinia und Äneas zu verhindern.[37]

Junos Rolle in der epischen Erzählung der *Äneis* ist außerdem, der Gründung Roms und dem künftigen Römergeschlecht entgegenzuwirken.[38] Ihr Schützling ist Dido, die Königin von Karthago, von der der semitische Feldherr Hannibal abstammt, der Held von Freuds Kinderphantasien, mit dem er sich mehrfach identifiziert hatte: Wie Hannibal seinen Vater Hamilkar gerächt hatte, so hatte Freud davon geträumt, seinen Vater für die wegen seiner Herkunft erlittenen Demütigungen zu rächen.[39] Das Motiv ist eng verbunden mit der Bedeutung der Herausforderung und Rache, welche die Forschung in dem Motto aus der *Äneis* hat sehen wollen. Über den im Wien der Jahrhundertwende in akademischen Kreisen verbreiteten Antisemitismus ist viel geschrieben worden, und vor allem hat Freud das Mißtrauen gegenüber seiner Person sowie das Zögern – in

Freuds Augen eine ausdrückliche Weigerung – der akademischen und ministeriellen Stellen, als es um die Verleihung des Grades eines außerordentlichen Professors ging (den er schließlich kurz nach Erscheinen der *Traumdeutung* erhielt), stets seiner jüdischen Abstammung zugeschrieben. Mit Hannibal ist außerdem die »Rom-Sehnsucht« verbunden, die Freud in den Jahren der *Traumdeutung* begleitete, als eine Art irrationaler Widerstand ihn trotz mehrerer Italien-Reisen von der ›ewigen Stadt‹ fernhielt. Auf diese Parallelen gestützt, interpretiert Heller das Motto als Stellungnahme gegen Rom, zugunsten der ›semitischen‹ Sphäre Dido-Karthago-Hannibal.[40]

Der Psychologe und Judaist Bakan, der die Beziehungen zwischen hebräischer Mystik und Freuds Theorie untersucht und letztere als säkularisierte Übersetzung der Kabbala interpretiert,[41] sieht in dem Motto, das er mit einer Stelle aus dem *Dybbuk*, einer dramatischen Darstellung der chassidischen Geisteshaltung, vergleicht, einen Pakt der Psychoanalyse mit dem Teufel, im Gegensatz zu dem durch Moses und den jüdisch(-christlich)en Monotheismus repräsentierten Über-Ich. Wie Schönau zu Recht hervorhebt, ist der Teufel, den Bakan zu Freuds Verbündetem machen will, wahrscheinlich ein Nebenprodukt der englischen Übersetzung der *Äneis* durch C. Day Lewis, der den Begriff »Acheron« mit dem generischen (und christlichen) Begriff *hell* wiedergibt.[42]

Die Katabasis ins Totenreich und das Unbewußte als mythische Unterwelt

Die vorstehend angedeuteten Interpretationsversuche, die bei aller ›Wunderlichkeit‹ der Auslegung doch fast sämtlich im Vergilschen Kontext ihre Rechtfertigung suchen, machen deutlich, daß eine literarische Form wie das Motto sich durchaus in den Dienst entgegengesetzter Perspektiven nehmen läßt. Im Unterschied zum Zitat oder zum einfachen literarischen Verweis, die sich nur durch die Kohärenz mit dem Gesamtzusammenhang des Werkes begründen, dem sie entstammen, impliziert das Motto einen dekontextualisierten Gebrauch, das heißt, das Motto erlangt weniger in Abhängigkeit vom ursprünglichen als vom neuen Kontext seine Bedeutung. Seine

Aufgabe ist es, einen Interpretationsschlüssel zum Text zu liefern, den Inhalt des Werkes aus einem bestimmten Blickwinkel zu erhellen, und an den emotionalen oder theoretischen Kern des Werkes zu rühren. Es hat also eine ›vorausgreifende‹ oder ›wegweisende‹ Funktion.

Gleichzeitig kann durch die neue thematische Verortung des Mottos, in einem Verhältnis dialektischer Wechselseitigkeit, ein Weg gezeichnet werden, der, von dem unter der Ägide des Mottos gestellten Text und nicht zuletzt von dessen Rezeption ausgehend, die Züge des Mottos verändert und es auch innerhalb seines ursprünglichen Zusammenhangs aufgrund seines jeweiligen Gebrauchs anders ›zu denken‹ erlaubt.

Wenn wir von der psychoanalytischen Perspektive abrücken und uns – unter anderem in dem Vergil-Motto – auf die Suche nach einem inspirierenden Einfluß der klassischen Antike auf die Entstehung von Freuds Theorie machen – einem Einfluß, der nicht dank der historisch-philologischen Untersuchung der Texte verlebendigt wird, sondern dadurch, daß die Antike als Chiffre der Deutung oder als ›facettenreicher Spiegel‹ (Worbs) der zeitgenössischen psychischen Realität dient –, so gewinnen zwei Aspekte an Bedeutung, die – wie mir scheint – bislang von der Forschung nicht hinreichend beachtet wurden. Der eine gilt der Analogie zwischen der introspektiven Suche von Freuds Selbstanalyse und der Katabasis des epischen Helden. Der andere – Voraussetzung und Folge des ersten zugleich – wählt eine ›naive‹ Lesart der Worte Freuds hinsichtlich der Bedeutung des Mottos (also eine Lesart, die voraussetzt, daß Freud »tatsächlich sagen wollte, was er gesagt hat«),[43] und dies in der Annahme, die von Vergil und vor ihm von Homer beschriebene mythologische Unterwelt habe Freud als Modell für die metapsychologische Konstruktion des Unbewußten gedient.[44]

Weder geht es hier darum, sich der Darstellung der Unterwelt zu widmen, wie sie von den epischen Dichtungen überliefert wird, noch soll die Symbolik oder die Bedeutung von Äneas' Katabasis bzw. von Odysseus' Begegnung mit dem Totenreich interpretiert werden. Mein Vergleich beansprucht ganz sicher nicht, eine wörtliche Übereinstimmung herzustellen. Aber ihm eignet in dem Maße ein über eine rein metaphorische Bedeutung hinausweisender Wert, als ich davon ausgehe, daß sich Freud als gründlicher Kenner der *Äneis* und begeisterter Leser der *Odyssee* tatsächlich in jenem Bild wiedererkannt hat, das das Paradigma der Selbstanalyse durch einen zweifachen Erkenntnisweg reproduziert: die Selbsterkenntnis und von dort ausgehend die Erkenntnis allgemeiner wissenschaftlicher Interpretationsgesetze der Psyche.

Es wurde bereits erwähnt, daß das Jahr 1896 ein wichtiges Jahr für Freuds Leben und Werk war. Der Tod seines Vaters im Oktober und die Studien zur Ätiologie der Hysterie stürzten Freud in eine tiefe Krise (»Auf irgendeinem der dunklen Wege hinter dem offiziellen Bewußtsein hat mich der Tod des Alten sehr ergriffen«),[45] denn in der ›vorödipalen‹ Formulierung dieser Zeit schrieb er gerade der Vaterfigur die Verantwortung für das Auftreten der Neurose zu, die seines Erachtens in dem *realen* Trauma einer während der Kindheit erlittenen Verführung seitens eines Erwachsenen, meistens seitens eines Elternteils, ihre Ursache hatte.[46] (»Leider ist mein eigener Vater einer von den Perversen gewesen und hat die Hysterie meines Bruders [...] und einer jüngeren Schwester verschuldet.«)[47]

Um die Hindernisse zu überwinden, die diese inneren Qualen der Fortsetzung seiner Studien und der Durchdringung des Problems der Abwehrneurosen entgegenzusetzen schienen, unternimmt Freud seine sorgsame, schmerzhafte Arbeit der Selbstanalyse. Diese sollte in der Absage an die Verführungstheorie und der Entdeckung des Ödipuskomplexes gipfeln, das heißt in der Entdeckung jenes unbewußten Projektionsmechanismus, der, mit der Annahme von der ›unschuldigen Schuld‹ des Inzest-Wunsches beim Kinde als möglicher Ursache der Neurose, nicht nur die Eltern von der realen Schuld befreite, sondern gleichzeitig für das unbewußte Seelenleben de facto implizit die Äquivalenz bzw. die wechselseitige Austauschbarkeit der Begriffe ›Wirklichkeit‹ und ›Phantasie‹ postulierte.

Zur gleichen Zeit der Selbstanalyse beginnt Freud die literarischen und antiken Quellen zu befragen. Romanschriftsteller und Dichter ebenso wie Archäologen liefern ihm Dokumente zur Geschichte und zur Vorstellungswelt des Menschen, die die allzu spezifische Produktion seiner Kranken ergänzen. Der Weg ist noch ungewiß, doch »die Parallelen« häufen sich, und Freud ist versucht, diesen Dokumenten wissenschaftliche Glaubwürdigkeit zuzugestehen und sie genauso zu interpretieren wie Symptome oder Träume. Außerdem beginnt er sich mit neuen Gebieten vertraut zu machen: der Anthropologie, Folklore und Hexerei. Er liest den *Mallus Male-*

ficarum und ist von den Analogien zwischen seiner Hysterietheorie und der mittelalterlichen Theorie der Teufelsbesessenheit tief beeindruckt: »Ich träume also von einer urältesten Teufelsreligion, deren Ritus sich im geheimen fortsetzt, und begreife die strenge Therapie der Hexenrichter – Die Beziehungen wimmeln …«.[48] In derselben Zeit ersteht er die ersten antiken Gegenstände und archäologischen Fundstücke, die im Laufe weniger Jahre alle Regale seines Arbeitszimmers füllen sollten. Wie die Fotografien zeigen, die kurz vor seiner Flucht vor den Nazi-Verfolgungen und seinem Weggang aus Wien in der Berggasse aufgenommen wurden,[49] war seine Schreibtischfläche buchstäblich von kleinen Statuen, die mythologische Figuren darstellten, eingerahmt; ihrer bediente er sich oft, um einem Patienten einen Aspekt der Analyse oder der Rekonstruktion einer verdrängten Erinnerung zu veranschaulichen.[50] Freud lebte in fast vollständiger Isolierung, dem Auge der Wissenschaft entzogen, aber unter dem ›wachsamen‹ Blick (ambivalenter) antiker Gottheiten: »Es gibt noch alte Götter, denn ich habe unlängst einige bekommen, darunter einen Janus aus Stein, der mit seinen zwei Gesichtern mich sehr überlegen anschaut.«[51]

Auf der Suche nach einer Erklärung für all das, was verleugnet, verhöhnt oder als »Altweiberpsychiatrie« verschrien wird,[52] bewegt sich die Psychoanalyse seit ihren Anfängen auf schlüpfrigem Boden, denn schlüpfrig, schwer faßlich ist ihr Untersuchungsgegenstand (das doppeldeutige Wort von Hysterie und Traum, die Höllengestalten des Unbewußten, die den Acheron bevölkern), verfänglich ihre Methode (das suggestive und metaphorische Wort, das ›archäologische‹ Verfahren, das den Text der individuellen und kollektiven Vorstellungen rückläufig rekonstruiert). Sie setzt sich der Gefahr aus, nicht als Wissenschaft anerkannt zu werden, ihre ›Verwandtschaftsbeziehung‹ zur Medizin einzubüßen, und ist gezwungen, auf eine Reihe prestigereicher Verbündeter – die sogenannten exakten Wissenschaften – zu verzichten, neben denen sie ihren Platz hätte finden wollen. Ihre Untersuchungsmethode löst sich zunehmend von den streng induktiven Verfahren der klinischen Beobachtung und der Laborforschung und begibt sich auf einen Weg an der Grenze zwischen Wissenschaft und Mythenkonstruktion, ähnlich der Reise, die der epische Held in die tiefen Gründe der Unterwelt unternehmen muß, um in den Besitz jener Erkenntnis zu gelangen, die ihm allein von den sehenden Seelen der Toten kommen kann, Zeugen seiner mythischen und persönlichen Vergangenheit.

Nach der antiken Auffassung ist die Katabasis, deren bekannteste dichterische Darstellungen die des Odysseus und die des Äneas sind, die Reise eines Gottes oder Helden in das Reich der Toten, von denen er Informationen über das künftig zu wählende Verhalten, die Einweihung in die Geheimnisse des Schicksals (Norden) oder die Offenbarung kosmischer bzw. chthonischer Wahrheiten erwartet.[53] Da die Reise ins Innere der Erde gefahrvoll und gewöhnlich von Proben und Opferriten begleitet ist (man vergleiche Äneas' Goldzweig oder das Tier-Opfer des Odysseus),[54] hat der Held oft einen ›Führer‹ an seiner Seite, der mit der Welt des Totenreichs vertraut ist (die Sibylle für Äneas, Vergil wiederum für Dante); dieser weist ihm den Weg, schützt ihn vor möglichen Gefahren und klärt ihn schließlich über die Geheimnisse der Unterwelt auf (so kommt der Sibylle etwa die Aufgabe zu, Äneas den Tartaros zu beschreiben, zu dem er keinen Zugang hat). Während die Reise ins Totenreich für die Seelen der Verstorbenen ein unumkehrbares Ereignis ist, kann der vom Schicksal auserkorene Held aus der Finsternis erneut ans Licht hinaufsteigen und von den Geheimnissen der Unterwelt, in die er eingeweiht wurde, in der Erzählung Zeugnis ablegen (die Homerische *Nekyia* ist beispielsweise die Erzählung des Odysseus im Haus der Nausikaa). Der Gang in die Unterwelt ist folglich ein Privileg, das nur wenigen Heroen zugestanden wird, von deren irdischer Mission das Schicksal eines ganzen Geschlechtes abhängen kann. Als Äneas die Sibylle darum bittet, ihn mit seinem Vater Anchises sprechen zu lassen, und sie daran erinnert, daß schon Orpheus in die Unterwelt hinabgestiegen sei, um den Schatten von Eurydike zurückzurufen, so wie es auch Pollux mehrfach vergönnt gewesen sei, seinen Bruder vom Tod zu erlösen, antwortet sie, in die Unterwelt hinabzusteigen sei nicht schwierig; das eigentliche Abenteuer sei es, wieder zurückzukehren, und nur wenigen Sterblichen, dank ihres Mutes oder weil von Zeus erwählt, könne es gelingen: »Sate sanguine divom, / Tros Anchisiade, facilis discensus Averno: / Noctes atque dies patet atri ianua Ditis; / Sed revocare gradum superasque evadere ad auras, / Hoc opus, hic labor est. Pauci, quos aequos amavit / Juppiter aut ardens evexit ad aethera virtus, / Dis geniti potuere«.[55]

Die Metapher einer Reise,[56] die durch den »dunklen Wald« der zeitgenössischen Kritiker und Autoren, welche blind sind für die

Wahrheit und Deutbarkeit der Träume (die dagegen den antiken Traumdeutern, als deren unmittelbarer Nachfolger Freud sich sieht, nicht entgangen waren), zur ›tiefen‹ Erkenntnis der Natur der Träume hinführt, ist der Aufhänger, den Freud benutzt, um in einem Brief an Fließ den Aufbau seines Werkes zu veranschaulichen:

»Nun ist das Ganze so auf eine Spaziergangsphantasie angelegt. Anfangs der dunkle Wald der Autoren (die die Bäume nicht sehen), aussichtslos, irrwegereich. Dann ein verdeckter Hohlweg, durch den ich den Leser führe – mein Traummuster mit seinen Sonderbarkeiten, Details, Indiskretionen, schlechten Witzen – und dann plötzlich die Höhe und die Aussicht und die Anfrage: Bitte, wo wünschen Sie jetzt zu gehen?«[57]

Darstellungsverfahren und Erkenntnisverfahren fallen in eins zusammen – oder besser: gehören wie Positiv und Negativ zusammen. Wie die Analyse den Weg der Neurose und des Traums zurückverfolgt und deren Spuren im »dunklen Wald« der eigenen Vergangenheit sucht, so ist die *Traumdeutung*, die aus der nun öffentlich ›erzählten‹ Erfahrung der Selbstanalyse hervorgeht, das Resultat eines Abstiegs in den Erebos und beginnt mit der Erzählung der Rückkehr. Zunächst Protagonist einer einsamen Reise, von Fließ nur mühsam begleitet, welcher ihn den Gefahren seiner unbewußten Phantasmen nicht zu entreißen vermochte, wird Freud jetzt zum ›sicheren Führer‹ des Lesers, den er – an der Kreuzung von Tartaros und elysischen Gefilden angelangt – befragt, welchen Weg er nun gehen wolle.

Mit ganz ähnlichen Worten, die auf eine Reise auf dunklen Wegen anspielen, enthüllt Freud seinem Freund in einem Brief vom 22. Juni 1897 die Gefühle, die ihn zu Beginn der Selbstanalyse bewegten: »*Ich* habe übrigens etwas Neurotisches durchgemacht, komische Zustände, die dem Bewußtsein nicht faßbar sind. Dämmergedanken, Schleierzweifel, kaum hie und da ein Lichtstrahl.« Und wenige Tage später: »Was in mir vorgegangen ist, weiß ich noch immer nicht: irgendetwas *aus den tiefsten Tiefen* meiner eigenen Neurose hat sich einem Fortschritt im Verständnis der Neurosen entgegengestellt, und Du warst irgendwie mit hineingezogen.«[58]

Von dieser ›acherontischen‹ Reise in die Tiefen des eigenen Unbewußten, auf der Freud keine Weissagungen der Zukunft, sondern – durch die Analyse der eigenen Träume – eine zunächst individuelle, später – in der phylogenetischen Perspektive – auch kollektive

Vergangenheit zu entdecken suchte, kehrt er mit dem Schatz der Traumdeutung ›ans Licht‹ zurück, wie Äneas durch die Pforte des Schlafes an der Grenze zwischen realer Welt und Unterwelt unter die Lebenden zurückkehrt.

Das VI. Buch der *Äneis* gehört, wie die Homerische *Nekyia*, einer alten Erkenntnistradition an, die bis auf das Gilgamesch-Epos zurückgeht: Sowohl Odysseus als auch Äneas wollen durch den Kontakt mit der Unterwelt zur Erkenntnis gelangen.[59] Entsprechend stellt die *Traumdeutung* das Resultat und das wissenschaftlich objektivierte Zeugnis der Selbstanalyse, der introspektiven Erforschung der »tiefsten Tiefen« der Psyche dar, die auf die Aufdeckung der individuellen Vergangenheit und die Gewinnung der Erkenntnisinstrumente zielt, mit deren Hilfe das Ich die irrationalen Kräfte des Trieblebens zu beherrschen vermag.

Die Selbstanalyse hat ihren Ort innerhalb einer philosophischen Bewegung der Suche nach persönlicher Wahrheit und Selbstbewußtheit, wobei sie die antike Tradition der Introspektion, die vom sokratischen Imperativ des *gnothi seauton* bis zu den gnostischen Lehren von der Selbsterkenntnis reicht, radikal erneuert. Besteht das Wesen der Neurose – die Freud zunächst an sich selbst erfährt – in einer verkannten Wahrheit, so ist die Analyse die durch die Aneignung der eigenen Vergangenheit »wiedergefundene Wahrheit«.[60]

Die ›Schuld‹ des Ödipus,[61] der ersten mythologischen Gestalt, auf die Freud bei seiner Selbstanalyse, seinem ›Gang‹ ins Unbewußte, trifft und die er als *alter ego* erkennt, hängt von dessen Blindheit gegenüber der Wahrheit des Orakelspruches ab. Das Nicht-Kennen und Nicht-Erkennen-Wollen der eigenen Vergangenheit haben aus dem redlichen und mächtigen König einen Verbrecher gemacht. Als Teiresias, weil unfähig, anderes als die Wahrheit zu sprechen, ihm wider Willen enthüllt, daß er selbst der Mörder war, den er suchte, also der Grund für das Unheil, das über die Stadt gekommen ist, hatte Ödipus, entrüstet und in seiner Königswürde verletzt, diesen beschuldigt, ein Schwindler zu sein, »blind an Kunst geboren«.[62] Daraufhin Teiresias: »Ich spreche, weil du den Blinden in mir verhöhnt hast. / Du hast zwar Augen und siehst dennoch nicht, / In welchem Haus du wohnst noch mit wem du zusammenlebst. / Weißt du denn, wessen Kind du bist? [woher du kommst?]«[63]

Was für Ödipus ›Zeit‹ ist, reale historische Vergangenheit, der er entfliehen will, indem er sich weigert, sie zu erkennen, wird in der

Perspektive des Freudschen Unbewußten zum ›Ort‹, einem Schattenbereich des Ichs, einer psychischen Lokalität, die dem Bewußtsein nur dank des (schmerzlichen) Prozesses der (Selbst-)Analyse zugänglich werden kann. Die Blindheit, die Ödipus sich auferlegt, als er gezwungen wird, die Wahrheit zur Kenntnis zu nehmen, ist eine Strafe, die einerseits die Ursache seiner Schuld in analogischer Form übersetzt[64] und ihm andererseits gestattet, in sein Inneres zu blicken und sich schließlich, wenngleich im Exil, die *Erlösung* zu erkämpfen. Der Blindheit des Ödipus steht diejenige des Weissagers Teiresias gegenüber, der, eben weil er die sinnliche Welt nicht sehen kann, über ihre Grenzen hinaus zu ›sehen‹ vermag.[65]

Katabasis und Traumwelt

Die Erzählstruktur von Äneas' Hadesfahrt, die mit den nächtlichen Opferriten beginnt, mit der eigentlichen Reise im frühen Morgengrauen (*sub limina solis*) fortfährt und bei Tageseinbruch mit dem Durchschreiten der Pforte des Schlafes endet, weist verschiedene Elemente auf, die die Katabasis mit dem Thema der Einholung eines Traumorakels durch den Inkubationsschlaf in Verbindung zu bringen scheinen: Wahrscheinlich handelt es sich um dasselbe Orakel, das nach Vorstellung der Italiker und Römer seit uralten Zeiten am Averner See seinen Sitz hatte.[66]

Nachdem Äneas seinen Gefährten Misenus begraben hat, gelangt er, geleitet vom Flug zweier von Venus gesandter Tauben, zum Schlund des Avernus, wo er den von Proserpina als Gabe geforderten goldenen Zweig, »der Juno des Abgrunds heilig genannt« (*Iunoni infernae dictus sacer*), vom Baum pflückt.[67] Er begibt sich sodann in die Höhle der Sibylle und opfert unter Anleitung der Seherin einige Stück Vieh, um sich die Gottheiten der Unterwelt gewogen zu machen. Die Erzählung spielt während der Nacht, im Mondschein. Kurz vor Sonnenaufgang schickt Äneas sich an, in Begleitung der Sibylle in die Vorhalle des Orkus zu treten. Hier ruft er die Götter der verstorbenen Seelen und die Mächte der Unterwelt an, sie möchten ihm die Geheimnisse der Erdtiefe enthüllen und ihn danach unter die Sterblichen zurückkehren lassen, um zu erzählen, was er gehört und gesehen: »Di, quibus imperium est animarum umbraeque silentes. / Et Chaos et Phlegethon, loca nocte tacentia late, / Sit mihi fas audita loqui, sit numine vestro / Pandere res alta terra et caligine mersas.«[68]

Schlaf und Träume sind ein Leitmotiv der gesamten Katabasis des Äneas. Vor der Vorhalle des Orkus, von wo der Weg zum höllischen Acheron abzweigt, steht neben den Höllenungeheuern,[69] Symbolen der Ängste und Alpträume, die die Menschen quälen (das Weinen, die Gewissensbisse, das Alter, der Tod), der Baum, unter dessen Blättern die nichtigen Träume aufgehängt sind: »In medio ramos annosaque bracchia pandit / Ulmus opaca ingens, quam sedem Somnia volgo / Vana tenere ferunt foliisque sub omnibus haerent«.[70] Gegen die Höllenungeheuer zückt Äneas sein Schwert, doch mahnt ihn die Sibylle, »nur leibloses Leben flattere dürftig umher im Trugbild echter Gestalt«, Schatten (*umbras*), die das Schwert umsonst zu töten gesucht hätte (»Et ni docta comes tenuis sine corpore vitas / Admoneat volitare cava sub imagine formae / Inruat et frustra ferro diverberet umbras«).[71] Als der Steuermann Palinurus, der auf den Wellen des Styx naht, in Äneas einen lebendigen Menschen erkennt, fordert er ihn drohend auf, das Totenreich, das Reich der Schatten, der »schlaftrunkenen Nacht« und des Schlummers, zu verlassen, zu dem den Sterblichen der Zugang verwehrt ist: »Umbrarum hic locus est, Somni Noctisque Soporae, / Corpora viva nefas stygia vectare carina.«[72] Die Katabasis des Äneas endet, als er durch die elfenbeinerne Pforte des Schlafes tritt, aus der die falschen Träume (*falsa insomnia*) hervorgehen. Den Weg, der ihn schließlich zur Flotte seiner Gefährten zurückbringen sollte, hatte ihm vor dem Abschied sein Vater Anchises beschrieben: »Sunt geminae Somni portae, quarum altera fertur / Cornea, qua veris facilis datur exitus umbris; / Altera candenti perfecta nitens elephanto, / Sed falsa ad caelum mittunt insomnia manes.«[73]

Das Bild stammt von Homer oder ist, genauer gesagt, die fast wörtliche Übersetzung von Penelopes Worten im XIX. Gesang der *Odyssee*, das von Odysseus' Begegnung mit der alten Pflegerin Eurykleia und von seinem Gespräch mit Penelope erzählt, die seine Identität nicht kennt. Unter Tränen berichtet Penelope von dem qualvollen Warten auf ihren Mann und den Ränken, die sie schmieden muß, um den Nachstellungen ihrer Freier zu entgehen. Schließlich bittet sie den fremden Gast, ihr einen allegorischen Traum zu deuten, in dem ein Adler die Gänse in ihrem Hof getötet und ihr die

Rückkehr von Odysseus verkündet hatte. Dem Gast, der sie tröstet und ihr ans Herz legt, an die wahre Vorbedeutung des Traumes zu glauben, antwortet Penelope, daß es nichtige Träume gibt, und nicht alle gehen in Erfüllung: die trügerischen, die den Geist täuschen, gingen aus der Pforte von Elfenbein hervor, diejenigen, die künftiges Schicksal verkünden, aus der Pforte von Horn. Nicht durch letztere, fürchtet Penelope, kam der Traum zu ihr.[74]

In den Erebos hinabgestiegen, um die verstorbene Seele seines Vaters Anchises über das künftige Schicksal des trojanischen Volkes zu befragen, sucht der Vergilsche Held dreimal den Schatten des Vaters in die Arme zu schließen. Dieser entzieht sich jedoch, einem Traumbild gleich – »par levibus ventis volucrique simillima somno«.[75] In der Unterwelt des Traumes und des eigenen Unbewußten führt Freud »ein Stück meiner Selbstanalyse, als meine Reaktion auf den Tod meines Vaters, also auf das bedeutsamste Ereignis, den einschneidendsten Verlust im Leben eines Mannes« zu Ende.[76] Das Material, auf dem die *Traumdeutung* beruht, besteht vorwiegend aus Freuds eigenen Träumen. Unter den wiederkehrenden Motiven sind vor allem der Tod des Vaters und der Wunsch, Rom zu sehen und zu ›erobern‹. Entspringt dieser Wunsch einerseits aus Freuds Identifikation mit dem mythischen Helden Hannibal – und diese Identifikation ist ebenfalls mit der Vaterfigur verknüpft, nämlich mit dem Wunsch, den Vater zu rehabilitieren und mit ihm das jüdische Volk zu rächen –, so fällt er andererseits mit dem Ziel von Äneas' Mission zusammen, dem in der Unterwelt in den Worten des Vaters die ›ewige Stadt‹ beschrieben wird, die zu sehen Äneas nie vergönnt sein wird.[77]

Das Bild einer unterirdischen Welt, bewohnt von Träumen, teils nichtigen, teils wahren »Erscheinungen« der Wünsche und der individuellen Vorstellungswelt, taucht auch in der Erzählung von Odysseus' Begegnung mit der Unterwelt auf, wie die Homerische *Nekyia* sie überliefert. Schatten und Träume wohnen auch in der *Odyssee* im Hades. Nach der Homerischen Auffassung steigt die vom Körper getrennte Seele des Toten (*psyche*) in den Hades hinab, wo sie in Form einer Luftgestalt überlebt, Schatten und Ebenbild des Körpers, den sie im irdischen Leben bewohnte.[78] Der Traum ist der ›Beweis‹ für die Existenz dieses »zweiten Ich« (Rohde) im Innern des sichtbaren Ich, von dem es sich lösen kann, um ein Eigenleben zu entwickeln. Auf der Traumreise verläßt die Seele zeitweilig den Körper, als handele es sich um einen Scheintod, schwingt sich in die Luft, erscheint im Traum als »Vision« und läßt den Schlafenden Erfahrungen und Empfindungen, von denen sein waches Ich kein Bewußtsein hat, durchleben, als seien sie wirklich. Das Reich des Hades, Ort der Seele *par excellence*, ist eng mit demjenigen der Träume verbunden, in der antiken Epik auch physisch: Homer wie Vergil siedeln das Reich der Träume in unmittelbarer Nähe des Totenreichs an.

Odysseus, eine der von Freud am meisten geliebten Gestalten der Weltliteratur, stellt zusammen mit Äneas den mythischen Vorgänger der Freudschen Katabasis in die Tiefen der analytischen Introspektion und des Traumreiches dar.

Nachdem Odysseus an den Ufern des Okeanos die von der Zauberin Kirke geforderten Opferriten vollzogen hat, kommt er an die Schwelle zum Totenreich, mit der Absicht, die Seele des Weissagers Teiresias zu befragen. Hier kommt seine Mutter Antikleia ihm entgegen, die dreimal seiner Umarmung entschwebt »wie ein Schatten oder ein Traumbild« (*tris de moi ek cheiron skie eikelon e kai oneiro eptat*).[79] Und in Homers Hades fliegen die Seelen, die ›Schatten‹ gestorbener Menschen (*broton eidola kamonton*), »verstandeslos« (*afradees*)[80] durch die Lüfte, »einem Traum gleich« (*psyche d'eut' oneiros apoptamene pepotetai*).[81]

Will man Rohde in seiner Interpretation folgen – dessen Beschreibung der psychologischen Vorstellungen der Antike jener am nächsten kommt, an der sich die Freudsche Konstruktion des Unbewußten wahrscheinlich inspiriert hat –, so bestand das wahre Ziel von Odysseus' Reise in den Hades weder darin, die Weissagung des Teiresias zu vernehmen, die nur kurz und wenig bedeutsam ist,[82] noch darin, eine detaillierte Beschreibung der Unterwelt zu liefern. Eher hat Odysseus' Begegnung mit den Schatten der Toten den Zweck, ihn, der sich seit langer Zeit auf einsamer Irrfahrt fern seines Landes befand, mit der familiären und öffentlichen Lebenswirklichkeit geistig erneut zu verbinden, die er verließ, der aber seine Gedanken gelten und in die er eines Tages zurückkehren wird.[83] Es handelt sich folglich um eine Reise in die Vergangenheit, eine persönliche Vergangenheit vor allem, die Gestalt annimmt in einer Reihe von Gesprächen des Odysseus mit den Seelen derjenigen Toten, die ihm nahegestanden hatten.[84]

Die Fragen nach dem Ursprung seiner eigenen Neurose und die Angst beim Gedanken, sie könne durch den Vater ausgelöst worden sein, den er damals noch der *realen* Verführung bezichtigte, treiben Freud dazu, den Bruchstücken seiner Kindheitserinnerungen weiter auf den Grund zu gehen. Er befragt die Mutter, entdeckt oder versteht, daß er sie begehrt hat, als er kaum zwei Jahre alt war: »Ein einziger Gedanke von allgemeinem Wert ist mir aufgegangen. Ich habe die Verliebtheit in die Mutter und die Eifersucht gegen den Vater auch bei mir gefunden.« Sogleich taucht die Gestalt des Ödipus auf, dessen tragisches Schicksal die Zuschauer nach wie vor bewege, weil jeder von uns erkenne, daß er einst »im Keime und in der Phantasie ein solcher Ödipus [war], und vor der hier in die Realität gezogenen Traumerfüllung schaudert jeder zurück mit dem ganzen Betrag der Verdrängung, der seinen infantilen Zustand von seinem heutigen trennt.«[85]

Nunmehr entschlossen, nicht vor der neuen Wahrheit seiner ödipalen Identität »zurückzuschaudern« und seine acherontische Reise fortzusetzen, schreibt Freud wenige Tage später, in einem Brief an Fließ vom 27. Oktober 1897, er lebe ganz »von der ›inneren‹ Arbeit«, und vergleicht diese introspektive Arbeit erneut mit einer Reise, auf der die Landschaften sich rasch abwechseln und die verlorenen Schatten früherer Erinnerungen vor dem Hintergrund der Landschaft emportauchen wie aus einer antiken Sage:

»[Die Selbstanalyse] packt und zerrt mich durch alle Zeiten in rascher Gedankenverbindung, die Stimmungen wechseln wie die Landschaften vor dem Eisenbahnfahrenden [...]

›Und manche liebe Schatten steigen auf;
Gleich einer alten, halbverklungnen Sage,
Kommt erste Lieb' und Freundschaft mit herauf‹.

Auch erster Schreck und Hader. Manches traurige Lebensgeheimnis geht hier auf seine ersten Wurzeln, mancher Stolz und Vorzug wird seiner bescheidenen Herkunft inne.«[86]

Die von Freud zitierten Goethe-Verse entstammen der »Zueignung« des *Faust*;[87] wahrscheinlich sind es die Worte, die Freud als Motto für die *Traumdeutung* gewählt hatte und die Fließ zu »sentimental« klangen, vielleicht auch zuviel von der intimen, persönlichen Atmosphäre verrieten, aus der das Buch entstanden war. Die »schwankenden Gestalten«, die sich zu Beginn der »Zueignung« nähern und drängen (»Ihr naht euch wieder, schwankende Gestalten, / [...] Ihr drängt euch zu! nun gut, so mögt ihr walten«), sind die Schatten der Jugend und die verstorbenen oder verlorenen

Freunde, die aus dem »Dunst und Nebel« der Vergangenheit zu dem Dichter aufsteigen (»Wie ihr aus Dunst und Nebel um mich steigt«).

Wenn es stimmt, daß Freud sich mit dem Vorbild des mythischen Helden, der in die Unterwelt hinabsteigt, identifizierte, und wenn es außerdem stimmt, daß der expliziten Bezugnahme auf die *Äneis* eine weitere, vielleicht besser fundierte auf die *Odyssee* zugrunde liegt, dann läßt sich in Goethes Worten unschwer das Freud wohlbekannte Bild des Odysseus wiedererkennen,[88] der die Schatten der aus dem Hades gestiegenen Toten vor seinen Augen aufziehen sieht, die Mutter, die Freunde der Vergangenheit und die Seelen der mythischen Mütter der Helden. Darunter ist auch Jokaste, die sich »durch der Götter verderblichen Ratschluß«[89] des Inzests mit ihrem Sohn Ödipus schuldig machte. Das ursprünglich geplante Goethe-Motto, das Vergil-Motto und der homerische Kontext, auf den letzteres verweist, scheinen folglich in kohärenter Form am selben Modell zu partizipieren.

Traum und Erkundung der »Vorzeit« der Kindheit, der historischen (in individueller Perspektive), der mythischen (in phylogenetischer Perspektive),[90] rekonstruiert in der Selbstanalyse, die die Erinnerungen befragt und sich in der bedrohlichen Finsternis des Unbewußten den Weg bahnt, bilden das *tertium comparationis* zwischen dem Gang des mythischen Helden in die Unterwelt, wie das Motto der *Traumdeutung* ihn evoziert, und dem Weg der psychoanalytischen Erkenntnis.

Begonnen als mühevolle Reise in die verborgensten Schichten des eigenen Gefühlslebens, erleichtert durch das Bewußtsein des Privilegs der ›Rückkehr‹ und das Vertrauen, wissenschaftlich objektivierbare Wahrheiten zutage zu fördern, entdeckt die Selbstanalyse durch die Erforschung der tiefen Bedeutung der Träume und der mit der Vaterfigur verknüpften Kindheitserlebnisse die ›vorgeschichtlichen‹, universellen Wurzeln des Trieblebens im Ödipuskomplex und legt den Grundstein zu einer umfassenden Theorie der Interpretation der individuellen (der Traum, die Symptome) ebenso wie der kulturellen psychischen Vorgänge (der Mythos, der Symbolismus und die Kulturgeschichte). Indem Freud die Natur des Ödipus-Mythos durchdringt, »vollendet er diese dreifache – subjektive, objektive und selbstreflexive – Bewegung, die sich seit Beginn seiner Selbstanalyse angedeutet hatte. Entdeckung einer universellen Wahrheit, Entdeckung seiner selbst, Entdeckung ihrer selbst« (das heißt »die Entdeckung desselben Prozesses, durch den die zentrale Entdeckung zustandekam«).[91]

Enttäuscht von der Aufnahme durch die Kritik und verstört angesichts der Schwierigkeit, die Ausdrucksmittel der Wissenschaft seinem Untersuchungsgegenstand anzupassen, spricht Freud wenige Monate nach Erscheinen der *Traumdeutung* von sich selbst wie von einem mythischen Helden, der in seinem Unternehmen gescheitert ist: »Kein Kritiker [...] kann schärfer als ich sehen, welches Mißverständnis sich zwischen Problemen und Lösungen auftut, und zur gerechten Strafe wird es mir sein, daß keine der unentdeckten Provinzen im Seelenleben, *die ich zuerst von den Sterblichen betreten*, meinen Namen führen oder meinen Gesetzen gehorchen wird.«[92]

Doch die Erforschung der »unentdeckten Provinzen im Seelenleben« geht weiter, und auch wenn es sich nicht mehr um die qualvolle Erfahrung der Selbstanalyse handelt, bedient sich die Untersuchung derselben Instrumente – so uneigentlich, vorläufig und unangemessen sie auch sein mögen –, deren Freud sich bereits auf seiner Reise in das Innere der Erde bemächtigt hatte. Im Jahre 1914, als die Psychoanalyse sich nunmehr als theoretische Disziplin und therapeutisches Verfahren gefestigt hat, vergleicht Freud sie am Schluß seiner *Geschichte der Psychoanalytischen Bewegung* mit einem unbehaglichen Aufenthalt in der Unterwelt: »Ich kann nur mit dem Wunsche schließen, daß das Schicksal allen eine bequeme Auffahrt bescheren möge, denen der Aufenthalt in der Unterwelt der Psychoanalyse unbehaglich geworden ist. Den anderen möge es gestattet sein, ihre Arbeiten in der Tiefe unbelästigt zu Ende zu führen.«[93]

Bei diesem Vergleich zwischen Katabasis und Entstehung der *Traumdeutung* ging es nicht um die Aufdeckung genauer Entsprechungen zwischen dem sechsten Buch der *Äneis* und dem Weg der Selbstanalyse,[94] zumal ich glaube, daß das Motto eher die Identifikation mit einem Erkenntnismodell als eine tatsächliche persönliche Identifikation mit einer bestimmten epischen Gestalt suggeriert. Will man indes einräumen, daß eine Affinität nicht nur zu der Symbolfigur des mythischen Helden, sondern zu einer konkreten literarischen Gestalt besteht, so scheint diese eher der »listenreiche« Odysseus als der »pius« Äneas zu sein. Außerdem ist Odysseus, wie »die heitere Götterwelt Homers« (Freud) allgemein, eine mythologische Gestalt, der man mehrfach in Freuds Werk und Briefwechsel begegnet, während mit Ausnahme des Mottos jeder Bezug auf den Vergilschen Helden fehlt. Was Äneas angeht, war Freud wahrscheinlich mehr von der Traumwelt, mit der er im Hades in Kontakt tritt, als von seiner Mission fasziniert. Vermutlich handelt es sich um einen der in Freuds Werk nicht seltenen Fälle, in denen einer von griechischer Kultur durchdrungenen ›Tiefenstruktur‹ an der Textoberfläche ein literarischer und rhetorischer lateinischer Gebrauch entspricht.

Ein weiterer Text könnte außerdem eine Verbindung zwischen den acherontischen Reisen von Äneas und Odysseus und Freuds ›Katabasis‹ darstellen. Es ist die Erzählung einer weiteren Reise in die Unterwelt, deren Struktur ausdrücklich, stellenweise wörtlich, das Vorbild des VI. Buches der *Äneis* nachahmt: Dantes *Komödie*, die Freud kannte und aus der er ganze Terzinen in der Originalsprache zitiert hat. Nun ist Dante der Autor einer Variante des Odysseus-Mythos, die weder in Homers Texten (die Dante im übrigen nur in der Vermittlung durch Vergil und Ovid kannte) noch in den mythologischen Erzählungen überliefert wird.[95] Wenn der Homerische Odysseus, müde und mitgenommen von seinen Irrfahrten durch das Mittelmeer, seine Tage als ›Privatmann‹ im heimatlichen Ithaka beschließt, so hat derjenige, den Dante vereint mit Diomedes im achten Graben des achten Höllenkreises trifft, wo die Seelen der ›hinterlistigen Ratgeber‹ in den Flammen büßen, für seine *hybris* bestraft und von der See verschlungen, den Tod auf seiner letzten Ausfahrt gefunden, welche ihn über die Herkulessäulen, die Grenzen des bewohnten Erdkreises, den äußersten Punkt, bis zu dem der Mensch vordringen durfte, hinausführen sollte. Dantes Odysseus ist der ›prometheische‹ Protagonist eines »tollen Fluges« (»folle volo«), der die dem irdischen Dasein von den Göttern auferlegten Grenzen verletzt. Von einem unersättlichen, dem Menschsein eigenen Erkenntnisdrang getrieben (»Bedenkt, aus welchem Samen ihr gekommen. / Ihr seid nicht da, zu leben wie die Tiere, / Ihr sollt nach Tugend und nach Wissen streben«),[96] fordert Odysseus die Geheimnisse Gottes heraus und findet nicht einmal in der Verdammnis ein Wort des Bedauerns für sein ›gotteslästerliches‹ Unterfangen. Die Gestalt des Odysseus[97] gehört zu denjenigen Figuren Dantes, die jede Epoche, vom Humanismus bis zur Dekadenz, nach eigenen Maßstäben neu interpretiert und zu einem paradigmatischen Modell erhoben hat – die Renaissance zum Vorbild für die *curiositas*, die Romantik für das ›titanische‹ Streben nach dem Absoluten.

Die Hypothese von der möglichen Partizipation aller drei genannten Texte an einem einzigen Modell – und hinzuzufügen wäre vielleicht das von Freud zunächst als Motto gewählte Goethe-Motiv – ist wenig mehr als eine Spekulation,[98] doch ist es nicht auszuschließen, daß die Züge von Dantes Odysseus in einer synkretistischen Verbindung das Bild der vermutlichen Identifikation Freuds mit der Gestalt des epischen Helden vervollständigt haben.

»Acheronta movebo«: die mythische Topographie des Unbewußten und die Höllenmetapher

»Vielleicht haben Sie den Eindruck, unsere Theorien seien eine Art von Mythologie, nicht einmal eine erfreuliche [...]. Aber läuft nicht jede Naturwissenschaft auf eine solche Art von Mythologie hinaus? Geht es Ihnen heute in der Physik anders?«[99] So äußerte sich Freud 1933 in einem Brief an Einstein über die Psychoanalyse, eine »Naturwissenschaft«, die, wie jede Wissenschaft, die etwas auf sich hält, zum »Spekulieren«, »Theoretisieren« und »Phantasieren«,[100] gezwungen sei, kurz und gut dazu, sich in eine Mythologie zu verwandeln.

Als Freud sein Buch über die Träume schrieb, war der Mythos noch kein bevorzugter Untersuchungsgegenstand der Psychoanalyse, und noch weniger bildete er das vorsätzlich gewählte Fundament für die Theorie. Dennoch zeichnen sich die Züge dieser Wissenschaftsmythologie, wenngleich noch nicht deutlich ausgeführt, bereits in der *Traumdeutung* ab. Mein Vorschlag zur Interpretation des Mottos, dem, wie gesagt, eine ›naive‹ Lesart von Freuds Äußerungen zugrunde liegt, geht im Verhältnis zu früheren Interpretationen den umgekehrten Weg, das heißt, er sucht nicht die Psychoanalyse im Mythos, sondern den Mythos in der Psychoanalyse. Es wird also gefragt, ob der Mythos, ehe die Psychoanalyse Instrumente für seine Interpretation bereitstellte, Freud nicht seinerseits die Instrumente und das Modell für die Begründung der Theorie des Unbewußten geliefert hat: eine Übersetzung *aus der* Mythologie noch vor einer Resemantisierung *der* Mythologie.

»In der Psychoanalyse können wir nur mit Hilfe von Vergleichungen beschreiben. Das ist nichts Besonderes, es ist auch anderwärts so. Aber wir müssen diese Vergleiche auch immer wieder wechseln, keiner hält uns lange genug aus.«[101] Wiederholt hat Freud den metaphorischen Charakter der Sprache und der psychoanalytischen Erforschung hervorgehoben. Obwohl die Psychoanalyse mit den objektiven, konkreten Daten des Seelenlebens zu tun hat, ist sie beständig zum Rückgriff auf Metaphern gezwungen, um ihre Modelle und Ausdrucksformen denjenigen ihres Untersuchungsgegenstands, des Unbewußten, anzupassen, das sich aufgrund des Eingreifens der Zensur und der Verdrängung mittels einer symbolischen, metaphorischen Sprache ausdrückt. Die Metaphern, die Freud zur Veranschaulichung seiner Untersuchungsmethode benutzte (die Archäologie oder die Metapher der literarischen Reise), und diejenigen, die er heranzog, um den beschriebenen seelischen Phänomenen unter einem dynamischen oder topologischen Gesichtspunkt Anschaulichkeit und Konkretheit zu verleihen (das Unbewußte, das der chaotischen und finsteren Schattenwelt des Hades ähnelt, oder die Schichten der Psyche, die zueinander stehen wie die römischen Barockbauten, die sich auf den heidnischen Ruinen der »ewigen Stadt« erheben),[102] sind dazu bestimmt, den bestehenden Abstand zwischen den präzisen, realen Fakten, mit denen die Psychoanalyse zu tun hat, und der phantastischen und narrativ-literarischen Form zu füllen, in der diese Fakten sich ausdrücken und begriffen werden wollen oder besser: müssen.

Unter den zahlreichen von Freud verwandten Metaphern, mit deren Hilfe er die Struktur des seelischen Apparats und die Beziehungen der Interaktion zwischen seinen verschiedenen Systemen (Unbewußtes, Vorbewußtes, Bewußtes)[103] beziehungsweise, seit der zweiten Topik, zwischen den ihnen entsprechenden Instanzen (Es, Ich, Über-Ich) zu veranschaulichen suchte, ist die mythologische Metapher des Acherons vielleicht ›beiläufiger‹ und scheinbar ›konventioneller‹ – in der gesamten Romantik wimmelt es von Visionen der Unterwelt – als die von den Naturwissenschaften entlehnten dynamischen Metaphern (der Leitungsstau, die Aufeinanderfolge der optischen Linsen); sie ist aber zugleich weniger ›vorläufig‹ und weniger vage, als es im Vergleich mit der ›exakten‹ Terminologie der wissenschaftlichen Sprache scheinen könnte. Die Unzerstörbarkeit – der *umbrae* wie der Triebe – sowie der Ausschluß des Kontradiktionsprinzips, des Kausalitätsprinzips und des Prinzips der Zeitlichkeit sind Merkmale der Unterwelt, die ›wörtlich‹ mit einigen Eigenschaften des Freudschen Unbewußten übereinstimmen.

Schon die *Traumdeutung* vergleicht das Unbewußte mit einer mythischen Unterwelt, in der die verdrängten Wünsche infantilen Ursprungs den in den Tartaros verbannten Titanen ähneln, »auf denen seit Urzeiten die schweren Gebirgsmassen lasten, die einst von den siegreichen Göttern auf sie gewälzt wurden und die unter den Zuckungen ihrer Glieder noch jetzt von Zeit zu Zeit erbeben«.[104]

Obwohl die infantilen Wünsche unter den Trümmern einer Vergangenheit, von der die Erinnerung keine Spuren bewahrt, begraben sind oder durch die Verdrängung in die Abgründe des Unbewußten zurückgetrieben wurden, vermögen sie doch (in verschleiert erfüllter Form) im Traum aufzutauchen: »Ich stelle mir vor, daß der bewußte Wunsch nur dann zum Traumerreger wird, wenn es ihm gelingt, einen gleichlautenden unbewußten zu wecken, durch den er sich verstärkt.«[105] Dies beweist, daß sie in irgendeiner Form an einem Ort überleben, der dem Bewußtsein unter normalen Bedingungen nicht zugänglich ist: »Sie sind nicht tot wie die Verstorbenen nach unserem Begriff, sondern wie die Schatten der *Odyssee*, die, sobald sie Blut getrunken haben, zu einem gewissen Leben erwachen«.[106]

Der Vergleich mit Homer findet sich noch an einer weiteren Stelle der *Traumdeutung*. Die Untersuchung der Neurosen hat erwiesen, daß die unbewußten Wünsche stets wach und aktiv sind, bereit, zum Ausdruck zu gelangen, sobald ihnen die Gelegenheit geboten wird, sich mit einem Reiz aus dem bewußten Leben zu ›verbünden‹ und die eigene Triebkraft auf diesen zu übertragen – denn dessen Gefühlsintensität ist weitaus geringer, was ihn daran hindert, allein zu einem Traum- oder Symptomerreger zu werden. Die *Unzerstörbarkeit*, so Freud weiter, sei eine Charakteristik aller seelischen Akte, die zum unbewußten System gehören. Sie seien ein für allemal gebahnte Wege, die niemals veröden und den Erregungsvorgang immer wieder zur Abfuhr leiten, sooft die unbewußte Erregung sie wiederbesetzte: »Es gibt für sie keine andere Art der Vernichtung als für die Schatten der odysseischen Unterwelt, die zu einem gewissen Leben erwachen, sobald sie Blut getrunken haben.«[107]

Dasselbe gilt für den Mechanismus des hysterischen Anfalls, dessen Symptome als »Abkömmlinge unbewußt wirkender Erinnerungen« definiert werden. Der Traum ist im übrigen nur das erste Glied einer Reihe psychischer Äußerungen; seinen Mechanismus zu verstehen bedeutet zugleich, einen Interpretationsschlüssel für die psychoneurotischen Phänomene zu finden.

Das Unbewußte – jetzt im topischen, systematischen Sinne verstanden, als »Provinz« der Persönlichkeit, die Freud später *Es* nennen sollte[108] – ist der tiefe, dunkle, unzugängliche Teil der Persönlichkeit. Gesättigt von der Erregung der verdrängten Triebe (»[wir] nennen es ein Chaos, einen Kessel voll brodelnder Erregungen«),[109] die weder das Kontradiktionsprinzip noch eine zeitlich-räumliche Anordnung und erst recht keine geordnete teleologische Instanz kennen, sich allein gegen die »Wände« drängen, die sie vom bewußten Ich trennen, und ihre Wünsche auszuleben suchen, stellt sich das Unbewußte in Freuds Augen als Unterwelt dar. Ewig wohnen darin alle Schatten aus einer zugleich historischen (individuellen) und mythischen (anthropologischen) Vergangenheit – man denke an die ›Prozession‹ der Seelen, die im Hades vor Odysseus aufziehen, der neben den Schatten der Gefallenen des Trojanischen Krieges legendäre Gestalten mythischer Kosmogonien erkennt –, die ihre Präsenz nur dann zu manifestieren vermögen, wenn sie von höheren Mächten erweckt oder in den Träumen der Sterblichen evoziert werden.

Die Hypothese einer *tiefen* psychischen ›Lokalität‹, die dem Ich angehört, seinem Bewußtsein jedoch fremd ist, wo die zeitlich-räumliche Ordnung, nach der das bewußte Denken die Sinneseindrücke und Erinnerungen sortiert, durcheinandergerät, und die ohne Respekt für die Gesetze der chronologischen Abfolge oder des Vorrangs Wünsche und Eindrücke, die für das Gedächtnis und das wache Denken ›tot‹ sind, virtuell am Leben erhält, stand dem philosophischen und psychologischen Denken vor Freud völlig fern. Allein in der durch die Kultur der Antike überlieferten mythologischen Konstruktion eines dreigeteilten Universums fand sie eine Entsprechung. Die irdische Welt, überragt von den herrschsüchtigen olympischen Göttern, steht ihrerseits über der Unterwelt, die der Mensch der Antike als lebendige, bedrohliche Gegenwart empfand[110] und konkret in jenen düsteren Avernus in Kampanien verlegte, an dessen Ufern sich die Pforten zur Unterwelt auftaten. Wie diese irdische Welt die Schaubühne des Konfliktes zwischen *Superi* und *Inferi* ist, so muß das schwache Freudsche Ich, vom allmächtigen Thron des *logos* gestoßen, auf den die Philosophen es erhoben hatten, gleichzeitig die oberen Kräfte des Ideal-Ich, die eine Zensur über die Ich-Wünsche nach Selbstbehauptung ausüben, und die unteren Kräfte des Unbewußten zu beherrschen suchen, die sich chaotisch, verheerend einen Weg bahnen und an die Oberfläche dringen wollen.

Besinnen wir uns noch einmal der Worte, mit denen Freud dem Philosophen Achelis die Bedeutung des Vergil-Mottos erläuterte, dem er jede mögliche Anspielung auf persönliche Erlebnisse oder Situationen absprach, und entscheiden uns für eine ›naiv‹ wörtliche Lesart der Freudschen Interpretation, so finden wir das Bild eines ›mythischen‹ Unbewußten vor, das aus der lateinischen Epik entlehnt und indirekt der im XI. Gesang der *Odyssee* beschriebenen Vision der Unterwelt nachgebildet ist. Was Freud nach eigener Aussage durch die Metapher des Acherons hervorheben wollte, war »ein Hauptstück aus der Dynamik des Traumes«: Der verdrängte Wunsch wird zurückgewiesen von den oberen seelischen Instanzen, die später als Über-Ich oder als Ideal-Ich bezeichnet werden sollten und an der Schwelle zwischen dem bewußten und dem unbewußten (oder eher dem vorbewußten) System eine Zensur gegenüber den für das bewußte Ich moralisch verwerflichen, inakzeptablen Inhalten ausüben. Begünstigt durch den Schlaf, setzt er die seelische Unterwelt in Bewegung, und zwar im zweifachen Sinne des zu neuem Leben Erweckens, wie es für die Schatten des Homerischen Hades galt, als auch des Aufrührens und Aufhetzens, wie es mit der von Juno in der *Äneis* angerufenen Furie Alekto geschehen war. Sich auf diese seelische Unterwelt, das heißt auf einen vergrabenen, latenten und doch psychisch aktiven Wunsch der Kindheit stützend, bringt sich der verdrängte Wunsch im Traum in halluzinatorischer Form zur Geltung.

So findet das Motto zwar – Freud selbst legt es nahe – seinen Daseinsgrund in dem Vergil-Kontext, aber nicht so sehr ausgehend von der poetischen und literarischen Gestaltung Junos als *dramatis persona* als vielmehr von dem mythologischen und kosmologischen Kontext, der den Hintergrund des VI. Buches der *Äneis* bildet und nicht allein und nicht notwendigerweise Vergilschen Ursprungs ist, das heißt im Bild des Acherons, wie es die griechische und die lateinische Literatur überliefert hat.

In der *Ilias* wird der Acheron noch nicht erwähnt, aber nach der

Odyssee festigt er seine Präsenz in der griechischen Tradition als bevorzugte Referenz zur Bezeichnung der gesamten Sphäre der Unterwelt. Erstmals taucht er als Fluß der Unterwelt in Kirkes Beschreibung der Höllen-Landschaft im zehnten Gesang der *Odyssee* auf (X, 513). Auf dieselbe Beschreibung greift mit einer Variante Vergil zurück: Während der Acheron bei Homer andere Flüsse der Unterwelt, den Pyriphlegeton und den Kokytos, in sich aufnimmt, stürzen sich in Vergils Unterwelt die schlammgetrübten *Acherontis undae* in den Kokytos.[111] Der Acheron bezeichnet die Grenze zwischen Lebenden und Toten; auf seinen Wellen schifft der »grausige« Charon[112] mit seinem Kahn und an seinen Ufern drängen sich die Seelen der Toten. Seine Position in der Ideographie des Jenseits – es ist der Fluß, der am dichtesten an der Erdoberfläche fließt – macht aus ihm die »irreversible Grenzlinie zu einer Welt, aus der es keine Rückkehr gibt«.[113] Nur an einigen topographisch bestimmten Punkten ermöglicht die Nähe zur Erdoberfläche den Kontakt zwischen Lebenden und Toten.[114]

Die Gleichsetzung der Dynamik eines seelischen Vorgangs mit den Elementen, aus denen das mythologische Universum der Alten besteht, ist weit mehr als ein bloßes, wenngleich suggestives rhetorisch-literarisches Hilfsmittel (dessen sich im übrigen die gesamte Literatur der Romantik bediente). Sie erlangt ihren eigentlichen Sinn, wenn sie im Rahmen einer psychologischen Theorie neu durchdacht wird, die aus *Eros* und *Thanatos* die Protagonisten der Trieblehre machen (»Die Triebtheorie ist sozusagen unsere Mythologie. Die Triebe sind mythische Wesen, großartig in ihrer Unbestimmtheit. Wir können in unserer Arbeit keinen Augenblick von ihnen absehen und sind dabei nie sicher, sie scharf zu sehen«)[115] und mit *Totem und Tabu* eine enge Parallele zwischen dem Verhalten und der Denkweise des primitiven Menschen und der Psychologie des modernen Neurotikers ziehen sollte.[116]

Konzipiert als Projektionen des Unbewußten in die übersinnliche Welt der Gottheiten, werden der Mythos und seine Repräsentationen seit der Selbstanalyse – die auf der Suche nach objektiven Wahrheiten in einem subjektiven Acheron forscht – sowie der Entdeckung der Bedeutung der Ödipus-Sage zu einem konstanten Bezugspunkt und zum Prüfstein für die Richtigkeit der wissenschaftlichen Forschungshypothesen der ›Tiefenpsychologie‹.

In einem Brief an Fließ vom 12. Dezember 1897 berichtet Freud von seinen ersten Überlegungen zur Idee einer »Psycho-Mythologie«:

»Kannst Du Dir denken, was ›endopsychische Mythen‹ sind? Die neueste Ausgeburt meiner Denkarbeit. Die unklare innere Wahrnehmung des eigenen psychischen Apparates regt zu Denkillusionen an, die natürlich nach außen projiziert werden und charakteristischerweise in die Zukunft und in ein Jenseits. Die Unsterblichkeit, Vergeltung, das ganze Jenseits sind solche Darstellungen unseres psychischen Inneren. Meschugge? Psycho-Mythologie.«[117]

Nicht allein kann also das Unbewußte als Metapher für den mythologischen Avernus aufgefaßt werden, sondern dieser wird gleichzeitig zur Metapher für Freuds Unbewußtes. Das heißt, Freud zieht das Bild der antiken Unterwelt ebendeshalb heran, weil die Antike letztere (unbewußt) als Metapher für ihr eigenes kollektives Unbewußtes geschaffen und verwendet hat.

Das gleiche Konzept, das er in dem Brief an Fließ aus dem Jahre 1897 dargelegt hatte, entwickelt Freud in ausführlicherer Form einige Jahre später an einer Stelle der *Psychopathologie des Alltagslebens* (1901), wo er sich erstmals in einer zur Veröffentlichung bestimmten Schrift auf »metapsychologische« Weise äußert:

»Ich glaube in der Tat, daß ein großes Stück der mythologischen Weltauffassung, die weit bis in die modernsten Religionen hineinreicht, nichts anderes ist als in die Außenwelt projizierte Psychologie. Die dunkle Erkenntnis (sozusagen endopsychische Wahrnehmung) psychischer Faktoren und Verhältnisse des Unbewußten spiegelt sich […] in der Konstruktion einer übersinnlichen Realität, welche *von der Wissenschaft in Psychologie des Unbewußten zurückverwandelt werden soll*. Man könnte sich getrauen, die Mythen vom Paradies und Sündenfall, von Gott, vom Guten und Bösen, von der Unsterblichkeit u. dgl. in solcher Weise aufzulösen, *die Metaphysik in Metapsychologie umzusetzen*.«[118]

Die Behauptung bleibt hier noch im Bereich des Hypothetischen. Erst 15 Jahre später, als die Erforschung der Mythologie und Traumsymbolik ›Belege‹ und Materialien zur Überprüfung geliefert hatte, sollte Freud erneut von Metapsychologie sprechen. Der einzige Ausflug in den Bereich der kollektiven und literarischen Vorstellungswelt, den die Psychoanalyse sich bis dahin (d. h. bis 1901) über die Grenzen der Psychopathologie und der Individualpsychologie hinaus (offiziell) gestattet hatte, kreiste um die Gestalt des Ödipus, doch hatte sie auch im Hinblick auf die Sophokles-Tragödie bislang mehr die (kathartische) Wirkung auf das Publikum als die symbolischen Implikationen des Textes berücksichtigt. Die Kenntnisse über Mythologie, die Freud bis zu der Zeit erworben hatte, da er mit der Abfassung der *Traumdeutung* begann, stammten fast ausschließlich aus seiner humanistischen Bildung vor Beginn des Medizinstudiums. Sie beruhten also auf der klassischen Tragödie sowie auf der griechischen und lateinischen Epik. Alle drei Referenzen werden in dem Traumbuch produktiv nutzbar gemacht: die erste explizit, die anderen beiden hinter dem Schleier der rhetorischen Metapher. ›Ausreichend‹, um die Intuition des Projektionsmechanismus auszulösen, durch den die Psychoanalyse den Ursprung des Mythos erklärt hat, haben alle drei dazu beigetragen, die Grundlagen für die metapsychologischen und kulturhistorischen Theorien des Spätwerks zu schaffen.

Liest man Freuds später entstandene metapsychologische Schriften über das Unbewußte und die Unterteilung des seelischen Apparates[119] im Lichte des mythologischen Zusammenhangs, den das Motto der *Traumdeutung* evoziert, so läßt sich dadurch einerseits die Ideographie des antiken Universums, ausgestattet mit dem psychologischen Wert, den Freuds Mythendeutung ihm verleiht, auf neue Art imaginieren. Andererseits aber rechtfertigt eine solche Lektüre die Annahme, daß das Modell des Vergilschen Acheron und des Homerischen Hades Freud die intuitive Vorwegnahme – also nicht etwa nur die rhetorische, nachträglich gesuchte Metapher der Beschaffenheit und Dynamik der unbewußten Phänomene – nahegelegt hat.

»Ein Individuum ist nun für uns ein psychisches Es, unerkannt und unbewußt, diesem sitzt das Ich oberflächlich auf, aus dem Wahrnehmungs-System als Kern entwickelt. Streben wir nach graphischer Darstellung, so werden wir hinzufügen, das Ich umhüllt das Es nicht ganz, sondern nur insoweit das System W[ahrnehmung] dessen (des Ichs) Oberfläche bildet. […] *Das Ich ist vom Es nicht scharf getrennt, es fließt nach unten hin mit ihm zusammen.* Aber auch das Verdrängte fließt mit dem Es zusammen, ist nur ein Teil von ihm. Das Verdrängte ist nur vom Ich durch die Verdrängungswiderstände scharf geschieden, durch das Es kann es mit ihm kommunizieren.«[120]

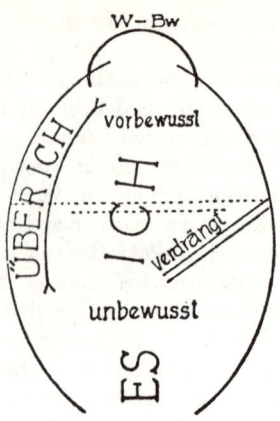

Das graphische Schema,[121] das Freud zur Veranschaulichung der Unterteilung des seelischen Systems präsentiert, ruft das Bild des Tartaros in Erinnerung, der sich vom Rand aus, den die Flüsse der Unterwelt markieren – der Kanal der *Verdrängung* in dem Schema – in das Erdinnere hinabsenkt, darüber die Gipfel des Olymps, welche die Erde überragen.

Es versteht sich von selbst, daß dieser Vergleich ebenso wie die willkürliche Annäherung der Homerischen Dichtung und der Dichtung Vergils – ohne Berücksichtung der strukturellen Differenzen zwischen beiden Texten und der Unterschiede zwischen der griechisch-archaischen und der klassischen lateinischen Kultur – lediglich einer Kohärenz innerhalb des psychoanalytischen Diskurses gerecht werden will. Sicher mag Freuds Wahl einem Experten der antiken Literatur »etwas kurzsichtig« (Latacz) erscheinen,[122] doch sollten wir nicht vergessen, daß Freuds Interesse für die antike Literatur und die Übernahme ihrer Ausdrucksformen sich jenseits der philologischen Reflexion und Forschung ansiedeln und er in der metaphorischen Bedeutung und der Evokationskraft der Texte die ›epistemologischen‹ Voraussetzungen der unbewußten Sprache und die rhetorischen Mittel für ihre Mitteilung suchte. Die Antike, vor allem die Welt des archaischen Griechenlands, war für Freud eine Art Arbeitshypothese, der »magische Spiegel« von Hofmannsthal,[123] in dem man sich selbst in anderer Gestalt und Ausdrucksform wiederzufinden und wiederzuerkennen hofft.

Auch Freud, ebenso wie Hofmannsthal, »sah die Antike als ein Medium, in dem nachfolgende Jahrhunderte Sachverhalte, die (noch) nicht direkt gesagt werden können, für die es noch keine Sprache gibt, zum Ausdruck gebracht haben«.[124]

In einem Passus fast am Ende der *Traumdeutung* werden die Verse aus der *Äneis* nochmals zitiert, dieses Mal dem konventionellen rhetorischen Gebrauch, wie in dem Motto auf dem Titelblatt, entzogen, statt dessen eingebettet in den Textzusammenhang, wo sie zum Zweck der Erklärung des Verdrängungsmechanismus stehen:

»[…] der Traum beweist uns, *daß das Unterdrückte auch beim normalen Menschen fortbesteht und psychischer Leistungen fähig bleibt.* […] Das seelisch Unterdrückte, welches im Wachleben *durch die gegensätzliche Erledigung der Widersprüche* am Ausdruck gehindert und von der inneren Wahrnehmung abgeschnitten wurde, findet im Nachtleben und unter der Herrschaft der Kompromißbildungen Mittel und Wege, sich dem Bewußtsein aufzudrängen.

Flectere si nequeo superos, Acheronta movebo.

Die Traumdeutung aber ist die Via regia zur Kenntnis des Unbewußten im Seelenleben.

Indem wir der Analyse des Traumes folgen, bekommen wir Einsicht in die Zusammensetzung dieses allerwunderbarsten und allergeheimnisvollsten Instruments, freilich nur ein kleines Stück weit, aber es ist damit der Anfang gemacht, um von anderen pathologisch zu heißenden Bildungen her weiter in die Zerlegung desselben vorzudringen.«[125]

Den ›Höllen‹-Worten Vergils, dieser allegorischen Beschreibung des gewundenen Pfades, auf dem sich der Wunsch, dem ein direkter Weg zu seiner Erfüllung versagt ist, in der nächtlichen Dunkelheit den Weg bahnt, um sich im Traum zur Geltung zu bringen, steht die leuchtende *Via regia* des mit der *Traumdeutung* gewonnenen Interpretationsverfahrens kontrapunktisch gegenüber. Die zweite Bezugnahme auf die Vergil-Verse sowie ihre Stellung am Ende des Textes als zusammenfassende Formel für den Ursprung und die Bewegung der Traumverdrängung projizieren die Züge der intuitiven Vorwegnahme der Theorie auf das Motto und verleihen diesem den Status einer ›Grundsteinlegung‹, einer Art von *substitutiver* Epistemologie‹ in Form einer literarischen Metapher.

IV. Bemerkungen zur *Traumdeutung*
(zweiter Teil)

Parteinahme für die Antike

Läßt man es nicht bei einer bloßen Aufzählung von Freuds Bezugnahmen auf die Traumtheorien der Antike bewenden oder stellt erst im nachhinein fest, was diesen bereits an ›Antizipatorischem‹ anhaftet,[1] dann erweist sich das Problem des Verhältnisses von antiker Traumphänomenologie und Freuds Traumtheorie als durchaus komplex und dringt auf eine chronologische Durchsicht der an der Erstfassung der *Traumdeutung* (1900) vorgenommenen Abänderungen. Diese ist dank der – wenn auch unvollständigen – gegenwärtig verfügbaren kritischen Ausgabe in deutscher Sprache zwar für den Fußnotenteil möglich gemacht worden, aber nicht immer für den Textteil. Die *Traumdeutung* ist – zusammen mit den *Drei Abhandlungen zur Sexualtheorie* – eines der Werke, die in allen folgenden Auflagen (acht zu Freuds Lebzeiten, die letzte 1930) mehr oder weniger systematisch von Freud überarbeitet wurden, vor allem durch die ständige Ergänzung des Anmerkungsapparates. Nach der dritten, im Jahre 1911 erschienenen Auflage wurden Ursprung und Datum der textlichen Änderungen nicht mehr verzeichnet. Der 1925 seitens der Herausgeber der *Gesammelten Schriften* unternommene Versuch, den Text der Erstauflage in einem Band, alle Ergänzungen und Varianten aber separat zu veröffentlichen, führte nicht zu den erhofften textkritischen Resultaten, weil unter anderem das Fehlen genauer chronologischer Angaben die Anordnung der Texte nach ihrer Entstehungsfolge erschwerte. In der achten Auflage (1930) wurde daher die ursprüngliche Zusammensetzung wiederhergestellt.

Zwar wurde die Traumtheorie durch die späteren Überarbeitungen in ihren Grundzügen nicht wesentlich verändert, doch gewann die theoretische Exposition durch Heranziehung weiterer bibliographischer Quellen und neuen Veranschaulichungsmaterials zusätzlich an Klarheit und wissenschaftlicher Zuverlässigkeit. Die wesentlichen Änderungen und Hinzufügungen wurden im Hinblick auf das Thema der Traumsymbolik vorgenommen, ein Gegenstand, den Freud erst später in seiner vollen Bedeutung erkannte.[2] Ein

Großteil der Zitate aus klassischen Quellen, ebenso wie die Darstellung einiger antiker Traumtheorien[3] als Zusatz zum ersten Kapitel (das von der Forschungsliteratur über den Traum handelt), wurden erst später, vor allem ab 1911, in den Text integriert.[4]

Die Bibliographie im Anhang der Erstauflage weist bereits einige Quellen und einen Teil der Beiträge zur antiken Onirokritik aus, mit der sich Freud in den späteren Auflagen ausführlicher befassen sollte: die Abhandlung des Aristoteles über Träume und Weissagung (*De divinatione per somnum*),[5] die *Oneirokritika* von Artemidor in der Übersetzung von Krauss (1881) und den Abriß der Geschichte der antiken Traumdeutung von Büchsenschütz (1868), dessen Freud sich in erster Linie für die Abfassung des ersten Kapitels bediente, welches mit einem historischen Überblick über die Entwicklung der Traumtheorien seit Aristoteles beginnt. Außerdem war ihm der Essay von Gomperz über Artemidor bereits seit seinen Universitätsjahren bekannt.[6]

Dennoch – mit Ausnahme des Hinweises auf die »unerwartete[n] Parallelen«, die Freud bei der Lektüre der *Griechischen Kulturgeschichte* von Burckhardt entdeckte[7] – läßt der Briefwechsel mit Fließ auf kein besonderes Interesse an den antiken Quellen der Traumforschung schließen[8] (obwohl er diese Quellen im Verlauf der *Traumdeutung* anführte), so als handele es sich um eine offenkundige und von vornherein feststehende, jedoch im Vergleich zur Originalität seiner Theorie derart oberflächliche Gemeinsamkeit, daß sie deren innovativen Charakter in keiner Weise beeinträchtigen konnte.

Vielmehr belästigt ihn die Lektüre der zeitgenössischen Autoren, die nicht einmal »ein kluges Wort« über den Traum zu sagen wußten (»Die Literatur über den Traum, die ich jetzt lese, macht mich ganz blöd. Eine schreckliche Strafe, die auf alles Schreiben gesetzt ist«).[9] Mit ihnen aber muß sich Freud auseinandersetzen, um »den ›Wissenschaftlern‹ nicht ein Beil in die Hand zu geben, das arme Buch zu erschlagen«; ihnen gegenüber will er seine Originalität unter Beweis stellen. Bereits die Einführung zum zweiten Kapitel der *Traumdeutung*, »Die Methode der Traumdeutung«, worin Freud seine Methode anhand des Beispiels eines Traummusters illustriert, stellt aber in Opposition zur offiziellen Medizin und Wissenschaft eine ausdrückliche Stellungnahme zugunsten der antiken und populären Auffassung des Traumes dar:

»Die Überschrift, die ich meiner Abhandlung gegeben habe, läßt erkennen, an welche Tradition ich in der Auffassung der Träume anknüpfen möchte. Ich habe mir vorgesetzt zu zeigen, daß Träume einer Deutung fähig sind, und (wissenschaftliche) Beiträge zur Klärung der eben behandelten Traumprobleme werden sich mir nur als etwaiger Nebengewinn bei der Erledigung meiner eigentlichen Aufgabe ergeben können. Mit der Voraussetzung, daß Träume deutbar sind, trete ich sofort in Widerspruch zu der herrschenden Traumlehre [...], denn ›einen Traum deuten‹ heißt, seinen ›Sinn‹ angeben, ihn durch etwas ersetzen, was sich als vollwichtiges, gleichwertiges Glied in die Verkettung unserer seelischen Aktionen einfügt.«[10]

Ist die Hinwendung zur klassischen Antike zunächst Ausdruck einer polemischen, widerspenstigen Entscheidung, so erklärt sich diese ex negativo, aus dem heraus, was der phänomenologischen Interpretation der zeitgenössischen Wissenschaft fehlte – nämlich ebenjene Annahme der Sinnhaftigkeit von Träumen –, was hingegen, wenngleich auch in vagen und zum Mystizismus neigenden Formulierungen, in der Kultur der Antike angelegt war.

Zur Jahrhundertwende wurde das Thema des Traumes in psychologischen, medizinischen und literarischen Untersuchungen wieder aktuell.[11] Das wissenschaftliche Interesse für das Traumphänomen entwickelte sich seit der Mitte des 19. Jahrhunderts als Reaktion auf seine literarische und mystische Vereinnahmung durch die Romantik, die im Traum (wie zuvor im Magnetismus und in der Verdoppelung der Persönlichkeit)[12] ein weiteres Mittel erblickte, um mit der kosmischen Seele in Kontakt zu treten, und die Existenz eines transzendentalen Ich nachzuweisen.

Entsprechend der positivistischen Ausrichtung der medizinischen wie psychologischen Forschung konzentrieren sich hingegen in der zeitgenössischen ›offiziellen‹ Befassung die Anstrengungen auf die physiologischen Ursachen des Traumes. So wären Träume keineswegs Ergebnis eines Entweichens der Seele aus dem Körper, wie die romantische Auffassung es verstanden wissen wollte, sondern sie zeugten vielmehr von der strikten Abhängigkeit des Geistes vom Organismus während des Schlafes. In diese Zeit fallen die Experimente zur Wahrnehmungstätigkeit und zur Verarbeitung der äußeren (und inneren) organischen Reize, die den Trauminhalt beeinflussen könnten, und mit Wundts Laboratorium für Experimentalpsychologie, das sich aus gegebenem Anlaß in eine Art ›Traumwerkstatt‹ verwandelte, entstanden die Vorläufer der moderneren ›Schlaf-Labors‹. Entweder wurde der Traum auf ein bloßes physiologisches Ereignis reduziert und als organische Reaktion auf die Sinnesreize angesehen, die auch im Schlafzustand weiterwirkten, oder er galt bestenfalls als Abbildung des Seelenzustands des Träumenden, als erweiterte, symbolische Wahrnehmung vom eigenen Körper und dessen Organen. Hält man sich an Freuds Aussagen,[13] so waren die Resultate der theoretischen Debatte ziemlich enttäuschend und konnten allenfalls einige Teilprobleme erhellen. Nicht einmal ihre *Summa* vermochte aber eine umfassende, kohärente Sicht des Traumphänomens zu liefern.[14] Dagegen war der »Glaube der Alten, daß der Traum eine Sendung der Götter sei, um die Handlungen der Menschen zu lenken, […] eine vollständige Theorie des Traumes, die über alles am Traum Wissenswerte Auskunft erteilte«.[15]

Eigentlich eine ›banale‹ Feststellung, eine bloße rhetorische ›Überleitungsformel‹, bevor Freud zur Behandlung der zeitgenössischen Theorien selbst übergeht, und doch legt sie einen ersten Beweggrund für Freuds Auseinandersetzung mit den antiken Vorbildern nahe, der paradoxerweise gerade in dem ›methodischen‹ Zugang zur Erforschung des Traum-Phänomens besteht. Die moderne Biologie habe die Forschung parzelliert und zudem die Phänomene »Schlaf« und »Traum« auseinandergehalten,[16] während die Antike, in der Überzeugung, daß jedes Phänomen ein Glied in einer kausalen Verkettung der Ereignisse sei, eine umfassende Lösung des Traumproblems gesucht und eine allgemeine Theorie begründet habe, die – freilich teilweise durch eine animistische Auffassung der Beziehungen zwischen Mikro- und Makrokosmos entwertet – allen Fragen über den Traum, über seine Natur, seine Phänomenologie und seinen Zweck, gerecht zu werden vermochte.

Es sei klar – so Freud weiter –, daß die dämonische bzw. göttliche Natur des Traumes kein Gegenstand wissenschaftlicher Diskussion sein könne. Ebensowenig die Vorstellung, wonach die Seele, vom Körper getrennt, autonome Erfahrungen durchleben oder zur Kenntnis der Wahrheit gelangen könne, indem sie sich erneut mit der göttlichen Seele des Kosmos vereinigt, aus der sie entsprang. Auch sei es für das Verständnis des Traumes wenig hilfreich, wenn man annehme, dieser liefere Hinweise auf künftige Ereignisse (allenfalls wäre das Verhältnis umzukehren und dem Traum das Vermögen zuzuerkennen, einen Weg zur Erforschung der Vergangenheit zu eröffnen).[17] Dennoch bewiesen die »Alten«, für die der Traum ein Untersuchungs- und Interpretationsgegenstand von höchstem Interesse war, daß sie mehr von der Traumdynamik erahnt hatten als die Wissenschaft mit all ihren Experimenten: »Die Achtung aber, mit der dem Traum bei den alten Völkern begegnet wurde, ist eine auf richtige psychologische Ahnung gegründete Huldigung vor dem Ungebändigten und Unzerstörbaren in der Menschenseele, dem Dämonischen, welches den Traumwunsch hergibt und das wir in unserem Unbewußten wiederfinden.«[18] Bestrebt, diese dämonischen Mächte zu beherrschen, hatten die Alten ihnen eine Stimme im Traum gegeben, dessen Sprache sie zu deuten, dessen Bedeutung sie zu erfassen, dessen Finalität sie zu verstehen suchten.

Freud beschließt, sich – wie er es später nennen sollte – »zu einem Vorurteil zu bekennen«, das den antiken Traumdeutern und dem Aberglauben des Volkes gemeinsam ist (»Bekennen wir uns zum Vorurteil der Alten und des Volkes und treten wir in die Fußstapfen der antiken Traumdeuter«),[19] nämlich daß der Traum einen Sinn hat, deutbar ist, über einen – doppelten – Text und über eine Finalität verfügt: »Ich habe einsehen müssen, daß hier wiederum einer jener nicht seltenen Fälle vorliegt, in denen ein uralter, hartnäckig festgehaltener Volksglaube der Wahrheit der Dinge näher gekommen zu sein scheint als das Urteil der heute geltenden Wissenschaft.«[20]

Dies sind die ersten Anklänge einer Polemik und einer Herausforderung an die Wissenschaft, die sich bereits im Titel ankündigte und immer schärfer werden sollte. Mehrfach sollten darin die Antike und das »abergläubische Volk« als Zeugen für das angerufen werden, was »die Kollegen der Medizin und die Philosophen von Beruf« (Freud) nicht hatten sehen wollen und was doch augenfällig war.

Polemische Bekräftigung der Antike

»Es wird ja keineswegs allgemein geglaubt, daß der Traum etwas Sinnvolles und Deutbares ist. Die Wissenschaft und die Mehrzahl der Gebildeten lächeln, wenn man ihnen die Aufgabe einer Traumdeutung stellt; nur das am Aberglauben hängende Volk, das hierin die Überzeugungen des Altertums fortsetzt, will von der Deutbarkeit der Träume nicht ablassen, *und der Verfasser der ›Traumdeutung‹ hat es gewagt, gegen den Einspruch der gestrengen Wissenschaft Partei für die Alten und für den Aberglauben zu nehmen.*«[21] Freilich, so Freud weiter, gelte es nicht, im Traum eine Ankündigung der Zukunft anzuerkennen; auch gehe es nicht darum, festzustellen, ob der Sinn eines Traumes immer und in jedem Fall in der Erfüllung eines Wunsches besteht oder nicht ebenso häufig in einer gefürchteten Erwartung, einer Absicht, einer Reflexion: »*Vielmehr steht erst in Frage, ob der Traum überhaupt einen Sinn habe, ob man ihm den Wert eines seelischen Vorgangs zugestehen solle.* Die Wissenschaft antwortet mit nein, sie erklärt das Träumen für einen bloßen physiologischen Vorgang, hinter dem man also *Sinn, Bedeutung, Absicht* nicht zu suchen brauche. Körperliche Reize spielten während des Schlafes auf dem seelischen Instrument und brächten so bald diese, bald jene der alles seelischen Zusammenhalts beraubten Vorstellungen zum Bewußtsein. Die Träume wären nur Zuckungen, nicht aber Ausdrucksbewegungen des Seelenlebens vergleichbar. *In diesem Streite über die Würdigung des Traumes scheinen nun die Dichter auf derselben Seite zu stehen wie die Alten, wie das abergläubische Volk und wie der Verfasser der ›Traumdeutung‹.*«[22]

Dieser Passus, vielleicht das leidenschaftlichste Plädoyer Freuds für die Antike und das »abergläubische Volk« gegen die »gestrengen« Medizinwissenschaften, entstammt den ersten Seiten einer Studie von 1907 über »›Wahn und Träume‹ in Jensens Gradiva«, der ersten, die sich der Analyse eines literarischen Textes widmet.[23] Nunmehr hat Freud im Dichter den dritten Verbündeten gegen Akademien und Wissenschaft gefunden. Das aufrichtige Lob kann den polemischen Ton kaum verhüllen. Fast acht Jahre sind seit Erscheinen der *Traumdeutung* vergangen, ohne daß die wissenschaftliche Welt seine Theorie ernst genommen oder ihr gar irgendeinen Beweiswert zuerkannt hätte.[24]

Dem unbekümmerten Ton, in dem Freud seine Erwartungen hinsichtlich der Reaktionen auf sein »ägyptisches Buch« dem Freund Fließ mitteilte (»Ich bin tief im Traumbuch und freue mich in Gedanken an all das ›Schütteln des Kopfes‹ über die Indiskretionen und Vermessenheiten, die es enthält«),[25] weicht bereits wenige Monate nach der Publikation in dem Briefwechsel eine tiefe Bitterkeit über die Verständnislosigkeit, die ihn und sein Buch umgibt: »Eine undankbare Aufgabe, den Menschen etwas aufzuklären. Noch keiner hat mir über das Buch gesagt, daß er sich mir verpflichtet fühle, etwas Neues gelernt zu haben, in eine Welt neuer Probleme eingeführt worden zu sein.«[26]

Hatte Freud in der Erstausgabe, fast als habe er der Kritik vorgreifen wollen, ausdrücklich betont, daß seine Untersuchung die Grenzen der neuropsychologischen Forschung nicht überschreite,[27] und hatte er sich mit dem Wunsch an seine Kollegen gewandt, das Buch möge eine wissenschaftliche Debatte zu den aufgeworfenen psychologischen Fragestellungen auslösen, so geht das Vorwort zur zweiten Auflage (1909) dagegen sogleich auf Abstand zur akademischen Welt und beginnt mit einem scharfen Angriff gegen die Wissenschaftler und »Philosophen von Beruf«:

»Meine Kollegen von der Psychiatrie scheinen sich keine Mühe gegeben zu haben, über das anfängliche Befremden hinauszukommen, welches meine neuartige Auffassung des Traumes erwecken konnte, und die Philosophen von Beruf, die nun einmal gewohnt sind, die Probleme des Traumlebens als Anhang zu den Bewußtseinszuständen mit einigen – meist den nämlichen – Sätzen abzuhandeln, haben offenbar nicht gemerkt, daß man gerade an diesem Ende allerlei hervorziehen könne, was zu einer gründlichen Umgestaltung unserer psychologischen Lehren führen muß. Das Verhalten der wissenschaftlichen Buchkritik konnte nur zur Erwartung berechtigen, daß Totgeschwiegenwerden das Schicksal dieses meines Werkes sein müsse […]. So fühle ich mich denn jenem weiteren Kreise von Gebildeten und Wißbegierigen verpflichtet, deren Teilnahme mir die Aufforderung verschafft hat, die schwierige und für so vieles grundlegende Arbeit nach neun Jahren von neuem vorzunehmen.«[28]

Die klare Grenze, die Freud zwischen sich und der wissenschaftlichen Welt zu ziehen beschlossen hat, vor allem seit letztere gezeigt hat, wie wenig ihr daran liegt, einen Traumdeuter in ihren Reihen aufzunehmen, verläuft erneut über die Antike, so, als finde sich die Vermutung bestätigt, Freuds Traumtheorie habe sich von ihrer ersten Formulierung an aus den Quellen der antiken Traumlehre genährt.

In Wahrheit liegen die Dinge etwas anders. Der antiken Onirologie schuldet Freud sehr wenig außer vielleicht jenes »Vorurteil«, zu dem er sich jetzt absichtlich bekennt, gerade weil dieses in den Augen der Kritik als grober Fehler erschienen war. In Erinnerung an jene Jahre und an die Feindseligkeit, mit der die medizinische Welt sein Werk aufnahm, schrieb er 1925: »Träume waren noch im klassischen Altertum als Verkündigungen der Zukunft hochgeschätzt worden; die moderne Wissenschaft wollte vom Traum nichts wissen, überließ ihn dem Aberglauben [...]. Daß jemand, der ernste wissenschaftliche Arbeit geleistet hatte, als ›Traumdeuter‹ auftreten könnte, schien doch ausgeschlossen.«[29] Tatsächlich hatte die Kritik gerade die Analogie zwischen Freuds Methode und der symbolischen Lesart der Träume, wie die antike Traumdeutung und die magischen Volksbräuche sie praktizierten, mit Nachdruck hervorgehoben. Doch wenn dieser Vergleich aus dem Munde ›sympathisierender‹ Literaturwissenschaftler und Kulturhistoriker zumeist einem Loblied gleichkam,[30] so zog die medizinische Fachkritik ebenjene Analogie heran, um Freud der Unwissenschaftlichkeit zu zeihen.[31]

Fast zwei Jahre lang hat die Fachwelt Freuds Buch ignoriert, und als endlich die ersten Rezensionen erschienen waren, konnte man – von den üblichen Höflichkeitsfloskeln abgesehen – auch folgendes vernehmen: »Die Unzulässigkeit dieser Traumdeuterei als wissenschaftliche Methode mußte mit aller Schärfe betont werden; denn die Gefahr ist groß [...], daß wir damit in eine völlige Mystik und chaotische Willkür hineingerieten«, oder: »Die Traumdeuterei des Buches will zu viel erklären [...] die Irrwege einer unfruchtbaren Symbolistik sind nicht vermieden«.[32]

Kaum schmeichelhafter die Kommentare der »Philosophen von Beruf«. Nicht entgangen war Max Burckhard – jenem Kritiker, dem Freud anlastete, er habe sein Buch in Wien »umgebracht«[33] – die für einen Philologen sicherlich ›sakrilege‹ Annäherung zwischen der aristotelischen Lehre, die Freud – noch dazu recht ungenau[34] – zur Stützung und Legitimierung seiner Theorie bemüht hatte, und der antiken und populären Mantik, deren die psychoanalytische Traumdeutung sich ›faktisch‹ bediente, auch wenn sie sich nicht unmittelbar auf sie berief. Mit einer Arroganz, die seiner philologischen Kurzsichtigkeit in nichts nachstand, kommentiert Burckhard:

»Hierzu möchte ich nun bemerken, daß, wenn der Verfasser erklärt, er vermochte zu einem tieferen Verständnis der aristotelischen Abhandlung über Träume und Traumdeutung [zu gelangen] (richtiger der aristotelischen Abhandlungen, denn es sind zwei selbständige Abhandlungen über diese beiden Themen in seinen *parva naturalia* enthalten), mir das nicht ganz begreiflich ist. Der Kern der aristotelischen Theorie ist, daß der Traum ein Produkt der Einbildungskraft im Schlafe ist (*oti esti to enypnion phantasma men ti, kai en hypno, De Insomniis*, Kap. 3)«. Ironisch fügt er dann hinzu: »und wenn Aristoteles (*De divinatione per somnum*, Kap. 2) sagt: der geschickteste Traumausleger sei jener, der die Ähnlichkeiten herauszufinden vermag (*ostis dynatai tas homoiotetas theorein*) und die Fähigkeit hat, rasch das Verwirrte und Verzerrte in den Traumbildern zu erkennen und das Zusammengehörige zu überblicken (*o dynamenos tachy diaisthanesthai kai synoran ta diasephoremena kai diestrammena ton eidolon*), so hätte der Verfasser mit Fug und Recht hiernach allein schon für sich den aristotelischen Ehrentitel eines *technikotatos krites enypnion* in Anspruch nehmen können. Aber er beschränkt sich nicht nur auf diese Tätigkeit. Er läßt sich zu jedem Traum auch die Hintergedanken desselben liefern oder sucht sie zu ergründen«. Und Burckhard schließt: »Von einer Traumtheorie aber müßte ich verlangen, daß sie auf alle Träumer paßt, und das scheint mir schließlich nur bei der alten Theorie des Aristoteles zuzutreffen, nach der die Träume Produkte der fortarbeitenden Einbildungskraft sind, nicht mehr und nicht weniger […]. Was aber den ›Traumdeuter‹ betrifft, so halte ich es noch immer mit dem alten Ennius, von dem uns Cicero, *De divinatione*, I, 58, folgende Verse (aus der Tragödie Telamon) überliefert hat: ›Non habeo denique nauci Marsum augurem, / Non vicanos auspices, non de circo astrologos, / Non Isiacos coniectores, non interpretes somnium. / Non enim sunt ii arte divini, aut scientia‹.«[35]

Doch Freud geht noch weiter, greift Burckhards ›Anregungen‹ auf, fügt einige Jahre später in einer Fußnote zu dem Kapitel »Die Methode der Traumdeutung« den bereits von Burckhard zitierten Passus aus *De divinatione per somnum* ein und münzt die Äußerung des Aristoteles, »der beste Traumdeuter sei der, welcher Ähnlichkeiten am besten auffasse«, implizit auf sich um.[36]

Jenseits spezifisch theoretischer Einzeleinwände scheinen sich die wissenschaftlichen Kreise weniger daran gestört zu haben, daß ein Neurologe das Traumphänomen auf ausschließlich psychologischer Basis erklären wollte, als vielmehr daran, daß dieser die ›Lesbarkeit‹ des Traumes behauptet, ihn für deutbar gehalten und es gewagt hatte, eine Methode für seine Übersetzung darzulegen, die obendrein den Anspruch auf Wissenschaftlichkeit erhob.

Von da an versäumte es Freud bei keiner Gelegenheit, jeder seiner Arbeiten über den Traum eine Erklärung vorauszuschicken, mit der er Partei ergreift und die sogleich den kulturgeschichtlichen Bezugsrahmen definiert, von dem seine Traumtheorie sich herleiten läßt – die Antike und die populäre Traumdeutung – und diese entschieden dem herrschenden Physiologie-Denken entgegensetzt: eine vorwissenschaftliche Auffassung gegenüber einer pseudowissenschaftlichen. Zumindest hat die erste – auch wenn Freud dies niemals explizit machte –, wenn sie korrekt befragt wird, einen wahren Kern zu enthüllen, der ausgehend von wissenschaftlichen Voraussetzungen neu interpretiert werden kann; die zweite hingegen vereint die Fehlerhaftigkeit ihrer methodologischen Prämissen mit dem Hochmut theoretischer Intoleranz.

Mit dem ihm eigenen Gespür des Widersachers[37] und vielleicht in der Vermutung, an den ›Hinweisen‹ der Kritik sei etwas ›Wahres‹, greift Freud sie unter verkehrtem Vorzeichen auf, vertieft die Themen der Traumsymbolik in Auseinandersetzung mit den Stoffen der Märchen, der Mythen, des Volksglaubens, und nimmt so die Spur jenes seltsamen Traumdeuters auf, Artemidor, dessen Werk er in der Erstauflage bloß erwähnt hatte.

Metamorphosen der Antike-Referenz

Ist die Hypothese richtig, daß in Freuds Werk zwei (oder mehr) Varianten der Indienstnahme der Klassik anzutreffen sind, die ich schematisch als ›inspirierende‹ und als ›Legitimations-‹ bzw. ›Dokumentationsfunktion‹ bezeichnet hatte, dann ist die *Traumdeutung* ein Beispiel dafür, wie beide Formen sich verweben und nebeneinander bzw. – in der Chronologie des Werkes – nacheinander bestehen können. Dies dringt auf eine ›radiographische‹ Durchleuchtung des Textes, welche, indem sie seinen Entstehungsweg von den späteren zur ersten Auflage zurückverfolgt, die Ausdrucksmodalitäten einer solchen vielschichtigen klassischen Referenz zu erklären sucht.

Liest man den Text in seiner endgültigen Fassung, in der die ›Nahtstellen‹ der Überarbeitungen nicht erkennbar sind, so scheinen die antiken Referenzen, die – wie wir wissen – seit der Ausgabe von 1911 nachträglich hinzugefügt wurden und sich immer mehr häuften, mit der Struktur und vor allem mit dem ›Sinn‹ des Werkes so zu harmonieren, als ob Freuds Traumtheorie sich schon seit ihrer ersten Formulierung aus den Quellen der antiken Traumforschung gespeist habe. Die Überraschung tritt erst dann ein, wenn man den Text im ›Querschnitt‹ analysiert, der Überarbeitungen und Ergänzungen entkleidet, und dabei entdeckt, daß in der Erstfassung mit Ausnahme einer konstanten, fundierten Bezugnahme auf Aristoteles nicht viel von der Antike bleibt: ein kurzer Hinweis auf die medizinische Traumsemiotik,[38] eine sporadische Begegnung mit Cicero und Lukrez,[39] einige verstreute Anspielungen auf richtige, ›weitsichtige‹ Interpretationen klassischer Autoren.[40] Schließlich werden wie beiläufig die Interpretation durch Symbolik und das antike, vor allem aber populäre Chiffrierverfahren erwähnt, von dem die *Oneirokritika* des Artemidor »eine interessante Abänderung« darstelle, »durch welche dessen Charakter als rein mechanische Übertragung […] korrigiert wird«. Nur wenige Zeilen weiter wird jedoch dieses Zugeständnis durch eine apodiktische Feststellung eingeschränkt: »Für die wissenschaftliche Behandlung des Themas kann die Unbrauchbarkeit beider populärer Deutungsverfahren des Traumes keinen Moment lang zweifelhaft sein.«[41]

Legt man aber die Topographie der späteren Ausgaben über das ursprüngliche (klassische) Raster der *Traumdeutung*, so wird man gewahr, daß die nachträglichen Ergänzungen – ohne dadurch die konzeptionelle Struktur der Theorie zu verändern – stets um bestimmte Kernpunkte kreisen, die in der Erstfassung nur angedeutet waren. Wenngleich im nachhinein, rekonstruieren sie eine antike Referenz, die der Titel und die ›Vergil-Herausforderung‹ lediglich ahnen ließen.

Zunächst als Bezugspunkt und distinktives Merkmal einer epistemologischen Umkehrung gewählt, angesichts der Prioritäten der Untersuchung aber beiseite geschoben, ist die ›Traumkultur‹ der Antike nun zum Untersuchungsgegenstand und zur Vergleichsreferenz geworden. Wo Freud auf die diagnostische Bedeutung angespielt hatte, die Aristoteles den Träumen zuerkannte – sie verstärkten die beginnenden Symptome einer Krankheit und stellten sie in der Halluzination des Traumes dar –, werden in den späteren Auflagen Anmerkungen zu dem *Corpus Hippocraticum*[42] und zu dem Brauch der Traumorakel bei den Alten hinzugefügt, die sich in den

Tempeln des Apoll oder des Asklepios die therapeutische Botschaft durch die Worte des Gottes im Traum verkünden ließen.[43] Ebenso wird rund um die Figur des Artemidor, dessen Werk in der Ausgabe von 1900 mit den verschiedenen abergläubischen Volksbräuchen vermengt worden war, der Abriß einer Geschichte der antiken Onirokritik entwickelt.[44]

Die Antike-Referenz ist folglich vertikal geschichtet, im Sinne einer durch reiches Dokumentationsmaterial bereicherten Vertiefung und Präzisierung jener ersten, vagen Bezugnahmen auf die Quellen der antiken Traumforschung. Es ist das Ergebnis der Zusammenführung verstreuter Fragmente und Lektüren, denen Freud bereits begegnet war, die aber als bloße Analogien isoliert und im Rahmen ihrer therapeutischen Anwendung eingegrenzt geblieben waren: die symbolische Bedeutung der szenischen Darstellung der Hysterie, in der die Alten den Ausdruck dunkler, dämonischer Mächte sahen, der doppelte Text des Symptoms, in dem sich unter der unzusammenhängenden (manifesten) Sprache des Körpers der Inhalt einer Phantasie oder – in der ersten, vorödipalen Formulierung – derjenige kohärenter (realer) Erinnerungen verbirgt; schließlich die Suggestivkraft der antiken magisch-sakralen Heilverfahren, die in der hypnotischen Psychotherapie Anwendung gefunden hatten. Der Geisteskrankheit hatte die Antike Sinn und Zweck zugeschrieben, ebenso wie dem Traum, dessen verschiedene Ausdrucksformen sie zu deuten versuchte. Es sind lediglich Anregungen, »unerwartete Parallelen«, die in Freuds Werk bisher weder zu einer Synthese zusammengeführt worden waren noch einen konkreten Ort gefunden hatten, kleine Indizien, auf den ersten Blick nahezu unbedeutend, die Freud jedoch ausdrücklich hat bestätigen wollen, eine ›hermeneutische‹ Affinität zur Antike dabei auf provozierende Weise unterstreichend, welche im Gegensatz zur modernen Wissenschaft die Phänomene in ihrer Ganzheitlichkeit und teleologischen Bestimmung betrachtete. Eine Affinität, die auch die antike Oniromantik und Artemidor einbezieht – ein »wilder Vorläufer« der Psychoanalyse, dem nunmehr, wenn auch zwischen den Zeilen, die Aufgabe zukommt, eine Kontinuität der *Traumdeutung* mit vergangenen Traditionen zu bezeugen. Die wachsende Bedeutung, die Freud seit 1900 der Traumsymbolik zuschrieb, deren Materialien weniger aus der Traumarbeit als aus den universell gültigen Inhalten eines im Mythos, in Märchen und in Folklore sich ausdrückenden archaischen Unbewußten stammten, bildet das katalysierende Element jener verstreuten Fragmente der Antike.

Weit davon entfernt, einer Sammlung von »Altertümern« zu ähneln (wie Burckhardt die griechischen Kulturgeschichten definiert hatte, die der seinen vorausgingen), will der aus einem dichten Geflecht von Bezügen und Anmerkungen entstehende historische Abriß der klassischen Tradition ein Kontinuitätsverhältnis zwischen zwei scheinbar unvereinbaren phänomenologischen Ansätzen und zwei Interpretations- bzw. Theorietraditionen herstellen, deren mögliche Synthese in der *Traumdeutung* – die sie als komplementär darstellt – belegt ist: die rationalistische Philosophie des Aristoteles, der den Traum, ihm jeglichen Sinn absprechend, auf psychophysischer, nicht transzendentaler Grundlage zu erklären sucht und seine Untersuchung auf die Bestimmung von dessen Natur und Ursprung richtet, und die irrationalistische, mystische Tradition des Späthellenismus, die die *Oneirokritika* des Artemidor repräsentiert, der den Traum nicht als endopsychisches Phänomen auffaßte, sondern in ihm eine kohärente, allegorische Botschaft vernahm.

Gerade dieser Synthese verdankt sich wahrscheinlich der verspätete, aber um so dauerhaftere Erfolg der *Traumdeutung*, die, abgesehen von der ersten Ablehnung unmittelbar nach ihrem Erscheinen, sicher das auch außerhalb der psychoanalytischen Kreise am breitesten rezipierte Werk Freuds ist. Die Basis dieser Resonanz dürfte sein, daß es sich bei Freuds ›Hauptwerk‹ um eine Fusion von positivistischer Tradition und romantischer Tiefendimensionalität handelt, die nicht zuletzt über die Rezeption von Aristoteles und Artemidor vermittelt wurde. Aus dieser Perspektive kann es dann auch nicht überraschen, daß zehn Jahre vergingen, ehe die *Traumdeutung* eine ihr angemessene Aufnahme fand. Wenn sie nämlich einerseits – wie mit Freud die psychoanalytische Forschung behauptet – Elemente absoluter Neuheit enthielt und ihrer Zeit somit ›voraus‹ war, so mußte sie den Zeitgenossen doch andererseits als ›verspätetes‹ Werk erscheinen, das an die Theorien der Medizin der Romantik erinnerte, der der Positivismus eine endgültige Absage erteilt zu haben glaubte. Die *Traumdeutung* war, im buchstäblichen Sinn des Wortes, ein anachronistisches Werk: zu früh und zu spät zugleich.

Erst nachdem der Positivismus sich erschöpft hatte, sollten die Rezeptionsbedingungen für ein Modell reifen, das nicht auf eine biologische Grundlage verzichten wollte, das aber deren Erforschung einen »zeitweiligen Aufschub« verordnet hatte: eine notwendige Voraussetzung, um den Vorschlag für eine Hermeneutik zu unterbreiten, die als wissenschaftlich und zuverlässig präsentiert wurde, jedoch im wesentlichen (neo)romantisch war, und die stets in Erwartung jener empirischen Bestätigung verblieb, die sie zu den vom Positivismus verlangten Prämissen hätte zurückführen können.

Funktionen der Aristoteles-Referenz

Um die Spuren der Aristoteles-Referenz in der *Traumdeutung* zu verfolgen, ihre Bedeutung zu erkennen und um aufzuzeigen, daß sie nicht allein eine legitimatorische, sondern auch eine epistemologische Funktion erfüllt und die minimale Grundlage bildet, auf der Freuds Traumphänomenologie beruht, lohnt es, den ersten Teil des Kapitels zur wissenschaftlichen Literatur über den Traum paraphrasierend zusammenzufassen, so wie Freud ihn in der Erstauflage konzipiert hat, ehe er die antiken Autoren nachträglich auswählte, denen er den Status von »Vorläufern« der Psychoanalyse zusprach.

Die Literatur über den Traum, welche die Bezeichnung »wissenschaftlich« verdient, beginnt für Freud mit der Theorie des Aristoteles, in welcher der Traum bereits Objekt der Psychologie geworden sei: »Wir hören, der Traum sei nicht gottgesandt, nicht göttlicher Natur, wohl aber dämonischer, da ja die Natur dämonisch, nicht göttlich ist«. Mit anderen Worten rühre der Traum von keiner übernatürlichen Offenbarung, sondern von Gesetzen des menschlichen Geistes her, der allerdings der Gottheit verwandt sei. So definiere Aristoteles den Traum als »die Seelentätigkeit des Schlafenden, insofern er schläft«.[45] Darüber hinaus habe Aristoteles einige Merkmale des Traumlebens ermittelt, deren Gültigkeit, wie Freud weiter unten hervorhebt,[46] durch die zeitgenössische medizinische Forschung bestätigt werde: beispielsweise die Tatsache, daß der Traum kleine, während des Schlafes eintretende innere Reize verstärke.[47] Daraus folge, daß Träume erste Anzeichen körperlicher Veränderungen, die tagsüber unbemerkbar seien, im voraus enthüllen könnten, dem Arzt also eine frühzeitige Diagnose beginnender Krankheiten ermöglichten. Bereits Hippokrates habe in seiner Abhandlung über die Medizin, so Freud später, den diagnostischen Wert von Träumen erkannt.

Vor Aristoteles hätten die Alten den Traum nicht als Produkt der träumenden Seele aufgefaßt, sondern für gottgesandt gehalten. Man habe zwischen wahrhaftigen Träumen, die gesandt wurden, um den Träumenden zu warnen oder über sein künftiges Schicksal aufzuklären, und trügerischen Träumen unterschieden, die die Seele des Schlafenden aufwühlten und ihn bisweilen ins Verderben stürzten. Die vorwissenschaftliche Auffassung der Alten sei das Ergebnis einer Projektion der eigenen psychischen Realität auf eine außersinnliche Welt gewesen. Diese beiden Auffassungen des Traums, eine rationalistische und eine transzendentale, bildeten noch gegenwärtig die beiden entgegengesetzten Pole der Diskussion über die Traumphänomene. In der modernen Welt betrachteten beispielsweise die Philosophie der Romantik und die Mystik den Traum weiterhin als Ausdruck und Beweis für das transzendente Ich.[48] Im übrigen habe die Psychologie noch keine erschöpfende Erklärung für den Traum geliefert, die geeignet sei, die transzendentale Hypothese endgültig zu widerlegen.

Ungefähr mit diesen Worten beschließt Freud den Überblick über die Vorgeschichte der wissenschaftlichen Debatte. Ab dem darauffolgenden Abschnitt beginnt die eigentliche Auseinandersetzung mit den Zeitgenossen, in der Freud zu allen in medizinischen und psychologischen Untersuchungen behandelten Einzelfragen bezüglich des Traumes Stellung nimmt.

Zunächst mag die Bezugnahme auf Aristoteles als einfacher ›Einschub‹ erscheinen, der allein einer historischen Einordnung des Problems und seiner Zurückführung auf den Ausgangspunkt dient, von dem aus dieses Problem sich entwickelt hat. Nachdem Freud aber die Hürde der zeitgenössischen Autoren genommen hat (die fast alle dazu neigen, den Anteil der Psyche an der Entstehung des Traumes möglichst weitgehend einzuschränken)[49] und nachdem er die psychoanalytische Interpretationsmethode dargelegt hat, holt er, wo er das schwierigste Problem, das der Psychologie der Traumvorgänge,[50] zu entwickeln beginnt, die aristotelische Definition wieder aus der ›Vorgeschichte‹ der Traumforschung hervor und präsentiert sie zu Beginn des Abschnitts über die Wunscherfüllung als die einzige unzweifelhaft korrekte: »Nach der korrekten, aber kärglichen Definition des Aristoteles ist der

Traum das in den Schlafzustand – insofern man schläft – fortgesetzte Denken«.[51]

Der theoretische Nutzen dieser Definition besteht darin, daß sie die Voraussetzungen schafft, um die Hypothese vom Traum als »halluzinatorische Wunscherfüllung« zu formulieren: Der Traum sei eine Gedankenbearbeitung, finde seinen Ursprung folglich in der Seelentätigkeit und seine Inhalte seien dieselben, die die Seelentätigkeit am Tage bewegen oder bestimmen. Freilich sagt die aristotelische »Formel« noch nichts über die Natur dieses »Nachtgedankens« aus, von dem wir durch Freuds Theorie wissen, daß er qualitativ anders ist als der Wachgedanke; sie unterscheidet also nicht zwischen bewußter und unbewußter Seelentätigkeit, die das Kennzeichen der Traumbearbeitung ist, und sie sagt auch nicht, daß der Inhalt dieser Gedanken unter einem anderen Vorzeichen steht, ein verdrängter Wunsch infantilen Ursprungs ist. Es ist eine noch ›leere‹ Formel, die eine Kontinuität zwischen der Seelentätigkeit im Wach- und im Nachtleben herstellt, aber an sich weder deren Modalitäten noch deren Qualität angibt. Vor allem fehlt ihr die Korrelation mit dem Unbewußten, und doch schafft sie die methodologische Voraussetzung, um das Unbewußte analysier- und beschreibbar zu machen, indem sie der Untersuchung zugesteht, den Traum zu behandeln, *als ob* er tatsächlich ein ausschließlich psychisches Phänomen sei.

Der Ort der aristotelischen Definition in der Topographie der *Traumdeutung* ist bezeichnend für die Funktion, die sie in späteren Werken ausübt. In verschiedenen Schriften, die die Traumtheorie zusammenfassen, von den *Vorlesungen* (1916-17) über die *Metapsychologische Ergänzung zur Traumlehre* (1917<1915>), die *Goethe-Rede* (1930) bis zum *Abriß der Psychoanalyse* (1940 <1938>) taucht sie – wörtlich wiedergegeben oder in Form der Paraphrase – wieder auf. Weil Freud hier den Teil über die wissenschaftliche Traumliteratur herausgenommen und die komplexe Darlegung der Traumpsychologie gestrichen hat, kommt es nun Aristoteles allein zu, beide zu ersetzen. Benennt die aristotelische Definition in der *Traumdeutung* vorwegnehmend und abschließend, was die Psychoanalyse über die Traumphänomenologie, über die Beschaffenheit des Traumes sagen kann – im übrigen richtet sich Freuds Interesse auf den *Sinn* und weniger auf das *Wesen* des Traumes –, so wird sie in den *Vorlesungen* zur theoretischen Voraussetzung, zur *conditio sine qua non* der Untersuchung: »Das Träumen ist offenbar das Seelenleben während des Schlafes, das mit dem des Wachens gewisse Ähnlichkeiten hat und sich durch große Unterschiede dagegen absetzt. Das war schon die Definition des Aristoteles«. Und weiter unten:

»Nehmen wir als Voraussetzung für alles Weitere an, *daß der Traum kein somatisches, sondern ein psychisches Phänomen ist* [...]. Was berechtigt uns zu dieser Annahme? Nichts, aber wir sind auch nicht daran gehindert, sie zu machen. Die Sache liegt so: wenn der Traum ein somatisches Phänomen ist, geht er uns nichts an; er kann uns nur unter der Voraussetzung, daß er ein seelisches Phänomen ist, interessieren. Wir arbeiten also unter der Voraussetzung, er sei es wirklich, um zu sehen, was dabei herauskommt. Das Ergebnis unserer Arbeit wird darüber entscheiden, ob wir an der Annahme festhalten und sie nun ihrerseits als ein Resultat vertreten dürfen.«[52]

Die größte Schwierigkeit, der Freud gegenüberstand, als er den dynamischen Mechanismus der Psychologie des Traumes als »Wunscherfüllung« beschrieb, bestand in dem Verzicht auf die neurologische Fundierung des funktionalen Aufbaus des psychischen Apparates, einem Verzicht, der seit dem gescheiterten *Entwurf einer Psychologie* (1895)[53] endgültig bleiben sollte. Freud bedauerte dies, doch zwang ihn sein Untersuchungsgegenstand dazu. In einem Brief an Fließ vom 22. September 1898 schreibt er:

»Ich bin [...] gar nicht geneigt, das Psychologische ohne organische Grundlage schwebend zu erhalten. Ich weiß nur von der Überzeugung aus nicht weiter, weder theoretisch noch therapeutisch, und muß also mich so benehmen, als läge mir nur das Psychologische vor. Warum mir das nicht zusammengeht, ahne ich noch gar nicht.«[54]

Die ›Formel‹ des Aristoteles wird so zum Ersatzprinzip des ›als ob‹ (als ob es die Anatomie nicht gäbe), auf das Freud zwangsläufig zurückgreifen muß, um die psychischen Gesetze, welche die Traumbildung bestimmen, zu erklären. Es füllt die Kluft zwischen dem, was die Psychoanalyse noch nicht beweisen kann und doch zugleich unweigerlich annehmen muß. Noch 1935 erklärte Freud in Entgegnung auf den Vorwurf, er habe aus der »Wunscherfüllung« die allgemeine Formel für den Traum gemacht (die doch durch die Existenz traumatischer Träume sehr oft widerlegt worden sei), daß er darüber, *was* der Traum sei, wenig mehr zu sagen habe als Aristoteles, die Psychoanalyse habe sich darauf ›beschränkt‹, ihn zu deuten.[55]

Analysiert man die Aristoteles-Referenz allein in diesem Zusammenhang, das heißt vom Standpunkt ihrer Funktion innerhalb des Werkes, so könnte sie wie eine der zahlreichen ›Zitat-Formeln‹ erscheinen,[56] die für Freuds Darstellungsverfahren kennzeichnend sind, oder, wie Assoun meint, wie ein bloßes Legitimationsprinzip, ein philosophischer Vorläufer (im buchstäblichen Sinn des Wortes), auf den Freud »sich jedesmal zu berufen gedrängt fühlt, wenn er ein neues Konzept der Psychoanalyse einführt«.[57]

Auch wenn diese beiden Einschätzungen durch den allgemeinen Sinnzusammenhang von Freuds Werk bestätigt werden, schließen sie doch eine dritte Möglichkeit nicht aus, und zwar daß die Beziehung zwischen der aristotelischen Traumphänomenologie und der von Freud im siebten Kapitel der *Traumdeutung* entwickelten Psychologie der Traumvorgänge ›tiefer‹ oder ›wörtlicher‹ ist, als das isolierte Zitat im Text vermuten ließe. Wie ein Großteil der Forschung mißt Assoun der Aristoteles-Referenz keinen großen Wert bei[58] und neigt vielmehr dazu, vor allem den Einfluß Platos auf Freuds Denken zu gewichten, der für die Umwandlung des *Libido-* in das *Eros-*Konzept verantwortlich und ein mythologischer ›Vorläufer‹ der von Freud niemals endgültig bestätigten Hypothese vom einheitlichen Ursprung der Lebenssubstanz sei.[59] Dabei läßt er allerdings außer acht, daß Freuds Kenntnis der aristotelischen Psychologie wahrscheinlich fundierter war als seine »fragmentarischen« (Jones) Plato-Kenntnisse.

Das bedeutet bei weitem nicht, daß Freud als ›aristotelischer‹ Denker betrachtet werden sollte oder könnte; es ist vielmehr richtig, daß er – auch in der *Traumdeutung* – die aristotelischen Prämissen in Verbindung mit einer Hermeneutik setzt, die deren Resultate am Ende vollkommen umkehrt. Nicht anders als bereits im Falle des Katharsis-Begriffes, der auf die archaische Kultur der magisch-sakralen Therapie verwies, und – nicht im philosophischen, sondern im literarischen Kontext der Epik – im Falle der Vergil-Referenz, der diejenige auf Homer zugrunde lag, verweist die ›klassische‹ – hier positivistisch-rationale – Oberfläche der Aristoteles-Referenz erneut auf ein irrationales Substrat (die ›orientalische‹ Tradition des Hellenismus), auf eine Rezeption der antiken Kultur, die der romantischen Tradition zugehört. Diese Tradition verbirgt sich in Freuds Theorie hinter den rationalistisch-positivistischen Prämissen, während die stilistische Oberfläche des Textes zwischen der einen und den anderen schwankt. Der Freudsche Gebrauch der Aristoteles-Referenz ist ein Symptom dieser bereits in der antiken Traumtheorie zu findenden Ambivalenz zwischen (klassischem) Rationalismus und (hellenistischem) Irrationalismus, die den Text durchzieht, die der Epoche, die ihn hervorgebracht hat, immanent ist und von der ich annehme, sie habe sowohl die anfängliche Irritation, die die *Traumdeutung* hervorrief, als auch ihre spätere ›Kanonisierung‹ begründet. Mehr noch als der Herstellung einer kohärenten Synthese zwischen zwei Kulturmodellen verdankt die *Traumdeutung* ihren Erfolg und ihren ›epochemachenden Charakter‹ vielleicht der ihr eigenen Ambivalenz, die das Kennzeichen der Moderne, das ruhelose Paradigma jener Epoche ist, die um die Jahrhundertwende anbrach.[60]

Brentanos Wirkung

Die Annahme, zwischen Aristoteles' Abhandlungen (vor allem dem *De insomniis*) und Freuds Theorie der Traumvorgänge bestehe eine enge Verbindung, erlangt – auch wenn sie sich vorwiegend auf die Feststellung von Analogien stützt – vor dem Hintergrund der Untersuchungen von McGrath zu Freuds Universitätsstudien und dem Einfluß von Brentanos Denken auf die Entwicklungen der Freudschen Psychologie einen höheren Grad an Wahrscheinlichkeit.[61] Brentanos psychologisches Modell stützte sich auf eine dualistische (oder dialektische) Annäherung an den Untersuchungsgegenstand, die darin bestand, dieselbe streng wissenschaftliche Methode, wie sie bereits für das Studium der physiologischen Phänomene erprobt worden war, auf die Erforschung der psychischen Phänomene anzuwenden. Beschäftigen sich die Naturwissenschaften mit den Eigenschaften der organischen Körper, die Gegenstand der äußeren Wahrnehmung sind, so ist die Psychologie nach Brentano die Wissenschaft, welche die Eigenschaften und Gesetze der Seele studiert. Diese Eigenschaften erkenne jeder von uns dank der inneren Wahrnehmung in sich und gehe per Analogie davon aus, daß sie für jeden anderen Menschen gültig seien. Die Seele sei die Domäne der psychologischen Wissenschaften, der Körper die der Naturwissenschaften; da Körper und Seele aber in einem dialektischen Verhältnis zueinander stünden, was sich im Falle geistiger Störungen mit somatischen Symptomen zeige, sei die wechselseitige Integration beider Disziplinen unverzichtbar. Die äußere, auf den objektiven Daten der Physiologie beruhende Analyse sei nicht in der Lage, die psychischen Phänomene zu erklären, wenn sie nicht mit der subjektiven inneren Beobachtung einhergehe.

Wenn Brentano einerseits an dem ausschließlich materialistischen Ansatz der Wiener und Berliner medizinischen Schule, der Freud angehört hatte, scharfe Kritik übt, so hielt er sich andererseits von den Spekulationen Herbarts und der Neoromantik fern und ließ allein eine rigoros induktive, auf experimentellen Daten und direkter Beobachtung fußende Methode als wissenschaftlich gelten.[62] McGrath vertritt die Ansicht, daß der Einfluß von Brentanos Denken für Freuds Übertritt von der Neurologie zur Psychologie verantwortlich sei und ein Schlüsselmoment für das Verständnis des Untersuchungsmodells bilde, aus dem die Entdeckung der Psychoanalyse hervorging. Wenn dies zutrifft, so ist es ebenso plausibel, in Brentano das Bindeglied zwischen Freud und dem Aristotelismus, zwischen der Freudschen und der aristotelischen Traumphänomenologie zu sehen. Der Methode Brentanos liegt eines der Grundprinzipien der aristotelischen Seelenlehre zugrunde, wonach die Psychologie nie ihren Kontakt mit der Biologie verliert, sondern ein Kontinuitätsverhältnis zwischen ihnen besteht: Die Grenzen zwischen dem einen und dem anderen Bereich sind fließend, und jede höhere Eigenschaft der Seele steht in enger Beziehung zu den anderen niederen Eigenschaften, die ihre Voraussetzung bilden. Brentano, dessen Interpretation des aristotelischen Verständnisses der *phantasia* mehrfach von philosophischer Seite diskutiert wurde,[63] ist der Autor eines bekannten Kommentars zu *De anima* von Aristoteles[64] und hat höchstwahrscheinlich in seinen Philosophie-Vorlesungen, die Freud eifrig besuchte, von den aristotelischen Schriften über den Traum gehandelt, die ein unverzichtbares Kompendium für das Verständnis der aristotelischen Seelenlehre darstellen.

Traumphänomenologie: das aristotelische
und das Freudsche Modell

Das Paradox, das die Bezugnahme Freuds auf die Traumphänomenologie des Aristoteles als rein instrumentell erscheinen lassen kann, besteht in dem (scheinbaren) Widerspruch der Postulate, die das Substrat des Freudschen und des aristotelischen Interpretationsmodells bilden, das heißt in der Unmöglichkeit, die Freudsche Traumsemantik mit den psychophysiologischen Prinzipien der aristotelischen Lehre zu verbinden, welche den Traum gerade von jeder mantischen Botschaft lösen und ihm jede kohärente Bedeutung absprechen wollen. Anders gesagt: Die aristotelische Psychologie scheint mit Freuds Begriff des Unbewußten nicht kompatibel zu sein.

Kann mit Freud die oniromantische Überzeugung des Artemidor von der Gottgesandtheit des Traumes und seiner Form einer ›Botschaft‹ als Produkt einer Projektion der endopsychischen Wahrnehmung der unbewußten Kräfte auf die außersinnliche Welt des Göttlichen interpretiert werden und folglich eine Neukodifizierung in psychoanalytischen Begriffen rechtfertigen, so verweist die aristotelische Auffassung, indem sie ihm die semantischen Eigenschaften der Botschaft abspricht, den Traum hingegen unter diejenigen Phänomene, die ihren (kontingenten) Ausdruck einem rein (psycho-) physiologischen Prozeß verdanken. Freuds Lesart erscheint jedoch nur dann als instrumentell und inkohärent, wenn man sie an Aristoteles' *Bewertung* des Traums mißt, nicht aber an seiner Phänomenologie.

In der Tat: Würde Artemidor den Traum als rein ›menschliches‹ Produkt betrachten – wie Aristoteles –, könnte er ihm keinen prophetischen Wert beimessen, und wenn Aristoteles dem Traum irgendeinen mantischen Wert zugestehen würde, wäre er gezwungen, seinen göttlichen Ursprung anzuerkennen. Offenkundig braucht dieser Widerspruch Freud aber nicht zu kümmern (wohl aber seine Kritiker); er überwindet ihn in dem Maße, in dem sein Modell des Unbewußten es ihm gestattet, die semantische Intuition des ersten zu ›säkularisieren‹ und sie mit der phänomenologischen Analyse des letzteren zu verknüpfen.

Gerade weil die Traumtheorie des Aristoteles nichts mit einem ›Unbewußten‹ zu tun haben will, das sich aus aristotelischer Perspektive nicht anders als in religiös-transzendentalen Begriffen hätte übersetzen lassen, kann sie eine innerpsychische Kontinuität zwischen Tages- und Nachtwahrnehmung herstellen und im Schlafzustand die Ursache für den qualitativen Unterschied zwischen den Wachgedanken und dem nächtlichen ›Denken‹ ausmachen – sowohl im Hinblick auf die Entstehung (und Entstellung) der Traumbilder als auch hinsichtlich ihrer halluzinatorischen Merkmale.

Aristoteles zufolge können die Bilder (oder die Reste derselben), die am Tage schwach oder ›latent‹ geblieben sind, weil sie von stärkeren Wahrnehmungseindrücken überlagert wurden, dank der abgeschwächten Wahrnehmung während des Schlafes in der Nacht emportauchen. Außerdem kehrt die Wahrnehmung im Schlaf (die eine ›inaktuelle‹, ähnlich wie das Gedächtnis zeitlich versetzte Wahrnehmung ist), des sinnlichen Kontaktes mit den realen Gegenständen beraubt, ihre Richtung um, ›fließt‹ ins Zentrum des Körpers, wo sie die onirischen Illusionen bildet.

Die aristotelische Formel kennt das Unbewußte nicht, erfüllt aber die Minimalbedingungen, die sein Funktionieren zu erklären erlauben. Die Übereinstimmung zwischen Freud und Aristoteles besteht in der beiden gemeinsamen Voraussetzung, daß eine *Kontinuität der Besetzungsenergie* zwischen dem Seelenleben am Tage und in der Nacht bestehe, und daß aufgrund des Schlafzustandes die Traumbilder eine qualitative Veränderung erführen.

Wenn ich im folgenden einen Vergleich zwischen dem aristotelischen und dem Freudschen phänomenologischen Traummodell anstelle, so möchte ich damit weder nahelegen, daß Aristoteles die ›Quelle‹ von Freuds Traumphänomenologie ist, noch möchte ich behaupten, daß die antike Philosophie den Verdrängungs- oder den Regressionsmechanismus bereits erklärt hätte. Es soll lediglich gezeigt werden, daß die aristotelische Referenz in der *Traumdeutung* weder nebensächlich noch instrumentell-legitimatorisch ist, sondern im Gegenteil einer dem aristotelischen Text *immanenten* Kohärenz gehorcht.

Das erste Problem, das sich Aristoteles bei der Behandlung des Traumphänomens stellt, besteht darin, festzustellen, welcher Teil der Seele für den Traum zuständig ist, das heißt, ob er eine Tätigkeit (oder Affektion) des denkenden oder des sensitiven Seelenteils ist.[65] Daß nur diese beiden Seelenteile in Betracht kommen, ist klar, weil sie allein uns das Erkennen der Außenwelt ermöglichen, und der

Traum scheint eine Art von Erkennen zu sein. Da Aristoteles in der dem Phänomen des Schlafes gewidmeten vorangegangenen Abhandlung (*De somn.*) eine Tätigkeit des Wahrnehmungsvermögens während des Schlafes für alle Lebewesen ausgeschlossen hatte, ist er nun zu der Schlußfolgerung gezwungen, daß der Traum keine Tätigkeit der Sinneswahrnehmung oder wenigstens keine Tätigkeit der aktuellen Sinneswahrnehmung ist (458a 33-b 9).[66] Außerdem schließen diese Voraussetzungen aus, daß wir vermöge der Meinung (*doxa*) träumen, denn diese kann ohne vorhergegangene Sinneswahrnehmung nicht zum Tragen kommen. Da die Meinung wiederum dem vernünftigen Seelenteil zugehört, ist es offenkundig auch nicht vermöge dieses Seelenanteils, daß wir träumen (b10-25).[67] Dasselbe Problem stellt sich, wenn man das Vorstellungsvermögen, das sowohl im Wach- als auch im Schlafzustand für das Phänomen der Täuschung verantwortlich ist (auch wenn seine Funktion sich nicht darin erschöpft), als mögliches Kausalprinzip für den Traum annimmt. Unabhängig davon, ob das Vorstellungs- und das Wahrnehmungsvermögen zum selben Teil der Seele gehören, gilt auch für die Vorstellung, daß sie nur zustande kommt, wenn man etwas wahrnimmt (458b 25-459 a 1).

Nachdem Aristoteles den *direkten* Eingriff der Wahrnehmung, der Meinung und der Vorstellung ausgeschlossen hat, von denen man angesichts der Charakteristika des Traumes als einer – wenngleich besonderen – Form von Erkenntnis annehmen mußte, daß sie die auslösenden Faktoren für den Traum seien, scheint die Argumentation in einer Sackgasse zu enden. Einen Ausweg aus dieser Schwierigkeit liefert die Annahme einer qualitativ anderen Aktivität der drei untersuchten Vermögen, das heißt, daß sie wirksam sind, aber in Formen, die sich von den für den Wachzustand bekannten unterscheiden. Aristoteles suggeriert also, daß es zwar im Schlaf keine Wahrnehmung gibt, die Sinne aber vielleicht auf irgendeine Art affiziert werden und diese Affektion das Wahrnehmungsvermögen in gewisser Weise betrifft.[68] Der Meinung käme dann die Aufgabe zu, festzustellen, ob das Objekt der Wahrnehmung wahr oder falsch ist (495a 1-8).[69] Wenn der Schlaf, wie Aristoteles in seiner entsprechenden Abhandlung festgelegt hatte, dem sensitiven Seelenteil zukommt, so muß dies auch für den Traum zutreffen; es gilt nun herauszufinden, auf welche Weise die Wahrnehmung während des Schlafes wirken kann und auf welche Weise die Traumbilder entstehen.

Nach der in *De anima* dargelegten Theorie sind der wahrnehmende und der vorstellende Seelenteil ›materiell‹ identisch, erfüllen jedoch unterschiedliche Funktionen. Während die Wahrnehmung nicht ohne einen vorhandenen Gegenstand auskommen kann, der auf sie wirkt, ist die Vorstellung eine Bewegung der Seele, die aus der *Aktualisierung* der Wahrnehmung herrührt und auch dann wirksam sein kann, wenn keine direkte Wahrnehmung gegeben ist. Wenn also der Traum ein Bild ist, dann ist er zwar eine Affektion des wahrnehmenden Seelenteils, »dieses aber qua vorstellenden«.[70] Vor allem ist der Traum das Vorstellungsprodukt, das *im Schlafe erscheint* (459a 11-22). Die Feststellung ist keineswegs trivial, und Aristoteles führt sie hier ein, um die Voraussetzungen für die Definition des Traumes zu schaffen, die im dritten Kapitel entwickelt werden sollen.

Während des Schlafes bleibt die Affektion, die durch die Wahrnehmungsobjekte erzeugt wurde, in den Wahrnehmungsorganen erhalten, auch wenn diese aufgrund des Schlafes nicht mehr aktiv sind. In analoger Weise verhalten sich durch äußere Einwirkung in Bewegung gesetzte Gegenstände, die ihre Bewegung in der Luft und im Wasser auch dann noch fortsetzen, wenn die auslösende Kraft nicht mehr direkt auf sie einwirkt (459a 23-b 7).[71]

Nicht also allein im Wachleben, sondern auch im Schlaf existieren in den Wahrnehmungsorganen somit Bewegungen, die sowohl von äußeren als auch von inneren Wahrnehmungsreizen hervorgerufen wurden. Diese Bewegungen äußern sich im Schlaf in verstärktem Maße: Am Tage werden sie aufgrund der Aktivität der Sinne und der Vernunft verdrängt (das heißt versteckt, entfernt, der Wahrnehmbarkeit entzogen), so wie eine kleine Flamme neben einem großen Feuer unsichtbar bleibt oder wie ein schwacher Schmerz neben einem intensiveren Schmerz nicht empfunden wird. Wenn aber – und hier ist die Analogie zu Freuds Traumphänomenologie tatsächlich erstaunlich, wenn wir davon ausgehen, daß Vernunft und Motilität in Freuds Terminologie zur bewußten Seelentätigkeit gehören und die Ursache für die Zensur sind, die den unbewußten Trieben während des Wachlebens nicht gestattet, zum Ausdruck zu kommen, und die sich dagegen dank des Schlafzustands lockert – sowohl die Vernunft wie die Sinne ihre Tätigkeit unterbrechen, treten auch die kleineren, schwächeren Bewegungen zutage (461a 1-5).

Im Schlaf sind die einzelnen Sinne untätig, weil die Wärme zusammen mit dem Blut[72] von den äußeren Körperteilen zu den inneren zurückströmt. Das Blut verläßt die peripheren Wahrnehmungsorgane und führt jene restlichen Sinnesbewegungen, die am Tage nur als Möglichkeit (potentiell) existierten und in der Tiefe verborgen waren, mit sich. Ist dann der Zustand der Sinnesverwirrung, der die Einschlafphase begleitet, vorüber, gelangen unter diesen Bedingungen sowohl die aktuellen als auch die potentiellen Wahrnehmungsbewegungen, die sozusagen die Nachwirkungen der Wahrnehmung während des Wachens sind, an die Oberfläche und strömen dem Zentrum (oder Ursprung, *arche*) der Wahrnehmung zu – das heißt der Instanz, kraft deren wir träumen und die Aristoteles als eine anatomisch lokalisierte Funktion denkt, die mit den Wahrnehmungsorganen verbunden und während des Wachens für die Arbeit der Sinne zuständig ist. Dort erscheinen dann diese »Wahrnehmungsreste« einer nach dem anderen in Form von Bildern (460b 28–461b 20).

Nachdem Aristoteles die Traumbildung geklärt hat, nimmt er sich vor, das Wesen des Traumes näher zu erörtern. Eine erste partielle Definition (diejenige, an die der Kritiker Burckhard Freud polemisch erinnert hatte) bezeichnet den Traum als ein Vorstellungsbild (*phantasma*), das im Schlaf erscheint (*oti esti to enypnion phantasma men ti, kai en hypno*, 462a 15-16). Doch nicht alle Erscheinungen (Bilder), die während des Schlafes auftauchen, können als Träume definiert werden, sondern nur diejenigen, die aus den *nachwirkenden Wahrnehmungsresten* herrühren, tagsüber ›latent‹ bleiben und im Schlaf und *durch* den Schlaf in Bewegung gesetzt werden. Aristoteles unterscheidet den Traum also von anderen psychischen Vorgängen, die der Traumerfahrung nur scheinbar gleichkommen, etwa die von der aktuellen Wahrnehmung im Schlaf erzeugten Bilder (Wahrnehmungsbilder). Bestimmte Körperorgane vermögen nämlich, wenn ein äußerer Reiz – ein Druck auf die Augen, ein sehr starkes Licht usw. – auf sie ausgeübt wird, Bilder hervorzubringen. Es handelt sich aber um bloße Erscheinungsbilder (*eidola*), und der Traum besteht nicht aus solchen Bildern, da sie von derselben Art sind wie die im Wachzustand wahrgenommenen. Auch sind die von der *phantasia* erzeugten *phantasmata*, die im Dunkeln auftauchen, kein Traum, denn es gibt in diesem Fall zwar, wie im Schlaf, keine direkte Wahrnehmung, doch bildet der Schlaf auch nicht ihre Ursache. Ebenso sind auch nicht alle Gedanken oder

Erscheinungen, die den Traum begleiten, Teil des Traumes, weil es manchmal geschieht, daß man wahrhafte Gedanken hat, wenn irgend etwas in der Seele des Schlafenden ihm das Bewußtsein dafür eingibt, daß er schläft, so daß er den illusorischen Charakter der Erscheinung erkennen kann.

Wenn aber der Träumende nicht weiß, daß er schläft, dann kann keine Instanz die Erscheinungen anfechten, und sie werden als real wahrgenommen:

»Aus all diesem muß man also schließen, daß der Traum eine Art Erscheinung ist, und zwar eine, die sich im Schlaf einstellt; denn die eben genannten Bilder sind keine Träume, ebensowenig wie eine jeweilige sonstige Erscheinung, die sich einstellt, wenn die Sinne frei sind; und selbst nicht jede Erscheinung im Schlaf (ist ein Traum) [...]; denn es ist möglich, daß, wenn vom Schlafen und Wachen das eine schlechthin vorhanden ist, das andere in einer bestimmten Weise auch vorhanden ist. Keine dieser (Erfahrungen) muß Traum genannt werden, auch nicht alle richtigen Gedanken, die man im Schlaf neben den Erscheinungen hat, *sondern nur die Erscheinung, die aus der Bewegung der Wahrnehmungseffekte hervorkommt, wenn man sich im Schlaf befindet, insoweit man schläft, das ist ein Traum (alla to phantasma to apo tes kineseos ton aisthematon, hotan en to katheudein e e katheudei, tout' estin enypnion).*«[73]

Bei Freud heißt es: »Der Traum ist die Seelentätigkeit des Schlafenden insofern er schläft.«[74]

Die Definition, so wie Freud sie wiedergibt, der die Vorstellungsbilder (*phantasmata*) in *De insomniis* allgemein als »Seelentätigkeit« interpretiert, trifft wenn nicht den Wortlaut, so doch den ›tieferen‹ Sinn von Aristoteles' Text. Indem Aristoteles den Traum der *phantasia* zuordnet,[75] begründet er dessen psychische Qualität und weist die Traumbilder dem intrasubjektiven Kontext der Tätigkeiten der träumenden Seele zu. Das *phantasma* ist ein Produkt der *phantasia* oder des »Vorstellungsvermögens«, der »abstrakten«[76] – im Sinne der nicht kontextgebundenen –[77] Fähigkeit, Vorstellungsbilder zu reproduzieren (folglich zu besitzen) und zu verarbeiten. Während die Empfindung oder Wahrnehmung einen Wahrnehmungsgegenstand voraussetzt, ist das Vorstellungsvermögen, das eine andere »Einstellung« der Seele impliziert, in der Lage, dem Geist einen Gegenstand auch in dessen Abwesenheit zu (re)präsentieren.

Der Freudsche Traum ist eine »Seelentätigkeit« oder ein »Gedanke« des Schlafenden, aber ein Gedanke *sui generis,* welcher – noch ehe er als unbewußt definiert wird, eine Definition, mit der Aristoteles im Freudschen Kontext nichts gemein hat –, ähnlich wie die aristotelische *phantasia*, mit Bildern arbeitet und die *doxa*,[78] die Meinung, wahrscheinlich ignoriert. Wie Freuds Traumgedanke nicht überlegt, nicht urteilt und keine logische Operation ausführt, so hat das aristotelische *phantasma* nicht an der intellektuellen Tätigkeit teil. Die *phantasia* ist vollkommen unempfänglich für die Meinung und wirkt ganz und gar unabhängig vom Denkvermögen. Letzteres kann durch das Eingreifen der Meinung, die ihm konstitutionell zukommt, bestenfalls *post festum* entscheiden, ob das *phantasma* ein wahres oder falsches Bild ist, keinesfalls aber zu seiner Entstehung beitragen. Im Verhältnis zur *phantasia* kann die Meinung die Erzeugung der Bilder weder verhindern noch korrigieren.

Die aristotelische Definition beschränkt sich aber nicht darauf, die psychische Qualität des Traumes zu behaupten, sondern beschreibt auch, auf welche Weise der Traumgedanke entsteht und wie er sich verhält. Qualitativ anders als das *eidolon*,[79] das durch einen unmittelbar körperlichen Reiz oder die Bewegung innerhalb eines Organs ausgelöste »Bild«,[80] ist das nächtliche *phantasma* für Aristoteles die Übersetzung derjenigen Sinneseindrücke (*pathos*) in Bilder, die noch in den Organen nachwirken, nachdem der sinnliche Gegenstand nicht mehr unmittelbar wahrgenommen wird.[81] So stammen die Bilder des Traumes zwar aus der Außenwelt, sind aber nicht das Ergebnis von Störfaktoren, sondern das Produkt der bereits während des Wachens durch die sinnliche Wahrnehmung von Gegenständen in Gang gesetzten Bewegung – »eine Art Bewegung der Seele vermittels des Körpers«–,[82] die nachts fortdauert. Fast ließe sich behaupten – den Sinn der aristotelischen Traumphänomenologie nur leicht verschiebend, um sie der Freudschen Traumpsychologie anzunähern –, daß auch für Aristoteles der Traum Erinnerungsspuren verarbeitet, die gemäß einer (regressiven) Orientierung die verschiedenen psychischen Systeme durchlaufen. *Phantasia* und *anamnesis* sind bei Aristoteles eng verwandte Begriffe.[83] Besteht das Hauptmerkmal des Vorstellungsvermögens darin, ein Bild vorstellen oder ›sehen‹ zu können, ohne daß es aktuell wahrgenommen wird, so gilt dies erst recht für das Gedächtnis. Der Unterschied zwischen dem einen und dem anderen ist rein zeitlicher Natur, da die Bilder, welche die Seele dank des Gedächtnisses evoziert, einer ferneren Vergangenheit angehören.

Eine zweite Variante der aristotelischen Definition führt Freud in dem Kapitel über die Phänomenologie der Traumvorgänge ein, wobei er den allgemeinen Begriff der »Seelentätigkeit« durch denjenigen des »Traumgedankens« ersetzt: »Der Traum ist das in den Schlafzustand – insofern man schläft – fortgesetzte Denken«.[84]

Der Traum ist Freud zufolge also eine »Denktätigkeit«, die sich nachts fortsetzt, doch ist das, was fortgesetzt wird, nicht das Denken als solches – andernfalls wäre keine Kohärenz zwischen der Formel, die ihre Voraussetzung bildet, und der Unterscheidung bewußt-unbewußt aufrechtzuerhalten –, sondern wie für Aristoteles sind es die *Besetzungsenergien*: Der Traum hat an derselben Energie teil, die das Seelenleben tagsüber bestimmt oder bestimmt hat. Allein in diesem Sinne verwendet und interpretiert Freud die aristotelische Definition und überwindet die Aporie, die angesichts der Voraussetzungen der Aussage zunächst die Möglichkeit eines Traum-Denkens auszuschließen scheint, das, anders als das vom Bewußtsein erzeugte Denken am Tage, dem Unbewußten, also einer anderen psychischen Lokalität, entspringt, die dem bewußten System sowohl im topischen als auch im dynamischen Sinne entgegengesetzt ist: Die Kontinuität zwischen Wachleben und Schlaf versteht sich für Freud – in völliger Übereinstimmung mit der aristotelischen Theorie – allein als Kontinuität der Besetzungsenergien.

»Zur Psychologie der Traumvorgänge« – schreibt Freud – »erhalten wir das Resultat, daß alle wesentlichen Charaktere des Traumes durch die Bedingung des Schlafzustandes determiniert werden. Der alte Aristoteles behält mit seiner unscheinbaren Aussage, der Traum sei die seelische Tätigkeit des Schlafenden, in allen Stücken recht. Wir konnten ausführen: ein *Rest von seelischer Tätigkeit*, dadurch ermöglicht, daß sich der narzißtische Schlafzustand nicht ausnahmslos durchsetzen ließ.«[85]

Neben einer Qualität und einer Modalität setzt die aristotelische Definition auch eine Bedingung voraus: den Schlafzustand. Nach Aristoteles kann der Schlaf, den er im Gegensatz zum Wachzustand definiert,[86] aufgrund innerer Bewegungen bisweilen den Traumbildern Plastizität und einen halluzinatorischen Charakter verleihen: »[Diese Erscheinungen] sind ein *Rest des Erzeugnisses einer Wahrnehmung*: Auch wenn der reale Gegenstand schon verschwunden ist, ist der Rest vorhanden, und man kann wahrheitsgemäß sagen, das Vorstellungsbild sei von entsprechender Beschaffenheit wie Koriskos, aber nicht, es sei Koriskos [...]. Dieses Vermögen also [...] wird, wenn es nicht gänzlich vom Blut gehemmt wird, so als ob es wahrnähme, von den in den Sinnesorganen vorhandenen Bewegungen affiziert und hält das, was dem realen Wahrnehmungsobjekt nur gleicht, für dieses selbst. Und der Schlaf wird so übermächtig, daß man sich dieses Unterschiedes nicht bewußt ist.«[87] Außerdem werden nachts »[diese Bewegungen] infolge der Untätigkeit der einzelnen Sinne und ihres Unvermögens zur Aktivität, weil der Rückfluß der Wärme von den äußeren Körperteilen zu den inneren vor sich geht, nach unten zum Prinzip der Wahrnehmung geführt und erscheinen, wenn die Verwirrung zur Ruhe kommt«.[88]

In Freuds Traumtheorie greift der Schlafzustand in zweierlei Hinsicht bei der Entstehung des Traumes ein: Er schwächt die endopsychische Zensur und löst den Vorgang sowohl der topischen wie der formalen und der zeitlichen Regression aus. Die Zensur ist eine psychische Funktion, die sich wie eine Art Filter zwischen das bewußte und das vorbewußt-unbewußte System schiebt und der Verdrängung zugrunde liegt. Mittels der Verdrängung versucht das Subjekt, Repräsentationen, die mit einem Trieb verbunden sind, dessen Befriedigung Unlust nach sich zu ziehen droht, weil er unvereinbar mit anderen – moralischen, ideologischen oder gar rein opportunistischen – Bedürfnissen ist, im Unbewußten zu halten.

Der Traum, den Freud im Unterschied zu seinen Zeitgenossen nicht als Störung, sondern als Beschützer des Schlafes auffaßt, ist genau wie das Symptom das Resultat eines Kompromisses zwischen zwei entgegengesetzten Wünschen, dem Wunsch zu schlafen und dem Wunsch nach Befriedigung der unbewußten Triebe. Da diese, wenn sie gegen das Bewußtsein andrängen, den Schlaf in Gefahr bringen, greift die Zensur ein und versucht die beiden Instanzen in Einklang zu bringen. Einerseits gestattet sie den unbewußten Wünschen eine partielle Befriedigung in der halluzinatorischen Form der Traumwirklichkeit, andererseits verschleiert sie sie derart, daß sie für den bewußten Teil der Psyche, der trotz des Schlafes weiterhin eine gewisse Aufsicht ausübt, annehmbar werden. Nachts ist also die Tätigkeit der Zensur angesichts der besonderen Bedingungen des Schlafes und des Schlummerns des wachen Bewußtseins schwächer; sie kann den latenten Trauminhalt verbergen, verzerren, auf den ersten Blick unkenntlich machen, aber sie kann ihm nicht jegliche Ausdrucksform verweigern. Wenn nämlich der Rückzug der sinnlichen Wahrnehmung, der mit dem Schlaf einhergeht, als Schutzwall gegen äußere Störfaktoren wirkt, so erlangen dagegen die inneren Reize dank der Lockerung der Zensur größere Kraft.

Analog geht Aristoteles – obwohl seine Phänomenologie die Traumerfahrung auf ausschließlich physiologischer Grundlage erklärt und er keinen Begriff der Zensur im Sinne einer psychischen Eigenschaft kennt – für das bewußte Wachleben davon aus, daß es eine Art Widerstand gegenüber den schwächeren Wahrnehmungsreizen ausübt, die tagsüber nicht von dem Vorstellungsvermögen verarbeitet werden, »versteckt« bleiben und erst dank des Schlafzustands, mit der Unterbrechung der motorischen Tätigkeit und mit der Untätigkeit der Sinne, genug Kraft gewinnen, um zur Wahrnehmung zu gelangen.

Der zweite psychische Mechanismus, der in Freuds Theorie für die Entstehung des Traumes ursächlich ist und sich dem Schlaf verdankt, ist der der Regression. Das Konzept der Regression ist in erster Linie ein deskriptives Konzept. Bleiben wir innerhalb des Vergleichs mit Aristoteles – in dem *per definitionem* das »Unbewußte fehlt«[89] und folglich auch die formale Regression, die für die archaischen Ausdrucksweisen des Traumes verantwortlich ist, ebenso wie die zeitliche Regression, die den Rückgriff auf psychische Bildungen der Vergangenheit erklärt –, so weist der Prozeß der topischen Regression, den Freud zur Erklärung des halluzinatorischen Charakters der Traumbilder heranzieht, eine denkwürdige Analogie mit der ›Regression‹ in *De insomniis* auf, die an der bereits zitierten Stelle (461a 4-8) vorkommt, wo Aristoteles den Rückfluß der Energien zur Körpermitte während des Schlafes beschreibt.

Der Trauminhalt tritt hauptsächlich in Form sinnlicher Bilder in Erscheinung. Um dieses Merkmal des Traumes erklären zu können, rekurriert Freud auf ein topisches Modell des psychischen Apparates, der aus räumlich orientierten und sukzessiv eingeschalteten Systemen besteht.[90] Ausgehend von einem Fechner-Zitat, dem zufolge »der Schauplatz der Träume ein anderer sei als der des wachen Vorstellungslebens«,[91] formuliert Freud die Hypothese von der Existenz einer psychischen Lokalität, wo die Traumbilder Gestalt annehmen; es handelt sich wiederum um eine abstrakte Konstruktion, um eine (vorläufige) Metapher, die durchaus nicht den Anspruch erhebt, ein anatomisches Modell des psychischen Apparates zu liefern:[92]

»Wir stellen uns also den seelischen Apparat vor als ein zusammengesetztes Instrument, dessen Bestandteile wir *Instanzen* oder der Anschaulichkeit zuliebe *Systeme* heißen wollen. Dann bilden wir die Erwartung, daß diese Systeme vielleicht eine konstante räumliche Orientierung gegeneinander haben, etwa wie die verschiedenen Linsensysteme des Fernrohres hintereinanderstehen. Strenggenommen, brauchen wir die Annahme einer wirklich *räumlichen* Anordnung der psychischen Systeme nicht zu machen. Es genügt uns, wenn eine feste Reihenfolge dadurch hergestellt wird, daß bei gewissen psychischen Vorgängen die Systeme in einer bestimmten *zeitlichen* Folge von der Erregung durchlaufen werden. [...] Das erste, das uns auffällt, ist nun, daß dieser aus [psychischen] ψ-Systemen zusammengesetzte Apparat eine Richtung hat. All unsere psychische Tätigkeit geht von (inneren oder äußeren) Reizen aus und endigt in Innervationen. Somit schreiben wir dem Apparat ein sensibles und ein motorisches Ende zu; an dem sensiblen Ende befindet sich ein System, welches die Wahrnehmungen empfängt, am motorischen Ende ein anderes, welches die Schleusen der Motilität eröffnet. Der psychische Vorgang verläuft im allgemeinen vom Wahrnehmungsende zum Motilitätsende.«[93]

Zwischen dem sensiblen und dem motorischen Ende befindet sich eine Reihe von Systemen, denen entlang sich die Erinnerungsspuren festsetzen (gemäß einem assoziativen Verfahren, das sie beispielsweise nach Analogie, Gleichzeitigkeit oder Zufälligkeit mit früheren Spuren verknüpft). Diese Erinnerungsspuren rühren von den Sinnesreizen her, die auf das Wahrnehmungssystem treffen und die dieses, da es kein Gedächtnis hat, nicht zu verarbeiten oder zu bewahren vermag.[94] Am anderen Ende des psychischen Apparats, in Richtung des motorischen Endes, befindet sich das vorbewußte System, worin diejenigen Erinnerungen aufbewahrt sind, die unter bestimmten Bedingungen aktualisiert werden und zu Bewußtsein gelangen können (das Gedächtnis im gewohnten Sinn des Wortes). Das ihm vorangehende System wird als unbewußtes bezeichnet, weil es keinen Zugang zum Bewußtsein hat, außer über das vorbewußte System, und dies auch nur unter der Bedingung, daß sein Inhalt so verwandelt wird, daß er die Zensur zu überwinden vermag, die an der Schwelle zum Bewußtsein wacht.

Der Anstoß für die Traumbildung entstammt dem unbewußten System.[95] Doch diese Traumerregung sucht, wie jede andere Erregung, zu dem vorbewußten System durchzudringen und von dort aus das motorische Ende zu erreichen, um sich selbst zu realisieren und zu entladen. Während dieser Weg tagsüber durch die Widerstandszensur versperrt ist, können sich die Traumgedanken nachts dank des Nachlassens der Zensur – unter bestimmten Bedingungen – einen Weg zum Bewußtsein bahnen. Dennoch, wenn der Traum allein diesem Nachlassen der Zensur geschuldet wäre, ließe sich nicht erklären, warum er nicht dieselben Merkmale wie jede andere Vorstellung aufweist, sondern sich vielmehr in Gestalt eines sinnlichen Bildes manifestiert. Mit anderen Worten: Das Absinken der Zensur ist für den Zugang der verdrängten Gedanken zum Bewußtsein verantwortlich, vermag deren formale Merkmale jedoch nicht zu erklären.

Der Grund für den plastischen, halluzinatorischen Charakter des Traumes, das, was ihn vom formal-abstrakten Denken, wie es für den Wachzustand kennzeichnend ist, unterscheidet, ist nach Freud im Phänomen der Regression zu suchen (»Wir heißen es Regression, wenn sich im Traum die Vorstellung in das sinnliche Bild zurückverwandelt, aus dem sie irgendeinmal hervorgegangen ist«).[96] Die topische Regression vollzieht sich entlang der hintereinandergeschalteten psychischen Systeme, die gewöhnlich in einer bestimmten Richtung von der Erregung durchlaufen werden. Im Wachen werden sie in progredienter Richtung durchlaufen, die vom Wahrnehmungsende zu dem der Motilität führt; im Schlafzustand nehmen die Gedanken, denen der Zugang zur Motilität verweigert ist, einen rückläufigen Weg zum System der sinnlichen Wahrnehmung, das die Traumgedanken dank des schrittweisen Übergangs der Erinnerungsspuren von einer Schicht der Gedächtnissysteme zur nächsten in die ursprünglichen sinnlichen Bildungen zurückverwandelt, aus denen sie hervorgegangen waren, und die halluzinatorischen Traumbilder erzeugt:

»Was im halluzinatorischen Traum vor sich geht, können wir nicht anders beschreiben, als indem wir sagen: Die Erregung nimmt einen *rückläufigen* Weg. Anstatt gegen das motorische Ende des Apparats pflanzt sie sich gegen das sensible fort und langt schließlich beim System der Wahrnehmungen an. Heißen wir die Richtung, nach welcher sich der psychische Vorgang aus dem Unbewußten im

Wachen fortsetzt, die *progrediente*, so dürfen wir vom Traum aussagen, er habe *regredienten* Charakter.«[97]

Die aristotelische ›Formel‹ ist in Freuds Theorie eine produktive und nicht bloß eine suggestive oder gar legitimatorische ›Formel‹, und zwar ist sie es auch dann, wenn man den Sinn des aristotelischen Textes ernst nimmt. Nur scheinbar eine ›leere‹ Formel, liegen ihr in Wahrheit alle Bedeutungsnuancen zugrunde, die Freud der Seele beimaß, einer *psyche* antiker Tradition, die auf ganz andere Weise »wahrnehmen«, »vorstellen« und »träumen« konnte als nach dem Begriffsverständnis der zeitgenössischen Wissenschaft und Neurologie und die den »Seelenregungen«, die die Psychoanalyse dem Unbewußten zuschrieb, weitaus näher stand. Freud, der die Definition nicht allein im wörtlichen Sinn verwendet hatte, legte sie weit mehr im Geiste des Aristoteles aus als Max Burckhard, für den der Traum »wie Aristoteles sagt, nicht mehr und nicht weniger ist, als ein Produkt der Einbildungskraft im Schlafe« – dies allerdings eine sterile, wenngleich philologisch unanfechtbare Formel! – und der Cicero ins Feld führt, um Freud mit seinen eigenen Waffen zu bekämpfen.

Sicher mußte ein Kenner der antiken Philosophie es als irritierend empfinden, daß eine Untersuchung über den Traum sich auf die aristotelische Phänomenologie berief, welche den Mechanismus des Traumes erklärte, ihm aber jede Bedeutung absprach, und sich gleichzeitig auf die antike und populäre Oniromantie bezog, also auf eine Hermeneutik ›platonischer‹ Abstammung, der gegenüber gerade Aristoteles in seiner zweiten Abhandlung über die Traumdeutung (*De divinatione per somnum*) die allertiefste Skepsis geäußert und ihr implizit jede Wissenschaftlichkeit abgesprochen hatte. Der Widerspruch ist im übrigen unbestreitbar, und noch in den letzten Jahren warfen auch die seriösesten, angesehensten Gräzisten, wenn sie sich in seltenen Fällen mit der Psychoanalyse befaßten, Freud eine falsche, instrumentelle Auslegung der antiken Texte vor. Diese Kritik mag begründet sein, läßt aber außer acht, daß Freuds Umgang mit der klassischen Literatur den Regeln einer dekontextualisierten Lesart gehorcht. Die Freudsche Interpretation ist nicht historisch-philologisch, sondern zielt auf eine interne Kohärenz mit den Voraussetzungen der eigenen Theoriebildung. Ihre Legitimität besteht in der Zweckmäßigkeit und im produktiven Gebrauch der Referenzen – ob diese nun untereinander vereinbar sind oder nicht – für die Begründung der psychoanalytischen Theorie.

Sicher war es nicht Hauptziel der *Traumdeutung*, einen Beitrag zur Auslegung der klassischen Quellen zu liefern, doch hatte Freud mit seinem Werk bewiesen, daß es möglich ist, die rationalistischen Prinzipien der aristotelischen Philosophie mit den ›magischen‹ Bräuchen der Traumdeuter zu verbinden und dabei weder den einen noch den anderen unrecht zu tun.

Traumsemantik: Artemidors *Oneirokritika*

Von einem kurzen Hinweis in der Erstauflage[98] abgesehen, betritt Artemidor die Bühne der *Traumdeutung* erst mit dem Jahre 1911 – und von da an mit zurückhaltender, doch zunehmender Häufigkeit.[99] Nunmehr als Hauptvertreter der antiken Tradition der Onirokritik anerkannt, soll Artemidor in dem ersten Kapitel der *Traumdeutung* über die wissenschaftliche Literatur jetzt den Platz einnehmen, den ihm die Erstauflage verweigert hatte, wo seine ›wissenschaftliche‹ Abhandlung noch mit jeder anderen Art magischer Volksbräuche vermischt worden war.[100] Freud gibt die von Makrobius und Artemidor vorgeschlagene Unterteilung der Träume in zwei Klassen (*oneiroi* und *enypnia*)[101] wieder und schließt: »Als die größte Autorität in der Traumdeutung galt im späteren Altertum Artemidor aus Daldis, dessen ausführliches Werk uns für die verloren gegangenen Schriften des nämlichen Inhaltes entschädigen muß«.[102] Im weiteren Verlauf wird gelegentlich aus den *Oneirokritika* zitiert, doch gibt es gute Gründe für die Annahme, daß Artemidors Werk Freud für das Nicht-Tradierte mehr »entschädigt« hat, als die einzelnen, in den Fußnoten der *Traumdeutung* verstreuten *Oneirokritika*-Zitate vermuten ließen.

Die Wiederentdeckung von Artemidors Werk geht mit der Entwicklung von Freuds Theorie der Traumsymbolik einher,[103] denn diese hatte das Interesse für die antike Traumdeutung neubelebt, welche sich eben auf die allegorische Interpretation des (manifesten) Textes des Traums richtete. Im Vorwort zur dritten Auflage der *Traumdeutung* (1911) kommentiert Freud in fast begeisterten Tönen die ›neue‹ Entdeckung der Psychoanalyse, die Traumsymbolik, und stellt abschließend für spätere Auflagen einen »engeren Anschluß«

der Theorie an die Materialien der Dichtung, des Mythos, der Folklore und des idiomatischen Sprachgebrauchs in Aussicht.[104]

Die Einführung der Symboltechnik in der Psychoanalyse stellt die erste Übertretung der eisernen Regel der freien Assoziation dar, bei der die Rekonstruktion der latenten Traumgedanken ihren Ausgang nimmt: Der Analysand wird aufgefordert, zu jedem einzelnen Bruchstück des manifesten Traumes rückhaltlos alles zu sagen, was ihm einfällt; wo die Assoziationen auf einen Widerstand stoßen, ermittelt der Analytiker einen Kern latenter Traumgedanken, gegen die sich die Kritik des Träumenden richtet. Geht man diesem Widerstand weiter auf den Grund, so läßt sich ein Gedankenmaterial, ein zweiter ›Text‹ rekonstruieren, der mit dem ersten (der Traumerzählung) verglichen wird.

Das Symbol hingegen tritt nicht dank der Assoziationsketten hervor, sondern wird anhand eines Katalogs allgemeingültiger symbolischer Entsprechungen sofort wiedererkannt. Die Symboltechnik ist die erste Konzession an die Willkür des Interpreten, der auf »feststehende Übersetzungen« einiger Elemente des Traumes zurückgreift, die der Träumende »nicht kennt«, zu denen er »nichts zu sagen weiß«. Denn der Traum bedient sich des Symbols, erarbeitet es aber nicht:[105] Er findet es im Unbewußten »fertig vor«, wo die archaischen Überreste eines kollektiven Imaginären aufbewahrt sind, und fügt es dann in den Text des Traumes ein, ohne daß dieser dabei die Arbeit der Verdichtung und Verschiebung zu erleiden habe. Vor allem aber sind Symbole aufgrund ihrer Recodier- und Darstellbarkeit und ihrer Übereinstimmung mit Ausdrucksformen der alltäglichen Sprache und ihrer Nähe zum allgemein Imaginären weniger als andere Elemente des Traumes zur Verschleierung gezwungen, um die Zensur zu täuschen, und gelangen ›frei‹ auf die manifeste Ebene. Es ist eine durchaus besondere Form der Traumarbeit, »eine Eigentümlichkeit – wahrscheinlich unseres unbewußten Denkens […], welches der Traumarbeit das Material zur Verdichtung, Verschiebung und Dramatisierung liefert«.[106] Diese Form der Traumarbeit beschränkt sich darauf, einen Traumgedanken (ein latentes Traumelement, das etwa aufgrund seines sexuellen Inhalts der Zensur besonders verhaßt ist) durch ein ›unschuldiges‹ Bild, das dem Träumenden als Signifikant zu Gebote steht, als Signifikat dagegen völlig unbekannt (oder verkannt) ist, zu ersetzen, ohne es weiter zu verändern.[107]

Das Verhältnis von »Symbolisierendem« und »Symbolisiertem« ist assoziativer und – wagt Freud zu behaupten – genetischer Natur: »Was heute symbolisch verbunden ist, war wahrscheinlich in Urzeiten durch begriffliche und sprachliche Identität vereint. Die Symbolbeziehung scheint ein Rest und Merkzeichen einstiger Identität«.[108] Auf die formale Ebene, das heißt auf die Ebene der Ausdrucks- und Verhaltensweisen, regredierend, stellt der Traumgedanke die symbolische Verbindung wieder zusammen, ›erkennt‹ sie in ihrer ursprünglichen Identität und gibt an die Zensur die Form weiter, während er den Inhalt zurückhält. Jede Sprache – und Freud hatte gerade hinsichtlich der Quasi-Unübersetzbarkeit eines Werkes wie desjenigen Artemidors, wie auch des eigenen, daran erinnert[109] – hat ihre eigene Traumsprache, aber die Symbolbeziehung, der Überrest einer ursprünglichen sprachlichen Identität, hat oftmals Merkmale von Universalität (»Die Symbolgemeinschaft [reicht] in einer Anzahl von Fällen über die Sprachgemeinschaft [hinaus]«);[110] je archaischer eine Sprache ist, desto mehr nähert sich die Symbolbeziehung der Identität; je älter ein Symbol ist, desto ausgedehnter ist sein Verbreitungsgebiet.

»Wenn man sich mit der ausgiebigen Verwendung der Symbolik für die Darstellung sexuellen Materials im Traume vertraut gemacht hat, muß man sich die Frage vorlegen, ob nicht viele dieser Symbole wie die ›Sigel‹ der Stenographie mit ein für allemal festgelegter Bedeutung auftreten, und sieht sich vor der Versuchung, ein neues Traumbuch nach der Chiffriermethode zu entwerfen. Dazu ist zu bemerken: Diese Symbolik gehört nicht dem Traume zu eigen an, sondern dem unbewußten Vorstellen, speziell des Volkes,[111] und ist im Folklore, in den Mythen, Sagen, Redensarten, in der Spruchweisheit und in den umlaufenden Witzen eines Volkes vollständiger als im Traume aufzufinden.«[112] Und an anderer Stelle: »Überall findet sich hier dieselbe Symbolik vor […]. Wenn wir diesen Quellen im einzelnen nachgehen, werden wir so viele Parallelen zur Traumsymbolik finden, daß wir unserer Deutung sicher werden müssen.«[113]

Der Willkür des Analytikers, der sich den Luxus erlaubt, einzelne Teile des Traumes unter Rückgriff auf eine ein für allemal (wenngleich mit individuellen und kulturellen Spielräumen und Nuancen) festgelegte ›Grundsprache‹ zu übersetzen, sind durch die Überprüfung und das vergleichende Studium der symbolischen Entsprechungen in den Quellen des Mythos, der Sagen, der mündlichen und schriftlichen Volksüberlieferungen Grenzen gesetzt: »Die vielfältigen Parallelen aus anderen Gebieten sind dem Träumer zumeist unbekannt; auch wir mußten sie erst mühsam zusammensuchen.«[114]

Für das Interesse (oder neuerwachte Interesse) an Artemidors Werk scheinen also zweierlei Gründe verantwortlich zu sein:

1) Einerseits sind die *Oneirokritika* eine einzigartige Sammlung vermischter Materialien aus Folklore, Mythologie, Traditionen und Sprachspielen, ein wahres ›Reservoir‹ von Symbolen, die unter einem einzigen gemeinsamen Nenner stehen: den Träumen. Diese werden mit Hilfe eines symbolisch-assoziativen Verfahrens interpretiert, das sich auf eine lange Tradition stützt und oft auf etymologische Herleitungen zurückgreift.[115] Zudem handelt es sich um ›archaische‹ Träume, die nach Freuds phylogenetischen Annahmen weniger der Zensur unterlegen haben und in denen die Verbindung zwischen »Symbolisierendem« und »Symbolisiertem« durchsichtiger ist; bisweilen sind darin nahezu intakt die Symbole und Verflechtungen einer Mythologie zu finden, die noch im 2. nachchristlichen Jahrhundert aktiven Anteil am Alltagsleben hatte und ein durchgängiges Element der individuellen und kollektiven Vorstellungswelt bildete.

2) Andererseits bringt die Aufwertung der Traumsymbolik eine Hinwendung zur Interpretationsmethode der antiken Mantik mit sich, welche sich ausschließlich der allegorischen oder Symboltechnik bediente. Freilich unterscheiden die transzendentalen Voraussetzungen und der Zweck der Weissagung die Traumauslegung Artemidors *a priori* von der psychoanalytischen Erforschung. Dennoch nähert sich die Psychoanalyse diesem Interpretationsverfahren gerade dadurch an (und wahrscheinlich fürchtet sie es auch), daß sie, wenn auch mit einer erheblichen Einschränkung, die den Beitrag des Symbolverfahrens auf eine Hilfstechnik begrenzt, nunmehr die Möglichkeit in Betracht zieht, für einzelne Elemente des Traumtextes einen Code feststehender Übersetzungen erstellen zu können und sich so einer Technik zu bedienen, die, ähnlich der antiken, vom Beitrag des Träumers absieht und es der Willkür oder dem Gespür und der Erfahrung des Analytikers anheimstellt, dem Traum einen Sinn zu verleihen, oder zumindest dessen ›Lücken‹ auszufüllen: »Indem die Symbole feststehende Übersetzungen sind, realisieren

sie in gewissem Ausmaße das Ideal der antiken wie der populären Traumdeutung, von dem wir uns durch unsere Technik weit entfernt hatten. Sie gestatten uns unter Umständen, einen Traum zu deuten, ohne den Träumer zu befragen, der ja zum Symbol ohnedies nichts zu sagen weiß.«[116]

Die symbolischen Träume werden von Artemidor definiert als »diejenigen Traumgesichte, welche ein Ding durch ein anderes anzeigen. [...] Ferner ist das Ding, das durch irgend etwas offenbart wird, umgekehrt wiederum das Symbol des betreffenden Dinges selbst.« Schließlich »muß man sich nach den gegebenen Grundsätzen die Auslegungen zu bilden suchen, indem man immer die verwandten Momente in den Erfüllungen unter einem Gesichtspunkt vereinigt. Auch ist ja die Traumauslegung ihrem Wesen nach nichts anderes als eine Vergleichung verwandter Beziehungen«.[117]

Wie Artemidor in seinem *Vorwort* angibt und im Verlauf seiner Abhandlung mehrfach betont, hat er die von ihm gesammelten und systematisierten Erfahrungen sowohl aus den traditionellen Traumbüchern seiner Vorgänger (»Was mich aber anbetrifft, so gibt es kein Buch, in dessen Besitz ich mich, diesbezüglich von einem großen Ehrgeiz beseelt, nicht gesetzt hätte«)[118] als auch aus dem regen Verkehr mit den Wahrsagern auf Plätzen, Märkten und bei öffentlichen Festlichkeiten in verschiedenen Teilen des Mittelmeerraumes bezogen, »alte Traumgesichte und ihre Ausgänge« belauschend. Wo immer er konnte, hat er die Funde einer Traumdeutungspraxis gesammelt, deren symbolische Auslegungen durch eine fast tausendjährige Tradition festgelegt worden waren. Danach hatten bestimmte Gegenstände oder Bilder, die im Traum erscheinen, eine präzise Bedeutung oder einen – im übrigen bis zur modernen Zeit im Volksglauben überdauernden – feststehenden semantischen Wert: »Es läßt sich nicht verkennen«, schreibt Büchsenschütz in seiner Abhandlung über die antike Traumdeutung, »daß ein Teil solcher symbolischen Deutungen im Volksleben noch eine umfangreiche Bedeutung hatte, ja sogar die Grundlage für die von den Dichtern und bildenden Künstlern in Anwendung gebrachte Symbolik abgab.«[119]

Vieles von dem, was in unseren Augen völlig willkürlich erscheint, fand eine Entsprechung in den durch die Tradition erprobten und institutionalisierten mantischen Bräuchen und Erwartungen des Publikums, an das Artemidor sich wandte und – wie er es auch seinem Sohn empfahl, der seine Tätigkeit fortsetzen sollte – dessen Erwartungen er sich anpassen wollte.[120]

Der erste Aspekt des Interesses der Psychoanalyse an Artemidors Werk könnte folglich ›dokumentarischer‹ Art sein. In dem Abschnitt der *Traumdeutung* über die »Darstellung durch Symbole im Traum«[121] wird ein Inventar von Symbolen vorgestellt, in dem sich eine Reihe von Übereinstimmungen mit den *Oneirokritika* ausmachen lassen; das heißt, eine Reihe Symbolbedeutungen des psychoanalytischen Inventars entspricht schlicht denen bei Artemidor.[122] Doch mischen sich Artemidors Beiträge mit all den anderen, zum Großteil von Freuds Mitarbeitern gesammelten Materialien,[123] deren Ursprung häufig nicht nachgewiesen ist und die den unterschiedlichsten Quellen entstammen: Mythen, literarischen Texten, Sprichwörtern, eigenen Träumen, Träumen von Patienten und Träumen aus zweiter Hand. Im übrigen weisen die Interpretationen der *Oneirokritika* einen solchen Reichtum an symbolischen ›Variablen‹ auf, daß es nicht sehr zuverlässig erscheint, für das ein oder andere in der *Traumdeutung* erwähnte Symbol Artemidor als Quelle zu bezeichnen. Die Deutung ist für Artemidor eng mit der individualisierten mantischen Perspektive verknüpft und in ihren Dienst gestellt, so daß die Symbolidentität ständig zerbrochen wird. In einem einzigen Fall – wie mir scheint – nimmt Freud explizit Bezug auf die Übersetzung eines Symbols durch die *Oneirokritika*, und zwar betrifft dieser Fall die Entsprechung zwischen hohlen Gefäßen, Zimmern, Öfen, Schränken, Schachteln und dem weiblichen Körper[124] – das Symbol, das bei Artemidor wohl den höchsten Grad an symbolischen Korrelationen aufweist. Jedenfalls ist es bedeutsam, daß Freud in einer Fußnote zu seiner Schrift *Über den Traum* (1901), worin er aus Platzgründen nicht ausführlich auf das Thema der Symbolik eingehen kann, außer auf sein eigenes Werk und das Ranks und Stekels, auf die *Oneirokritika* verweist und sie der Arbeit von Scherner (1861) zur Seite stellt, ein Autor, der, wie Freud hervorhebt, durch die Psychoanalyse ›rehabilitiert‹ worden war:[125] der zweite nach Artemidor, ließe sich hinzufügen.

Weit mehr aber als an Artemidors Ergebnissen scheint Freud an dem Weg interessiert zu sein, durch den dieser zu ihnen gelangte, vielleicht weil er – zu Recht – die Entdeckung der Traumarbeit mehr noch als die Symbolik als seine ureigenste Sache ansah, als »etwas ganz Neues und Fremdartiges, dessengleichen vorher nicht bekannt war«.[126] Bei aller Naivität seiner Prämissen und aller Wirrnis der Resultate schien Artemidor davon etwas erfaßt zu haben.

In der Erstfassung der *Traumdeutung* stößt Freud bei der Darstellung der Interpretationsmethoden, die der seinen vorausgingen, auf das Symbolverfahren, von dem er die Chiffriermethode entschieden abhebt. Das erstgenannte der beiden Verfahren betrachtet den Trauminhalt wie ein Ganzes und versucht ihn durch einen anderen Inhalt, der verständlich und gewissermaßen analog sein soll, zu ersetzen: Wenig mehr als ein »Virtuosenstück« (Freud), ist es angesichts absurder und unzusammenhängender Träume zum Scheitern verurteilt. Das zweitgenannte, weit weniger prätentiöse Verfahren ist das populäre der Traumbücher, das den Traum so analysiert, als handele es sich um eine »Geheimschrift«, in der jedes Zeichen durch ein anderes Zeichen mit bekanntem Inhalt gemäß einem feststehenden Schlüssel übersetzt wird:

»Eine interessante Abänderung dieses Chiffrierverfahrens, durch welche dessen Charakter als rein mechanische Übertragung einigermaßen korrigiert wird, zeigt sich in der Schrift über Traumdeutung des Artemidor aus Daldis. Hier wird nicht nur auf den Trauminhalt, sondern auch auf die Person und die Lebensumstände des Träumers Rücksicht genommen, so daß das nämliche Traumelement für den Reichen, den Verheirateten, den Redner andere Bedeutung hat als für den Armen, den Ledigen und etwa den Kaufmann.«[127]

Sicher gibt es bei Artemidor nicht die geringste Vorform der Technik der freien Assoziation, doch der Versuch einer Subjektivierung der Analyse schränkt die absolute Willkür des antiken Traumdeuters ein: Es ist das erste Anzeichen für eine Annäherung Freuds an Artemidor (oder umgekehrt) oder wenigstens das Aufkommen der Vermutung – die vorerst in der Schwebe bleibt –, daß sich hinter Artemidors Werk etwas mehr verbirgt als ein bloßes »Traumbuch«.

»Das Wesentliche an diesem Verfahren ist nun«, so fährt Freud fort, »daß die Deutungsarbeit nicht auf das Ganze des Traumes gerichtet wird, sondern auf jedes Stück des Trauminhalts für sich, als ob der Traum ein Konglomerat wäre, in dem jeder Brocken Gestein eine besondere Bestimmung verlangt.«[128] Einer derartigen mechanischen Übersetzung sind Verdichtung und Verschiebung völlig unbekannt, das heißt, sie weiß nichts von der Traumarbeit, deren entsprechende, ›spiegelbildliche‹ Arbeit die Analyse ist, welche ausgehend von den freien Einfällen des Analysanden zum manifesten Trauminhalt die Verwandlungen des Traumes zurückverfolgt. Was die populäre Chiffriermethode also von Freuds Technik hauptsächlich unterschieden hatte – da auch jene den Traum *en detail* betrachtet und als »Konglomerat seelischer Bildungen« behandelt –, war in erster Linie die Methode der freien Assoziation.[129] Nun aber fügt sich das Symbol, diese neue psychoanalytische Aussage, als Bruchstück in das »Konglomerat« ein; allein, es ist ein Bruchstück, das der Traumarbeit gar nicht und der Zensur sehr wenig untersteht und Erklärungen des Träumers weder verlangt noch diese erhalten kann. Es ist eine Chiffre, und zwar eine Chiffre, die allein durch die Intuition und »Willkür« des Interpreten gedeutet werden kann, um sodann die Leerstellen in der Rekonstruktion der latenten Gedanken zu füllen. Die freien Assoziationen beginnen sich nun mit einigen »Virtuosenstücken« zu vermischen, so daß der Abstand zu Artemidor noch ein Stück weit verkürzt wird.

Das bekannteste Beispiel für die Affinität zwischen Freuds Methode und derjenigen von Artemidor, das Freud nicht nur in der *Traumdeutung*, sondern in verschiedenen anderen Werken anführt und als »das schönste Beispiel einer Traumdeutung« wertet, »welches uns aus dem Altertum überliefert ist«[130] und »welches wir selbst nicht zu übertreffen wüßten«,[131] entstammt dem IV. Buch der *Oneirokritika*, worin Artemidor die Deutung eines Traumes von Alexander dem Großen durch Aristandros von Telmessos wiedergibt:

»Es scheint mir aber auch Aristander dem Alexander von Makedonien eine gar glückliche Auslegung gegeben zu haben, als dieser Tyros eingeschlossen hielt und belagerte, und wegen des großen Zeitverlustes unwillig und betrübt, den Traum hatte, er sehe einen Satyr auf seinem Schilde tanzen; Aristander befand sich nämlich gerade in der Nähe von Tyros und im Geleite des Königs, der die Tyrier bekriegte. Indem er nun das Wort Satyros in *sa* und *Tyros* zerlegte, bewirkte er, daß der König die Belagerung nachdrücklicher in Angriff nahm, so daß er Herr der Stadt wurde.«[132]

Nicht allein bewundert Freud hier das Wortspiel (»Die Deutung, die gekünstelt genug aussieht, war unzweifelhaft die richtige«) – er selbst macht in der *Psychopathologie des Alltagslebens* wie auch in der *Traumdeutung* weidlich Gebrauch von Verfahren, die dem der Isopsepha und dem Anagramm durchaus ähneln –, sondern vor allem die Ahnung des Artemidor (die Freud wahrscheinlich als »endopsychisch« bezeichnet hätte), daß unbewußte Kräfte die Traumbildung bestimmen. Die Auspizien (etwa im Fall der Traumdeuter im Gefolge der Feldherren der Antike), so Freud an anderer Stelle in der Erstausgabe, seien *a priori* wertlos, solange man den Traum als Ausdruck von Kräften außerhalb des Subjekts auffasse, nicht aber wenn man ihn als eine Form des Ausdrucks *innerer* Triebregungen verstehe, auf denen tagsüber ein Widerstand laste und die nachts, gestützt auf tiefliegende Erregungsquellen, fähig seien, gewissermaßen »Kräfte« zu sammeln und sich im Traum zu realisieren. Einige Jahre später fügt hier eine Fußnote nochmals den *sa-Tyros* von Artemidor ein, als wolle Freud darauf hinweisen, daß Artemidor die reale Existenz einer dem Traum innewohnenden ›Kraft‹ geahnt und richtig interpretiert habe.[133]

Träume spielen also mit Wörtern, bilden Neologismen; bisweilen, so Freud, hätten äußerst langweilige Personen im Traum witzige Einfälle. Der Traum ist eine wahre »Silbenchemie«,[134] und auch der Analytiker muß sich seines Gespürs bedienen, um der ›Botschaft‹ des Traums einen Sinn zu verleihen. Bei Artemidor handelt es sich eher um eine ›Mechanik‹ als um eine ›Chemie‹ der Wörter, das Ziel bleibt aber, den Absurditäten der Traumsprache einen kohärenten Sinn abzugewinnen:

»Man muß aber auch in die verstümmelten Traumgesichte, welche für die Erklärung keinen festen Anhaltspunkt darbieten, von selbst etwas sinnreich hineintragen, und zwar vorzugsweise in jene, in welchen gewisse Buchstaben geschaut werden, die keinen befriedigenden Sinn geben oder ein nicht zur Sache gehöriges Wort enthalten, wo mitunter durch Umstellung, Verwechslung oder Zugabe von Buchstaben oder Silben, dann und wann auch durch Auffindung eines gleichwertigen Wortes eine deutlichere Bestimmung möglich gemacht wird.«[135]

Die Regeln zu erfassen, dank deren der Traumtext sich auseinandernehmen und wieder zusammensetzen läßt, bedeutet, etwas von der Traumarbeit zu ahnen. Eines ist es, *mit den eigenen Wörtern* zu spielen, um einen Traum zu deuten; zu verstehen, daß *der Traum selbst* mit den Wörtern spielt, steht dagegen auf einem anderen Blatt. Vielleicht liegt hier der Sinn der – nie deutlich ausgesprochenen – Bewunderung Freuds für Artemidor, obwohl dieser doch von den der Psychoanalyse so verhaßten »Virtuosenstücken« weidlich Gebrauch gemacht hatte.

Artemidor informierte sich nicht nur über die Identität und Geschichte des Träumers, sondern empfahl auch, »genau jede einzelne im Schlafe vorkommende Erscheinung zu erfragen, indem es vorkommt, daß die Ausgänge schon bei einem geringfügigen Zusatze oder Auslassung verschieden eintreffen«,[136] und wenigstens der Absicht nach übersetzte er nicht nach Chiffren, sondern bemühte sich, den Traum auseinanderzunehmen, ihn seiner »Ausschmückungen« (IV, 42) zu entkleiden, seine Teile zu verschieben, die widersprüchlichen Zeichen zu deuten und ihn in einer einheitlichen Interpretation wieder zusammenzusetzen (III, 66): eine ähnliche Arbeit wie die des Traumes.

Es handelt sich um verstreute, fragmentarische Intuitionen, und es muß wohl nicht eigens betont werden, daß von »Widerstand« und »Verdrängung« hier keine Spur zu finden ist. Artemidors Interpretation nimmt ihren Ausgang bei dem manifesten Text des Traumes und endet mit dem Text des Auspiziums; er will nicht die Vergangenheit des Träumers erforschen, sondern ihm sein von den Göttern vorherbestimmtes Schicksal enthüllen. Außerdem kann die Entzifferung, sosehr sie auch individualisiert sein mag, weitgehend von dem Träumer absehen, da der Traum für Artemidor kein Produkt der Psyche, sondern eine göttliche, von außen kommende Botschaft ist. Dennoch läßt die Vorstellung, daß der Text des Traumes nach rhetorischen Regeln (Metaphern, Metonymien, Synekdochen) konstruiert ist, den Verdacht aufkommen, Artemidors Traumdeutung habe etwas von der Existenz der Traumarbeit geahnt.

Freud zufolge erfüllt die Traumarbeit, die den latenten in den manifesten Inhalt verwandelt, hauptsächlich zwei Funktionen: Sie muß für die Traumgedanken Bilder finden, eine szenische Darstellung, und vor allem muß sie beweisen, der Zensur ›gewachsen‹ zu sein, eine Aufgabe, die weitere Verschleierungen der Traumgedanken mit sich bringt, die in erster Linie durch Verschiebung und Verdichtung zustande kommen. Die sekundäre Bearbeitung, die den Text des Traumes nochmals verändert und für seine definitive Gestalt – diejenige, an die wir uns erinnern – verantwortlich ist, ist einem weiteren Eingreifen der Zensur geschuldet. Diese wirkt so auf den Inhalt des Traumes ein, daß er ein »Narrativ«, eine einigermaßen zusammenhängende Form, eine Fassade von logisch verknüpften Bildern erhält. Die mehr oder weniger absurde Gestalt eines Traumes hängt von der Wirksamkeit dieser letzten Leistung der Traumarbeit ab.

Es ist dieselbe Arbeit, wie Freud später in seinen *Vorlesungen* ausführt, der ein *Text* unterzogen wird, um durch die politische Zensur zu kommen.[137] Ein Text, dessen Gedanken zwar eine Grammatik und bestimmte syntaktische Regeln haben, der jedoch aussieht wie die Hieroglyphenschriften, deren Zeichen nicht gemäß dem Wert der Bilder, sondern gemäß ihren »Zeichenbezeichnungen« zu lesen sind; oder auch wie ein Bilderrätsel, ein Rebus, für dessen Lösung man den anfänglichen Eindruck (scheinbarer) Unsinnigkeit überwinden und versuchen muß, »jedes Bild durch eine Silbe oder ein Wort zu ersetzen, das nach irgendwelcher Beziehung durch das Bild darstellbar ist. Ein solches Bilderrätsel ist nun der Traum, und unsere Vorgänger auf dem Gebiet der Traumdeutung haben den Fehler begangen, den Rebus als zeichnerische Komposition zu beurteilen. Als solche erschien er ihnen unsinnig und wertlos.«[138]

Es ließe sich hinzufügen: Mit Ausnahme von Artemidor, der etwas sehr Ähnliches gesagt hat, als er den Traum mit der mantischen Botschaft verglich: »Alle Traumgesichte zerfallen in zwei Gruppen [...], und zwar sind [...] die allegorischen jene, die durch Rätsel die Bedeutung mitteilen« (IV,1). »Auf diese Weise muß man die Auslegungen bei allen Traumgesichten von mannigfacher Zusammensetzung bilden, indem man die vielen Hauptstücke zu einem Körper verschmilzt und zusammensetzt« (III, 66).

Suchen wir zu entdecken, was Freud an Artemidor so erstaunlich gefunden haben mag. Gehen wir von der Voraussetzung aus – einer Voraussetzung, die selbstverständlich durch keine Analogie, auch nicht durch die genaueste, in Zweifel gezogen werden kann –, daß Artemidor nichts von Zensur und erst recht nichts von der Existenz unbewußter, in Träume verwandelter Gedanken weiß, und sehen wir uns lediglich an, wie Artemidor diesen seltsamen Text, den Traum, ›liest‹.

Unter den zahlreichen Möglichkeiten der Traumentstellung, zu denen die Traumarbeit greift, findet sich die der Umkehrung, wobei ein Element als sein Gegenteil dargestellt wird.[139] Die Umkehrung kann auch zeitlicher Art sein, der Anfang eines Traumes kann den Schlußfolgerungen der Traumgedanken (oder den Folgen der Handlung) entsprechen, das Ende den Voraussetzungen und umgekehrt: »Neben der inhaltlichen Umkehrung ist die zeitliche nicht zu übersehen«,[140] und wer eine solche Technik der Traumentstellung nicht in Betracht gezogen habe, so Freud weiter, stehe der Aufgabe der Traumdeutung völlig ratlos gegenüber.

Offenkundig war Freud der Ansicht, daß Artemidor sich weniger »ratlos« gezeigt habe als andere, denn eine 1914 eingefügte Fußnote[141] erinnert an dessen Ratschlag: »Bei der Auslegung von Traumgesichten muß man sie einmal vom Anfang gegen das Ende, das andere Mal vom Ende gegen den Anfang hin ins Auge fassen, denn es kann der Fall eintreten, daß der Anfang das dunkle und nicht leicht zu durchschauende Ende erhellt, oder es tritt der umgekehrte Fall ein.«[142]

Aufgrund der Verdichtung, schreibt Freud, »[entspricht] ein manifestes Element [...] gleichzeitig mehreren latenten, und umgekehrt kann ein latentes Element an mehreren manifesten beteiligt sein, also nach Art einer Verschränkung«.[143] Artemidor, den jedenfalls stets nur interessierte, was der Traum in bezug auf das Auspizium sagt, warnte hinsichtlich der Arten von Träumen sogleich davor, daß »von den Traumgesichten [...] die einen vieles durch vieles, die anderen weniges durch weniges, die dritten vieles durch weniges und die vierten endlich weniges durch vieles [weissagen]«.[144]

Die Reihe der Beispiele (die sich jedoch fast immer auf die theoretischen, einführenden Passagen der *Oneirokritika* beschränken) könnte fortgesetzt werden, aber nicht – dies wäre absurd – um irgendeine Priorität zu beweisen. Vielmehr geht es darum, zu verstehen, wie Freud, der zuerst die Symboldeuter als bloße »Virtuosen« und die Anhänger der antiken und populären Chiffriermethode als mechanische Benutzer von Traumbüchern bezeichnet hatte – auch wenn er sich im Namen eines gemeinsamen hartnäckigen »Vorurteils«, Träume hätten einen Sinn und Zweck, polemisch auf sie berief –, sich einem Traumdeuter so nahe fühlen konnte (oder sich sagen lassen mußte, so nah zu sein), welcher behauptete, er habe eine wissenschaftliche Theorie der Zukunftsdeutung gefunden, und der Virtuosenstücke, wie Aristoteles es von den geschicktesten Traumauslegern gesagt hatte, mit dem Gespür für die Ähnlichkeiten verwandte und die Chiffren seines Buches den Träumen und Träumern anpaßte.[145]

So nah, daß er sich 1914, als er in der *Geschichte der Psychoanalytischen Bewegung* die *Summa* seiner Entdeckungen unterbreitete, verpflichtet fühlte – nicht völlig ehrlich –, hinsichtlich der *Traumdeutung* zu schreiben: »Einflüsse, die mein Interesse gelenkt oder mir eine hilfreiche Erwartung geschenkt hätten, sind mir nicht bekannt. [...] Der enge Anschluß der psychoanalytischen Traumdeutung an die einst so hochgehaltene Traumdeutekunst der Antike wurde mir erst viele Jahre nachher klar.«[146] Schließlich bestand (und besteht) keinerlei Notwendigkeit, einen ›Vorrang‹ im Verhältnis zur antiken Traumdeutung zu verteidigen, die aufgrund ihrer magisch-sakralen Voraussetzungen *a priori* nicht zur psychoanalytischen Methode in Konkurrenz treten konnte.

Noch 1914 vervollständigte eine lange Fußnote zum zweiten Kapitel der *Traumdeutung* das Profil Artemidor (von dem man bis dahin nur den Namen kannte) und klärte definitiv die Grenzen, die die antike Traumdeutung von der psychoanalytischen trennen: Gleich wie viele ›technische‹ Ähnlichkeiten es geben mag, besteht der Hauptunterschied zu Artemidor in der Methode der freien Assoziation: »Die Technik, die ich im folgenden auseinandersetze, weicht von der antiken in dem einen wesentlichen Punkte ab, daß sie dem Träumer selbst die Deutungsarbeit auferlegt. Sie will nicht berücksichtigen, was dem Traumdeuter, sondern was dem Träumer zu dem betreffenden Element des Traumes einfällt.«[147]

Freuds Bewertung der Anwendung des Symbolverfahrens hat sich im Verlauf seines Werkes mehrfach verändert. Schließlich wurde es immer mehr als ›gefährliches‹ Verfahren betrachtet, das der Analyse der freien Assoziationen, die der Träumer äußerte und der Analytiker dann interpretierte, bestenfalls als Hilfstechnik zur Seite gestellt werden konnte. Im Jahre 1925 ist Freuds Urteil schließlich apodiktisch: »Traumdeutung ohne Rücksicht auf die Assoziationen des Träumers bleibt auch im günstigsten Falle ein unwissenschaftliches Virtuosenstück von sehr zweifelhaftem Wert.«[148] Die Loslösung von Stekel, einem der eifrigsten Anhänger des Symbolverfahrens, der es, wie Freud später sagte,[149] mit derselben Willkür anwandte wie die antiken Traumdeuter, und vielleicht auch die Aufregung der Kritik trugen dazu bei, die Begeisterung zu dämpfen. Aber noch 1911 hatte sich Freud wohl einen Augenblick in der Illusion gewiegt, einen neuen Schlüssel zu den Träumen gefunden zu haben, der in gewisser Weise eine konstante Übersetzung von Traumelementen ohne Berücksichtigung der Einfälle des Träumers erlaubte und so das alte Ideal der antiken und populären Traumdeutung verwirklichte. Dies war vielleicht der Moment der größten Annäherung an Artemidor.

Freuds ›Entdeckung‹ der Antike
und die Frage der Priorität

Wenn ein Forscher der Geschichte der antiken Medizin wie Roccatagliata behauptet, die psychologischen Theorien des 19. und 20. Jahrhunderts seien nichts anderes als eine moderne Neuauflage der philosophischen und therapeutischen Traditionen der Antike,[150] so ist mit dieser Behauptung implizit das Problem der ›Priorität‹ angesprochen, auf das bereits Latacz in einem Aufsatz über die »Funktionen des Traums in der antiken Literatur« angespielt hatte. Nach Meinung von Latacz hat die Antike als unerschöpflicher Quell von Anregungen und Kenntnissen für die Welt der Moderne »schon wesentlich mehr über den Traum gewußt«, als die Literatur des beginnenden 19. Jahrhunderts oder Freud mit seiner »Deutung« »wiederentdeckt« hätten.[151] Angesichts der Neigung zeitgenössischer Wissenschaften, sich selbst zu überschätzen und den Beginn aller Verfahren des rationalen Denkens und der introspektiven Forschung mit dem Aufkommen der Moderne oder gar mit dem Werk einzelner Forscher gleichzusetzen, stelle sich mit aller Dringlichkeit die Aufgabe einer Neubetrachtung und Aufwertung der antiken Debatte über die Traumphänomenologie. Ihre Nichtbeachtung sei der Grund für eine Verzögerung der Forschung und nicht zuletzt für die Unfähigkeit gewesen, eine Synthese zwischen dem neurologischen und dem psychologischen Ansatz zu schaffen. Obwohl Aristoteles schon im 4. vorchristlichen Jahrhundert die enge Verbindung zwischen Schlaf und Traum herausgestellt habe, hätte die moderne Wissenschaft seine Lehren vernachlässigt, mit dem Ergebnis, daß Schlafforschung (im Zuständigkeitsbereich der Neurologie) und Traumforschung (in der Zuständigkeit der Psychoanalyse) lange nebeneinander herliefen, ohne zueinander zu finden.

Freud wird im besten Fall zugestanden, die Alten als seine »Vorläufer« begrüßt zu haben – obwohl Latacz der Ansicht ist, er habe die theoretische und philosophische Debatte über die Antike auf einen nebensächlichen Aspekt reduziert und sich die Urheberschaft für Entdeckungen angemaßt, die in Wahrheit bereits in der Antike vorzufinden sind wie etwa die Konzepte der Traumarbeit und der Traumentstellung, die bereits bei Artemidor vorkämen. Das Verdienst hingegen, als erster den »Königsweg« zur Erforschung des

Unbewußten gewiesen zu haben, wird ihm gänzlich abgesprochen.[152]

Bei genauerem Hinsehen ist die Frage der Priorität schief gestellt und fußt auf Argumentationen, die nur die chronologische Abfolge von Ereignissen und Entdeckungen berücksichtigen, ohne zu bedenken, welches Bewußtsein eine Epoche (oder eine Wissenschaft) von sich selbst hat und welche Folgen »Ideen« und die Geschichte dieser Ideen – auch wenn sie »objektiv« falsch sind – auf den realen Umgang mit der Welt und ihren Phänomenen haben.

Bewertet man allein die zeitliche Aufeinanderfolge, so ist es offensichtlich – aber nur *jetzt* und nur *nach* Freuds Entdeckungen über den Traum und denen der Neurologie über den Schlaf –, daß Aristoteles lange Zeit vor Freud die Natur des Traumes in der »Fortsetzung der Seelentätigkeit des Wachlebens im Schlafe« ausgemacht oder richtig erkannt hat, daß die Erforschung des Traumphänomens mit derjenigen des Schlafphänomens einhergehen sollte.[153]

Doch die Entdeckung des Aristoteles wird erst durch Freud zu einer solchen, und paradoxerweise ist vielmehr die Antike Freud zur Dankbarkeit dafür verpflichtet, daß er den wissenschaftlichen Kern ermittelt hat, der sich in den antiken Traumtheorien unter der metaphysischen Hülle vorwissenschaftlicher Prämissen und Untersuchungsmethoden verbarg. Nicht die Psychoanalyse ist dank dessen, was sie von der Antike gelernt oder übernommen hat, zu einer Wissenschaft geworden, welche die für das Triebleben des Individuums bestimmenden psychischen Mechanismen zu interpretieren versteht, sondern umgekehrt hat die antike Traumtheorie es der Psychoanalyse zu verdanken, »rehabilitiert« oder in den Rang einer Wissenschaft erhoben worden zu sein. Anders gesagt, hat Freud die Antike »entdeckt« und nicht die Antike die Psychoanalyse »vor« Freud.

Die Rezeption eines Textes, im gegebenen Fall die des »Textes« der antiken Traumphänomenologie, verläuft nicht allein auf dem Wege, der vom Text zum Empfänger führt. So wie der Empfänger durch das Wort des Textes verändert und beeinflußt wird, so wird dieser seinerseits in der Lektüre und Interpretation des Empfängers aus einer neuen Perspektive beleuchtet, in seinen ursprünglichen Kontext neu verortet und verändert dadurch unweigerlich dessen semantische Struktur.

Alle Entdeckungen der Psychoanalyse *in der* Welt der Antike setzen die Kenntnis von Freuds Entdeckungen voraus. Erst nach Freud können die Altertumswissenschaftler behaupten, die Antike habe das Problem des Unbewußten, der Bedeutung des Traumes als Wunschausdruck oder halluzinatorische Wunscherfüllung und der Dynamik der Symptombildung bei Nervenkrankheiten längst auf kohärente Weise gelöst.[154]

Zu behaupten, Artemidor habe bereits im 2. Jahrhundert n. Chr. die Verfahren der Verdichtung und Verschiebung im Traum dargelegt und folglich die Arbeit des Unbewußten gekannt[155] – Begriffe, die für Artemidor absolut nichts bedeuteten, wie auch Plato unzulässigerweise eine Terminologie zugeschrieben wird, die ihm fremd war –, kommt der Feststellung gleich, daß die Erde bereits um die Sonne kreiste, ehe Kopernikus dies in seiner Abhandlung über die Himmelskörper vertrat. Das Verdienst von Kopernikus (und es ist kein geringes) bestand darin, daß er diese Wahrheit vor anderen entdeckt und sie der wissenschaftlichen Welt unterbreitet hat. Erst von diesem Augenblick an wurde die an sich objektive Tatsache des heliozentrischen Weltsystems zu einem *realen* Faktum. Solange die Wissenschaft sich so verhielt, als ob die Erde tatsächlich den Mittelpunkt des Universums darstellte, hatte die objektive Existenz der kosmischen Ordnung, so wie wir sie heute kennen, unter dem Gesichtspunkt der realen Auswirkungen kaum eine Bedeutung (im übrigen hat das gesamte Mittelalter gezeigt, daß es ohne weiteres möglich ist, die Welt zu erklären und viable Lösungen zu ihrer Beherrschung vorzuschlagen, auch wenn die reale Welt dem konstruierten Weltmodell keineswegs entspricht).

Nicht seitdem die Antike und die Dichter das Unbewußte in ihren Werken evoziert und besungen haben, muß sich unsere Kultur mit dem Unbewußten auseinandersetzen, um sich selbst und die Welt zu erklären, sondern erst seit die Psychoanalyse, indem sie seine Arbeitsweise erklärte und ›bewies‹, das Unbewußte als psychische ›Realität‹ gesetzt hat, als die Interferenz, die sich in jede Rede, auch in die pragmatischste und rationalste, einschleicht und jede Illusion der Eindeutigkeit und Transparenz zunichte macht. Ebenso beschäftigt sich die wissenschaftliche Welt nicht schon mit der Bedeutung des Traumes, seit Artemidor und die lange Tradition der antiken Traumdeutung vor und nach ihm ein Interpretationsschema des Traumes umrissen hat, sondern seit Freud den Traum, seine Lehre des Unbewußten auf ihm aufbauend, in einen lesbaren Text verwandelt und ein Erkenntnisinstrument des Seelenlebens aus ihm gemacht hat.

Wenn in der antiken Traumauffassung dieselben Gesetze zu finden sind, die nach Ansicht der Psychoanalyse die Sprache des Unbewußten und die Traumbildung bestimmen, dann ist dies allenfalls ein Beleg für die Richtigkeit von Freuds Interpretation.

V. Exkurs:
Von der Metaphorik zur Epistemik – Freud, das Lateinische und die Lateiner

Klassische Elemente und literarische Referenzen

Literarische Anleihen und der Gebrauch von Sprichwörtern gelehrten wie populären Ursprungs, von Redensarten, von Aphorismen, Sentenzen und epigrammatischen Ausdrücken, sind für Freuds Stil charakteristisch, sei es in den theoretischen Schriften, sei es im Briefwechsel.

»Ich bin nicht immer Psychotherapeut gewesen,« – schreibt Freud im Jahre 1895 – »sondern bin bei Lokaldiagnosen und Elektroprognostik erzogen worden wie andere Neuropathologen, und es berührt mich selbst noch eigentümlich, daß die Krankengeschichten, die ich schreibe, wie Novellen zu lesen sind, und daß sie sozusagen des ernsten Gepräges der Wissenschaftlichkeit entbehren. Ich muß mich damit trösten, daß für dieses Ergebnis die Natur des Gegenstandes offenbar eher verantwortlich zu machen ist als meine Vorliebe; Lokaldiagnostik und elektrische Reaktionen kommen bei dem Studium der Hysterie eben nicht zur Geltung, während eine eingehende Darstellung der seelischen Vorgänge, wie man sie vom Dichter zu erhalten gewohnt ist, mir gestattet, bei Anwendung einiger weniger psychologischer Formeln doch eine Art von Einsicht in den Hergang einer Hysterie zu gewinnen. Solche Krankengeschichten wollen beurteilt werden wie psychiatrische, haben aber vor letzteren eines voraus, nämlich die innige Beziehung zwischen Leidensgeschichte und Krankheitssymptomen, nach welcher wir in den Biographien anderer Psychosen noch vergebens suchen.«[1]

Freuds Prosa eignet sich die Ausdrucksweisen des Untersuchungsgegenstands – das Gefühls- und Triebleben des Individuums, ein Thema, das Dichtung und Literatur gemeinsam ist – an und siedelt sich so an der Schwelle zwischen den Verfahren der wissenschaftlichen Darlegung und denjenigen der Sprachkunst an.[2] Nur äußerst selten nimmt Freud auf medizinwissenschaftliche Schriften Bezug, während es auf kaum einer Seite an Hinweisen auf Literatur oder Dichtung, an Metaphern oder volkstümlichen Sprichworten fehlt. Die vorherrschende Rolle, die den literarischen Materialien bei den stilistischen Entscheidungen zugewiesen wird, verdankt sich sowohl einer hermeneutischen Affinität zu den literarischen Verfahren als auch dem rhetorischen Zweck, die *captatio benevolentiae* einer Leserschaft zu bewirken, zu der weniger Fachleute gehören als ein humanistisch gebildetes und interessiertes Publikum (»Unsere Erfahrungen entstammen der Privatpraxis in einer gebildeten und lesenden Gesellschaftsklasse«).[3]

Die Quellenauswahl umfaßt in erster Linie die Klassiker der europäischen Literatur[4] (nur selten werden zeitgenössische Autoren erwähnt),[5] die homerischen Dichtungen und die klassische griechische Tragödie; schließlich schöpft sie, vor allem was die gnomischen Formen des Mottos, der Sentenz, der gelehrten Zitate und rhetorischen Redewendungen angeht, aus dem lateinischen Kulturerbe, das vornehmlich der humanistischen Tradition des vorangegangenen Jahrhunderts entnommen wird: »My conscious and deliberate model was Lessing.«[6] Mit Lessing verbinden ihn der polemische Geist der Themenbehandlung, das »genetische« Verfahren der Darlegung, die häufigen persönlichen Abschweifungen, die die nüchterne wissenschaftliche Abhandlung auflockern, schließlich der Rückgriff auf Zitate und Mottos und nicht zuletzt die Vorliebe für lateinische Sprichwörter.[7] Unter rhetorisch-formalem Gesichtspunkt besteht die Funktion dieser literarischen Stilelemente darin, eine Wissenschaftsprosa zu bereichern, die den ästhetischen Kriterien der literarischen Form gerecht werden und gleichzeitig die Aufmerksamkeit der Leser fesseln will, indem sie sie auf eine emotional betontere Formulierung lenkt, die zugleich zusammenfaßt, was die vorangehende oder nachfolgende Darlegung in der Sprache und mit den Verfahren der wissenschaftlichen Beweisführung zum Ausdruck bringt.[8]

Fast immer auf einer unmittelbaren Kenntnis ihrer Werke beruhend und manchmal, etwa im Falle Goethes,[9] sogar durch ein Gefühl intimer, entschiedener Identifikation verstärkt – man denke nur an Faust, der mit Freud die Erfahrung einer ›acherontischen‹ Reise teilte, oder an Heine, dessen mit Respektlosigkeit gegenüber jeder Obrigkeit gepaarten Epikureergeist er bewunderte –, ist die Verbindung von Freuds Werk zu den deutschen Autoren der Klassik und Romantik enger als zu den lateinischen. Erstere nehmen sowohl quantitativ wie auch qualitativ eine herausragende Stellung in seinem Werk ein: Häufig werden ganze Strophen aus ihren Dichtungen zitiert, dann wieder erscheinen die Zitate in der verschleierten Gestalt der Anspielung, der Metapher und der Paraphrase, in einigen Fällen werden sie analysiert und interpretiert. Für das Lateinische ist dies selten der Fall.

Wichtiger als ihr Zitatcharakter ist für die lateinischen Sprüche ihre sentenziöse, ihre epigrammatische Bedeutung, ihre Evokations-, bisweilen ihre Symbolkraft. Es ist eine ›lateinische Präsenz‹ *sui generis*, die sich in ihren Funktionen und Ausdrucksmodalitäten von der dokumentarischen Absicht, wie sie sich in den Fußnoten und in den Literaturhinweisen (vor allem in den auf die Erstfassung folgenden Auflagen der *Traumdeutung*) niederschlägt, unterscheidet und die doch nicht bloß als stilistischer *ornatus* einer (Wissenschafts-)Prosa betrachtet werden kann, die aus der Literatur rhetorische Kraft gewinnt.

Nicht nur der eigene Stil sollte epigrammatisch sein. Auch andere Autoren werden von Freud ihrer Wendigkeit nach beurteilt, sich literarischer Sentenzen, fester Redewendungen und einprägsamer Sprüche zu bedienen. In einem Brief an Martha Bernays vom 15. November 1883 beklagt er an dem Stil von John Stuart Mill, von dem er – wie schon erwähnt – im Auftrag von Theodor Gomperz den letzten Band der Werke übersetzt hatte, das Fehlen jeglicher Sprachphantasie: »Ich schimpfte damals über seinen leblosen Stil und daß man nie eine Sentenz oder ein Schlagwort aus seinen Schriften fürs Gedächtnis auflesen konnte.«[10]

Freud hatte sich eine wahre Spruchsammlung angelegt – und ihrer bediente er sich, ähnlich wie er sich auch der Gegenstände seiner Antiken-Sammlung bediente. Freuds Welt war von archäologischen Fundstücken bevölkert, kleinen Statuen, die antike Gottheiten darstellten, von denen er sich inspirieren ließ und die ihm »Parallelen« zur Geschichte und Gestalt von Neurosen nahelegten. Jedem neuen Stück der Sammlung wurde die Ehre zuteil, zusammen mit der Familie Freud bei Tisch zu »sitzen«.[11] In ihrer Anwesenheit schrieb er seine Texte, auf sie rekurrierte er, um einem Patienten den Symbolgehalt eines Traumes, eines Symptoms oder einer Erinnerung zu erläutern. Ebenso war Freuds Welt mit »Sprüchen« gefüllt, vor allem mit lateinischen.

Beinahe eine jede neue Entdeckung ist von einer literarischen

Formel, einem Zitat, einer einprägsamen Redewendung begleitet, in denen sich der Kern oder der ›Sinn‹ einer neuen Wahrheit konzentriert. Zunächst erscheinen sie, wie beiläufig erwähnt, in dem Briefwechsel. Begibt man sich aber an Texte, die Jahre später entstanden sind, an eine abermalige Lektüre des Werkes, und begegnet man eben jenen Formulierungen wieder, so sind sie jetzt geradezu beweiskräftig, wissenschaftlich, bisweilen, wie im Falle der Mottos, mit einer fast feierlichen Autorität versehen.

Fast scheint es, als sei die Theorie auf die Suche nach der wissenschaftlichen Form und Demonstration dessen gegangen, was diese literarischen Zitate oder Sprichwörter intuitiv zur Sprache brachten. Ein ›beiläufiges‹ *Carpe diem* wird dann zum ›Lustprinzip‹, das den dem Traum und dem Witz inhärenten unbewußten Wunsch zu schildern erlaubt; ein Satz von Vergil, der zunächst zur Illustration des Hysteriesymptoms herangezogen wurde, kehrt fast vier Jahre später wieder, um die Verdrängung im Traum zu erklären, zumal festgestellt wurde, daß Traum und Symptom dieselben ›Mächte der Unterwelt‹ zu Hilfe rufen.

Die Wege der Erkenntnis oder der *anagnorisis* (das Wiedererkennen von etwas, was man nicht zu wissen meinte) sind seltsam und gewunden: Sie verweilen bei einem Satz, gehen von ihm ab, und kommen – in einen anderen Kontext übertragen – wieder auf ihn zurück. Erst dann, wenn die Theorie in der Lage ist, ihm all jene Merkmale zu verleihen, die dem Leser dieselbe Bedeutung nahelegen, die Freud auf intuitivem Wege gewonnen hat, wird er *sub specie rhetorica* erneut vorgebracht. Die Formen der Mitteilung imitieren die Formen der Entdeckung. Oder anders gesagt: Freud brauchte Sprüche, um dem Publikum seine Erkenntnisse zu erläutern, wie, oder gerade weil, er Sprüche brauchte, um zu diesen Erkenntnissen zu gelangen. Das »Wort«, dem Freud die Kraft zuwies, einen verdrängten Wunsch oder eine Triebregung wieder ans Licht und zum Ausdruck zu bringen und so das Verschwinden des Symptoms zu bewirken, übte seinen Zauber nicht nur auf den Patienten, sondern auch auf denjenigen aus, der sich seiner zu therapeutischen Zwecken bediente.

Noch ehe Freud den Inhalt seiner Werke festlegte, dachte er bereits an die Mottos, die ihnen vorangestellt werden sollten.[12] Er diskutiert sie mit Fließ und geht mit ihm einen wahren ›Tauschhandel‹ mit Sätzen ein: »Wie gern möchte ich hier über ein Werk, das mir nahe geht, schreiben: Introite et hic dii sunt. Oder habe ich Dir dies nicht abgetreten?«[13]

Sicher lassen sich die literarischen Zitate häufig durch die Konventionen einer rhetorisch-humanistischen Tradition erklären, doch erschöpfen sich viele von ihnen nicht allein in der rhetorischen Funktion der Darlegung. Ebenso erklärt sich der ständige Rückgriff auf lateinische Sprüche und Mottos in seiner Prosa – ein im 19. Jahrhundert gängiger Usus, der aber zur Jahrhundertwende bereits nachgelassen hatte[14] – nicht allein durch Freuds »künstlerischen Konservativismus« und seine Treue zu den rhetorischen Vorbildern der Weimarer Klassik. Die Kultur, der Freud zugehörte, hatte sich von lateinischen und griechischen Klassikern genährt und berief sich auch des weiteren auf sie; Freud benutzte sie, wie er ihre Sprüche zu nutzen wußte, indem er einmal ihre ursprüngliche Bedeutung verkehrte, ein andermal sie widerspruchsvoll und irritierend nebeneinanderstellte wie im Falle der wenig orthodoxen Begegnung zwischen Aristoteles und Artemidor.

Die lateinische Sprache im Werke Freuds

Zu Gebrauch, Funktion und Bedeutung des Lateinischen[15] in Freuds Werk läßt sich festhalten, daß

1) die von Freud verwendeten Zitate gewöhnlich Teil eines gemeinsamen Sprach- und Kulturgutes der gebildeten Schicht sind, der auch Freud angehörte;

2) Freuds Kenntnis der Quellen dieser Zitate oft ungenau und für die Bestimmung des neuen Zusammenhangs wenig bedeutsam ist, und er sie bisweilen aus zweiter oder gar aus dritter Hand übernahm;

3) die Wahl eines Zitats von der Bedeutung und dem Prestige seiner Quelle unabhängig ist. Dies gilt fast immer auch für die Mottos, obwohl diese kein einfaches rhetorisches Hilfsmittel sind, sondern für Freud, für den Leser wie den Kritiker einen besonderen Status sowie eine besondere (›vorwegnehmende‹ und ›wegweisende‹) Funktion innehaben.

4) unter den lateinischen Zitaten die gnomischen Formen, ironische, sentenziöse und/oder moralisierende Sprichwörter bevorzugt werden, ohne daß dabei ein systematischer Zusammenhang zwi-

schen den Zitaten und ihrem kulturellen Ursprungskontext erkennbar wäre. Ihr rhetorischer Gebrauch steht zum einen im Dienst eines »genetischen« Darstellungsverfahrens, bei dem Freud den Leser an dem Weg, der zu einer bestimmten Schlußfolgerung oder zur Formulierung einer bestimmten Hypothese geführt hat, teilhaben läßt; manchmal ist das lateinische Motto oder Zitat der Ausgangspunkt dieses Weges, nicht bloß Zwischenstation oder abschließende Formulierung. Zum anderen dienen sie einer Wissenschafts-Prosa – und dies weniger aufgrund ihrer Resultate als vielmehr aufgrund erklärter Absicht, wissenschaftlich sein zu wollen –, die literarische ›Formeln‹ benutzt, um die Aufmerksamkeit des Publikums auf sich zu ziehen und es durch emotionale Beteiligung zu bewegen, sich von der Richtigkeit des Gehörten oder Gelesenen zu überzeugen.

5) der ›kleinste gemeinsame Nenner‹ zwischen den auf lateinisch wiedergegebenen Worten von Heraklit (*Introite et hic dii sunt*), d. h. zwischen einem literarischen Zitat und einem Wappenspruch (*Fluctuat nec mergitur*) oder einer numismatischen Inschrift (*Flavit et dissipati sunt*) das Lateinische ist.

Von vielen Zitaten, mit denen er seine Prosa bereicherte, ignorierte Freud die Quelle, und es lag ihm auch nicht allzuviel daran, sie zu ermitteln. Dem Philosophen Achelis, der eine polemische Auslegung des Vergil-Mottos in der *Traumdeutung* gewagt hatte, antwortete Freud voller Unschuld, er habe den Vers einer Schrift von Lassalle entnommen,[16] und legte damit offen, daß es ihm keinerlei Unbehagen bereitete, eine so prestigereiche Quelle wie die *Äneis* zu übergehen.

Ein Großteil der von Freud verwendeten lateinischen Redewendungen ist in Büchmanns *Geflügelte(n) Worte(n)* enthalten, die 1864 erschienen und deren Untertitel lautet: »Der Citatenschatz des deutschen Volkes«.[17] »Der Büchmann« ist ein Nachschlagewerk, das die Bücherregale von Generationen geschmückt hat und auf das man noch heute zurückgreift, wenn man den Ursprung eines bekannten Zitats erfahren will. Der Abschnitt über die *geflügelten Worte* lateinischen Ursprungs – der außerdem Redensarten und Zitate umfaßte, die in deutscher Übersetzung gebräuchlich sind – machte noch in der Ausgabe von 1889 fast ein Drittel der Sammlung aus. Daß viele der von Freud benutzten Zitate in dieser Sammlung enthalten sind, bedeutet nicht, daß er sie daraus bezog;[18] es ist lediglich signifikant für den Verbreitungsgrad der lateinischen ›Sprüche‹ – oder solcher lateinischen Ursprungs – in der Kultur, der Freud angehörte.

Bisher war unterschiedslos von »Zitaten« die Rede, sei es, daß sie einer bewußten Zitierabsicht entsprachen, sei es, daß es sich um Aphorismen, Sprichwörter oder sogar um Münzinschriften handelte. Tatsache ist, daß weder Freud noch das gebildete Publikum, an das er sich wandte, unter »Zitaten« das verstand, was wir heute wieder darunter verstehen. Was vom heutigen, der klassischen Tradition weitgehend entfremdeten Leser wieder als »Zitat« wahrgenommen wird, war weder von Freud noch vom gebildeten Publikum jener Zeit als ein solches empfunden worden: Es war im Sprachschatz wie natürlich integriert. In einer humanistischen Bildungstradition aufgewachsen, war ein Großteil der Intellektuellen von Freuds Generation mit der Antike »wenn schon nicht mehr auf du und du, so doch immerhin noch in Blickkontakt«.[19] Eine solche Vertrautheit mit der Kultur der Antike und ihren Sprachen führt zu einem selbstverständlichen Umgang mit dieser Kultur, genauso selbstverständlich, wie mit vertrauten Personen und Gegenständen umgegangen wird, die man weder nach ihrer Herkunft noch nach ihrer Funktion befragt und die erst dann eine ›reale‹ Physiognomie wiedererlangen, wenn man ihnen außerhalb der Alltäglichkeit begegnet.

In einem Essay über den Realismus in der Kunst analysiert R. Jakobson[20] die »Wahrnehmbarkeitswirkung«, die ein Werk erzeugt, das sich auf eine treue Nachbildung der Wirklichkeit beschränkt, und dies im Gegensatz zu einem Werk, das die Wirklichkeit verfremdet, sei es daß es einige typische Merkmale des Gegenstandes übertreibt, sei es, daß es ihn seinem gewohnten Kontext entreißt. Ein Alltagsgegenstand wird in dem Moment bewußter wahrgenommen, da sein neuer Ort aufgrund des Verfremdungs- und Irritationseffektes, den er beim Betrachter hervorruft, zum Nachdenken über die »realen« Funktionen des fraglichen Gegenstandes herausfordert.

Nicht unähnlich muß der »Verfremdungseffekt« gewesen sein, den die klassischen Zitate Freuds auf sein Publikum und vor allem auf die Kritiker hatten, was am Beispiel des Vergil-Mottos und des aristotelischen ›Postulats‹ deutlich geworden ist. Der Form nach vertraut, aber von der neuen psychoanalytischen Aussage besetzt und ihrem gewohnten Zusammenhang entrissen, entziehen sich die klassischen Referenzen in Freuds Werk der Gleichgültigkeit der bloßen stilistischen Ausschmückung und fordern das Publikum dazu heraus, den potentiellen ›wahren Kern‹ in ihnen zu entdecken, den gerade der gewohnheitsmäßige rhetorische Gebrauch hatte opak werden lassen.

Die Bedeutung der Mottos

Lessing – und zwar dem *Nathan*, dessen Ringparabel einen fast symbolischen Wert für Freud und seine Verlobte Martha Bernays innehatte[21] – ist das Zitat »Introite et hic dii sunt« zu danken, das Freud ursprünglich einem Buch über die *Psychologie der Hysterie* (das niemals geschrieben wurde) als Motto beigeben wollte[22] und das erst später gleich zweimal (einmal in einem Brief an Fließ, einmal in der *Selbstdarstellung*)[23] als Anspielung auf die von der offiziellen Psychiatrie allgemein verkannte Bedeutung der hysterischen Phänomene im Bereich der psychogenen Krankheiten wieder auftaucht.

Das hier ins Lateinische übersetzte Motto ist bei Aristoteles (*De partibus animalium* I, 5) zu finden und wird von Heraklit ausgesprochen, der, am Feuer sitzend, einige zögerliche Besucher auffordert, in seine Hütte zu treten, denn auch dort hausen die Götter. Bei Lessing – der in der Variante *Introite, nam et heic Dii sunt* zitiert und fälschlich auf die Quelle »apud Gellium« verweist[24] – steht das Zitat dem *Nathan* (1779) als Motto voran und will höchstwahrscheinlich (mit der Pluralform *Dii*) auf das zentrale Thema des Dramas, die religiöse Toleranz und die Nichtigkeit der Frage nach der Existenz der einzig wahren Religion, anspielen. Bei Freud sind die einladenden Worte Heraklits an den Leser gerichtet, der gebeten wird, sich nicht vorzeitig von der Lektüre eines ›seltsamen‹ Themas wie der Hysterie abzuwenden, denn die Götter seien auch dort, wo man sie am wenigsten vermutet. Der Unwilligkeit der offiziellen Medizin, die hysterischen Phänomene »ernstzunehmen«, und der mit Spott gemischten Ungläubigkeit, mit der man auf diejenigen herabschaute, die aus der Hysterie einen bevorzugten Forschungsgegenstand machten, setzt Freud das Selbstbewußtsein (»das stolze Wort«) entgegen, daß er in den hysterischen Manifestationen den Ausdruckswillen eines unbewußten Wunsches erkannt hat, der ebenso sinn-

wie bedeutungsvoll ist und dessen Erscheinungen denselben Mächten (*Dii*) unterstehen, die sowohl Traum (nicht zufällig ist auch in dem Motto der *Traumdeutung* von Göttern die Rede) als auch Fehlleistungen bestimmen: Einerseits verdienen die hysterischen Symptome (als Untersuchungsgegenstand) dieselbe Beachtung, die man den Göttern zollt, andererseits sind es Götter, das heißt über dem rein individuellen, bewußten Willen stehende Mächte, die für ihre Bildung ursächlich sind.

Die Verwendung des von Lessing übernommenen lateinischen Mottos, dessen Refunktionalisierung als typisch für Freuds Rhetorik betrachtet werden kann, mag man als ein Anzeichen für die enge Beziehung werten, die seit Anbeginn des tiefenpsychologischen Weges zwischen Psychoanalyse und Literatur bestand (der Brief, in dem Freud Fließ mitteilte, er wolle das aristotelische Motto für eine *Psychologie der Hysterie* und das Vergilsche für ein Kapitel über die »Symptombildung« heranziehen, ist von 1896). Dabei kommt der Literatur die doppelte Funktion zu, den (theoretischen) Inhalt der analytischen Entdeckung intuitiv vorwegzunehmen und sich in den rhetorischen Kontext eines wissenschaftlichen Stils *sui generis* einzufügen.

Es fehlt nicht an Beispielen für weitaus ›indirektere‹ und außergewöhnlichere Quellen wie etwa das *Flavit et dissipati sunt*, das ein Kapitel über die »Therapie« in einem geplanten Werk zur Hysterie hätte einleiten sollen. Das Zitatwort taucht auch im Verlauf der *Traumdeutung* auf. Hier ist von zwei Träumen Freuds die Rede, deren auf Grundlage von Wortassoziationen unternommene Interpretation auf Freuds Absicht verweist, es als Motto zu verwenden, wenn er zu einer erschöpfenden Kenntnis der hysterischen Phänomene gelangt sei.[25] Wahrscheinlich spielt es auf die nahezu ›magischen‹ Kräfte der wortgestützten Therapie an, der wie durch Zauber gelingt, die Symptome zum Verschwinden zu bringen. Freuds Quelle ist die Inschrift einer von den Engländern nach dem Sieg über die spanische Armada im Jahre 1588 geprägten Münze. Der Originallaut ist: *Afflavit Deus et dissipati sunt* – und die Kritik hat es sich im übrigen nicht nehmen lassen, Freuds Auslassung des *Deus* hämisch zu kommentieren.[26] Gewählt im Jahre 1897, kurz vor dem »Sturz aller Werte«,[27] das heißt der Abkehr von der Verführungstheorie und damit von der Illusion, die Erinnerung an das traumatische Kindheitserlebnis während der Analyse wiederherzustellen

und so die Symptome zu überwinden und die konkrete Krank-
heitsursache zu beseitigen, wird Freud das Motto – von dem es in
der *Traumdeutung* heißt, er habe es »halb scherzhaft«[28] gemeint –
doch nicht mehr benutzen. Dennoch sollte die Hoffnung, eine definitive therapeutische (und wissenschaftliche) Lösung für das Problem der Neurose zu finden, an diesen lateinischen Satz geknüpft
bleiben.

Der Sinnspruch auf dem Wappen der Stadt Paris, *Fluctuat nec
mergitur*, ist das Motto von *Zur Geschichte der Psychoanalytischen Bewegung*. Die Schrift wurde 1914 verfaßt, kurz nach dem Austritt
Jungs aus der Internationalen Psychoanalytischen Gesellschaft, der
kaum zwei Jahre auf denjenigen der anderen großen »Hoffnung« der
Psychoanalyse, Alfred Adler, folgte und das innere Gefüge der Gesellschaft auf eine harte Probe stellte. Hier will Freud die Gründe für
seine Meinungsverschiedenheiten mit dem ehemaligen Vorsitzen-
den der Gesellschaft klarstellen und bekräftigen, daß die psychoanalytische Bewegung allem Anschein zum Trotz wohlauf und »allen Stürmen und Gefahren gewachsen«[29] ist. Das Motto hat eine
lange Geschichte. Bereits 1899, nach Abschluß der Arbeit an der
Traumdeutung, hatte Freud aus seiner Selbstisolierung an Fließ geschrieben: »Und jetzt ein Jahr weiter in dieses sonderbare Leben hin-
ein, in dem die Stimmung wohl der einzige wirkliche Wert ist. Die
meine schwankt, aber wie Du siehst, wie es im Wappen unserer lieben Stadt Paris heißt: Fluctuat nec mergitur«.[30]

Dies sind zwei Beispiele für wenig ›orthodoxe‹ Quellen, auf die
ich ausführlicher eingegangen bin, weil sie aufgrund ihres Ortes in
Freuds Werk exemplarisch sind. Es handelt sich nämlich nicht um
beiläufige Einschübe, um eine Klammer, die sich kurz in klassisch-
humanistischer Bildungstradition öffnet, um sogleich wieder geschlossen und vergessen zu werden, sondern um Mottos, die dem
Werk, dem sie vorausgreifen und dessen nachfolgende Abhandlung
sie zugleich zusammenfassend beschließen, wissentlich vorangestellt sind. Zudem beweist die Tatsache, daß Freuds Briefwechsel
von ihnen handelte und er mit den Kritikern über sie diskutierte, daß
ihnen ein besonderer Status beigemessen wurde, der weit über die
Bedeutung hinausgeht, die erwartungsgemäß in einem Werk, das
sich selbst als »wissenschaftlich« definiert, den rein ästhetisch-for-
malen Aspekten zukommt. Dabei versteht sich wie von selbst, daß
das Motto (jegliches Motto) als literarische Figur seine Rechtferti-

gung und Bedeutung nie allein aus dem ursprünglichen Kontext, sondern aus dem neuen Ort und dem neuen Kontext bezieht.

Der Sinngehalt der Zitate

Das Auswahlkriterium für die lateinischen Zitate ist im allgemeinen die Kürze und Prägnanz der Aussage.[31] Zumeist handelt es sich um Mischformen, das heißt um Zitate im eigentlichen Sinne (deren Quelle überprüft wurde oder überprüft werden könnte, die für den Verwendungszweck aber zweitrangig ist), die formal und inhaltlich der Sentenz vergleichbar sind. Das Fehlen jeglichen redundanten grammatikalischen Elementes (Artikel, Präpositionen etc.) trägt in einigen Fällen dazu bei, diesen lateinischen Bildern einen hohen Grad an Anschaulichkeit zu verleihen. Wenn es eine lateinische ›Spezifik‹ gibt, die Freuds stilistische Entscheidungen bedingt hat, so ist sie wahrscheinlich eher sprachlicher als kultureller Art. Die lateinischen Zitate zeichnen sich durch die Prägnanz der Formulierung aus, die sich in die Möglichkeit übersetzt, den Inhalt eines unbewußten Phänomens (etwa das Lustprinzip durch das *Carpe diem*) oder das Prinzip eines seelischen Vorgangs (die Traumzensur, welche die Verschiebung zu ihrem Vorteil nutzt, durch *is fecit cui profuit*) in wenigen grammatikalischen Elementen zu verdichten.[32]

Der Wert, der lateinischen Sprüchen oder »Sprichwörtern« zugeschrieben wird, rührt außerdem daher, daß sie von ›weit her‹ kommen, aus einer als archaisch und gewissermaßen ›ursprünglich‹ empfundenen Welt. Daß sie über Generationen hinweg überlebt haben, ist zudem aus Freuds Perspektive eine Gewähr für ihre Fundiertheit. Wie das griechische Schicksalsdrama noch heute die Zuschauer bewegt, weil es einen Konflikt auf die Bühne bringt, den jeder in der Kindheit an sich erfahren hat, so haben die antiken Sprichwörter oder Sprüche jede gesellschaftliche und kulturelle Veränderung überdauert, weil auch sie Bedürfnisse und Wünsche ausgedrückt haben, in denen jeder sich bewußt oder unbewußt wiedererkannt hat.

Ein vielleicht etwas derbes und wohl nur zufällig oder aus Prüderie lateinisches Beispiel[33] dafür, wie die Psychoanalyse sich den tiefen Inhalt und Sinn eines Spruches zu eigen gemacht und wissenschaftlich gerechtfertigt hat, liefert ›das Rezept‹, das Chobrak[34] für die Hysteriebehandlung empfahl und von Freud in der *Geschichte der Psychoanalytischen Bewegung* erwähnt wird. Es ist die recht kuriose Geschichte der Entdeckung der sexuellen Ätiologie der Hysterie, die Freud vielleicht etwas übertrieben hat, wobei er so getan hat, als wolle er spielerisch abstreiten, als erster die Wiener in ihrem Schlaf gestört zu haben, indem er öffentlich und *ex cathedra* das von ihnen in aller Heimlichkeit gehütete Gespenst der Sexualität heraufbeschwor.[35] Freud gibt die Worte seines Kollegen Chobrak wieder: »Das einzige Rezept für solche Leiden [das hysterische Leiden], fügte er hinzu, ist uns wohl bekannt, aber wir können es nicht verordnen. Es lautet:

Recipe: Penis normalis
dosim
Repetatur!

Ich hatte von solchem Rezept nichts gehört und hätte gerne den Kopf geschüttelt über den Zynismus meines Gönners.«[36]

Wichtiger noch ist aber Freuds Kommentar, denn er bestätigt erneut, wieviel Glaubwürdigkeit den Sprüchen zugewiesen wurde und daß Freud oft nicht zögerte, sie – genau wie die Worte der Dichter – zu einem Quell der Inspiration zu machen und sie zu einer wissenschaftlichen Hypothese »umzudeuten«:

»Ich habe die erlauschte Abkunft der verrückten Idee gewiß nicht darum aufgedeckt, weil ich die Verantwortung für sie auf andere abwälzen möchte. Ich weiß schon, daß es etwas anderes ist, eine Idee ein oder mehrere Male in Form eines flüchtigen Aperçus auszusprechen – als: *ernst mit ihr zu machen, sie wörtlich zu nehmen, durch alle widerstrebenden Details hindurchzuführen und ihr ihre Stellung unter den anerkannten Wahrheiten zu erobern*. Es ist der Unterschied zwischen einem leichten Flirt und einer rechtschaffenen Ehe mit all ihren Pflichten und Schwierigkeiten, Epouser les idées de… ist eine wenigstens im Französischen gebräuchliche Redewendung.«[37]

Sosehr das Beispiel des sogenannten »Chobrak-Rezepts« skurril erscheinen mag, stützen Freuds Worte doch die Vermutung, daß er unabhängig von der realen Kenntnis des Zusammenhangs und des Autors eines Zitats – wir sahen es bereits am Beispiel von Aristoteles und Vergil – »Sprüche«, die er zunächst intuitiv als »wahr« empfunden hatte, benutzte, um Forschungshypothesen oder theoretische Konzepte zu formulieren. In der *Selbstdarstellung*, daran erinnernd, daß bereits Charcot und Breuer sibyllinische Worte über den Ursprung der Hysterie geäußert hatten (»c'est tourjours la chose génitale« oder »die Geheimnisse des Alkovens«), schreibt Freud:

»Allein ich verstand damals nicht, was diese Autoritäten meinten; sie hatten mir mehr gesagt, als sie selbst wußten und zu vertreten bereit waren. Was ich von ihnen gehört hatte, schlummerte unwirksam in mir, bis es bei Gelegenheit der kathartischen Untersuchungen als anscheinend originelle Erkenntnis hervorbrach. Auch wußte ich damals noch nicht, daß ich mit der Zurückführung der Hysterie auf Sexualität bis auf die ältesten Zeiten der Medizin zurückgegriffen und an Plato angeknüpft hatte.«[38]

Ein Beispiel für eine ›alte Weisheit‹, das außerdem – sei es auch auf äußerliche, nebensächliche Weise – Freuds Willen anzeigt, an die Traditionen der antiken Medizin anzuknüpfen, bildet die Anspielung auf den bekannten Aphorismus, der Hippokrates zugeschrieben wird (*Quae medicamenta non sanant, ferrum sanat, quae ferrum non sanat, ignis sanat*)[39] und die »Bemerkungen über die Übertragungsliebe« (1915) beschließt. Die Psychoanalyse arbeitet nicht mit den traditionellen Methoden der Medizin und ist im Verlauf der Therapie gehalten, die intimste Sphäre des Patienten, seine Sexualität, zu erforschen und sich die Übertragungsliebe zunutze zu machen, welche, auf die Person des Analytikers gerichtet, die Gefühle der ödipalen Ambivalenz reproduziert: »im ärztlichen Handeln wird neben der medicina immer ein Raum bleiben für das ferrum und für das ignis, und so wird auch die kunstgerechte, unabgeschwächte Psychoanalyse nicht zu entbehren sein, die sich nicht scheut, die gefährlichen seelischen Regungen zu handhaben und zum Wohle des Kranken zu meistern.«[40]

Einem Zitat aus den Horazischen Episteln kommt die Aufgabe zu, den Mechanismus der »Wiederkehr des Verdrängten« erklärend zusammenzufassen: *Naturam furca expellas, semper redibit.* Obwohl das Zitat nicht sehr stark von der Originalversion abweicht, wird es nicht korrekt wiedergegeben. In den Episteln heißt es: *Naturam expellas furca, tamen usque recurret.*[41] Wahrscheinlich gibt Freud, der nicht Horaz, sondern einen »alten lateinischen Spruch« zitiert, die sprichwörtliche Version wieder, die bekannter war als das lateinische Zitat. Die Verdrängung, jene besondere Art des Vergessens, zeichnet sich dadurch aus, daß es für die Erinnerung – auch dort, wo die äußeren Umstände sie ständig ins Gedächtnis rufen – besonders schwierig scheint, an die Oberfläche zu gelangen, als verhindere gleichsam ein innerer Widerstand seine Wiederaufnahme in die seelische Tätigkeit des Bewußtseins. Doch ist die Verdrängung nicht in der Lage, die Erinnerung völlig auszuschalten, es also so einzurichten, daß sie folgenlos bleibt. Das Verdrängte bleibt, auch wenn es nicht in Form der Erinnerung auftaucht, im unbewußten Leben wirksam und aktiv und läßt unter günstigen äußeren Bedingungen psychische Symptome entstehen, die als Verwandlungsprodukte und Abkömmlinge der vergessenen Erinnerung aufzufassen sind: »Dann behält der lateinische Spruch recht, der vielleicht ursprünglich auf Austreibung durch äußere Einflüsse, nicht auf innere Konflikte gemünzt ist: ›Naturam furca expellas, semper redibit‹.«[42] Bei dem psychischen Vorgang, so Freud weiter, werde die *furca* durch einen inneren Konflikt erzeugt – ausgerechnet dasjenige, was für die Unterdrückung verantwortlich ist, werde zum Träger der Wiederkehr der Triebregung –, während sich das lateinische Sprichwort darauf beschränke, die Tatsache der Wiederkehr des Verdrängten festzustellen, ohne jedoch den Konflikt zu schildern, durch den sie zustande kommt.

Freud, gewöhnlich geneigt, den poetischen Bildern und Sprichwörtern metaphorische Bedeutung zu verleihen, zögert in diesem Fall nicht, die *furca* des Zitats wörtlich zu nehmen, indem er ihr den Wert einer zwingenden äußeren Einwirkung zuweist. Im Rahmen der Freudschen Darlegung hätte das Sprichwort den Verdrängungsmechanismus durchaus in all seinen Teilen veranschaulichen können. Die Präzisierung, die den exemplarischen Wert des Zitats einschränkt, stellt eine Ausnahme von dem üblichen Gebrauch der lateinischen Sprüche und Sentenzen in Freuds Werk dar, die oft – etwa im Falle jener Mottos, die nicht mehr als solche benutzt werden und später ihren Ort innerhalb der Schriften finden – in Klammern zitiert bzw. als letzter Vergleich oder als Schlußformel das Ende der Darlegung eines theoretischen Problems signieren. Wahrscheinlich mußte Freud hier über eine Verwendung des lateinischen Spruches Rechenschaft ablegen, die sich von der konsolidierten, allgemein bekannten unterschied, wonach dem Sprichwort eine moralische Bedeutung zukam: Die *furca* steht für die Autorität oder eiserne Disziplin, die nichts gegen einen rebellischen Charakter auszurichten vermag.[43]

Im *Bruchstück einer Hysterieanalyse*, die als »der Fall Dora« in die

Geschichte eingegangen ist, wird erstmals ein Satz von Augustinus zitiert, in dem Freud einen Vorgriff auf die von der Psychoanalyse ermittelte Verbindung zwischen den die hysterischen Manifestationen begleitenden Abwehr- und Ekelgefühlen und der Sexualität sieht: »[S]o gelangt der Ekel unter die Affektäußerungen des Sexuallebens. Es ist das *Inter urinas et faeces nascimur* des Kirchenvaters, welches dem Sexualleben anhaftet und aller idealisierenden Bemühung zum Trotze von ihm nicht abzulösen ist.«[44] Dasselbe Konzept, das zunächst nur in bezug auf die Entstehung der Neurose formuliert wurde, dient später der Erklärung vom Ursprung des Zivilisationsprozesses und wird – stets zusammen mit dem lateinischen ›Etikett‹ – im Verlauf des Werkes mehrfach angeführt. Vor allem wird es in *Das Unbehagen in der Kultur* entwickelt, wo Freud annimmt, am Anbeginn des Zivilisationsprozesses habe eine »organische Verdrängung« gestanden.[45]

Ein weiterer lateinischer Ausspruch beschließt in der Schrift *Zur Ätiologie der Hysterie* eine der ersten archäologischen Metaphern in Freuds Werk, die die Arbeit des Analytikers mit der des Archäologen vergleicht, welcher die Reste einer vergrabenen Stadt Schicht um Schicht ans Licht bringt. Von den psychischen Überbauten überlagert, die die Kindheitserinnerungen verbergen oder verheimlichen, sind die versteckten Ruinen des Unbewußten die wertvollen, wenngleich bruchstückhaften archäologischen Funde, welche die Züge untergegangener Kulturen nachzeichnen:

»Lohnt der Erfolg seine Arbeit, so erläutern die Funde sich selbst; die Mauerreste gehören zur Umwallung eines Palastes oder Schatzhauses, aus den Säulentrümmern ergänzt sich ein Tempel, die zahlreich gefundenen, im glücklichen Falle bilinguen Inschriften enthüllen ein Alphabet und eine Sprache, und deren Entzifferung und Übersetzung ergibt ungeahnte Aufschlüsse über die Ereignisse der Vorzeit, zu deren Gedächtnis jene Monumente erbaut worden sind. *Saxa loquuntur!*«[46]

Das *credo quia absurdum* des Tertullian wird erstmals in *Die Zukunft einer Illusion* zitiert,[47] um die dogmatische, irrationale und vorwissenschaftliche Haltung zu kennzeichnen, mit der die Philosophie das Problem der Unbeweisbarkeit der Religion zu beschreiben sucht. Nachdem die Bedeutung des Zitats einmal festgelegt ist, wird es zu einer regelrechten ›Formel‹, auf die jedesmal rekurriert werden kann, wenn es darum geht, die Fundiertheit der Religion mit den Mitteln des wissenschaftlichen Zweifels zu widerlegen.[48]

Viele grundlegende Konzepte der Psychoanalyse ließen sich in den von Freud zitierten lateinischen Sprüchen verdichten. Neben den erwähnten Beispielen lassen sich anführen:

Omne animal post coitum triste[49] für die sexuelle Ätiologie der Neurasthenie;

Forsan et haec olim meminisse juvabit[50] für die sogenannten durch ein »Lustmotiv« hervorgerufenen »Deckerinnerungen«;

Naturalia sunt turpia[51] für die ablehnende gesellschaftliche Haltung gegenüber der Psychoanalyse;

De mortuis nil nisi bene[52] für die ambivalenten Gefühle gegenüber dem Tod, den auszutreiben und von sich fernzuhalten alle wünschen.

»Der Gegensinn der Urworte« oder die Wertigkeit archaischer Sprachen

Ein letzter Aspekt, der im Hinblick auf Gebrauch und Funktionen der klassischen Sprachen in Freuds Schriften Erwähnung finden soll, ist die Beschäftigung mit dem Lateinischen als »archaischer« Sprache. Von Freuds Interesse an »Wörtern«, an ihrem Symbolgehalt und ihrem Vermögen, den regressiven, archaischen Charakter der Traumsprache zu enthüllen, zeugt – neben den Kapiteln der *Traumdeutung* und der *Vorlesungen* zur Symbolik – eine kurze Schrift von 1910 über den *Gegensinn der Urworte*. Gegenstand ist das gleichnamige Werk des Sprachwissenschaftlers Abel (1884), in dem Freud die Bestätigung dafür findet, daß die Traumsprache (in der ein Symbol oder ein Wort oft gegensätzliche Bedeutung haben können) archaischer Natur ist und die Regression zu einer primitiveren Denkart darstellt:

»In Übereinstimmung zwischen der eingangs hervorgehobenen Eigentümlichkeit der Traumarbeit und der vom Sprachforscher aufgedeckten Praxis der ältesten Sprachen dürfen wir eine Bestätigung unserer Auffassung vom regressiven, archaischen Charakter des Gedankenausdruckes im Traume erblicken. Und als unbeweisbare Vermutung drängt sich dem Psychiater auf, daß wir die Sprache des Traumes besser verstehen und leichter übersetzen würden, wenn wir von der Entwicklung der Sprache mehr wüßten.«[53]

Der Aussage liegt die evolutionistische Annahme zugrunde, wonach sich eine Sprache um so mehr der Grammatik und Morphologie einer vermeintlichen »Ursprache« annähert, je älter sie ist. Abel zufolge – dessen Theorien später durch die sprachwissenschaftliche Forschung drastisch angefochten wurden – drückten Wörter ursprünglich mit ein und demselben Lexem einen Begriff und sein Gegenteil aus. Die Bestimmung des einen erfolgte entsprechend dem Nichtvorhandensein der Eigenschaft des anderen. Freud handelt ausführlich von Abels Beispielen für das Altägyptische und kurz von anderen aus indoeuropäischen Sprachen. An lateinischen Beispielen werden erwähnt: *altus*, das sowohl »hoch« als auch »tief« bedeutet, und *sacer*, das sowohl für »heilig« als auch für »verflucht« steht, wobei die gegensätzlichen Bedeutungen ohne lautliche Veränderungen ausgedrückt werden. Der Lautwandel, der in der Sprachentwicklung zur Entstehung zweier unterschiedlicher Formen für die beiden Bedeutungen geführt hat, wird anhand einiger Beispiele dokumentiert, wie *clamare* (»laut rufen«) und *clam* (»heimlich«); *siccus* (»trocken«) und *succus* (»Saft«). Auf dieselbe Weise erklärt sich nach Freud die »vielbelachte« Etymologie *lucus a non lucendo*. Die Quelle, (die Freud indes nicht zitiert) ist Quintilian (*De institutione oratoria* 1, 6); Quintilian fragt sich, ob einige Begriffe nicht ihrem Gegenteil entstammen können, z. B. *lucus* (»Wald«) von *lucere* (»leuchten«). Der Wald werde *lucus* genannt, denn in seinem Inneren, wegen des von den Bäumen geworfenen Schattens, *non lucet*.

Was 1910 für die Traumsprache galt, wird in *Der Mann Moses und die monotheistische Religion* – das letzte, bereits 1934 begonnene, aber erst 1939 erschienene, große Werk Freuds – zu einem ›historischen Beweis‹ für die phylogenetische Perspektive. Im Zusammenhang mit dem Gebot der Exogamie, dessen negativer Ausdruck das vom Vater der primitiven Horde auferlegte Inzesttabu sei,[54] kommt Freud auf das Beispiel der Doppeldeutigkeit des Wortes *sacer* zurück. Der Vater der Horde ist in den primitiven Gesellschaften vom Nimbus der Heiligkeit umgeben und wird zum Objekt derselben widerstreitenden Gefühle, die heute den ambivalenten Inhalt des Vaterkomplexes bei Kindern und Neurotikern ausmachen.[55] Wie letztere haßten die »Brüder der Horde« den Vater, der ihrem Machtdrang und ihren sexuellen Bedürfnissen entgegentrat, gleichzeitig aber liebten und bewunderten sie ihn. So ließe sich die »bisher unverständliche«[56] Ambivalenz der Wörter erklären, die das Konzept der Heiligkeit ausdrücken. *Sacer*, erläutert Freud, bedeute nicht nur »heilig«, sondern auch etwas, was man mit »verabscheuenswert« oder »verrucht« übersetzen könne. Zur Bekräftigung des Gesagten zitiert Freud schließlich in Klammern und ohne weiteren Zusatz, einen bekannten Vers aus der *Äneis*: *Auri sacra fames!*[57]

Das »Carpe diem« und die poetische Wahrheit

Der Häufigkeit des Zitats nach zu urteilen, kommt den Worten von Horaz – auch jenseits von deren bis heute erhaltenen sprichwörtlichem Gebrauch – eine besondere symbolische Bedeutung zu. Schon als Gymnasiast, vollauf beschäftigt mit der Vorbereitung der Abiturprüfungen, schrieb Freud aus Wien an den Freiberger Freund Emil Fluß, er beneide ihn darum, daß er horazische Oden erlebe, während er selbst sich darauf beschränken müsse, sie zu lesen.[58] Und erneut, am Anfang eines Briefes an Fließ vom 17. Juli 1899, wenige Monate bevor er die *Traumdeutung* in Druck gab: »Ich bin ja dem Argument *Carpe diem* sehr zugänglich, aber ich glaube, die von Dir gewünschte Konsequenz werde ich nicht sofort ziehen.«[59] Dies ist einer der zahlreichen Fälle, in denen Freud in seinen Briefen eine rhetorische Figur, ein Zitat oder eine poetische Form wie eine Art ›chiffrierte‹ Sprache benutzt, die sich der Literatur, besser gesagt, der Wörter der Literatur bedient, um den Kern einiger grundlegender Konzepte und Verfahren der Psychoanalyse in verdichteter Form auszudrücken. Einer der zahlreichen »Sprüche«, die sich in Freuds Gedächtnis festgesetzt haben[60] und einen Bezugs- oder Anfangspunkt bilden, von dem er ausgeht, um (erst sich selbst, dann dem Leser) ein bestimmtes psychisches Phänomen zu erklären.

Was die Literatur in der Sprache und mit den Mitteln der Poesie ausgedrückt hatte und in dem Briefwechsel eher den Wert einer intuitiven Vorwegnahme (Fließ war sein einziges Publikum,[61] aber ein Publikum, das Freud weder zu erobern noch zu überzeugen brauchte) annimmt, wird zu einem rhetorischen Mittel der theoretischen Exposition, deren induktive Verfahren der poetischen »Wahrheit« wissenschaftliche Würde verleihen.

Das *Carpe diem* von Horaz bildet das Leitmotiv von Freuds Deutung eines seiner Träume. Im Hinblick auf die Darstellungstextur verhält sich das Zitat wie eine Sentenz, eine ›Formel‹, die wiederum den Inhalt eines Traumes und das Ergebnis seiner Entzifferung in zwei Worten zusammenzufassen vermag: Sie trifft die Aufmerksamkeit des Lesers, der den gewöhnlichen, ja alltäglichen Sinn dieser Worte kennt und sie von nun an der psychoanalytischen Deutung einer Reihe von Träumen – die als *Carpe diem*-Träume bezeichnet werden könnten –, wenn nicht sogar der gesamten Traumtheorie als Bild voranstellen kann. Der Traum wird nämlich als verschleierte Erfüllung eines verdrängten Wunsches definiert, letzterer ist die eigentliche Ursache des Traumes und untersteht nicht dem »Realitätsprinzip«, sondern dem »Lustprinzip«, dem *Carpe diem* in Freuds Interpretation:

»Einer der Traumgedanken […] lautet nämlich: Man soll sich nichts entgehen lassen, nehmen, was man haben kann, auch wenn ein kleines Unrecht dabei mitläuft; man soll keine Gelegenheit versäumen, das Leben ist so kurz, der Tod unvermeidlich. Weil es auch sexuell gemeint ist, und weil die Begierde vor dem Unrecht nicht Halt machen will, hat dieses carpe diem die Zensur zu fürchten und muß sich hinter einem Traum verbergen«.[62]

In der Schrift *Der Witz und seine Beziehung zum Unbewußten* zitiert Freud das *Carpe diem* erneut und vereint eine »Auslegung« der Horazischen Ode mit einem seiner seltenen, jedoch um so leidenschaftlicheren Plädoyers gegen die »Moral […] der Reichen und Mächtigen«. Die »tendenziösen«, »zynischen« und »aggressiven« Witze, hebt Freud an, nachdem er ein Beispiel dafür geliefert hat, riefen moralische Empörung in uns hervor, weil sie das Recht auf einen »Genuß niedrigster Art« behaupteten; was aber an ihnen verachtet werde, sei die Suche nach einer niedrigen, trivialen Lustbefriedigung, nicht der »epikureische« Wahrheitskern, der nichts anderes sei als das *Carpe diem* des Poeten, in dem jeder den eigenen Drang wiedererkennt, sich den Genüssen des Lebens hinzugeben, entgegen einer lustfeindlichen religiösen Moral und einer repressiven gesellschaftlichen Ethik, die sich allein auf das Recht der Mächtigen stützt:

»Das klingt furchtbar unmoralisch und ist wohl auch nicht viel besser, aber im Grunde ist es nichts anderes als das ›Carpe diem‹ des Poeten, der sich auf die Unsicherheit des Lebens und auf die Unfruchtbarkeit der tugendhaften Entsagung beruft. […] In Wirklichkeit hat jeder von uns Stunden und Zeiten gehabt, in denen er dieser Lebensphilosophie ihr Recht zugestanden und der Morallehre vorgehalten hat, daß sie nur zu fordern verstand, ohne zu entschädigen. Seitdem die Anweisung auf das Jenseits, in dem sich alle Entsagung durch Befriedigung lohnen soll, von uns nicht mehr geglaubt wird – es gibt übrigens wenig Fromme, wenn man die Entsagung zum Kennzeichen des Glaubens macht –, seitdem wird das ›Carpe diem‹ zur ernsten Mahnung. Ich will die Befriedigung gern aufschieben, aber weiß ich denn, ob ich morgen noch da sein werde? Di doman non c'è certezza.«[63]

Eine ›untreue Übersetzung‹, die den ruhigeren, vorsichtigeren epikureischen Ton von Horaz (*sapias, vina liques, et spatio brevi / spem longam reseces. Dum loquimur, fugerit invida / aetas: carpe diem, quam minimum credula postero*)[64] vielleicht ein wenig überzieht, jedoch dessen Skepsis und Unruhe angesichts der Vergänglichkeit des Lebens teilt: eine Aufforderung zum Genuß, begleitet vom Schatten des Todes, den Horaz nie wirklich definiert und den Freud einige Jahre später sogar mythisch evoziert und zum Oppositionsprinzip des Eros erhebt.

Wenn Freud an den Wahrheiten der Wissenschaftler gezweifelt hat, so hat er nie aufgehört, an die Wahrheiten der Dichter wie des »abergläubischen Volkes« und an dessen Sprichwörter zu glauben. Manchmal scheint es fast, als sei die dichterische Wahrheit *a priori* als solche empfunden und festgelegt und als seien die Ergebnisse der Psychoanalyse nichts anderes als die ›wissenschaftliche Transkription‹ einer literarischen Erkenntnis, eine Konsequenz dieser frühen Gewißheit.

»Die Schilderung des menschlichen Seelenlebens ist ja seine [des Dichters] eigentliche Domäne; er war jederzeit der Vorläufer der Wissenschaft und so auch der wissenschaftlichen Psychologie.«[65] Ein bekannter Brief von 1906 an Arthur Schnitzler, den Autor, den Freud aus einer Art Doppelgängerangst mied,[66] zeugt von der Mischung aus Bewunderung und Neid, die Freud gegenüber dichterischem Schaffen empfand: »Ich habe mich oft verwundert gefragt, woher sie diese oder jene Kenntnis nehmen konnten, die ich durch mühselige Erforschung des Objektes erworben, und endlich kam ich dazu, den Dichter zu beneiden, den ich sonst bewunderte.«[67]

Ist einerseits richtig, daß die Psychoanalyse, wie Freud mehrfach betont hat,[68] den poetischen Sinngehalt zu erhellen vermag und daß die Worte der Literatur erst durch die psychoanalytische Interpretation ihre tiefe, ›wahre‹ Bedeutung wiedergewinnen, so ist es andererseits für Freuds Erkenntnisprozeß ebenso richtig, daß die poetische Intuition die psychischen Vorgänge allein erhellen und der Forschung den Weg weisen kann.

Das aristotelische Prinzip des »Wiederfindens des Bekannten« ist nicht allein der Prozeß, der dem durch das Kunstwerk und den Witz verschafften ästhetischen Genuß zugrunde liegt,[69] sondern es ist das Prinzip, das die Modalitäten des Erkenntnisprozesses bestimmt. Das *Carpe diem* von Horaz ist nicht ›wahr‹, weil die Psychoanalyse das Lustprinzip postuliert hat, sondern das Lustprinzip ist ›wahr‹, weil Freud, wie jeder von uns, die Wahrheit des *Carpe diem* von Horaz »gefühlt« oder erkannt hat. Gleiches gilt – si parva licet … – für die Ödipussage und den Komplex, der nach ihr benannt ist.

Es geht nicht darum, ein Problem der Vorrangigkeit zu lösen, (wie die Literaturforschung es bisweilen gegenüber der Psychoanalyse versucht hat), also zu entscheiden, wem von beiden, der Psychoanalyse oder der Literatur, die Entdeckung der unbewußten Vorgänge der Psyche zukommt, und ebensowenig geht es darum, den Einfluß der Literatur, namentlich der antiken, auf die psychoanalytischen Entdeckungen überzubewerten. Vielmehr gilt es, die Wege der wissenschaftlichen Entdeckung herauszufinden – trotz aller Behauptungen Freuds über den induktiv-experimentellen Ansatz seiner Theorie. Wiederholt hat Freud auf die »kryptomnestischen« Pfade der Erkenntnis angespielt. Zufällig aufgenommene Sätze (wie das ›Chobrak-Rezept‹), Sprüche, poetische Wahrheiten »schlummern unwirksam« im Vorbewußten, in Erwartung eines katalysierenden Anlasses. In einem Brief vom 5. Juni 1917 an Groddeck, der die Entdeckung der Rolle des »Es« für sich beanspruchte, schrieb Freud: »Können Sie nicht die leitenden Ideen der Psychoanalyse auf kryptomnestischem Wege aufgenommen haben? Ähnlich wie ich meine eigene Originalität aufklären konnte?«[70] Zu Beginn der Psychoanalyse ist der von Freud beschrittene »kryptomnestische Weg« – und der Briefwechsel mit Fließ bekräftigt dies – ein von Dichtern, auch von antiken Dichtern gesäumter Weg.

Im unmittelbaren Kontakt mit dem Mythos ist sowohl die griechische wie die römische Antike den »Geheimnissen des Seelenlebens« und den Urgeheimnissen näher – und ist es in Freuds Perspektive auch historisch – als die Gegenwartskultur, die vom Mythos lediglich im Aberglauben und Volksglauben, in der Sprache des Traumes und der Hysterie und in jener durch die monotheistische Religion repräsentierten verhüllten Form Spuren bewahrt.

Schon bei Geburt der Psychoanalyse eine aktive Protagonistin, wird die Antike später zu einem Zeugnis für die Theorie und zu einem Untersuchungsgegenstand. Doch ist die in einem Brief an Fließ vom 15. Oktober 1897 geschilderte Erzählung von der Entdeckung – wie ein Blitzschlag – des Ödipuskomplexes in der Tragödie des Sophokles etwas vollkommen anderes als die genaue, erschöpfende Bezugnahme auf die Lehre des Empedokles (die Formulierung der beiden Prinzipien des seelischen Werdens *philia* und *neikos*) vierzig Jahre später im sechsten Kapitel von *Die endliche und die unendliche Analyse*.[71] Erstere geht mit der begeisterten Ahnung einer Entdeckung einher, letztere erinnert an eine *a posteriori* gesuchte Legitimation für eine Annahme (vom Kampf zwischen Lebens- und Todesprinzip), die keine Bestätigung in der analytischen Arbeit findet und deshalb gehalten ist, zum Mythos zurückzukehren.

Statt eines Nachwortes

»Jene reine Sprache, die in fremde gebannt ist, in der eigenen zu erlösen, die im Werk gefangene in der Umdichtung zu befreien, ist die
Aufgabe des Übersetzers. […] – Was hiernach für das Verhältnis von
Übersetzung und Original an Bedeutung dem Sinn verbleibt, läßt
sich in einem Vergleich fassen. Wie die Tangente den Kreis flüchtig
und nur in einem Punkte berührt und wie ihr wohl diese
Berührung, nicht aber der Punkt, das Gesetz vorschreibt, nach dem
sie weiter ins Unendliche ihre gerade Bahn zieht, so berührt die
Übersetzung flüchtig und nur in dem unendlich kleinen Punkte des
Sinnes das Original, um nach dem Gesetze der Treue in der Freiheit
der Sprachbewegung ihre eigenste Bahn zu verfolgen.«

Walter Benjamin, *Die Aufgabe des Übersetzers.*

Anmerkungen

Anmerkungen zur Einleitung

1 Zu dem Übergang von der »Beweisbarkeit« zur metaphorischen Konstruktion bei Freud vgl. H. Blumenberg, *Die Lesbarkeit der Welt*, Frankfurt a. M. 1981 (insbesondere das Kapitel »Die Lesbarmachung der Träume«, S. 337-371).

2 Ebd., S. 347. Blumenbergs Interpretation liegt eine Auffassung der Psychoanalyse als eminent hermeneutisches Verfahren zugrunde. Implizit setzt Blumenberg ihre Geburtsstunde daher bei der *Traumdeutung* an – im Unterschied zur klassischen psychoanalytischen Historiographie, die sie mit den *Studien über Hysterie* beginnen läßt. Die einflußreichste Studie über die Psychoanalyse als hermeneutisches Verfahren verdanken wir P. Ricœur, *De l'interprétation. Essai sur Freud*, Paris 1965. Ein Exkurs zur kritischen Debatte über die hermeneutischen Konsequenzen der Freudschen Theorie findet sich bei A. Stephan, *Sinn als Bedeutung. Bedeutungstheoretische Untersuchungen zur Psychoanalyse Sigmund Freuds*, Berlin – New York 1989.

3 Zum rhetorischen, vor allem aber ›kognitiven‹ Gebrauch der Metapher in Freuds Werk vgl. J. T. Edelson, »Freud's Use of Metaphor«, in: *The Psychoanalytic Study of the Child*, 1983, 38, S. 17-59. Der Autor geht den Verwandlungen der verschiedenen Metaphern nach, die Freud zur Erläuterung einiger theoretischer Begriffe verwendet hat (welche nie genau definiert wurden – wie es eigentlich von einer wissenschaftlichen Abhandlung zu erwarten wäre), und zeigt auf, daß sie im Verlauf des gesamten Werkes den Charakter der Vorläufigkeit aufweisen, ständig perfektioniert, berichtigt und durch andere Metaphern ersetzt werden. Nur am Rande befaßt sich Edelson mit den literarischen Metaphern; seine Aufmerksamkeit richtet sich vorwiegend auf die Analyse derjenigen Metaphern, die Freud der Sprache der Politik, Physik und Biologie entlehnt hat. Für eine Studie über die ›Makrometapher‹ bzw. die »Metapher der Psychoanalyse als Wissenschaft« vgl. D. P. Spence, *The Freudian Metaphor*, New York 1987.

4 Man spricht von ›erster Freud-Topik‹ für die im 7. Kapitel der *Traumdeutung* dargelegte Theorie, von ›zweiter Topik‹ ab 1920, als die Unterteilung in Systeme – das Unbewußte, das Vorbewußte und das Bewußtsein – weitgehend durch die Unterteilung in die drei psychischen Instanzen des Es, Ich und Über-Ich ersetzt wird.

5 Noch 1938, in einer seiner letzten, unvollendet gebliebenen Schriften, bekräftigt Freud entschieden die Zugehörigkeit der Psychoanalyse zu den Naturwissenschaften. Der Rückgriff auf vorläufige Metaphern oder auf eine dem Mythos entlehnte Terminologie sei einem jeden wis-

senschaftlichen Verfahren immanent und gleichsam unabdingbar. Daß die Psychoanalyse das psychische Leben an sich als unbewußt, das Bewußtsein dagegen als zeitweilige, unbeständige *Qualität* der Psyche betrachte, habe es ihr erlaubt, so Freud, zu einer ebenbürtigen Wissenschaft zu werden. Ihr Gegenstand sei an sich ebenso unerkennbar wie derjenige der Physik oder der Chemie, dennoch ließen sich die Regeln aufzeigen, denen sie gehorche: »Es kann dabei nicht ohne neue Annahmen und die Schöpfung neuer Begriffe abgehen, aber diese sind nicht als Zeugnisse unserer Verlegenheit zu verachten, sondern als Bereicherungen der Wissenschaft einzuschätzen, haben Anspruch auf denselben Annäherungswert wie die entsprechenden intellektuellen Hilfskonstruktionen in anderen Naturwissenschaften, erwarten ihre Abänderungen, Berichtigungen und feinere Bestimmung durch gehäufte und gesiebte Erfahrung. Es entspricht dann auch ganz unserer Erwartung, daß die Grundbegriffe der neuen Wissenschaft, ihre Prinzipien (Trieb, nervöse Energie, u.a.) auf längere Zeit unbestimmt bleiben wie die der älteren Wissenschaften (Kraft, Masse, Anziehung).« In der Psychoanalyse aber fallen Subjekt und Objekt der Untersuchung in eins. Daher die Einschränkung der Analogie: »Alle Wissenschaften ruhen auf Beobachtungen und Erfahrungen, die unser psychischer Apparat vermittelt. Da aber unsere Wissenschaft diesen Apparat selbst zum Objekt hat, findet hier die Analogie ein Ende« (Freud 1940 [1938], *Abriß der Psychoanalyse, G. W.* XVII, S. 81). Vgl. zudem Freud 1940 (1938), »Some Elementary Lessons in Psycho-Analysis«, *G. W.* XVII, S. 139-147.

6 Für den psychischen Apparat, verstanden als Überbau, der auf der prekären Basis eines hypothetischen organischen Systems errichtet ist, könnte die gleiche Metapher gelten, die Freud in dem Brief an Arnold Zweig vom 16. Dezember 1934 verwendet und die ich als Motto über diese Einleitung setzte. Er bedauert den unvermeidlichen »Mangel an Beweisen«, auf dem sein »historischer Roman« über das Leben des Moses beruht und der ihn an der Opportunität einer Veröffentlichung zweifeln läßt: »Ich verlange doch mehr Sicherheit und mag nicht, daß mir die wertvolle Schlußformel des Ganzen durch die Montierung auf eine höhere Basis gefährdet wird.« (6. November 1934). Und wenige Wochen später: »Es ist auch nicht die innere Schwierigkeit, denn sie ist so gut wie gesichert. Sondern die Tatsache, daß ich genötigt war, ein erschreckend großartiges Bild auf einen tönernen Fuß zu stellen, so daß jeder Narr es umstürzen kann« (S. Freud – A. Zweig, *Briefwechsel*, hg. von E. L. Freud, Frankfurt a. M. 1984, S. 108 und 109).

7 Die erste, im modernen Sinne kritische Ausgabe von Artemidors Werk verdanken wir Rudolf Hercher: Artemidori Daldiani *Onirocriticon li-*

bri V, ex recensione R. Hercheri, Lipsiae 1864. Im Jahre 1881 folgte die (unvollständige) Übersetzung von Friedrich Krauss: Artemidorus aus Daldis, *Symbolik der Träume*, übersetzt und mit Anmerkungen begleitet von Friedrich Krauss, Wien – Pest – Leipzig 1881. Obwohl Herchers wie auch Krauss' Ausgabe Mängel und Fehler aufwiesen, war es kein Zufall, daß man ein weiteres Jahrhundert warten mußte, bis endlich eine philologisch zuverlässige Ausgabe vorgelegt wurde: Artemidori Daldiani, *Onirocriticon libri V*, recognovit R. A. Pack, Lipsiae 1963.

8 Vgl. insbesondere F. Orlando, *Lettura freudiana della Phèdre*, Turin 1971; *Per una teoria freudiana della letteratura*, Turin 1973, und *Illuminismo e retorica freudiana*, Turin 1982. Von M. Lavagetto vgl. »La critica psicoanalitica«, in: *Sette modi di fare critica*, Rom 1983, sowie *Freud, la letteratura e altro*, Turin 1985.

9 Freud widmete dem Mythos eigentlich nur wenige kurze Schriften. Vgl. z. B. den Aufsatz von 1913 »Das Motiv der Kästchenwahl«, *G. W.* X, S. 24-37, worin er eine Episode aus Shakespeares *Kaufmann von Venedig* untersucht und mit der Wahl der Töchter im *König Lear* sowie dem mythischen Thema der von Apuleius erzählten Entscheidung des Paris vergleicht. Zum Mythos der Gewinnung des Feuers durch Prometheus vgl. »Zur Gewinnung des Feuers« (1932), *G. W.* XVI, S. 3-9, und schließlich »Das Medusenhaupt« (1940 [1922]), *G. W.* XVII, S. 47 f.

10 Vgl. Freud, *Briefe an Wilhelm Fließ 1887-1904*. Ungekürzte Ausgabe, hg. von J. M. Masson, Bearbeitung von M. Schröter, Transkription von G. Fichtner, Frankfurt a. M. 1985. Fließ war ein Berliner Hals-Nasen-Ohren-Arzt, der eine seltsame Zahlentheorie entwickelt hatte, der zufolge neben dem normalen weiblichen Hormonzyklus von 28 Tagen auch ein männlicher bzw. ein beiden Geschlechtern gemeinsamer Monatszyklus von 23 Tagen existierte. Außerdem postulierte Fließ eine Entsprechung zwischen Nase und Geschlechtsorganen und nahm nasenchirurgische Eingriffe vor, um nervöse Störungen sexuellen Ursprungs zu heilen – manchmal mit desaströsen Folgen, wie im Falle einer Patientin, die Freud an den Freund verwiesen hatte. In den Jahren bis zur Vollendung der *Traumdeutung* war Freud von Fließens Theorien sowie vor allem von Fließens Persönlichkeit tief beeinflußt. Die Briefe lassen eine fast unterwürfige Haltung uneingeschränkter Bewunderung erkennen. Die Freundschaft zwischen Freud und Fließ ging schließlich wegen einer Frage der wissenschaftlichen Priorität in die Brüche, in welche Freud indirekt verwickelt worden war und die das Konzept der Bisexualität betraf. Vgl. die Einleitung von E. Kris zur (unvollständigen) Erstausgabe der Briefe, die von Anna Freud, Marie Bonaparte und Ernst Kris herausgegeben wurde und 1950 unter dem Titel *Aus den Anfängen der*

Psychoanalyse. Briefe an Wilhelm Fließ, Abhandlungen und Notizen aus den Jahren 1887-1902 erschien. Zwischen 1901 und 1904 wird der Briefkontakt immer spärlicher und förmlicher, wenn nicht geradezu feindselig, bis er schließlich ganz abbricht. – Die Briefe von Freud an Fließ, die erst 1985 vollständig publiziert wurden, umfassen die Jahre von 1887 bis 1904, die Zeit der »großen Entdeckungen«, in der sowohl die *Studien über Hysterie* als auch die *Traumdeutung* erschienen. Sie bilden ein grundlegendes Dokument für die Rekonstruktion der Entstehung der Psychoanalyse und der Entwicklung von Freuds Denken in der Übergangsphase von der Neuropathologie zur Psychoanalyse. – Die komplexe, umstrittene Editionsgeschichte dieser Briefe, die Freud gern vernichtet gesehen hätte, wird vom Herausgeber J. M. Masson in seiner Einleitung detailliert nachgezeichnet (S. XII-XXVIII).

11 Der Ausdruck »Ödipuskomplex« taucht in den Werken erst ab 1910 auf, und zwar in dem Aufsatz »Über einen besonderen Typus der Objektwahl beim Manne« ([Beiträge zur Psychologie des Liebeslebens, I], *G. W.* VIII, S. 73). Doch wird damit lediglich einem Konzept ein ›Etikett‹ verliehen, das in der Psychoanalyse bereits geläufig war und in seiner ersten Formulierung noch auf die Zeit von Freuds Selbstanalyse zurückgeht. Vgl. den Brief an Fließ vom 15. Oktober 1897, in: Freud, *Briefe an W. Fließ 1887-1904*, S. 293 f.

12 Zum ›verfehlten‹ oder eher gemiedenen Einfluß Nietzsches und Schopenhauers vgl. weiter unten, Kap. II, Fn. 104 und 105.

13 Freud, *Briefe an W. Fließ 1887-1904*, S. 438.

14 Vgl. A. J. Rosanoff, »Plato and Dostojevski Anticipating Freud«, in: *Psychoanalytic Review*, 1922, 9, S. 90 f., insbesondere aber die beiden Aufsätze (der zweite wenig mehr als eine paraphrasierte Zusammenfassung des ersten), die Freud als Beleg dafür anführt, daß die Übereinstimmung seines Libido-Begriffs mit Platos Eroskonzept wissenschaftlich nachgewiesen sei: M. Nachmansohn, »Freuds Libidotheorie verglichen mit der Eroslehre Platos«, in: *Internationale Zeitschrift für ärztliche Psychoanalyse*, 1915, 3, S. 65-83, und O. Pfister, »Plato als Vorläufer der Psychoanalyse«, in: *Internationale Zeitschrift für Psychoanalyse*, 1921, 7, S. 265-269. Der Vergleich bleibt auf das *Symposion* beschränkt, wobei Platos Text um des Nachweises einer exakten Übereinstimmung mit Freuds Theorie willen entstellt wird; das geht so weit, daß Plato sogar das Konzept der kindlichen Sexualität zugeschrieben wird. Explizit stellt Freud den Vergleich mit Plato erstmals im Jahre 1920 in der vierten Ausgabe der *Drei Abhandlungen zur Sexualtheorie* her (*G. W.* V, S. 32). Ein Jahr später wird die Bezugnahme in *Massenpsychologie und Ich-Analyse* noch deutlicher. Dort heißt es: »Der ›Eros‹ des Philosophen Plato zeigt in seiner Herkunft, Leistung und Bezie-

hung zur Geschlechtsliebe eine vollkommene Deckung mit der Liebeskraft, der Libido der Psychoanalyse« (*G. W.* XIII, S. 99). Schließlich steht der von Aristophanes im *Symposion* erzählte Mythos im Mittelpunkt von *Jenseits des Lustprinzips* (1920, *G. W.* XIII, S. 62). In »Die Widerstände gegen die Psychoanalyse« (1925) bekräftigt Freud nochmals – wiederum Bezug nehmend auf die geläufigen Widerstände gegen die Psychoanalyse aufgrund deren Sexualtheorie –, daß sein Sexualitätsbegriff dem in Platos *Symposion* entfalteten Erosbegriff gleiche, welcher jede Gefühlsäußerung einschließt und nach dem Erhalt des Lebens strebt (*G. W.* XIV, S. 105); sein Widerpart ist Thanatos, der andere Trieb mythischen Ursprungs, der auf die Wiederherstellung des Ursprungszustands der Bewegungslosigkeit der Materie zielt. Für einen systematischen Vergleich zwischen Freuds und Platos Theorie der Liebe vgl. die Studie von Gerasimos Santas, *Plato and Freud. Two Theories of Love*, New York 1988. Für einen Vergleich zwischen Platos Begriff der Seele und Freuds Struktur des psychischen Apparats sowie zwischen Platos dialogischer Methode und dem therapeutischen Verfahren der Psychoanalyse vgl. zudem B. Simon, »Plato and Freud: the Mind in Conflict and the Mind in Dialogue«, in: *The Psychoanalytic Quarterly*, 1973, 42, S. 91-122.

15 Vgl. *G. W.* XVIII, S. 893-906.
16 Vgl. W. Schönau, *Sigmund Freuds Prosa. Literarische Elemente seines Stils*, Stuttgart 1968.

Anmerkungen zu I. Interpretationen

1 Vgl. J. B. Pontalis, *Après Freud*, Paris 1968.

2 Den Begriff »Kernkomplex«, der allgemein auch als Synonym für den Ödipuskomplex verwendet wird, führt Freud erstmals in der Schrift »Über infantile Sexualtheorien« ein (vgl. Freud 1908, *G. W.* VII, S. 176). Er diskutiert hier das sogenannte Sphinx-Rätsel, das heißt die Fragen, die Kinder ihren Eltern über Sexualität und Fortpflanzung stellen, und den Konflikt, den die ausweichenden, verlogenen Antworten der Erwachsenen hervorrufen.

3 Ein weiteres – 1914 in »Zur Einführung des Narzißmus« (*G. W.* X, S. 137-170) offiziell eingeführtes – psychoanalytisches Konzept mit einem mythischen Vorläufer, das Freud nach eigenen Angaben von P. Näcke (und indirekt von H. Ellis) hergeleitet hatte, stützt sich auf eine der Narzißgestalt zugeschriebene Bedeutung, die bereits allgemein anerkannt war und symbolisch, aber nicht textuell mit der Narziß-Sage verbunden ist. Mit Ausnahme einer kurzen Anspielung in der Schrift über Leonardo (vgl. Freud 1910, *Eine Kindheitserinnerung des Leonardo da Vinci, G. W.* VIII, S. 170), worin die Narziß-Sage zitiert wird, um die Liebe zu sich selbst als Folge der Verinnerlichung der mütterlichen Objektliebe bzw. ihres Spiegelbildes zu erklären, gibt es meines Wissens bei Freud keine Hinweise auf den von Ovid in den *Metamorphosen* erzählten Narziß-Mythos oder andere Quellen.

4 Vgl. Michael Worbs, *Nervenkunst. Literatur und Psychoanalyse im Wien der Jahrhundertwende*, Frankfurt a. M. 1988.

5 Wie die Weimarer Klassik die Antike im Zeichen der »edlen Einfalt und stillen Größe« Winckelmanns betrachtet hatte, so ist das neue Jahrhundert zutiefst beeinflußt von den Schriften einiger Baseler Gelehrter, die sich am Rande der offiziellen Wissenschaften bewegten und den Mythos in den Mittelpunkt ihrer Forschungsarbeit stellten: J. J. Bachofen, F. Nietzsche, E. Rohde, J. Burckhardt und in der Wiener Variante J. Breuer und S. Freud (vgl. Worbs, *Nervenkunst*, S. 275). Der Baseler Kreis hatte versucht, die vorhomerische Zeit mit Hilfe des Mythos, den gerade Bachofen – und in gewissem Sinne auch Freud – historisiert hatte, zu rekonstruieren. Das vom vorangegangenen Jahrhundert fast völlig ignorierte oder verkannte archaische Griechenland wird nunmehr der Perikleischen Zeit entgegengestellt. Die neuen archäologischen Funde aus der mykenischen Kultur tragen dazu bei, einem sich radikal ändernden Bild des Griechentums Gestalt zu verleihen. Zum Einfluß von Bachofens Werk und seiner Bedeutung für das Denken der Romantik und die Wiederentdeckung des Mythos »vom

Orient aus« (Bäumler) vgl. neben Worbs die Beiträge von G. Plumpe, »Das Interesse am Anfang. Zur Bachofendeutung«, in: H.-J. Heinrichs (Hrsg.), *Materialien zu Bachofens ›Das Mutterrecht‹* Frankfurt a. M. 1975, S. 196-212, E. Salin (1965), »Bachofen als Mythologe der Romantik«, ebd., S. 150-160, und A. Bäumler (1926), »Chthonisch, dionysisch, apollinisch«, ebd., S. 135-149.

6 Vgl. B. Bettelheim, *Freud und die Seele des Menschen*, München 1986.

7 Bettelheims Essay wurde von verschiedener Seite kritisiert. Vgl. insbesondere Hans Fink, »Eine Erwiderung auf Bruno Bettelheims Buch ›Freud and Man's Soul‹«, in: *Jahrbuch der Psychoanalyse*, 1991, 27, S. 243-256. Zum Problem der irreführenden englischen Freud-Übersetzungen außerdem D. G. Ornston, »Freud's Conception is Different from Strachey's«, in: *Journal of the American Psychoanalytic Association*, 1985, 33, S. 379-412; N. Cheshire und H. Thomä, »Metaphor, Neologism and ›Open texture‹: Implications for Translating Freud's Scientific Thought«, in: *International Review of Psycho-Analysis*, 1991, 18, S. 429-455, und L. W. Brandt, »Some Notes on English Freudian Terminology«, in: *Journal of the American Psychoanalytic Association*, 1961, 9, S. 331-339.

8 »It appears that Freud again begins with a mythical concept, molds it into a scientific hypothesis, and then extends the meaning of the hypothesis until once again it has a mythical significance in its divergent and extensive explanations of complex cultural phenomena [...] Freud can thus be viewed as a creator of myths«. (G. Tourney, »Freud and the Greeks. A Study of the Influence of Classical Greek Mythology and Philosophy upon the Development of Freudian Thought«, in: *Journal of the History of the Behavioral Sciences*, 1965, 1, S. 67-85, hier S. 85).

9 G. Roccatagliata, *Le origini della psicoanalisi nella cultura classica*, Rom 1981.

10 Ich zitiere ein Beispiel aus dem 7. Kapitel, das von der Traumdeutung in der Antike handelt: »Für Artemidoros hat noch der banalste Traum einen wenn auch subtilen, unterschwelligen psychologischen Wert psychodynamischer Art. Er besteht darin, daß das Traumbild stets ›einen Wunsch realisiert‹«. Außerdem – immer noch »nach Artemidoros« – »drückt der Traum mit Hilfe von Bildern eine verborgene emotionale und affektive Spannung aus, übersetzt die geheimsten Bedürfnisse des Menschen in Symbole, arbeitet mit den Trieben, webt einen Roman, der den unbewußten Wünschen des Menschen entspringt« (ebd., S. 167). Selbst wenn Artemidor den Traum auf eine Weise beschreibt, die eine solche Interpretation zuläßt, bedeutet dies keineswegs, daß er ihn in diesem Sinne verstanden hat.

11 Vgl. Roccatagliata, *Le origini della psicoanalisi nella cultura classica*, S. 170.

12 Vgl. Kap. III.

13 Vgl. D. Damrosch, »The Politics of Ethics: Freud and Rome«, in: J. H. Smith & W. Kerrigan (Hrsg.), *Pragmatism's Freud. The Moral Disposition of Psychoanalysis*, Baltimore – London 1986, S. 103-125. Der Autor stellt die These auf, Freuds ambivalente Haltung, die ihn jahrelang von der »ewigen Stadt« fernhielt, obwohl er den brennenden Wunsch verspürte, sie kennenzulernen, symbolisiere den Widerstand des Judentums gegen den Katholizismus.

14 Eine Ausnahme bilden die Arbeiten über Freud und die Archäologie. Vereinzelte Bemerkungen über Freuds archäologische Sammlung, die am Ende rund 3000 Stücke umfaßte, finden sich in fast allen Freud-Biographien. Eine erste Untersuchung zum Thema verdanken wir S. Cassirer-Bernfeld (»Freud and Archaeology«, in: *American Imago*, 1951, 8, S. 107-128), die das Thema psychoanalytisch untersucht und den unbewußten Motiven für Freuds Archäologie-Leidenschaft nachgeht. Sie hätten ihren Ursprung in einer aus der Kindheit stammenden Sublimierung der Angst vor Tod und Vergänglichkeit. Schönau (*Sigmund Freuds Prosa*) widmet der Analyse der archäologischen Metaphern in Freuds Werk einen Teil seiner Untersuchung und stellt die Hypothese auf, Freud habe sich mit Schliemann identifiziert (vgl. S. 184-188), den er in der Korrespondenz mit Fließ häufig erwähnt und wegen der Entdeckung des Priamus-Schatzes »beneidete« (vgl. Freud, *Briefe an W. Fließ 1887-1904*, S. 387 und 430). Zu Freud und Schliemann vgl. auch W. G. Niederland & N. J. Englewood, »Die Philipsonsche Bibel und Freuds Faszination für die Archäologie«, in: *Psyche,* 1988, 42, 6, S. 465-471, und R. J. Klaus, »Archäologie der Kindheit. Psychoanalytische Bedingungen für die Realisierung von kindlichen Lebensträumen am Beispiel Heinrich Schliemanns«, in: *Psyche,* 1992, 46, S. 1037-1069. Die Metapher von der »ewigen Stadt« – die von Freud in *Das Unbehagen in der Kultur* (vgl. Freud 1930, *G. W.* XIV, S. 426-429) aufgestellte Parallele zwischen den unter den Barockpalästen begrabenen Ruinen des archaischen Roms und den Schichten des psychischen Apparats – untersucht Schönau im Detail und setzt sie zu Freuds Bewunderung für Hannibal in Beziehung. Eine kommentierte Beschreibung der archäologischen Sammlung sowie ein Forschungsüberblick zum Thema findet sich in H. & C. Weiss, »Eine Welt wie im Traum. Sigmund Freud als Sammler antiker Gegenstände«, in: *Jahrbuch der Psychoanalyse*, 1984, 16, S. 189-217. Eine Liste aller Gegenstände der Sammlung präsentiert J. von Uthmann, »Bruchstücke der Vergangenheit. Freuds Antikensammlung: Eine Wanderausstellung«, in: *Geschichte der Psychologie*, 1992, 9, S. 60. Vgl. außerdem C. und H. Weiss, »Dem Beispiel jener Forscher folgend … Zur Bedeutung der Archäologie im Leben

Freuds«, in: *Luzifer-Amor*, 1989, 2, S. 47-51; L. Flem, »L'archéologie chez Freud, destin d'une passion et d'une métaphore«, in: *Nouvelle Revue de Psychanalyse*, 1982, 26, S. 71-93; L. Gamwell und R. Wells (Hrsg.), *Sigmund Freud and Art. His Personal Collection of Antiquities. Introduction by P. Gay*, New York, London 1989, sowie den kurzen, aber aufschlußreichen Aufsatz von H. Jobst (»Freud and Archeology«, in: *Sigmund-Freud-House-Bulletin*, 1978, 2, I, S. 46-52). Schließlich ist Tögels Studie zu Freud als ›Reisender‹ und zu seinen Reisen in die griechisch-römische Vergangenheit zu nennen. Vgl. C. Tögel, *Berggasse – Pompeji und zurück. Sigmund Freuds Reisen in die Vergangenheit*, Tübingen 1989, hier insbesondere S. 29-38.

15 Vgl. E. Jones, *Das Leben und Werk von Sigmund Freud*, 3 Bde., Bern – Stuttgart – Wien 1960. Fast fünfzig Jahre nach seinem Erscheinen bleibt das Werk – trotz seines teilweise allzu apologetischen Tons – immer noch eine unverzichtbare Quelle für jede Arbeit über Freuds Leben und Werk.

16 Zu den Beziehungen zwischen Brücke, Freud und Meynert vgl. vor allem den ersten Band von Jones' Biographie sowie Kap. II der vorliegenden Arbeit.

17 Vgl. W. McGrath, *Freud's Discovery of Psychoanalysis*, New York 1986.

18 Die Briefe an Silberstein waren zum Zeitpunkt der Veröffentlichung der Studie von McGrath noch nicht zugänglich und sind inzwischen erschienen unter dem Titel *Freud, Jugendbriefe an Eduard Silberstein 1871-1881*, hg. von W. Boehlich, Frankfurt a. M. 1989. Diese Briefe vermitteln ein anderes Bild des jungen Freud als es die Forschung bis dahin entworfen hatte. In den Jahren des Gymnasiums gründeten Silberstein und Freud, die anhand literarischer Texte, namentlich des *Don Quijote* von Cervantes, im Selbststudium Spanisch gelernt hatten, eine »Kastilianische Privatakademie« und korrespondierten in einer von literarischen Zitaten durchdrungenen Geheimsprache. Noch bedeutender sind die Briefe, die Freud während der ersten Universitätsjahre an den Freund schrieb. Sie zeugen von einem lebhaften Interesse für die Philosophie (sogar für die Metaphysik!) und für das – von Freud später zum Teil geleugnete – Studium von Autoren wie Aristoteles, Descartes, Feuerbach und Nietzsche.

19 Vgl. McGrath, *Freud's Discovery of Psychoanalysis*, S. 95-151. Freud nahm mindestens drei Jahre lang an einer fakultativen Philosophie-Vorlesung bei Brentano teil.

20 Vgl. P. Brückner, *Sigmund Freuds Privatlektüre*, Köln 1975, S. 13.

21 In dem Erinnerungsband über das Leben seines Vaters erzählt Martin Freud, daß Freud nächtelang mit Emmanuel Loewy, Altphilologe und Professor für Archäologie in Rom, über neue archäologische Funde dis-

kutierte und daß er seinen Vater bei diesen Gelegenheiten ganze Abschnitte der *Ilias* hat vortragen hören (vgl. Martin Freud, *Sigmund Freud, man and father*, New York 1958; zudem Freud, *Briefe an W. Fließ 1887-1904*, S. 300).

22 Vgl. Freud, *Briefe 1873-1939*, hg. von E. & L. Freud, Frankfurt a. M. 1960, S. 267-269.

23 Auch wenn man Freuds Studien zu Mythologie, Religionsgeschichte und Archäologie auslassen wollte, die unter Umständen reinen Forschungszwecken zugeschrieben werden könnten, bleibt anzuführen, daß Freud in einem Brief an Fließ vom 30. Januar 1899 (vgl. Freud, *Briefe an W. Fließ 1887-1904*, S. 374) erzählte, er habe sich in die Lektüre von Jacob Burckhardts Werk über die griechische Kultur (dessen erste zwei Bände gerade 1898 erschienen waren) vertieft, um sich von den Mühen der Wissenschaft abzulenken (vgl. J. Burckhardt, *Griechische Kulturgeschichte*, 3 Bde., Leipzig 1929, 2. Aufl.). Ich glaube zudem, daß auch Livius zu den klassischen Autoren gehört, die Freud las und kannte, jedoch nur selten in sein Werk zu integrieren vermochte. Die Art und Weise, in der er ihn erwähnt, deutet auf ein tiefes Interesse, das sicherlich mit seiner Leidenschaft für die römische Geschichte zusammenhängt (vgl. Freud 1925, *Selbstdarstellung*, in: *G. W.* XIV, S. 60). An anderer Stelle vergleicht Freud die Livius-Lektüre und -Interpretation mit den beiden Phasen der Traumdeutung (Übersetzung und Bewertung), die klar unterschieden werden müssen (vgl. Freud 1923, »Bemerkungen zur Theorie und Praxis der Traumdeutung«, *G. W.* XIII, S. 304).

24 Vgl. C. E. Schorske, *Thinking with History. Explorations in the Passage to Modernism*, Princeton 1988, darin insbesondere den Aufsatz »To the Egyptian Dig: Freud's Psycho-Archeology of Cultures«, S. 191-215.

25 Vgl. M. Robert, *De Œdipe à Moïse. Freud et la conscience juive*, Paris 1974.

26 Auch für Schorske symbolisiert wiederum Rom diese Ambivalenz, sowohl aus den Gründen, die Freud bewogen, jahrelang eine Reise dorthin aufzuschieben, als auch aufgrund der Empfindungen, die die Stadt schließlich bei ihm auslöste. Nach Schorske verdeutliche Freuds zweideutige Haltung Rom gegenüber, daß ihn in wachsendem Maße die Frage beschäftigte, wie ein Jude in einer nicht-jüdischen Welt leben solle. Tatsächlich fühlte sich Freud vom mittelalterlichen und barocken Rom beinahe angewidert, während das antike ihn außerordentlich faszinierte.

27 Vgl. Freud 1939, *Der Mann Moses und die monotheistische Religion*, *G. W.* XVI, S. 103-246. Bekanntlich hatte Freud aus Rücksicht gegenüber seinen Mitjuden, die gerade in jenen Jahren die Nazi-Verfolgung

erlitten, lange gezögert, ehe er sich zu der Veröffentlichung einer Abhandlung entschied, die Moses seine jüdische Abstammung absprach. Der erste der drei Aufsätze erschien 1937 unter dem Titel »Moses ein Ägypter« in der Zeitschrift *Imago* (Bd. 23, H. 1), der zweite im selben Jahr unter dem Titel »Wenn Moses ein Ägypter war« (*Imago*, Bd. 23, H. 4). In einer anregenden, jedoch nicht durchweg überzeugenden Interpretation von Freuds Studie über Moses versucht Y. H. Yerushalmi Freud und die Psychoanalyse der jüdischen Tradition zurückzugewinnen (*Freuds Moses. Endliches und unendliches Judentum*, Frankfurt a. M. 1999).

28 Nach Schorskes Ansicht rührt das Empfinden von Panik und Fassungslosigkeit, das Freud während seiner Athenreise im Jahre 1904 auf der Akropolis ergriff (vgl. Freud 1936, »Brief an Romain Rolland. Eine Erinnerungsstörung auf der Akropolis«, *G. W.* XVI, S. 250-257), aus dem Schuldgefühl her, die jüdische Kultur zugunsten der griechisch-römischen aufgegeben zu haben.

29 Unter den klassischen psychoanalytischen Studien über das griechische Theater sind insbesondere zwei Arbeiten von Winterstein anzuführen, die im Vergleich zu den aktuellen, durch Lacan inspirierten Interpretationen zwar heute überholt erscheinen, aber einen unzweifelhaften Wert als historische Dokumente der ersten Anwendungen psychoanalytischer Methoden im Bereich der Altphilologie besitzen. A. R. Fr. Winterstein, »Zur Entstehungsgeschichte der griechischen Tragödie«, in: *Imago*, 1922, 8, S. 440-505, und *Der Ursprung der Tragödie. Ein psychoanalytischer Beitrag zur Geschichte des griechischen Theaters*, Wien: Internationaler Psychoanalytischer Verlag, 1925.

30 Vgl. D. Van der Starren, *Œdipe. Une étude psychanalitique d'après les tragédies de Sophocle*, Paris 1976.

31 Vgl. André Green, *Un œil en trop. Le complexe d'Œdipe dans la tragédie*, Paris 1969.

32 Ebd., S. 13.

33 Eine vollständige Liste der Studien, die sich mit der psychoanalytischen Mytheninterpretation und ihren historisch-kulturellen bzw. therapeutischen Anwendungen befaßt haben, kann hier nicht präsentiert werden. Die nachfolgend angeführten Titel stellen lediglich einen kleinen Ausschnitt aus einer beeindruckenden Bibliographie dar. Insbesondere sei auf die fast ausschließlich dem Mythos gewidmete Aufsatzsammlung von D. Anzieu u. a., *Psychanalyse et culture grecque*, Paris 1980 (darin insbes. D. Anzieu, »Œdipe avant le complexe ou de l'interprétation psychanalytique du mythes«, S. 9-52), sowie auf das von der »Société Psychanalytique de Paris« herausgegebene Themenheft zum Mythos: *Mythes (Colloque de Deauville. 24-25 octobre 1981), Revue Française*

de Psychanalyse, 1982, 4, hingewiesen. Vgl. zudem M. Abadi, »Meditazione su (l') Edipo«, in: *Rivista di Psicoanalisi*, 1978, 24, S. 497-516; R. Vogt, »Der Mythos. Versuch einer begrifflichen Annäherung«, in: *Psyche*, 1985, 9, S. 767-797; M. Kanzer, »On Interpreting the Oedipus Plays«, in: *The Psychoanalytic Study of Society*, 1964, 3, S. 26-38; G. Schmid Noerr, »Mythologie des Imaginären oder imaginäre Mythologie? Zur Geschichte und Kritik der psychoanalytischen Mythendeutung«, in: *Psyche*, 1982, 36, S. 577-608; ders., »Eros und Todestrieb. Zur Dechiffrierung der psychoanalytischen ›Mythologie‹«, in: *Psyche*, 1987, 41, S. 677-698; D. Anzieu, »Freud et la mythologie«, in: *Nouvelle Revue de Psychanalyse*, 1970, 1, S. 217-274; G. Aigrisse, *Psychanalyse de la Grèce antique*, Paris 1960; Debra B. Bergoffen, »Sophocle's Antigone and Freud's Civilization and its Discontents«, in: *American Imago*, 1986, 43, S. 151-167; C. Downing, »Sigmund Freud and the Greek Mythological Tradition«, in: *Journal of the American Academy of Religion*, 1975, 43, S. 3-14; S. Golnick, »Play, Myth, Theater and Psychoanalysis«, in: *Psychoanalytic Review*, 1984, 71, S. 247-262; Th. C. Guthrie, »Oedipus Myth in Ancient Greece«, *Psychiatric Quarterly*, 1955, 29, S. 543-54; M. Haumann, »A Psychoanalytic Interpretation of Ovid's Myth of Narcissus and Echo«, *Psychoanalytic Review*, 1992, 72, S. 555-575; R.-G. Klausmeier, »Der Mythos von Orpheus. Versuch einer psychoanalytischen Interpretation«, in: *Jahrbuch der Psychoanalyse*, 1986, 18, S. 177-194; M. Safouan, *Études sur l'Œdipe. Introduction à une théorie du sujet*, Paris 1974; R. J. Almansi, »On the Persistence of very Early Memory Traces in Psychoanalysis, Myth, Religion«, in: *Journal of the American Psychoanalytic Association*, 1983, 31, S. 391-421.

34 Vgl. insbesondere O. Rank, *Der Mythos von der Geburt des Helden. Versuch einer psychologischen Mythendeutung*, Leipzig – Wien 1909, und *Das Inzest-Motiv in Dichtung und Sage*, Leipzig – Wien 1912; außerdem Karl Abraham, *Traum und Mythos. Eine Studie zur Völkerpsychologie*, Leipzig – Wien 1909, sowie O. Rank und H. Sachs, *Die Bedeutung der Psychoanalyse für die Geisteswissenschaften*, Wiesbaden 1913. Für eine kritische Auseinandersetzung mit der orthodoxen psychoanalytischen Mythendeutung vgl. H. Zinser (1985), »Das Problem der psychoanalytischen Mytheninterpretation«, in: R. Schlesier (Hrsg.), *Die Faszination des Mythos. Studien zu antiken und modernen Interpretationen*, Basel – Frankfurt a. M. 1985, S. 113-125, sowie im selben Band L. Kahn (1928), »Die heitere Götterwelt Homers«, S. 83-113.

35 Zu dem komplexen Verhältnis zwischen psychischer Realität und historischer Wahrheit vgl. vor allem Freuds Schriften *Totem und Tabu* (1912-13) und *Der Mann Moses und die monotheistische Religion* (1939).

36 Vgl. Freud 1912-13, *Totem und Tabu*, G. W. IX, S. 186 ff.

37 Zu den Begriffen »Phantasie« und »Urphantasie« in der Psychoanalyse vgl. von J. Laplanche und J. B. Pontalis: *Vocabulaire de la Psychanalyse*, Paris 1971, S. 152-159, und *Fantasme originaire, Fantasme des origines, Origines du fantasme*, Paris 1985.

38 Vgl. Freud 1909, »Der Familienroman der Neurotiker«, *G. W.* VII, S. 227-231.

39 Vgl. D. Anzieu (u. a.), *Psychanalyse et culture grecque*, S. 31.

40 Ebd., S. 147.

41 Zu den möglichen Anwendungen der psychoanalytischen Methode im Bereich der Altphilologie vgl. J. R. Cautela, »Use of Psychoanalysis in the Study of the Classics«, in: *Psychoanalytic Review*, 1960, 47, S. 117-129, und F. Will, »Psychoanalysis and the Study of Ancient Greek Literature«, in: *Literature Inside Out*, Cleveland, Ohio, 1966, S. 39-53. Außerdem seien an dieser Stelle die beiden Forschungsberichte von J. Glenn erwähnt, in denen er die psychoanalytischen Schriften – sowohl von Freud als auch von anderen Autoren – zur klassischen Mythologie bzw. zur griechischen und lateinischen Literatur vorstellt: Jules Glenn, »Psychoanalytic Writings on Greek and Latin Authors 1911-1960«, in: *Classical World*, 1972, 66, S. 129-145; ders., » Psychoanalytic Writings on Classical Mythology and Religion 1909-1960«, in: *Classical World*, 1976, 70, S. 225-247. Wie auch Glenn hervorhebt, findet sich bezeichnenderweise unter den Autoren, die sich mit dem Verhältnis zwischen Psychoanalyse und Altphilologie beschäftigt haben, kein einziger Philologe. Obwohl Glenns Bericht mit den ausgehenden fünfziger Jahren endet, scheint sich mit sehr vereinzelten Ausnahmen bis heute nicht viel geändert zu haben: Die Psychoanalyse rechnet Mythologie und klassische Tragödie nach wie vor zu ihrem Untersuchungsfeld, während die klassische Philologie sich weiterhin von der psychoanalytischen Methode fernhält.

42 Nicht zufällig konnte eine 1983 in Turin veranstaltete Tagung zum Thema Ödipus fast vollständig an Freud vorbeisehen. Vgl. R. Uglione (Hrsg.), *Atti delle giornate di studio su Edipo*, 11.-13. April 1983, Turin 1984.

43 Die von Freud in der *Psychopathologie des Alltagslebens* (1901) gebotene Erklärung für einen *lapsus mnemendi* in der Wiedergabe des Vergil-Verses »Exoriare aliquis nostris ex ossibus ultor« (*Aen.* IV, 625) (der Autor des Lapsus hatte das *aliquis* fortgelassen und die Wörter *nostris ex* verdreht) bildet den Ausgangspunkt von Timpanaros Auseinandersetzung mit der Freudschen Interpretation sprachlicher Fehlleistungen: *Il lapsus freudiano. Psicanalisi e critica testuale*, Florenz 1975. Der Rückgriff auf Philologie und Textkritik und die Berücksichtigung der soziologischen und historisch-kulturellen Bedingungen, unter denen ein Lapsus

zustande kam, reichen nach Timpanaro aus, um seine Entstehung wie auch seine formalen Eigenschaften zu erklären und zu interpretieren. Freuds verallgemeinernde Annahme, der Lapsus linguae sei die verzerrte Erscheinungsform eines unbewußten Wunsches, erscheint Timpanaro willkürlich und wissenschaftlich haltlos. Die Kritik von Timpanaro läuft im Grunde auf das bereits von K. Popper aufgeworfene Problem der »Nicht-Falsifizierbarkeit« und folglich der Unwissenschaftlichkeit der Psychoanalyse hinaus (vgl. *Scienza e filosofia. Problemi e scopi della scienza. Cinque saggi*, Torino 1969), das Timpanaro historisch aus der Trennung zwischen Wissenschaft und Aufklärung erklärt, die sich in der Kultur des 19. Jahrhunderts vollzogen habe. Obwohl Timpanaro sich gar keine allgemeine Widerlegung anmaßt, impliziert die Infragestellung der Fehlleistungstheorie notwendigerweise, daß der Psychoanalyse jeder heuristische Wert abgesprochen wird, denn in Freuds Theorie stellt der Lapsus das kleinste Indiz für die Existenz des Unbewußten dar, und seine Erklärung gehorcht genau denselben Gesetzen, die auch dem Mechanismus des Witzes, des Traums und des Symptoms zu verantworten haben.

44 Vgl. J.-P. Vernant, »Œdipe sans complexe«, in: J.-P. Vernant und P. Vidal-Naquet, *Mythe et tragédie en Grèce ancienne*, Paris 1973, S. 75-98. Von denselben Autoren, ebenfalls zur Tragödie, insbesondere zu den verschiedenen Versionen und Metamorphosen der tragischen Ödipus-Gestalt: *Œdipe et ses mythes*, Brüssel 1988.

45 Vgl. J. Bollack, »Der Menschensohn. Freuds Ödipusmythos«, in: *Psyche*, 1993, 47, S. 647-683.

46 Interessant sind insbesondere Bollacks Überlegungen zu Freuds Ansatz, der das Modell des modernen Wiener Schicksalsdramas an das antike Drama herantrage.

47 Ähnlich die These der Studie von M. Delcourt über den Ödipusmythos: *Œedipe ou La légende du conquérant*. Précédé de »Œdipe roi« selon Freud par Conrad Stein, Paris 1981 (das Original von Delcourt ist von 1944). In impliziter Opposition gegen die psychoanalytischen Interpretationen vertritt die Autorin die Ansicht, die wesentlichen Episoden der verschiedenen Versionen der Ödipuslegende stellten mythische Erzählungen der antiken Riten des Kampfes um die Erlangung der Königsmacht dar. – Eine überzeugende Synthese zwischen philologischer Rekonstruktion und Freudscher Perspektive findet sich bei Heinz Politzer, *Hatte Ödipus einen Ödipuskomplex? Versuche zum Thema Psychoanalyse und Literatur*, München 1974.

48 Dieselbe Frage quält im übrigen auch den Freudschen Ödipus.

49 Vgl. J. P. Vernant, »Œdipe sans complexe«, S. 80.

50 Es sei hier zudem daran erinnert, daß in *Die endliche und die unendli-*

che Analyse (1937) das Empedokles-Prinzip der *Philia* bedenkenlos mit dem *Eros*-Begriff gleichgesetzt wird, obwohl dieses Prinzip bei Empedokles sicherlich eher eine Art Tendenz zur universellen Harmonie beschreibt als den Überlebenstrieb durch Reproduktion.

51 Den schlagenden Beweis für den Inzest-Wunsch sehen Freud und die Psychoanalytiker in der Textstelle, an der Iokaste – um Ödipus' quälende Zweifel zu besänftigen und ihn davon abzuhalten, der eigenen Identität weiter nachzuforschen – berichtet, es sei vielen widerfahren, sich im Traum mit der eigenen Mutter zu vereinigen (vgl. Freud 1900, *Die Traumdeutung*, G. W. II/III, S. 270). Doch erweist sich auch dies als schwacher Beweis, wenn man die Stelle im historisch-kulturellen Kontext des antiken Griechenlands analysiert. Für die Griechen hatten Träume den Wert von Orakeln, wobei der Inzest-Traum manchmal Tod, häufiger aber die Eroberung von Land und Macht bedeuten konnte und im allgemeinen von guter Vorbedeutung war (vgl. J. P. Vernant, »Œdipe sans complexe«, S. 97 f.). Vielleicht hat Freud nicht zufällig davon abgesehen, den Abschnitt aus Artemidors Traumbuch anzuführen, der den Träumen der Vereinigung mit der eigenen Mutter gewidmet ist, obwohl er das Buch sehr gut kannte. Denn Artemidor interpretiert diese Träume je nach Träumendem und Umständen der Traumszene auf unterschiedlichste Art und Weise, niemals aber als Anzeichen für einen Inzest-Wunsch.

52 Es sei in diesem Zusammenhang die Anekdote erwähnt, daß eine Gruppe von Schülern Freud zu dessen fünfzigstem Geburtstag eine Medaille schenkte, die auf der einen Seite sein Profil, auf der anderen Seite das Bild des Ödipus im Gespräch mit der Sphinx zeigte; am Rand waren die Worte der oben zitierten Stelle aus dem *König Ödipus* (1525) eingraviert. Jones, der die Episode in seiner Biographie (vgl. Bd. II, S. 30 f.) erzählt, berichtet, Freud, nachdem er die Inschrift gelesen hatte, sei erblaßt und habe gefragt, von wem die Idee stammte. Als Federn sich dazu bekannte, gestand Freud, er habe als Student bei einem Spaziergang im Säulengang der Universität, wo die Büsten berühmter Professoren aufgestellt waren, den Traum gehabt, seine eigene Büste, begleitet von ebendieser Inschrift, unter die anderen eingereiht zu sehen. Zu Recht fragt sich Politzer (*Hatte Ödipus einen Ödipuskomplex?*, S. 53 f.), ob Freuds Bestürzung nicht auch – außer durch die Überraschung, plötzlich einem »Gespenst« der Vergangenheit gegenüberzustehen – durch die Ambiguität von Ödipus' Schicksal ausgelöst worden sei.

53 Zum Begriff der *hamartia*, der christlich gefärbt mit »tragische Schuld« ins Deutsche übersetzt wurde, vgl. den kurzen, aber ausgezeichneten Aufsatz von K. Arvanitakis über die *Poetik* des Aristoteles (»Aristotle's

Poetics: The Origins of Tragedy and the Tragedy of Origins«, in: *American Imago*, 1982, 39, S. 255-268). Arvanitakis analysiert die Grundbegriffe der Aristotelischen Tragödien-Theorie und setzt die Begriffe der *hamartia* und der *Anagnorisis* zueinander in Beziehung.

54 Man sollte außerdem nicht vergessen, daß auch rigoros historisch-philologische Analysen sich in ihrer jeweils zutage geförderten »Wahrheit« ebenso sehr voneinander unterscheiden wie von Freuds Interpretation. Als Beispiele können die zitierten Arbeiten von Bollack, Delcourt und Vernant sowie W. Schadewaldt, »Sophokles und das Leid«, in: *Hellas und Hesperien*, I, Zürich – Stuttgart 1970, 2. Aufl., S. 385-401, angeführt werden.

55 Gemessen an der Bedeutung, die dem Konzept des »Ödipuskomplexes« in der psychoanalytischen Theorie zukommt, ist es erstaunlich, daß Freud der Interpretation der Sophokles-Tragödie im engeren Sinne in seinem gesamten Werk nur wenige Seiten widmet: vgl. *Die Traumdeutung* (1900), *G. W.* II/III, S. 268-271; *Vorlesungen zur Einführung in die Psychoanalyse* (1916-17), *G. W.* XI, S. 342-344; *Abriss der Psychoanalyse* (1940), *G. W.* XVII, S. 114, 117 und 119 (hier auch zur Blendung des Ödipus als symbolischer Ersatz für die Kastration) und »Dostojewski und die Vatertötung« (1928), *G. W.* XIV, S. 412 f. (ein Vergleich des Motivs der Vatertötung im *Hamlet*, in den *Brüdern Karamasow* und im *König Ödipus*). Der erste Hinweis auf die Entdeckung des Ödipuskomplexes findet sich zudem in einem berühmten Brief an Fließ vom 15. Oktober 1897.

56 Allein schon der Begriff der Kanonisierung mit seinen dogmatisch-religiösen Implikationen mag eine solche Hypothese zunächst plausibel erscheinen lassen. Eine Antwort auf diese Position findet sich bei J. Küpper, »Kanon als Historiographie – Überlegungen im Anschluß an Nietzsches *Unzeitgemäße Betrachtungen, zweites Stück*«, in: M. Moog-Grünewald (Hrsg.), *Kanon und Theorie*, Heidelberg 1997, S. 41-64. Überzeugend führt der Autor aus, daß unser literarischer Kanon nicht an sich »notwendig« ist – also im Sinne einer höheren Qualität der ihm angehörenden, im Gegensatz zu den von ihm ausgeschlossenen Texten –, wohl aber infolge eines bestimmten Geschichtsverlaufs (übrigens der einzige, über den wir verfügen). Dieser Geschichtsverlauf habe es mit sich gebracht, daß diese und keine anderen Texte die Antworten auf die Fragen zu liefern vermochten, die eine Kultur von Mal zu Mal stellt, um sich selbst zu erklären und die eigene Identität zu definieren oder zu redefinieren. Der Kanon wäre also nicht mehr und nicht weniger willkürlich oder kontingent als der Geschichtsprozeß selbst. Auch ohne davon ausgehen zu wollen, dieser gehorche einer Teleologie, bleibt die Tatsache bestehen, daß eine Kontingenz, die ihrerseits von ei-

ner anderen Kontingenz abhängt, zwangsläufig notwendig wird.

57 Vgl. H.-G. Gadamer, *Wahrheit und Methode. Grundzüge einer philosophischen Hermeneutik*, Tübingen 1960, S. 274.

58 Vgl. S. Kracauer, »Time and History«, in: *Zeugnisse. Theodor W. Adorno zum 60. Geburtstag*, Frankfurt 1963, S. 50-64.

59 Zum Konzept der »Ungleichzeitigkeit des Gleichzeitigen« vgl. den Kommentar von Jauß zu Kracauers oben angeführter Schrift in H. R. Jauß, *Literaturgeschichte als Provokation der Literaturwissenschaft*, Konstanz 1967.

60 Vgl. H.-G. Gadamer, *Wahrheit und Methode*, S. 269-275.

61 Ebd., S. 154.

62 Vgl. I. Calvino, *Perché leggere i classici*, S. 13. Von den vierzehn Definitionen des »Klassikers«, die Calvino anführt, seien hier diejenigen wiedergegeben, die auf das hier diskutierte Problem der Interpretation des *König Ödipus* zugeschnitten zu sein scheinen: »4. Jede erneute Lektüre eines Klassikers ist eine Neuentdeckung, wie die erste. 5. Jede erste Lektüre eines Klassikers ist in Wahrheit eine neue Lektüre. [...] 7. Klassiker sind jene Bücher, die zu uns gelangen, indem sie die Spur der Lesarten, die der unseren vorausgegangen sind, mit sich führen, und die Spur, die sie in den von ihnen durchquerten Kulturen (oder einfach in Sprache und Sitten) hinterlassen haben, nach sich ziehen. [...] 8. Ein Klassiker ist ein Werk, das unaufhörlich den Staub kritischer Kommentare aufwirbelt, ihn aber ständig von sich abschüttelt. [...] 13. Klassisch ist, was die Gegenwart auf den Rang eines Hintergrundgeräusches verweist, ohne dieses Hintergrundgeräusch aber nicht auskommen kann. 14. Klassisch ist, was auch dann als Hintergrundgeräusch fortlebt, wenn eine mit dem Werk unvereinbare Gegenwart herrscht« (S. 13-18).

63 Vgl. H.-G. Gadamer, *Wahrheit und Methode*, S. 246.

64 Zu dieser teleologischen Gefahr der Hermeneutik vgl. vor allem J. Küpper, »Grenzen der Horizontverschmelzung. Überlegungen zu Hermeneutik und Archäologie«, in: W. Helmich u.a. (Hrsg.), *Poetologische Umbrüche. Festschrift Ulrich Schulz-Buschhaus zum sechzigsten Geburtstag*, München 2002, S. 428-451.

65 Nach dem hermeneutischen Modell ist der Text an sich paradoxerweise stumm: »Der Erzählung befiehlt nicht die Stimme, sondern das Ohr« (Calvino, *Le città invisibili*, in: *Romanzi e racconti*, v. 2, Milano 1992).

66 Zu Freuds Auffassung des Sophokles-Dramas als Prototyp einer »kathartischen Tragödie«, wie sie im Wien der Jahrhundertwende infolge der Neuinterpretation von Aristoteles' *Poetik* in medizinisch-therapeutischem Sinne konzipiert wurde, vgl. Bollack, »Der Menschensohn. Freuds Ödipusmythos«, S. 651 f.

67 »Die Wirkung auch der großen literarischen Werke der Vergangenheit ist weder ein sich selbst vermittelndes Geschehen noch einer Emanation zu vergleichen: auch die Tradition der Kunst setzt ein dialogisches Verhältnis des Gegenwärtigen zu dem Vergangenen voraus, dem zufolge das vergangene Werk erst antworten und uns ›etwas sagen‹ kann, wenn der gegenwärtige Betrachter die Frage gestellt hat, die es aus seiner Abgeschiedenheit zurückholt.« (H. R. Jauß, *Literaturgeschichte als Provokation der Literaturwissenschaft*, S. 49).

68 Vgl. C. Lévi-Strauss, *Anthropologie structurale*, Paris 1958, S. 240.

Anmerkungen zu II. Studien über Hysterie

1 Freud, »*Selbstdarstellung*«. *Schriften zur Geschichte der Psychoanalyse*, herausgegeben und eingeleitet von I. Grubrich-Simitis, Frankfurt a. M. 1971, S. 40. In einem Brief an Fließ vom 2. April 1896 schreibt Freud: »Wenn uns beiden noch einige Jahre ruhiger Arbeit vergönnt sind, werden wir sicherlich etwas hinterlassen, was unsere Existenz rechtfertigen kann. In diesem Bewußtsein fühle ich mich stark gegen alle Sorgen und Mühen des Tages. Ich habe als junger Mensch keine andere Sehnsucht gekannt als die nach philosophischer Erkenntnis, und ich bin jetzt im Begriffe, sie zu erfüllen, indem ich von der Medizin zur Psychologie hinüberlenke. Therapeut bin ich wider Willen geworden« (Freud, *Briefe an W. Fließ 1887-1904*, S. 190).

2 Vgl. Jones, *Das Leben und Werk von Sigmund Freud*, I, S. 76.

3 Freud 1927, »Nachwort zur *Frage der Laienanalyse*«, G. W. XIV, S. 287-296, hier S. 290. – Folgendermaßen kommentiert Freud 1935 seine Studien über den Ursprung von Religion und Moral (vgl. Freud 1912-1913, *Totem und Tabu*, G. W. IX) und über die Kultur als notwendiges, jedoch ›unbequemes‹ Produkt der Verdrängung und Sublimierung (vgl. Freud 1930, *Das Unbehagen in der Kultur*, G. W. XIV, S. 419-506): »Nach dem lebenslangen Umweg über die Naturwissenschaften, Medizin und Psychotherapie war mein Interesse zu jenen kulturellen Problemen zurückgekehrt, die dereinst den kaum zum Denken erwachten Jüngling gefesselt hatten« (»Nachschrift 1935« [zu *Selbstdarstellung* 1925], G. W. XVI, S. 32).

4 Jones, *Das Leben und Werk von Sigmund Freud,* I, S. 47.

5 Angaben zu Freuds Gymnasialzeit findet man zudem bei S. Bernfeld, »Freud's Scientific Beginnings«, in: *American Imago*, 1949, 6, S. 163-196. Der Autor, der Freud persönlich kannte, erinnert sich daran, daß er die Klassiker in Originalsprache las und diejenigen »bedauerte«, deren Kenntnisse dazu nicht ausreichten. Hanns Sachs, *Freud. Meister und Freund*, Frankfurt a. M. – Berlin – Wien 1982, behauptet dagegen, Freud habe seine am Gymnasium erworbenen Latein- und Griechischkenntnisse nicht oft angewandt.

6 So I. Grubrich-Simitis in den »Editorischen Hinweisen« zu Freud 1969, »Jugendbriefe an Emil Fluß«, in: Freud 1971, »*Selbstdarstellung*«. *Schriften zur Geschichte der Psychoanalyse*, S. 103-123, hier S. 105.

7 Freud 1969, »Jugendbriefe an Emil Fluß«, S. 116. Mit der – vielleicht ironischen – Verwendung der Rechtssprache spielt Freud auf seine frühere Absicht an, sich an der juristischen Fakultät zu immatrikulieren (vgl. dazu den Brief an Julie Braun-Vogelstein, in: Freud, *Briefe*

1873-1939, S. 392-394). – Nach Blumenberg (vgl. *Die Lesbarkeit der Welt*, S. 336-342) darf es nicht überraschen, daß Freud die Begriffe Natur und Medizin hier synonym gebraucht, denn es handele sich um eine Gleichsetzung, die implizit sein ganzes Werk durchziehe, einschließlich der späteren Schriften.

8 Freud, »*Selbstdarstellung*«. *Schriften zur Geschichte der Psychoanalyse*, S. 41. Carl Brühl (1820-1899) war Professor für Tieranatomie an der Universität Wien und hielt jeden Sonntag populärwissenschaftliche Vorlesungen, die Freud eifrig besuchte.

9 Vgl. J. W. Goethe, »Die Natur«, in: *Goethes Werke*, Bd. 12, *Philosophische und naturwissenschaftliche Schriften*, Berlin – Weimar 1981, S. 10-13, hier S. 11.

10 Vgl. Blumenberg, *Die Lesbarkeit der Welt*, S. 336-342. Blumenberg hat Goethes Text und dessen Stellenwert im Rahmen der Entwicklung von Freuds Denken am überzeugendsten kommentiert. Meine Interpretation unterscheidet sich von derjenigen Blumenbergs nur graduell, in dem Sinne, daß die Bedeutung des Fragments – ebenso wie anderer literarischer Referenzen in den Briefen im Fluß – meines Erachtens darin liegt, daß es sich um *Anzeichen* für das Gewicht der Literatur handelt. Dagegen schreibt Blumenberg ihm den Wert eines theoriebegründenden Elementes zu und geht darin so weit, noch in der seit den zwanziger Jahren von Freud formulierten Hypothese vom Triebkonflikt zwischen *Eros* und *Tanathos* ein Echo der Schrift »Die Natur« zu vernehmen, da, wo es von der Natur heißt: »Leben ist ihre schönste Erfindung, und der Tod ist ihr Kunstgriff, viel Leben zu haben« (vgl. Goethe, »Die Natur«, S. 12). Für eine sorgfältige Untersuchung des Fragments »Die Natur« und seiner Rezeptionsgeschichte vor und nach Freud vgl. W. W. Hemecker, *Vor Freud. Philosophiegeschichtliche Voraussetzungen der Psychoanalyse*, München – Hemden – Wien 1991, S. 75-107.

11 Freuds Abneigung gegen Biographien, namentlich gegen Biographien über seine eigene Person, ist hinlänglich bekannt; von seinen persönlichen Verhältnissen zu erfahren, habe die Öffentlichkeit »kein Recht« (vgl. Freud 1935, »Nachschrift 1935« [zu *Selbstdarstellung* 1925], *G. W.* XVI, S. 33). Bereits als Student schrieb er seiner Verlobten, er habe sämtliche Manuskripte und Briefe vernichtet, um künftigen Biographen »das Leben schwer zu machen«. Fritz Wittels, gegen dessen »furor biographicus« Freud mit äußerst scharfen Worten zu Felde zog, war der erste, der den Mut hatte, sich noch zu Freuds Lebzeiten diesem Unterfangen zu widmen (vgl. F. Wittels, *Sigmund Freud. Der Mann, die Lehre, die Schule*, Leipzig 1924). Die Briefe, die Freud in jenen Jahren an ihn schrieb, sind voll von Verwünschungen gegen die Biographen,

die sich des Lebens eines Individuums bemächtigten, von dem sie in Wirklichkeit gar nichts wüßten, und dabei die Wahrheit verdrehten. Wahrscheinlich entschied Freud sich nicht zufällig kaum ein Jahr nach Erscheinen von Wittels Biographie zur Abfassung seiner *Selbstdarstellung*, die weniger eine persönliche Biographie als vielmehr die Biographie einer wissenschaftlichen Entdeckung ist, mit der Freud ein für allemal seine offizielle Version der Ereignisse liefern wollte. Viele der seither über Freud geschriebenen Biographien – und es sind Dutzende – beginnen mit einer Erwähnung der »Episode Wittels«, als wollten sich die Autoren bei dem Betroffenen dafür entschuldigen, daß sie sich erneut mit seiner persönlichen Geschichte befassen. Noch 1936 schrieb Freud voller Entsetzen bei dem Gedanken, daß Arnold Zweig sein Biograph werden wollte, an ihn: »Erst heute […] komme ich dazu, Ihnen einen Brief zu schreiben, geschreckt durch die Drohung, daß Sie mein Biograph werden wollen. Sie, der so viel Schöneres und Wichtigeres zu tun hat, der Könige einsetzen kann und die gewaltige Torheit der Menschen von einer hohen Warte her überschauen. Nein, ich liebe Sie viel zu sehr, um solches zu gestatten. Wer Biograph wird, verpflichtet sich zur Lüge, zur Verheimlichung, Heuchelei, Schönfärberei und selbst zur Verhehlung seines Unverständnisses, denn die biographische Wahrheit ist nicht zu haben, und wenn man sie hätte, wäre sie nicht zu brauchen. Die Wahrheit ist nicht gangbar, die Menschen verdienen sie nicht, und übrigens hat unser Prinz Hamlet nicht recht, wenn er fragt, ob jemand dem Auspeitschen entgehen könnte, wenn er nach Verdienst behandelt würde?« (S. Freud – A. Zweig, *Briefwechsel*, S. 137). Einen Monat später beglückwünschte er Zweig aufs herzlichste, weil dieser sich zwischenzeitlich zur Aufgabe des Projekts entschieden hatte (vgl. S. 141).

12 Vgl. den sogenannten »Brief über die Reifeprüfung«, den Freud am 16. Juni 1873 an Fluß schrieb. Ein Faksimile dieses Briefes findet sich jetzt zusammen mit dem Protokoll der mündlichen und schriftlichen Prüfungen in E. Freud, L. Freud, I. Grubrich-Simitis (Hrsg.), *Sigmund Freud. Sein Leben in Bildern und Texten*, Frankfurt a. M. 1976, S. 74-77. Freud übersetzte die Verse 14-57 aus dem *König Ödipus* und die Verse 176-223 aus dem neunten Buch der *Äneis*.

13 Ein weiterer in den Briefen an Fluß erwähnter Klassiker, der mehrfach in Freuds Werk auftaucht und dessen *Carpe diem* in der Schrift über den Witz zum Synonym für das Lustprinzip wird, ist Horaz (vgl. den Exkursus der vorliegenden Arbeit). Am 1. Mai 1873, in demselben Brief, in dem er das Geheimnis seiner neuen Berufsentscheidung preisgibt, schreibt Freud an den Freund: »Ich lese Horazische Oden, Sie erleben sie« (vgl. »Jugendbriefe an Emil Fluß«, S. 117).

14 M. Milner, *Freud et l'interprétation de la littérature*, Paris 1980, S. 7.

15 Noch 1884 schrieb Freud seiner künftigen Frau, ein wenig im Scherz, er habe begonnen, Erzählungen für sie zu schreiben, und denke nun über eine Laufbahn als Schriftsteller nach: »Nun eine Überraschung. Zu wiederholten Malen sind mir – und ich weiß nicht wieso – mehrere Geschichten in den Kopf gekommen, von denen sich unlängst eine – eine Erzählung in orientalischem Gewand – ziemlich bestimmt herausgearbeitet hat. Du wirst doch erstaunt sein zu hören, daß ich dichterische Regungen verspüre, nachdem ich selbst nichts ferner von mir geglaubt habe. Soll ich das Ding denn niederschreiben, oder genierst Du Dich dann, es zu lesen? Wenn ich's tue, bleibt es ja nur für Dich, und gar schön wird's nicht werden. Ich habe auch so wenig Zeit; ich glaube, wenn die Gedankenreihe nochmals kommt – denn das geschieht wirklich von selbst –, dann tue ich's und Du wirst leise für Dich lachen und es niemandem anders sagen« (zit. bei Jones, *Das Leben und Werk von Sigmund Freud*, III, S. 485). Von Jones befragt, wie viele philosophische Werke er gelesen habe, antwortete Freud: »Sehr wenig. In jungen Jahren war meine Neigung zum Spekulieren so groß, daß ich ihr um keinen Preis nachgeben wollte« (ebd., I, S. 49). In seinen letzten Lebensjahren sprach Freud außerdem von einer »gewisse[n] Scheu vor meiner subjektiven Neigung, in der wissenschaftlichen Forschung der Phantasie zuviel einzuräumen« (vgl. den Brief an Marie Bonaparte vom 12. November 1938, in: Freud, *Briefe 1873-1939*, S. 447).

16 Zur Bedeutung dieser beiden Persönlichkeiten im Wien jener Jahre vgl. D. Stockert Meynert, *Theodor Meynert und seine Zeit: Zur Geistesgeschichte Österreichs in der zweiten Hälfte des 19. Jahrhunderts*, Wien 1930, sowie E. Th. Brücke, *Ernst Brücke*, Wien 1928. Zur Ausrichtung der Wiener Medizinischen Schule bleibt das Nachschlagewerk von E. Lesky, *Die Wiener Medizinische Schule im 19. Jahrhundert*, Graz – Köln 1965, grundlegend. Vgl. außerdem G. Rosen, »Freud and Medicine in Vienna«, in: *Psychological Medicine*, 1972, 2, S. 332-344. Allgemeiner zu Freuds wissenschaftlicher Ausbildung D. Anzieu, *L'auto-analyse de Freud et la découverte de la psychanalyse*, 2 Bde., Paris 1975, I, S. 56-132; Jones, *Das Leben und Werk von Sigmund Freud*, I, S. 57-81; F. Funari, *Il giovane Sigmund Freud. Sigmund Freud e la scuola di Vienna*, Rimini 1975; S. Bernfeld, »Freud's Scientific Beginnings«, in: *American Imago*, 1949, 6, S. 163-196; M. Robert, *La révolution psychanalytique. La vie et l'œuvre de Freud*, Paris 1964; V. Cappelletti, *Freud. Struttura della metapsicologia*, Roma – Bari 1973; F. J. Sulloway, *Freud, Biologist of the Mind. Beyond the Psychoanalytical Legend*, New York 1979; zudem S. Vigetti-Finzi, *Storia della psicoanalisi. Autori, opere, teorie 1895-1990*, Milano 1990.

17 Vgl. J. und R. Gicklhorn, *Sigmund Freuds akademische Laufbahn im*

Lichte der Dokumente, Wien – Innsbruck 1960; noch zuverlässigeren Aufschluß gibt die Liste der von Freud besuchten Studienveranstaltungen, die auf der Grundlage der Archivbestände der Universität Wien von W. W. Hemecker (*Vor Freud*, S. 135-140) zusammengestellt wurde.

18 Franz Brentano, Philosoph und katholischer Theologe, war im Sommersemester 1874 auf den Lehrstuhl für Philosophie an der Universität Wien berufen worden, nachdem er infolge des Konflikts über das Dogma der päpstlichen Unfehlbarkeit, über das er sich in einer Schrift von 1869 negativ äußerte, das Priesteramt niedergelegt hatte. Freud, der sich im Jahr zuvor an der medizinischen Fakultät eingeschrieben hatte, besuchte Brentanos Vorlesungen vier Semester lang. Brentanos Einfluß auf Freuds Denken wurde von der Forschung lange vernachlässigt – bis zum Erscheinen des Briefwechsels mit dem Freund Eduard Silberstein (vgl. die bereits zitierten *Jugendbriefe an Eduard Silberstein 1871-1881*), der fraglos das aufschlußreichste Dokument für die Rekonstruktion von Freuds philosophischen Interessen in den ersten Universitätsjahren und sein Verhältnis zu Brentanos Denken ist. Der Begegnung mit Brentano ist Freuds – später aufgegebene – Entscheidung zuzuschreiben, einen gleichzeitigen Studienabschluß in Philosophie und Medizin anzustreben. In einem Brief vom 24. Januar 1875 teilte Freud dem Freund seine Absicht mit, das Wintersemester in Berlin zu verbringen, um Vorlesungen bei Du Bois-Reymond, Helmholtz und Virchow zu hören, den Vertretern derselben streng neurophysiologischen Auffassung der Medizin, die auch die Wiener Schule prägte. Der Plan wurde nicht verwirklicht. Nach Ansicht von McGrath flößte Brentanos Philosophie dem jungen Freud die ersten Zweifel an der Gültigkeit einer wesentlich monokausalen Untersuchungsmethode ein und weckte sein Interesse für die Psychologie (vgl. McGrath, *Freud's Discovery of Psychoanalysis*, S. 102-111).

19 Tatsächlich wurde Freud dem Herausgeber der deutschen Ausgabe von Mills Werken, Theodor Gomperz, von Brentano empfohlen. Freud übersetzte den 12. Band der Werke, der vier Schriften von Mill enthielt, von denen drei gesellschaftliche Fragen betrafen und der vierte von Grotes *Plato* handelte. Dem späteren Biographen Jones (vgl. *Das Leben und Werk von Sigmund Freud*, I, S. 79) sagte Freud, er habe seine »sehr fragmentarischen Kenntnisse« der Platonischen Philosophie aus der Übersetzung von Mills Essay bezogen. Die von Freud übersetzte Schrift über Plato betraf jedoch vor allem den »politischen« Plato (insbesondere den *Staat* und *Die Gesetze*) und kann schwerlich Anregungen für die *Libido*-Theorie geliefert haben, von der Freud meinte, er habe sie nahezu identisch im *Symposion* wiedererkannt. Ein Abschnitt des Essays, der Platos Begriff der *philia* gewidmet ist, hätte Freud jedoch da-

vor bewahren können, *eros* und *philia* zu verwechseln (vgl. Freud 1880, Übersetzung von J. St. Mill, »Review of Grote's *Plato and the Other Companions of Sokrates*« [1866], unter dem Titel »Plato«, in: J. St. Mill, *Gesammelte Werke*, hg. v. Th. Gomperz, Bd. 12, Leipzig 1880, S. 30-110; hier zum Begriff der *philia* S. 70f.).

20 »Die weitgehenden Übereinstimmungen der Psychoanalyse mit der Philosophie Schopenhauers – er hat nicht nur den Primat der Affektivität und die überragende Bedeutung der Sexualität vertreten, sondern selbst den Mechanismus der Verdrängung gekannt – lassen sich nicht auf meine Bekanntschaft mit seiner Lehre zurückführen. Ich habe Schopenhauer sehr spät im Leben gelesen« (Freud 1925, *Selbstdarstellung, G. W.* XIV, S. 86). In *Jenseits des Lustprinzips* (1920) postuliert Freud den Vorrang des Wiederholungszwangs vor dem Lustprinzip und erwähnt, daß Schopenhauer das Problem der dialektischen Beziehung zwischen Eros und Tod, zwischen Lebenswillen und dem Wunsch nach Lebensvernichtung bereits behandelt hatte: »Unversehens sind wir in den Hafen der Philosophie Schopenhauers eingelaufen« (*G. W.* XIII, S. 53). Schopenhauer hatte sich auf Empedokles berufen, und nicht zufällig verzichtet Freud in »Die endliche und die unendliche Analyse« (1937) zugunsten des letztgenannten und nicht zugunsten Schopenhauers auf die geistige Urheberschaft. Zu den Beziehungen zwischen Freud und Schopenhauer vgl. P.-L. Assoun, *Freud, la philosophie et les philosophes*, Paris 1976, S. 177 ff., sowie vor allem B. Nitzschke, »Freud, Schopenhauer und das Problem der ›außersinnlichen‹ Wahrnehmung. Zur Kritik einer Erkenntnisstrategie«, in: G. Condrau (Hrsg.), *Transzendenz, Imagination und Kreativität. Die Psychologie des 20. Jahrhunderts*, Bd. XV, Zürich 1979, S. 538-545, und ders., »Körper und Emotion in der Philosophie Schopenhauers. Eine perspektivische Betrachtung der Psychoanalyse aus dem Blickwinkel des 19. Jahrhunderts«, in: *Analytische Psychologie*, 1983, 14, S. 285-304.

21 Erstmals erwähnt Freud Nietzsche in dem bereits zitierten Brief an Fließ vom Februar 1900: »Ich habe mir jetzt den Nietzsche beigelegt, in dem ich die Worte für vieles, was in mir stumm bleibt, zu finden hoffe, aber ihn noch nicht aufgeschlagen« (*Briefe an W. Fließ 1887-1904*, S. 438). In »Zur Geschichte der Psychoanalytischen Bewegung« (1914) gestand er rund fünfzehn Jahre später, er habe sich um das Vergnügen jener Lektüre gebracht »mit der bewußten Motivierung […], daß ich in der Verarbeitung der psychoanalytischen Eindrücke durch keinerlei Erwartungshaltung behindert sein wollte.« (*G. W.* X, S. 53). Lou Andreas-Salomé, die Freud auf die Entsprechung zwischen einigen Konzepten der Psychoanalyse und bestimmten Ideen Nietzsches wie etwa der Vorstellung vom »Willen zur Macht« aufmerksam machte, entgeg-

nete er, daß es sich, falls es stimme, um ein zufälliges Zusammentreffen handele, denn er habe Nietzsches Werke nie studiert (vgl. L. Andreas-Salomé, *In der Schule bei Freud. Tagebuch eines Jahres (1912/1913)*, Frankfurt a. M. – Berlin – Wien 1983). Nietzsche sind außerdem einige Seiten des Briefwechsels mit Arnold Zweig gewidmet, der die (von Freud ›natürlich‹ ebenfalls bekämpfte) Absicht kundgetan hatte, eine Arbeit über die Beziehungen zwischen Nietzsches Denken und Freuds Theorie zu verfassen, denn er war der Überzeugung, daß Nietzsche auf poetisch-intuitive Weise ausgedrückt habe, was die Psychoanalyse dann auf wissenschaftliche Grundlagen gestellt hat. Freuds Antworten lassen eine tiefere Kenntnis des Philosophen erkennen, als er sie offiziell zuzugeben bereit war (vgl. S. Freud – A. Zweig, *Briefwechsel*, S. 35-37, 85-92 und 94-97). Auch wirft ein Aufsatz von G. Gödde (»Freuds philosophische Diskussionskreise in der Studentenzeit«, in: *Jahrbuch der Psychoanalyse*, 1991, 27, S. 73-113) neues Licht auf die Beziehungen des jungen Freud zu Nietzsches Philosophie, welche dieser vor allem in der Vermittlung durch seinen Freund und geistigen Weggefährten der Studienzeit Joseph Paneth kannte. Paneth war ein glühender Bewunderer Nietzsches, mit dem er in Briefkontakt getreten war und den er auch persönlich kennengelernt hatte (vgl. außerdem G. Gödde, *Traditionslinien des Unbewussten. Schopenhauer, Nietzsche, Freud*, Tübingen 1999). Einen besonderen Aspekt der Beziehungen Freud – Nietzsche sowie Freuds Gebrauch (und Mißbrauch) der Quellen allgemein untersucht B. Nitzschke in seinem Aufsatz »Zur Herkunft des ›Es‹: Freud, Groddeck, Nietzsche – Schopenhauer und E. von Hartmann«, in: *Psyche*, 1983, 37, S. 769-804. In einer kritisch-philologischen Rekonstruktion wird in dem Aufsatz die Genealogie des Begriffes ›Es‹ nachgezeichnet, der in der von Freud in der metapsychologischen Schrift *Das Ich und das Es* (1923, *G. W.* XIII, S. 237-289) entwickelten zweiten Topik des psychischen Apparats an die Stelle des Begriffes »Ubw« (Unbewußtes) tritt. Bekanntlich übernahm Freud den Begriff von Groddeck (vgl. G. Groddeck, *Das Buch vom Es. Psychoanalytische Briefe an eine Freundin*, Wien 1923), versuchte diesen aber zu dem Eingeständnis zu überreden, er habe ihn seinerseits von Nietzsche abgeleitet. Nietzsche erscheint somit als gemeinsame Quelle, was Freud erlaubte, Groddeck zu übergehen, dessen ›Nähe‹ ihn in diesem Fall mehr störte, als eine sonst stets abgestrittene Schuld Nietzsche gegenüber zuzugeben. Die orthodoxe Freud-Forschung hat die von Freud angegebene Quelle stets für wahr genommen, ohne sie je zu überprüfen. B. Nitzschke hat nachgewiesen, daß bei Nietzsche keine Spur jenes Es-Begriffes in dem Sinne zu finden ist, in dem Freud ihn verstand. Auch wenn man sich auf eine Stelle von *Jenseits von Gut und Böse* (1886, Aph. 17) beziehen will, an der Nietzsche implizit Lichtenbergs Substitution des Subjekts des Kartesianischen Cogito durch das irrationale, unbestimmte Subjekt »es« diskutiert (vgl. G. C. Lichtenberg, *Schriften und Briefe*, Bd. I: *Sudelbücher*, hg. v. W. Promies, Darmstadt 1968), zeigt sich nach Nitzschke, daß der Begriff Groddecks und Freuds gerade jener romantisch-vitalistischen Tradition angehört, gegen die Nietzsche sich wandte. Der Autor polemisiert in seinem Aufsatz gegen die autoritätshörige Haltung der orthodoxen Freudianer, die für eine Sklerotisierung der theoretischen Forschung und eine fehlende kritische Debatte über die in Freuds Theorien eingeflossenen abendländischen Denkströmungen verantwortlich seien. Dieses Defizit an kritischer Auseinandersetzung hat Nitzschkes Aufsatz nicht zuletzt deshalb wenigstens ansatzweise füllen können, weil seine Thesen eine lebhafte Diskussion ausgelöst haben, deren Beiträge in der Zeitschrift *Psyche* abgedruckt sind. Vgl. H. Dahmer, Editorial »Zur Genealogie des ›Es‹«, in: *Psyche*, 1985, 2, S. 97-100; S. Goldmann, »Das zusammengefallene Kartenhaus. Zu Bernd Nitzschkes Aufsatz über die Herkunft des ›Es‹«, ebd., S. 101-124; J. Ph. Kerz, »Das wiedergefundene ›Es‹. Zu Bernd Nitzschkes Aufsatz über die Herkunft des ›Es‹«, ebd., S. 125-143; H. Will, »Freud, Groddeck und die Geschichte des ›Es‹«, ebd., S. 150-169; und schließlich B. Nitzschkes Erwiderung »Zur Herkunft des ›Es‹ (II). Einsprüche gegen die Fortschreibung einer Legende«, in: *Psyche*, 1985, 12, S. 1102-1132.

22 Freuds erste wissenschaftliche Arbeit bestand in der Erforschung der Nervenwurzeln und des Rückenmarks eines niederen Tieres.

23 Freud 1927, »Nachwort zur *Frage der Laienanalyse*«, *G. W.* XIV, S. 290.

24 Zu Freuds Tätigkeit im Allgemeinen Krankenhaus und zur Wiener Psychiatrie im 19. Jahrhundert vgl. A. Hirschmüller, *Freuds Begegnung mit der Psychiatrie. Von der Hirnmythologie zur Neurosenlehre*, Tübingen 1991.

25 Zur Schule der *Salpêtrière* und zu ihrer Funktion für die Entwicklungen im Bereich der dynamischen Psychiatrie immer noch grundlegend H. F. Ellenberger, *Die Entdeckung des Unbewußten. Geschichte und Entwicklung der dynamischen Psychiatrie von den Anfängen bis zu Janet, Freud, Adler und Jung*, vom Autor durchgesehene dt. Ausg., Zürich 1985. Vgl. außerdem G. Gödde, »Charcots neurologische Hysterietheorie. Vom Aufstieg und Niedergang eines wissenschaftlichen Paradigmas«, in: *Luzifer-Amor*, 1994, 14, S. 7-53. Eine Auswahl von Charcots bedeutendsten Schriften über die Hysterie, die den berühmten *Leçons du mardi* entstammen, wurde unter dem Titel J. M. Charcot, *L'hysterie. Textes choisis et présentés par E. Trillat*, Paris 1971, vorgelegt; vgl. darin auch die kurze, aber ausgezeichnete Einleitung des Herausgebers, S. 7-20.

26 In dem Reisebericht, den Freud 1886 an den akademischen Rat der Wiener Medizinischen Fakultät einreichte, erwähnt er sowohl, aus welchen Gründen er Paris zum Ziel seines Forschungsaufenthalts auserkoren hatte, als auch die Tatsache, daß die französische Schule in den Augen der deutschen Medizin einen schlechten Ruf genießt: »Die französische Schule der Neuropathologie schien mir [...] sowohl in ihrer Arbeitsweise Fremdes und Eigentümliches zu bieten als auch neue Gebiete der Neuropathologie in Angriff genommen zu haben, auf welche sich in Deutschland und Österreich die wissenschaftliche Arbeit nicht in ähnlicher Weise erstreckt hat. Infolge des wenig lebhaften persönlichen Verkehrs zwischen französischen und deutschen Ärzten hatten die teils höchst merkwürdigen (Hypnotismus), teils praktisch wichtigen (Hysterie) Funde der französischen Schule mehr Anzweiflung als Anerkennung und Glauben in unseren Landen gefunden und mußten sich die französischen Forscher, Charcot voran, oft den Vorwurf der Kritiklosigkeit oder mindestens der Hinneigung zum Studium des Seltsamen und zu dessen effektvoller Verarbeitung gefallen lassen« (Freud 1956 [1886], »Bericht über meine mit Universitäts-Jubiläums-Reisestipendium unternommene Studienreise nach Paris und Berlin Oktober 1885-Ende März 1886«, *G. W., Nachtragsband*, S. 31-44, hier S. 34 f. Vgl. zudem Freud 1960 [1885], »Habilitationsgesuch, Curriculum vitae, ›Lehrplan‹, Reisestipendiumsgesuch«, *G. W., Nachtragsband*, S. 45-49).

27 Freud, *Briefe 1873-1939*, S. 179.

28 Auf diese Auffassung greift Freud in seiner Schrift *Zur Auffassung der Aphasien* (Freud 1891, *Stud.* III, S. 165-173) zurück, die zwar noch in die voranalytische Zeit fällt, aber bereits den Übergang zu einer dynamischen Konzeption der psychischen Vorgänge erkennen läßt.

29 Vgl. Freud 1893, »Charcot«, *G. W.* I, S. 19-35.

30 Im *Timaios*, in dem Abschnitt über die Krankheiten als Folge der Disharmonie zwischen den verschiedenen Seelenteilen und dem Körper, beschreibt Plato die Symptome von Frauen, die lange Zeit unfruchtbar geblieben sind, und postuliert implizit die sexuelle Ätiologie der Hysterie: »Was man Gebärmutter und Uterus nennt und was ein auf Kindererzeugung begieriges Lebewesen in ihnen ist, [wird], wenn es entgegen seiner Reife lange Zeit ohne Frucht bleibt, unwillig und nimmt es übel, irrt allenthalben im Körper umher, versperrt die Durchgänge der Atemluft, läßt das Atmen nicht zu, bringt die Frauen in äußerste Ratlosigkeit und führt zu mannigfachen Krankheiten, solange bis die Begierde und der Trieb der beiden (Geschlechter) sie zusammenbringen« (44, 92). Freud las in einer Schrift von Havelock Ellis, daß er »zu den Ursprüngen« der Reflexionen über die sexuelle Ätiologie der Hy-

sterie zurückgekehrt sei (vgl. den Brief an Fließ vom 3. Januar 1899 in *Briefe an W. Fließ 1887-1904*, S. 371).

31 Vgl. Jones, *Das Leben und Werk von Sigmund Freud*, I, S. 270.

32 Freud 1925, *Selbstdarstellung*, G. W. XIV, S. 39. Der Text des Vortrags, den Freud im Oktober 1886 gehalten hatte, ist lediglich in der Protokollversion überliefert (»Über männliche Hysterie«. Zweiteiliger Vortrag, gehalten in der Gesellschaft der Ärzte in Wien am 15. Oktober und 26. November 1886, in: *Wiener medizinische Presse*, 1886, 27, Sp. 1407-1409, 1597). Dagegen liegt der Text des zweiten Vortrags, den Freud im November 1886 unter dem Titel »Beobachtungen einer hochgradigen Hemianästhesie bei einem hysterischen Manne« vor der Gesellschaft für Ärzte hielt, vollständig vor. Über diese Episode gehen die Meinungen der Kritik auseinander. E. Sablik (»Sigmund Freud und die Gesellschaft der Ärzte in Wien«, in: *Wiener klinische Wochenschrift*, 1968, 80, S. 107-110) hat eine Reihe von Dokumenten vorgelegt, die beweisen, daß Freud nie aus der Gesellschaft für Ärzte ausgetreten ist. Ellenberger (*Die Entdeckung des Unbewußten*), an dessen bisweilen tendenziösem Urteil man Zweifel haben kann, nicht aber an der Seriosität seiner historischen Forschungsarbeit, hat die Episode anders dargestellt, als Freud sie vielleicht hat erscheinen lassen wollen. Er siedelt sie im Rahmen der damaligen medizinischen Debatte über Hysterie und über Charcots Thesen an. Ellenberger zufolge wurde der besagte Vortrag von Freuds anwesenden Kollegen interessiert debattiert; diese hätten sich jedoch lediglich über Freuds Haltung irritiert gezeigt, der aufgetreten sei, als habe er sie über ein in der Wiener Neurologie völlig unbekanntes Phänomen informiert. In Wirklichkeit seien Fälle männlicher Hysterie seit langer Zeit bekannt gewesen und vorgestellt worden und niemand habe mehr an ihrer Existenz gezweifelt. Allenfalls wurde Charcots Ansicht widersprochen, traumatische Lähmung beim Manne und männliche Hysterie seien gleichzusetzen, eine Ansicht, die Freud damals noch teilte (vgl. Ellenberger, *Die Entdeckung des Unbewußten*, S. 595-603). Zu dem Konflikt mit Meynert vgl. außerdem Hirschmüller, *Freuds Begegnung mit der Psychiatrie* (S. 211-227).

33 Vgl. Freud, *Briefe an W. Fließ 1887-1904*, S. 237-241.

34 Vgl. Freud 1893 (mit J. Breuer), »Über den psychischen Mechanismus hysterischer Phänomene. Vorläufige Mitteilung«, G. W. I, S. 81-98. Wahrscheinlich um Pierre Janet zuvorzukommen, veröffentlichten Freud und Breuer die »Vorläufige Mitteilung« zwei Jahre vor den *Studien über Hysterie*, worin diese als Einleitung erscheint. Zu den Gemeinsamkeiten zwischen den Theorien von Breuer-Freud und denjenigen Janets vgl. Ellenberger, *Die Entdeckung des Unbewußten*, S. 449-560; außerdem Freud 1893, »Vortrag: Über den psychischen Me-

chanismus hysterischer Phänomene«, *G. W., Nachtragsband*, S. 181-195. Auch wenn im Titel des in der *Wiener medizinischen Presse* (Bd. 34, Nr. 4 und 5) erschienenen Originals Breuer als Mitautor genannt wird, handelt es sich in Wahrheit um einen Vortrag, den Freud im Januar 1893 im »Wiener medizinischen Klub« gehalten hatte (vgl. das Vorwort der Herausgeber der *Gesammelten Werke*).

35 In einer brillanten Arbeit rekonstruiert Andersson die Entwicklungen von Freuds Denken im Jahrzehnt von dem Aufenthalt in Paris bis zum Jahr 1896, Charcots Einfluß, die anfängliche Orthodoxie im Verhältnis zur *Salpêtrière*-Schule, die ersten Anzeichen für Meinungsverschiedenheiten hinsichtlich der erblichen Ätiologie, die fortschreitende Loslösung von Charcot und die Anwendung der Hypnosetechnik bis hin zur Formulierung einer eigenen Hysterietheorie, die das Verhältnis zwischen primären (erblichen) und sekundären Faktoren (das Trauma, die Krankengeschichte) zugunsten der letzteren umkehrt. 1962 auf englisch erschienen, ist die Studie leider nur in Fachkreisen rezipiert worden; die erste und bis zur französischen Ausgabe von 1997 einzige Übersetzung erschien 1984 in italienischer Sprache. Die psychoanalytische Forschung betrachtet sie zu Recht als Pionierleistung, denn im Panorama der Studien der sechziger Jahre, die sich vorwiegend eines biographischen Ansatzes bedienten, sticht sie durch ihren methodologischen Ansatz hervor, der sich ausschließlich auf die Analyse der Texte richtet. Anderssons Untersuchung ist zudem grundlegend für die Erforschung des Einflusses von Herbarts Denken auf die Theorie des jungen Freud. Vgl. O. Andersson, *Freud avant Freud. La préhistoire de la psychanalyse (1886-1896)*, mit einem Vorwort von Élisabeth Roudinesco und Per Magnus Johansson, Paris 1997.

36 Zu dieser Kontroverse vgl. Ellenberger, *Die Entdeckung des Unbewußten*, insbesondere S. 996-1026, mit zahlreichen weiterführenden Literaturhinweisen zum Thema.

37 Auch Freud hatte sich noch eine gewisse Zeit lang in Fällen, die ihm für eine ›psychotherapeutische‹ Behandlung ungeeignet erschienen, weiterhin der traditionellen Heilmethoden bedient, und zwar noch in den Jahren, als er Breuers kathartische Methode bereits eingeführt hatte (vgl. den Fall von »Nina R.«, dargestellt von A. Hirschmüller, »Eine bisher unbekannte Krankengeschichte Sigmund Freuds und Josef Breuers aus der Entstehungszeit der ›Studien über Hysterie‹«, in: *Jahrbuch der Psychoanalyse*, 1978, 10, S. 136-168).

38 Vgl. Andersson, *Freud avant Freud*, S. 73. Vgl. zudem S. 93-99.

39 Freud 1888-89, »Übersetzung (mit Vorrede des Übersetzers) von H. Bernheim, *De la suggestion et de ses applications à la thérapeutique*, Paris 1886, unter dem Titel *Die Suggestion und ihre Heilwirkung*«, 1. Teil,

Wien 1888-89. Freuds Vorrede findet sich jetzt in *G. W., Nachtragsband*, S. 109-120.

40 Vgl. insbesondere Freud 1892-93, »Ein Fall von hypnotischer Heilung, nebst Bemerkungen über die Entstehung hysterischer Symptome durch den ›Gegenwillen‹«, *G. W.* I, S. 3-17; zudem Freud 1891, »Hypnose«, *G. W., Nachtragsband*, S. 140-150. Es handelt sich um einen Artikel, den Freud für das von A. Bum herausgegebene *Therapeutische Lexikon* verfaßte und in dem das hypnotische Verfahren minutiös erläutert wird. Der Artikel enthält eine implizite Polemik gegen Meynert und die Wiener Neurologie, die die Hypnose für ein gefährliches Verfahren ohne wissenschaftliche Grundlage hielten. Vgl. außerdem Freud 1889, »Rezension von Auguste Forel, *Der Hypnotismus*, Stuttgart 1889«, *G. W., Nachtragsband*, S. 123-139.

41 Zu den Grenzen der Hypnose und zum Übergang von der Hypnose zur kathartischen Methode vgl. Freuds Zusammenfassung in der *Selbstdarstellung, G. W.* XIV, S. 39-53, sowie Jones, *Das Leben und Werk von Sigmund Freud*, Bd. I, Ellenberger, *Die Entdeckung des Unbewußten* (hier insbesondere Kap. VII und X), Andersson, *Freud avant Freud*, J. G. Reicheneder, »Sigmund Freud und die kathartische Methode Josef Breuers«, in: *Jahrbuch der Psychoanalyse*, 1983, 15, S. 229-250. Ein wichtiger bibliographischer Essay über die Arbeiten zur Entstehung von Freuds Theorie findet sich bei P. Gay, *Freud. Eine Biographie für unsere Zeit*, Frankfurt a. M. 1989, S. 834-839.

42 *G. W.* I, S. 39-55. Bis vor wenigen Jahren gab es keine deutsche Übersetzung dieser Schrift, die erst 1997 im *Jahrbuch der Psychoanalyse* (39, S. 9-26), besorgt von M. L. Knott und M. Kütemeyer, erschien. C. Schmidt-Hellerau widmet der Analyse dieser Schrift einige Seiten in ihrem Artikel »Die Geburt der Metapsychologie«, in: *Psyche*, 1995, 49, S. 1156-1195, hier insbesondere S. 1159-1162. Die Autorin ist der Ansicht, sie sei im Bereich der Medizin und Psychiatrie als Zeichen eines »Paradigmenwechsels« (im Sinne von Th. Kuhn, *Die Struktur wissenschaftlicher Revolutionen*, Frankfurt a. M. 1976) zu werten, das durch die ›Anomalie‹ des Hysterie-Phänomens fokussiert wurde. Wenngleich einige der von Kuhn beschriebenen notwendigen Bedingungen des Paradigmenwechsels unzweifelhaft für die Situation zutreffen, in der sich Freuds Übertritt von der Anatomie zur Psychologie vollzog, so erlauben die Ergebnisse es jedoch nicht, Kuhns Definition uneingeschränkt auf die Entdeckung des psychischen Ursprungs der Hysterie zu beziehen – es sei denn, man will sie im metaphorischen Sinne einer grundlegenden Veränderung verstehen, deren Konsequenzen zwar zur Entstehung einer neuen Disziplin, der Psychoanalyse, geführt, aber keine epistemologische Wende innerhalb der Wissenschaften (Medizin und

Psychiatrie) bewirkt haben, in denen die Krise entstanden war. Der Begriff des Paradigmenwechsels war bereits hinsichtlich der Traumtheorie auf Freuds Theorien angewandt worden, und ich denke, es müssen in diesem Fall die gleichen Zweifel angemeldet werden. Die Anwendung des Kuhnschen Modells auf die Psychoanalyse ruft dieselben Zweifel hervor, die auftreten, wenn man den wissenschaftlichen Status der Psychoanalyse zu bestimmen sucht.

43 »Die Hysterie benimmt sich in ihren Lähmungen und anderen Manifestationen, als ob es die Anatomie nicht gäbe oder als ob sie keinerlei Kenntnis derselben hätte.« (Übers. v. Knott/Kütemeyer, S. 22). Vgl. Freud 1893, »Quelques considérations pour une étude comparative des paralysies motrices organiques et hystériques«, G. W. I, S. 50.

44 »Psychologisch betrachtet, besteht die Lähmung eines Armes in der Tatsache, daß die Vorstellung vom Arm nicht in Beziehung treten kann mit den anderen Ideen, die das Ich konstituieren, und der Körper des Individuums ist gewiß ein wichtiger Teil desselben. Die Läsion bestünde folglich in der Außer-Kraft-Setzung der assoziativen Zugänglichkeit der Vorstellung des Arms.« (Übers. v. Knott/Kütemeyer, S. 24) Vgl. Freud 1893, ebd., G. W. I, S. 52.

45 »Der Arm wird dann in dem Maße gelähmt sein, in dem dieser Affektbetrag fortbesteht oder sich durch geeignete psychische Mittel verringert.« Das gelähmte Organ oder die außer Kraft gesetzte Funktion ist »an eine unbewußte Assoziation gebunden [...], die mit einem hohen Affektbetrag befrachtet ist, und man kann zeigen, daß der Arm frei wird, sobald dieser Affektbetrag gelöscht ist.« (Übers. v. Knott/Kütemeyer, S. 24 f.) Vgl. Freud 1893, ebd., S. 53.

46 Einige Jahre später sollte Freud in einem seiner bekanntesten und literarisch gelungensten klinischen Fälle (bekannt als »Der Rattenmann«) Analogien zwischen dem religiösen Ritus und dem neurotischen Verhalten feststellen, das besonders im Fall der Zwangsneurose dieselben Vermeidungsrituale und apotropäischen Opfer aufweist, wie sie für die archaische Heiligkeit kennzeichnend sind. Vgl. Freud 1909, »Bemerkungen über einen Fall von Zwangsneurose«, G. W. VII, S. 379-463, sowie Freud 1907, »Zwangshandlungen und Religionsübungen«, G. W. VII, S. 129-139.

47 »Es klingt wie ein wissenschaftliches Märchen« – so das Urteil eines Kollegen Freuds, nachdem er einen seiner Vorträge über die Ätiologie der Hysterie gehört hatte (vgl. weiter unten, Kap. III, Fn. 19).

48 Vgl. Freud, *Briefe an W. Fließ 1887-1904*, S. 193.

49 Ellenberger und Andersson waren mit die ersten, die in den sechziger Jahren historische Forschungen über die realen Personen durchzuführen begannen, die sich hinter den von Freud und Breuer in den *Stu-*

dien verwendeten Pseudonymen verbargen. Für den Fall von Emmy v. N. vgl. Andersson, *Freud avant Freud*, S. 263-274, sowie den im Anhang wiedergegebenen Briefwechsel zwischen Andersson und Ellenberger, ebd., S. 275-316; für den Fall der Anna O. vgl. Ellenberger, »The Story of Anna O.: A Critical Review with New Data«, in: *Journal of the History of Behavioral Sciences*, 1972, 8, S. 267-279, und *Die Entdeckung des Unbewußten*, S. 659-667. Der bekannteste Fall, der von Anna O. alias Bertha Pappenheim, ruft seit Jahren unvermindert das Interesse der Forschung hervor und fungiert in einigen Fällen sogar als Indikator für die Annahme oder Ablehnung des gesamten Freudschen Theoriegerüsts. In den letzten Jahren hat M. Borch-Jacobsen die Episode der Heilung von Anna O. erneut beleuchtet und mit ironischer Bissigkeit scharfe Kritik gegen Freud vorgebracht. Er bezichtigt ihn, Patienten hörig gemacht zu haben, um sich schließlich seinerseits von den Simulationen seiner Patienten und den von ihm selbst erzeugten Phantasien hinters Licht führen zu lassen (vgl. M. Borch-Jacobsen, *Souvenirs d'Anna O.*, Paris 1995). Die detailreichste und historisch zuverlässigste Studie verdanken wir A. Hirschmüller, *Physiologie und Psychoanalyse in Leben und Werk Josef Breuers*, *Jahrbuch der Psychoanalyse*, 1978, Beiheft 4. Überzeugend widerlegt Hirschmüller Jones' und Freuds Version von der angeblichen Heilung Bertha Pappenheims und vom plötzlichen Abbruch der Behandlung von seiten Breuers, der, schockiert von den leidenschaftlichen Liebesbekundungen der jungen Patientin, um den Bestand seiner Ehe gefürchtet habe. Daß Bertha Pappenheim im Jahre 1882 nicht definitiv und wundersam durch Breuers kathartische Methode geheilt wurde, sondern weitere zehn Jahre unter Rückfällen und zeitweiliger Besserung von einer Heilanstalt zur anderen wanderte, ist inzwischen historisch gesichert. Wahrscheinlich war dies der Grund, der Breuer bewog, Freuds Druck zu widerstehen (der auf einer baldigen Veröffentlichung beharrte) und den Bericht der kathartischen Behandlung erst 1893 zu veröffentlichen, als er sicher war, daß Bertha Pappenheims Gesundheit sich einigermaßen stabilisiert hatte. Ein interessantes Dokument, das Zweifel und Urteile eines Psychoanalytikers und Freudschülers über den Fall Anna O. zusammenfaßt, wurde von Hirschmüller veröffentlicht: »Max Eitingon über Anna O.«, in: *Jahrbuch der Psychoanalyse*, 1998, 40, S. 9-30. Zu Bertha Pappenheims späterer Biographie, ihrer Karriere im Sozialbereich und als Exponentin der jüdischen Frauenbewegung vgl. E. Jensen, »Anna O., A Study of Her Later Life«, in: *Psychoanalytic Quarterly*, 1970, 39, S. 269-293, D. Edinger, *Bertha Pappenheim, Leben und Schriften*, Frankfurt 1963, sowie den biographischen Roman von L. Freeman, *Die Geschichte der Anna O.*, München 1973.

50 »In Umkehrung des Satzes: *cessante causa cessat effectus*, dürfen wir wohl
[...] schließen, der veranlassende Vorgang wirke in irgend einer Weise
noch nach Jahren fort, nicht indirekt durch Vermittlung einer Kette
von kausalen Zwischengliedern, sondern unmittelbar als auslösende
Ursache, wie etwa ein im wachen Bewußtsein erinnerter psychischer
Schmerz noch in später Zeit die Tränensekretion hervorruft: *Der Hysterische leide größtenteils an Reminiszenzen*« (Freud 1893 [mit Breuer],
»Über den psychischen Mechanismus hysterischer Phänomene. Vorläufige Mitteilung«, *G. W.* I, S. 86). Zur kathartischen Methode vgl.
außerdem Freud 1904, »Die Freudsche psychoanalytische Methode«,
G. W. V, S. 3-10, sowie die rückblickenden Erfahrungsberichte in der
Selbstdarstellung und in »Zur Geschichte der Psychoanalytischen Bewegung« (1914, *G. W.* X, S. 43 ff.). Fast alle Freud-Schriften über die
Entstehung der Psychoanalyse beginnen mit der Beschreibung der kathartischen Methode Breuers, um ausgehend von dieser einschneidenden Erfahrung die späteren Entwicklungen der analytischen Theorie
und Therapie nachzuzeichnen. Vgl. diesbezüglich vor allem die erste
der Vorlesungen, die Freud im September 1909 auf Einladung der
Clark University in den Vereinigten Staaten hielt (Freud 1910, *Über Psychoanalyse. Fünf Vorlesungen, gehalten zur 20jährigen Gründungsfeier der
Clark University in Worcester, Mass., September 1909, G. W.* VIII, S. 1-60,
hier insbesondere S. 1-26).

51 Ihrer Therapie mit Breuer gab »Anna O.« bekanntlich auch den Namen »talking cure« oder »chimney-sweeping« (krankheitsbedingt
konnte sie zuweilen kein Deutsch mehr sprechen und kommunizierte
nur auf englisch).

52 Ein erster Hinweis auf Breuers Methode findet sich bereits in dem Artikel »Hysterie«, den Freud 1888 – noch unter dem offenkundigen Einfluß Charcots – für das von A. Villaret herausgegebene *Handwörter-
buch der gesamten Medizin* schrieb (jetzt in *G. W., Nachtragsband*, S. 69-
90). Der Artikel ist nicht von Freud gezeichnet, doch besteht in der
Forschung kein Zweifel mehr über die Autorschaft (vgl. das Herausgebervorwort, S. 69 f.). Nach einer Darstellung der Behandlungsmethoden, die in den achtziger Jahren von der traditionellen Medizin
angewandt wurden, geht Freud dazu über, die durch Hypnose und
Suggestion eröffneten neuen Wege zu untersuchen; in diesem Zusammenhang erwähnt er auch Breuers Methode: »Die direkte Behandlung
besteht in der Wegschaffung der psychischen Reizquelle für die hysterischen Symptome und ist verständlich, wenn man die Ursachen der
Hysterie im unbewußten Vorstellungsleben sucht. Sie besteht darin,
dem Kranken in der *Hypnose* eine *Suggestion* einzugeben, in welcher die
Behebung des betreffenden Leidens enthalten ist. [...] Noch wirksamer

ist, wenn man nach einer Methode, welche Josef Breuer in Wien zuerst geübt hat, den Kranken in der Hypnose auf die psychische Vorgeschichte des Leidens zurückführt, ihn zum Bekennen nötigt, bei welchem psychischen Anlaß die betreffende Störung entstanden ist. Diese Methode der Behandlung ist jung, liefert aber Heilerfolge, die sonst nicht zu erreichen sind. Sie ist die der Hysterie adäquateste, weil sie genau den Mechanismus des Entstehens und Vergehens solcher hysterischer Störungen nachahmt« (S. 89).

53 Vgl. Freud 1940 [1892] (mit J. Breuer), »Zur Theorie des hysterischen Anfalles«, *G. W.* XVII, S. 13.

54 Vgl. Freud 1924, »Kurzer Abriß der Psychoanalyse«, *G. W.* XIII, S. 409.

55 Die Psychotherapie »hebt die Wirksamkeit der ursprünglich nicht abreagierten Vorstellung dadurch auf, daß sie dem eingeklemmten Affekte derselben den Ablauf durch die Rede gestattet, und bringt sie zur assoziativen Korrektur, indem sie dieselbe ins normale Bewußtsein zieht (in leichter Hypnose) oder durch ärztliche Suggestion aufhebt, wie es im Somnambulismus mit Amnesie geschieht« (Freud 1893 [mit J. Breuer], »Über den psychischen Mechanismus hysterischer Phänomene. Vorläufige Mitteilung«, *G. W.* I, S. 97).

56 Freud 1916-17, *Vorlesungen zur Einführung in die Psychoanalyse*, *G. W.* XI, S. 288. Im Vorwort zur zweiten Auflage der *Studien über Hysterie* heißt es: »Ein aufmerksamer Leser wird von allen späteren Zutaten zur Lehre von der Katharsis (wie: die Rolle der psychosexuellen Momente, des Infantilismus, die Bedeutung der Träume und der Symbolik des Unbewußten) die Keime schon in dem vorliegenden Buche auffinden können. Auch weiß ich für jeden, der sich für die Entwicklung der Katharsis zur Psychoanalyse interessiert, keinen besseren Rat als den, mit den ›Studien über Hysterie‹ zu beginnen und so den Weg zu gehen, den ich selbst zurückgelegt habe« (*G. W.*, *Nachtragsband*, S. 220).

57 Vgl. J. Bernays, *Grundzüge der verlorenen Abhandlung des Aristoteles über die Wirkung der Tragödie*, Breslau 1858 (Nachdruck Hildesheim – New York 1970), und *Zwei Abhandlungen über die aristotelische Theorie des Dramas*, Darmstadt 1968 (der Text reproduziert das Original der Erstausgabe, Berlin 1880). Bekanntlich ist uns die *Poetik* ohne jenen Teil über die Komödie überliefert, in dem Aristoteles erneut auf den Katharsis-Begriff eingehen wollte. Die Definition der Katharsis, die Aristoteles hinterlassen hat, ist rätselhaft, grammatikalisch uneindeutig und vielleicht deshalb eine der meistdiskutierten Stellen der abendländischen Literatur. Das Problem ihrer Interpretation ist seit der Zeit des Humanismus Gegenstand unterschiedlichster Spekulationen geworden, so daß man sich in einer Hunderte von Titeln umfassenden Bibliographie kaum mehr orientieren kann. Eine Auswahlbibliographie

findet sich bei A. Lesky, *Geschichte der griechischen Literatur*, Bern – München 1971, 3. Aufl., S. 639 ff. Für eine Analyse des tragischen Wortes in der *Poetik* sowie eine Zusammenfassung der Debatte über die Katharsis, begleitet von einem anregenden Interpretationsbeitrag des Autors vgl. P. L. Entralgo, *The Therapy of the Word in Classical Antiquity*, New Haven – London 1971, insbesondere das Kapitel »The Power of the Word in Aristotle«, S. 171-240. Entralgo ermittelt in Aristoteles' Werk drei verschiedene Typen von Katharsis: eine enthusiastische oder musikalische, eine medizinische oder reinigende sowie eine an den rhetorischen Gebrauch des Wortes gebundene tragische Katharsis. Zur Debatte über Bernays' Schriften vgl. die Aufsätze in der von M. Luserke herausgegebenen Anthologie *Die aristotelische Katharsis. Dokumente ihrer Deutung im 19. und 20. Jahrhundert*, Hildesheim – Zürich – New York 1991, insbesondere die Beiträge von J. Volkelt (1898), »Die tragische Entladung der Affekte«, S. 157-172; F. Dirlmeier (1940), »Katharsis Pathematon«, S. 220-231; K.-H. Volkmann-Schluck (1952), »Die Lehre von der KATHARSIS in der Poetik des Aristoteles«, S. 232-245; H. Flashar (1956), »Die medizinischen Grundlagen der Lehre von der Wirkung der Dichtung in der griechischen Poetik«, S. 289-325; Max Pohlenz (1956), »Furcht und Mitleid? Ein Nachwort«, S. 326-351; L. Golden, »The Clarification Theory of Katharsis«, S. 386-401, sowie C. Wagner (1984), »*Katharsis* in der aristotelischen Tragödiendefinition«, S. 423-443. Die hier genannten Aufsätze stellen philosophische, ästhetische oder philologisch-literarische Forschungsergebnisse vor und enthalten zum Großteil kaum mehr als eine Anspielung auf die kathartische Methode der *Studien über Hysterie*. Dennoch sind sie auch für den Nachvollzug von Freuds Interpretationswegen nützlicher als die psychoanalytischen Studien zum Thema, die die Texte der Klassik zumeist unter Anwendung des psychoanalytischen Interpretationswerkzeugs analysieren, mit dem Ziel, dessen heuristischen Wert zu beweisen. Demgegenüber hat die vorliegende Arbeit das Ziel, zu erforschen, ob und wenn ja, auf welchen Wegen die klassische Antike zur Formulierung von Freuds Theorien beigetragen hat. Von den psychoanalytisch ausgerichteten Studien seien neben den »klassischen« Arbeiten von Winterstein (vgl. Kap. I, Fn. 29) hier erwähnt: P. C. Racamier, »Hystérie et Théâtre«, in: *Évolution Psychiatrique*, 1952, 2, S. 257-291, und M. W. Askew, »Classical Tragedy and Psychotherapeutic Catharsis«, in: *Psychoanalysis and the Psychoanalytic Review*, 1960, 47, S. 116-123 (nach Askew besteht der einzige Unterschied zwischen tragischer und psychoanalytischer Katharsis darin, daß die eine sich im moralischen, gesellschaftlichen oder göttlichen Bereich vollzieht, während die andere den individuellen Bereich betrifft); außerdem E. Berczeller, »The

›Aesthetic Feeling‹ and Aristotle's Catharsis Theory«, in: *Journal of Psychology*, 1967, 65, S. 261-271. Die von Moreno begründete therapeutische Theorie und Praxis des Psychodramas bezieht sich in ihren theoretischen Prämissen auf die aristotelische Idee der Katharsis, kehrt deren Voraussetzungen dabei jedoch völlig um. Ist die Tragödie für Aristoteles Simulation und Nachahmung des Lebens und übt die Katharsis ihre befreiende Wirkung gerade dank des fiktionalen, bestimmten Regeln und Grenzen unterworfenen Charakters der Tragödie und dank der Identifizierung des Zuschauers mit der Dramengestalt aus, so sind Spontaneität und Authentizität für die Moreno-Schule dagegen die Grundbedingungen für die therapeutische Katharsis, deren Mittelpunkt sich vom passiven Objekt (der Zuschauer) zum aktiven Subjekt (der Schauspieler) verschiebt. Zu diesen Entwicklungen des psychoanalytischen Katharsis-Begriffes vgl. I. L. B. Ginn, »Catharsis: Its Occurrence in Aristotle, Psychodrama and Psychoanalysis«, in: *Group Psychotherapy and Psychodrama*, 1973, 26 (1-2), S. 7-22, und Z. T. Moreno, »Beyond Aristotle, Breuer and Freud: Moreno's Contribution to the Concept of Catharsis«, in: *Group Psychotherapy and Psychodrama*, 1971, 24 (1-2), S. 34-43.

58 Vgl. Aristot., *Polit.*1341b 32.

59 Bernays geht davon aus, daß Aristoteles als Sohn eines Arztes, der sich zudem eine gewisse Zeit lang selbst der Medizin gewidmet hatte, ganz sicher mit den therapeutischen Theorien und Praktiken der Hippokratischen Schule vertraut war (vgl. *Grundzüge der verlorenen Abhandlung des Aristoteles über die Wirkung der Tragödie*, S. 143 und 193 f.).

60 Ebd., S. 12.

61 Vgl. die Einleitung von K. Gründer zu J. Bernays, *Zwei Abhandlungen über die aristotelische Theorie des Dramas*, S. IV-XI. Als einer der ersten hat sich J. Dalma mit der Beziehung zwischen Bernays und den Forschungen Breuers und Freuds befaßt. Vgl. »La Catarsis en Aristoteles, Bernays y Freud«, in: *Revista de Psiquiatría y Psicología Medica*, 1963, 6, S. 253-269, und ders., »Reminiscensias culturales clásicas en algunas corrientes de psicología moderna«, in: *Revista de la Facultad de Medicina de Tucumán*, 1962, 5, S. 301-332 (teilweise identisch mit dem vorgenannten Titel). In einem Kapitel über die Katharsis gelangt Hirschmüller zu dem Schluß, daß Breuer sich für seine kathartische Methode direkt an Bernays' Theorie inspiriert habe (vgl. *Physiologie und Psychoanalyse in Leben und Werk Josef Breuers*, S. 206-212). Mit dem durch Bernays vermittelten Einfluß des aristotelischen Denkens auf die kathartische Methode von Breuer und Freud beschäftigt sich auch J. Sullivan, »From Breuer to Freud«, in: *Psychoanalytic Review*, 1959, 46, S. 69-90. V. Langholf (»Die ›kathartische Methode‹. Klassische Philo-

logie, literarische Tradition und Wissenschaftstheorie in der Frühgeschichte der Psychoanalyse«, in: *Medizinhistorisches Journal*, 1990, 25, S. 5-39) stellt die Hypothese auf, der Einfluß Bernays' sei durch Elise Gomperz (die Langholf mit der *Cäcilie M.* der *Studien* identifiziert), Ehefrau des Altphilologen Theodor Gomperz und Patientin von Breuer und Freud in der Zeit ihrer wissenschaftlichen Zusammenarbeit, vermittelt gewesen. Hirschmüller (*Freuds Begegnung mit der Psychiatrie*, S. 218) und Swales (»Freud, his teacher, and the birth of psychoanalysis«, in: Paul E. Stepansky [Hrsg.], Freud: *Appraisals and reappraisals. Contributions to Freud studies*, Bd. 1, Hillsdale, N. J. 1986, S. 3-82) sind hingegen der Auffassung, hinter dem Namen *Cäcilie M.* verberge sich Anna von Lieben, die wiederum eine – indirekte – Verbindung zwischen Hofmannsthal und Freuds Katharsis-Konzept darstellen könnte. Wenn es keine »Beweise« dafür gibt, daß Freud Bernays' Abhandlung gelesen hatte, so ist dagegen sicher, daß er die *Poetik* kannte. Der kurze Aufsatz »Psychopathische Personen auf der Bühne« (vgl. Freud 1942 [1905-06], *G. W., Nachtragsband*, S. 655-661) beginnt mit einer knappen Zusammenfassung der Aristotelischen Abhandlung über die Tragödie. Auch hier ist die Bezugnahme auf die *Poetik* so offenkundig, daß Aristoteles nicht einmal genannt wird. Dagegen taucht der Name Jacob Bernays Jahre später in einem Brief an Arnold Zweig vom 27. November 1932 auf. Freud schenkte Zweig ein Exemplar von *Jacob Bernays. Ein Lebensbild in Briefen*, Breslau 1932, und legte ihm die Lektüre sehr ans Herz. Wahrscheinlich hatte Freud zu dem Publikationsprojekt beigetragen, denn der Herausgeber M. Fraenkel eignete ihm das Buch zu. In Freuds Bibliothek befanden sich außerdem: Aristoteles' *Politik* in der Übersetzung von Bernays; M. Fraenkel (1934), *Theodor Mommsen, Jacob Bernays, Paul Heyse* (Hinweis von G. Fichtner). – Ein weiteres, nicht weniger epochemachendes Werk als die *Studien über Hysterie*, nämlich Nietzsches *Geburt der Tragödie* (1872), zeugt vom Einfluß Bernays', auch wenn Nietzsche, der seine Quellen genauso ungern enthüllte wie Freud, ihn nicht erwähnt. Bernays selbst fand, daß Nietzsches Interpretation sich mit seiner eigenen vollkommen decke und »nur ein bißchen übertriebener« sei. Vgl. dazu K. Gründer, »Jacob Bernays und der Streit um die Katharsis«, in: *Epirrhosis. Festgabe für Carl Schmitt*, hg. v. H. Barion, E.-W. Böckenförde, E. Forsthoff und W. Weber, 2. Teilband, Berlin 1968, S. 495-528 (jetzt auch in M. Luserke [Hrsg.], *Die aristotelische Katharsis*, S. 352-385).

62 Vgl. Worbs, *Nervenkunst*, S. 320-333. In seinen Tagebuchaufzeichnungen für die Abfassung des *Dialogs des Tragischen* (1904) schreibt Hermann Bahr: »Ich muß jetzt aber doch endlich den ›Dialog über den Schauspieler‹ schreiben, in welchem ich, an Freud anknüpfend, die *ka-*

tharsis der Tragödie aus dem Entladen verbotener Leidenschaften erklären will« (zit. bei Worbs, *Nervenkunst*, S. 140). Nach Erscheinen der *Studien über Hysterie* füllten sich die Wiener Theaterbühnen mit »Hysterikern« nach dem Vorbild der von Freud und Breuer präsentierten klinischen Fälle. Vgl. etwa die Neugestaltung der Sophokleischen *Elektra* in ›psychopathologischer Manier‹ durch Hofmannsthal (*Dramen II [1892-1905]*, in: *Gesammelte Werke in zehn Einzelbänden*, Bd. 2, Frankfurt a. M. 1979). Nach Politzer (»Hugo von Hofmannsthals ›Elektra‹. Geburt der Tragödie aus dem Geist der Psychopathologie«, in: *Hatte Ödipus einen Ödipuskomplex?*, S. 78-105) entsprechen die ›Krisen‹ der Protagonistin des Dramas denjenigen der Anna O. und reproduzieren die vier Phasen des hysterischen Anfalls, wie sie von Charcot für die ›grande hystérie‹ angenommen wurden: 1) die epileptoide Phase, 2) die der großen Bewegungen, 3) die halluzinatorische der *attitudes passionelles*, 4) die des abschließenden Deliriums (vgl. ebd., S. 80).

63 Vgl. R. A. Kann (Hrsg.), *Th. Gomperz. Ein Gelehrtenleben im Bürgertum der Franz-Josefs-Zeit. Auswahl seiner Briefe und Aufzeichnungen, 1869-1912*. Erläutert und zu einer Darstellung seines Lebens verknüpft von Heinrich Gomperz, neubearbeitet und hg. v. Robert A. Kann, Wien 1974, S. 266-276. Hatten die *Studien über Hysterie* keine bzw. keine positive Reaktion in medizinischen Kreisen hervorgerufen, so weckten sie indes die Aufmerksamkeit mancher Ästhetiker und Philosophen. Alfred Freiherr von Berger, Intendant des Burgtheaters, widmete ihnen in der Wiener Tageszeitung *Morgen-Presse* vom 2. Februar 1896 eine Rezension mit dem Titel »Chirurgie der Seele«. Darin heißt es: »Wir ahnen, daß es einmal möglich sein wird, die innersten Geheimnisse der menschlichen Seele zu ergründen. Die Theorie selbst ist eigentlich nichts anderes als die Psychologie, die Dichter verwenden.« Ein Jahr nach Erscheinen der *Studien über Hysterie* kam Th. Gomperz' Übersetzung der Aristotelischen *Poetik* heraus, begleitet von einer Abhandlung desselben Berger. Darin schreibt er, sich auf den von Bernays vorgeschlagenen Katharsis-Begriff beziehend: »der Ausdruck Katharsis [ist] der Medizin entnommen, in welcher er die Austreibung eines Krankheitsstoffes aus dem Körper bedeutet. In der erwähnten Stelle der *Politik* vergleicht Aristoteles mit dieser körperlichen Cur die Heilung jener Nervenkrankheit, die er ›Enthusiasmus‹ nennt, durch Musik« (vgl. Aristoteles, *Poetik*. Übersetzt und eingeleitet von Theodor Gomperz. Mit einer Abhandlung »Wahrheit und Irrtum in der Katharsislehre des Aristoteles« von Alfred Freiherr von Berger, Leipzig 1897, S. 72). Weiter heißt es: »Diese Katharsis […] ist pathologischer Natur, ist Entladung einer alten Affectspannung im Gemüthe. Daß Aristoteles auch diese Katharsis im Sinne gehabt hat, ist zweifellos«

(S. 80). Im zweiten Teil seiner Abhandlung wird die enge Beziehung zwischen den *Studien* und der *Poetik* noch deutlicher: »Die kathartische Behandlung der Hysterie, welche die Ärzte Dr. Josef Breuer und Dr. Sigmund Freud beschrieben haben (*Studien über Hysterie,* Wien 1895), ist sehr geeignet, die kathartische Wirkung der Tragödie verständlich zu machen. Diese Cur beruht auf dem Gedanken, dass ein Affect, der ›unterdrückt‹, d. h. nicht durch Wort, That, Thränenerguss u. dergl. abreagiert wurde, sich in jene nervösen Symptome umwandle, welche das Krankheitsbild des Hysteriefalles ausmachen. Diese hysterischen Symptome sind als anomaler Ausdruck einer Gemütsbewegung zu betrachten, welcher die normale Entladung versagt blieb. Gelingt es dem Arzt, den affecterregenden Anlass zu entdecken, welcher das hysterische Symptom zuerst verursacht hat, und den Patienten zu lebhafter nachträglicher Reaction auf das Trauma zu bringen, welches die Psyche damals erlitten hat, so verschwindet das entsprechende hysterische Symptom spurlos« (S. 81 f.). Und wenig weiter unten: »Was sich entladet ist persönliches Leid, wirklich erlittenes oder von der Phantasie selbstquälerisch vorgespiegeltes. Hier liegt der grosse Irrtum des Aristoteles. Er meinte: was sich entladet, ist Mitleid und Furcht« (S. 84). Gomperz, der die aristotelische Definition der Tragödie gemäß der Interpretation Bernays' übersetzt hatte als »eine Darstellung, welche durch Erregung von Mitleid und Furcht die Entladung herbeiführt« (vgl. Aristoteles, *Poetik,* S. 114), der aber – wie die Briefe an seine Frau bezeugen – keine große Sympathie für die Psychoanalyse hegte, war etwas anderer Ansicht. In dem Entwurf eines Briefes an Breuer, der ihn offenkundig hinsichtlich der Interpretation der besagten Stelle der *Poetik* zu Rate gezogen hatte, grenzt er seine (sowie Bernays' und Bergers) Auffassung der Katharsis nachdrücklich von der »Übersetzung« ab, wie sie sich in den *Studien über Hysterie* ausspricht: »Etwas so Thörichtes wie ihm nach Ihrer Meinung unsere Auffassung zuschreibt, vermag ich aber in der also angesehenen Katharsis nicht zu finden. Da Aristoteles in der Poetik neben fürchten auch den bezeichnenderen Ausdruck schaudern gebraucht und ebenso das Mitleid erregende bloß rührend nennt, so habe ich mir schon gesprächsweise erlaubt, unsere Auffassung dadurch zu verdeutlichen, daß ich an die Lust am Gruseln und an die Rührseligkeit, die ja allen Menschen bis zu einem gewissen Grade innewohnt, erinnert habe. Was also meines Erachtens der Verfasser der Poetik sagen wollte, war dieses: der Lust am Gruseln und der Rührseligkeit wird in der Tragödie eine maßvolle Befriedigung gewährt, und wenn die Zuschauer ausgeweint und, wenn man so sagen dürfte, ausgegruselt haben, so ist ihnen zugleich ein unschädlicher Genuß geboten worden, und sie gehen aus dem Theater in diesem Betracht beruhigter, weil befriedigter, nachhause, als sie gekommen waren« (zit. bei Kann [Hrsg.], *Th. Gomperz. Ein Gelehrtenleben im Bürgertum der Franz-Josefs-Zeit*, S. 266 f.).

64 Die heute allgemein anerkannte Interpretation der Begriffe *éleos* und *phóbos* ist die von Schadewaldt (1955), »Furcht und Mitleid? Zur Deutung des Aristotelischen Tragödienansatzes«, in: *Hellas und Hesperien. Gesammelte Schriften zur antiken und zur neueren Literatur*, Bd. I, Zürich – Stuttgart 1960. In offenem Kontrast zur Lessingschen Tradition stellt Schadewaldt fest: »Gehen wir heute mit den Mitteln der modernen Sprachbetrachtung erneut an die Sache heran, so zeigt sich, daß der wahre Aristoteles gar nicht von Furcht und noch weniger von Mitleid spricht […]. Worauf Aristoteles mit den von ihm gebrauchten griechischen Begriffen *phóbos* und *éleos* zielt, das sind die naturhaften menschlichen Elementaraffekte des Schreckens (oder Schauders) und des Jammers (oder der Rührung); und auch Katharsis (»Reinigung«) faßt er durchaus nicht im Sinne irgendeiner moralischen Besserung: er versteht darunter nach dem Beispiel der alten Medizin und einiger urtümlich-exstatischer Kulte die mit einer elementaren Lustempfindung verbundene Befreiung und Erleichterung beim Ausscheiden (Purgieren) von irgendwelchen störenden Stoffen oder Erregungen aus dem Organismus oder der Seele. Auf Freude und Lust, nicht auf Moral und Besserung läuft nach der einfach gesunden Auffassung der Griechen alle Kunst hinaus« (S. 389). Zu den Begriffen *éleos* und *phóbos* vgl. außerdem M. Pohlenz (1956), »Furcht und Mitleid? Ein Nachwort«, in: M. Luserke (Hrsg.), *Die aristotelische Katharsis*, S. 326-351.

65 Ἔστιν οὖν τραγῳδία μίμησις πράξεως σπουδαίας [25] καὶ τελείας, μέγεθος ἐχούσης, ἡδυσμένῳ λόγῳ χωρὶς ἑκάστῳ τῶν εἰδῶν ἐν τοῖς μορίοις, δρώντων καὶ οὐ δι' ἀπαγγελίας, δι' ἐλέου καὶ φόβου περαίνουσα τὴν τῶν τοιούτων παθημάτων κάθαρσιν. (Aristot., *Poet.* 1449b 24-28).

66 Lessing zufolge »[beruht] diese Reinigung […] in nichts anderem, als in der Verwandlung der Leidenschaften in tugendhafte Fertigkeiten« (*Hamburgische Dramaturgie*, in: *Lessings Werke in fünf Bänden*, Berlin – Weimar 1982, IV, 78. Stück, 29. Januar 1768, S. 380).

67 Auch die Autoren der *Studien* sind der Ansicht, daß das Trauma bzw. die Erinnerung an das Trauma, das dem hysterischen Anfall zugrunde liegt, wie eine Art »Fremdkörper« wirke, »welcher noch lange Zeit nach seinem Eindringen als gegenwärtig wirkendes Agens gelten muß« (Freud 1893 [mit Breuer], »Über den psychischen Mechanismus hysterischer Phänomene. Vorläufige Mitteilung«, *G. W.* I, S. 85).

68 Vgl. auch G. Thomson, *Aischylos und Athen*, Berlin 1956, S. 393 ff.

69 Zum Begriff der *hedone* als konstitutivem Aspekt der Wirkungen der

Kunst vgl. Aristot., *Polit.* 1340a, 3 ff., und *Rhetor.* 1366a 33 ff. Nach Aristoteles' Definition bedeutet *hedone* nicht Lust im modernen Sinn des Wortes, sondern eine »Bewegung der Seele«, dank deren diese ihr Gleichgewicht und ihren natürlichen Zustand wiederfindet.

70 Vgl. Aristot., *Poet.* 1452 b.

71 So Bernays' Übersetzung der *Jambl. Myst.* I, 11 (Parthey) in *Zwei Abhandlungen über die aristotelische Theorie des Dramas*, S. 40. Die Riten, auf die er anspielt, betreffen den Phalluskult.

72 Vgl. J. Bernays, *Grundzüge der verlorenen Abhandlung des Aristoteles über die Wirkung der Tragödie*, S. 7-10; H. W. Helck, »Katharsis«, in: *Der Kleine Pauly. Lexikon der Antike in fünf Bänden*, München 1979, Bd. 3, Sp. 165-166.

73 Vgl. W. Schadewaldt, *Die griechische Tragödie. Tübinger Vorlesungen*, Bd. 4, Frankfurt 1991, S. 19.

74 Dies ist das Ergebnis der inzwischen klassischen kulturhistorisch-philologischen Untersuchung von H. Flashar, »Die medizinischen Grundlagen der Lehre von der Wirkung der Dichtung in der griechischen Poetik«, in: *Hermes* 1956, 84, S. 12-48, jetzt auch in M. Luserke (Hrsg.), *Die aristotelische Katharsis*, S. 289-325.

75 »*Pathos* ist der Zustand eines *paschon* und bezeichnet den unerwartet ausbrechenden und vorübergehenden Affect; *pathema* dagegen ist der Zustand eines *pathetikos* und bezeichnet den Affect als inhärierend der afficierten Person und als jederzeit zum Ausbruche reif. Kürzer gesagt, *pathos* ist der Affect und *pathema* ist die Affection.« (Bernays, *Grundzüge der verlorenen Abhandlung des Aristoteles über die Wirkung der Tragödie*, S. 17); vgl. außerdem Aristot., *Polit.*, 1341b 28.

76 Vgl. Aristot., *Polit.*, 1342 a, 11 ff.

77 »Wir fanden nämlich, anfangs zu unserer größten Überraschung, daß *die einzelnen hysterischen Symptome sogleich und ohne Wiederkehr verschwanden, wenn es gelungen war, die Erinnerung an den veranlassenden Vorgang zu voller Helligkeit zu erwecken, damit auch den begleitenden Affekt wachzurufen, und wenn dann der Kranke den Vorgang in möglichst ausführlicher Weise schilderte und dem Affekt Worte gab*« (Freud 1893 [mit Breuer], »Über den psychischen Mechanismus hysterischer Phänomene. Vorläufige Mitteilung«, *G. W.* I, S. 85, kursiv im Original).

78 Vgl. E. Rohde, *Psyche. Seelencult und Unsterblichkeitsglaube der Griechen*, 2 Bde., Darmstadt 1991 (reprographischer Nachdruck der 2. Aufl., Freiburg/Brsg. – Leipzig – Tübingen 1898).

79 Vgl. Bernays, *Grundzüge der verlorenen Abhandlung des Aristoteles über die Wirkung der Tragödie*, S. 7.

80 Auch Plato geht von einem Energiestau und einer Stauung schädlicher Säfte als Ursache der Geisteskrankheit aus, doch ist seine Analyse der

Geisteskrankheit mit der Seelenlehre und einer Auffassung des Menschen verbunden, wonach dieser in *logos* und *soma* zerfällt, die einander antithetisch gegenüberstehen. Vgl. Plato, *Timaios*, 86-90.

81 Für den Ursprung von Hysterie und Epilepsie als *sacri morbi* vgl. Thomson, *Aischylos und Athen*, S. 398-399. Zur Auffassung der Geisteskrankheit in der Antike vgl. B. Simon, *Mind and Madness in Ancient Greece*, London 1978, und ders., »Hysteria – the Greek Disease«, in: *The Psychoanalytic Study of Society*, 1979, 8, S. 175-215 (bei diesem Aufsatz handelt es sich um die durchgesehene und erweiterte Version eines Kapitels über die antiken Theorien zur Ätiologie der Hysterie aus dem vorstehend zitierten Werk).

82 Vgl. Hippocrates, *De sacro morbo* 1-5. – Auch Cicero spricht von dem Entrückten als von einem Individuum, das besessen ist von einer in seinen Körper eingedrungenen dämonischen Macht (Cicero, *De divin.* I, 67).

83 Vgl. Thomson, *Aischylos und Athen*, S. 395 f. Zum göttlichen Ursprung des Wahnsinns, der folglich weniger dem medizinischen als dem religiösen Bereich zukommt, vgl. J. Mattes, *Der Wahnsinn im griechischen Mythos und in der Dichtung bis zum Drama des 5. Jahrhunderts*, Heidelberg 1970 (darin besonders das Kapitel »Der Wahnsinn und die überirdischen Mächte«, S. 36-57).

84 Vgl. Rohde, *Psyche*, II, S. 38-102, und Roccatagliata, *Le origini della psicoanalisi nella cultura classica*, S. 29.

85 Rohde, *Psyche*, II, S. 413.

86 Von Janet vgl. insbesondere *L'automatisme psychologique*, Paris 1889. Zu den Beziehungen Janet – Freud siehe D. Anzieu, *L'auto-analyse de Freud et la découverte de la psychanalyse*, sowie vor allem Ellenberger, *Die Entdeckung des Unbewußten*, der ihnen ein ganzes Kapitel widmet.

87 *G. W.* I, S. 95 f. Eine Kritik an Janets Konzept der Bewußtseinsspaltung findet sich in Freud 1894, »Die Abwehr-Neuropsychosen«, *G. W.* I, S. 59-74.

88 Vgl. Freud 1940 [1892] (mit Josef Breuer), »Zur Theorie des hysterischen Anfalles«, *G. W.* XVII, S. 12.

89 Vgl. J. Beattie, *Other cultures. Aims, Methods and Achievements in Social Anthropology*, New York 1964, insbesondere die Kapitel 12 und 13.

90 In seiner *Naturgeschichte* (XXV) liefert Plinius eine umfängliche Beschreibung der Heilmittel, auf die gewöhnlich für die Ausrottung von Epidemien und die Heilung des Körpers zurückgegriffen wird.

91 Vgl. Hippocrates, *De sacro morbo*, 10-12.

92 Ebd., 33-38, Übers. v. H. Grensemann.

93 Ebd., 41-42.

94 Vgl. Bernays, *Grundzüge der verlorenen Abhandlung des Aristoteles über*

die Wirkung der Tragödie, S. 30, sowie Thomson, *Aischylos und Athen*, S. 396-398.

95 Bernays, *Grundzüge der verlorenen Abhandlung des Aristoteles über die Wirkung der Tragödie*, S. 9.

96 Daß die aristotelische Katharsis nicht den Bereich des *ethikon*, sondern den der *hedone* betrifft, zeigt sich nach Bernays an der Stelle der *Politeia*, wo es heißt, die Flöte sei kein ›ethisches‹, sondern ein ›orgiastisches‹ Instrument und müsse zu denjenigen Gelegenheiten benutzt werden, in denen das Schauspiel (*theoria*) eher *katharsis* als *mathesis* [oder *paideia*] bewirke (vgl. Bernays, *Zwei Abhandlungen über die aristotelische Theorie des Dramas*, S. 127).

97 Bernays, *Grundzüge der verlorenen Abhandlung des Aristoteles über die Wirkung der Tragödie*, S. 43.

98 Plato, *Ion*, 533e-534b, Übers. v. F. Schleiermacher.

99 Vgl. Bernays, *Grundzüge der verlorenen Abhandlung des Aristoteles über die Wirkung der Tragödie*, S. 8.

100 An einer Stelle über die Bedeutung der Institution der Feste schreibt Freud in *Totem und Tabu* (1912-13): »Ein Fest ist ein gestatteter, vielmehr ein gebotener Exzess, ein feierlicher Durchbruch eines Verbotes. Nicht weil die Menschen infolge irgendeiner Vorschrift froh gestimmt sind, begehen sie Ausschreitungen, sondern der Exzess liegt im Wesen des Festes; die festliche Stimmung wird durch die Freigebung des sonst Verbotenen erzeugt« (*G. W.* IX, S. 170). Auch in *Massenpsychologie und Ich-Analyse* (1921) führt er aus: »Bei allen Verzichten und Einschränkungen, die dem Ich auferlegt werden, ist der periodische Durchbruch der Verbote Regel, wie ja die Institution der Feste zeigt, die ursprünglich nichts anderes sind als vom Gesetz gebotene Exzesse und dieser Befreiung auch ihren heiteren Charakter verdanken. Die Saturnalien der Römer und unser heutiger Karneval treffen in diesem wesentlichen Zug mit den Festen der Primitiven zusammen, die in Ausschweifungen jeder Art mit Übertretung der sonst heiligsten Gebote auszugehen pflegen. Das Ichideal umfaßt aber die Summe aller Einschränkungen, denen das Ich sich fügen soll, und darum müßte die Einziehung des Ideals ein großartiges Fest für das Ich sein, das dann wieder einmal mit sich selbst zufrieden sein dürfte« (*G. W.* XIII, S. 147).

101 Freud 1893 (mit Breuer), »Über den psychischen Mechanismus hysterischer Phänomene. Vorläufige Mitteilung«, *G. W.* I, S. 95.

102 Zur archaischen, homerischen Auffassung der Seele vgl. J.-P. Vernant, »Psyché: Simulacre du corps ou image du divin?«, in: *Nouvelle Revue de Psychanalyse*, 1991, 44, S. 223-231.

103 Die 1890 von Freud verfaßte Schrift »Psychische Behandlung (Seelenbehandlung)« wurde fälschlicherweise auf das Jahr 1905 datiert und mit

diesem Datum in den fünften Band der *G. W.*, S. 287-315, aufgenommen. Vgl. das Herausgebervorwort in der *Studienausgabe, Ergänzungsband*, S. 14-16.

104 Freud 1905 [1890], »Psychische Behandlung (Seelenbehandlung)«, *G. W.* V, S. 289.

105 Für die Untersuchung der Wort-Therapie in der Antike immer noch unverzichtbar: P. Laín Entralgo, *The Therapy of the Word in Classical Antiquity* (das spanische Original, *La Curación por la Palabra en la Antiguedad Clásica*, erschien 1958). Der Autor rekonstruiert die Entwicklung der antiken Psychotherapie – ohne indes diesen Begriff zu verwenden – von den homerischen Dichtungen bis zu Aristoteles, mit dem diese seines Erachtens an einen Endpunkt gelangte. Zu den Entsprechungen zwischen der modernen Psychotherapie und der antiken Wort-Therapie siehe zudem den kurzen Aufsatz von C. M. Pierce, der vor allem die ›psychotherapeutischen‹ Elemente in der griechischen Literatur untersucht, jedoch zu dem ziemlich vagen Schluß kommt, die antike Psychotherapie habe vor allem durch die Liebe geheilt (vgl. C. M. Pierce, »Greek Poetry and Modern Psychotherapy«, in: *American Journal of Psychotherapy*, 1963, 17, S. 631-640).

106 Freud 1905, »Über Psychotherapie«, *G. W.* V, S. 14. Die gläubige Erwartung ist Freud zufolge, der die antike sakrale Medizin implizit mit den sogenannten Wunderheilungen vergleicht, wie sie die katholische Kirche noch heute an den Wallfahrtsorten verheißt, eine *conditio sine qua non* für die Wirksamkeit einer Therapie. Wunder geschehen unter Bedingungen, welche die religiösen Empfindungen des Gläubigen bis zur Begeisterung steigern. Die Heiligkeit des Ortes oder die begeisterte Teilnahme anderer Gläubiger können zu einem so maßlosen Anstieg der psychischen Energien des Kranken beitragen, daß sie das ersehnte Eintreten des Wunders auslösen. Außerdem wirkt in allen Anwesenden der glühende Wunsch, der von Gott Auserwählte zu sein: »Wo so viele starke Kräfte zusammenwirken, dürfen wir uns nicht wundern, wenn gelegentlich das Ziel wirklich erreicht wird« (Freud 1905 [1890], »Psychische Behandlung (Seelenbehandlung)«, *G. W.* V, S. 299). Freud scheint nahelegen zu wollen, daß es sich um ein »Überleben« antiker Bräuche handele, das – in verstärktem Maße – von der suggestiven und autosuggestiven Macht der heiligen oder geweihten Medizin zeuge, ähnlich wie die moderne Forschung die aus der Antike überlieferten Wunderheilungen beurteilt (etwa die Erzählungen des Aristides in den *Heiligen Berichten* oder die Chronik der Heilungen des Apollon und des Asklepios, die zunächst für falsch gehalten oder einfach Drogen- oder Hypnoseeinfluß zugeschrieben wurden. Zur Aura des Heiligen, die das hypnotische Verfahren umgibt, vgl. auch Freud 1892, »Bericht

über einen Vortrag ›Über Hypnose und Suggestion‹‹, *G. W., Nachtrags-band*, S. 165-178. Zu den Wunderheilungen in den heiligen Tempeln der Antike vgl. R. Herzog, »Die Wunderheilungen von Epidauros«, in: *Philologus*, 1931, 3, Beiheft XXII.

107 Ein uraltes, wahrscheinlich mit der Religion der chthonischen Götter und der Einholung von Orakeln der Toten verknüpftes Ritual war die Inkubation, d. h. der Brauch, nach Vollzug eines Opferritus einzu-schlafen, in der Erwartung, daß eine Gottheit oder ein an den Ort ge-bundenes übernatürliches Wesen im Schlaf erscheine, um Hilfe zu lei-sten oder zu raten, wie man sich künftig verhalten solle (zu Traum und Inkubation vgl. unten, Kap. III). Mit der Verbreitung des Kultes zu Eh-ren des Gottes der Heilkunde Asklepios (Hippokrates selbst galt als As-klepiade, als Abkömmling des Gottes), die etwa gegen Ende des fünf-ten vorchristlichen Jahrhunderts begann, wurde die Inkubation vor al-lem zu Heilzwecken praktiziert. Man griff auf sie zurück, weil man entweder die Heilung von einer Krankheit – im allgemeinen eine so-fortige Wunderheilung – oder die »Verordnung« einer medizinischen Behandlung erwartete. In dem berühmtesten dem Gott geweihten Heiligtum, Epidauros, wurde der Patient einer Reihe von Reinigungs-riten (Fasten, sexuelle Enthaltsamkeit, Gaben) unterzogen; hielt der Priester ihn schließlich für vorbereitet, so verbrachte er die Nacht in-nerhalb der heiligen Mauern, erzählte morgens von der im Traum er-schienenen Vision und zeigte, welche Wirkungen ihm daraus erwach-sen waren. Die Adepten verfaßten sodann einen Bericht, den sie zum öffentlichen Beweis der thaumaturgischen Kräfte des Gottes und der Erfolge der Inkubation im Tempel aufbewahrten oder in Stein ritzten (vgl. J. Burckhardt, *Griechische Kulturgeschichte*, S. 511, und R. Herzog, »Die Wunderheilungen von Epidauros«). Wie C. A. Meier (*Antike In-kubation und moderne Psychotherapie*, Zürich 1949) ausführt, zeugen die Inkubationsbräuche von einer betonten Selbstheilungstendenz, wenn der Kranke diesen Prozeß erwartet, entsprechend darauf einge-stellt ist und ihn unterstützt. Nach Entralgo (*The Therapy of the Word in Classical Antiquity*, S. 59 f.) bestätigen die Inkubations- und Thera-piebräuche von Epidauros – im Gegensatz zu den Behauptungen klas-sischer Quellen (Aristophanes) – den therapeutischen Gebrauch des Wortes. Asklepios selbst sprach mit schmeichelnder Stimme zu den Kranken, befragte sie über ihre Wünsche hinsichtlich des Krankheits-verlaufs und verschrieb ihnen das Verfassen von Oden und Gesängen. – Freud sollte sich noch 1914 in einer Fußnote zur vierten Auflage der *Traumdeutung* auf die Inkubationsbräuche beziehen (1900, *Stud.* II, S. 59).

108 Freud 1905 [1890], »Psychische Behandlung (Seelenbehandlung)«,

G. W. V, S. 301. Mehr noch als die magisch-sakrale Therapie der Alten, die ebenfalls auf dem Charisma der Priester beruhte – Gottmenschen, die außer auf Medikamente und Reinigungs-Verschreibungen auch auf Zauberformeln und Rituale zurückgriffen –, verleiht die Hypnose, so Freud, nachdem sie der Praxis von Scharlatanen und Ausbeutern entzogen und in die Hände des Arztes gelegt worden ist, dem Therapeuten eine Autorität, die kein Priester und kein Hexer je besaß, da die autonome Seelentätigkeit des Kranken vollkommen unterbrochen wird. Sie erlaubt die Kontrolle der Seele über den Körper auszuweiten, das fehlende Glied der Assoziationskette, die das körperliche Symptom mit der seelischen (oder symbolischen) Tätigkeit verbindet, aufzufinden, und versetzt den Patienten nach dem Erwachen in die Lage, die durch den hysterischen Anfall blockierten Körperfunktionen voll wiederzuerlangen.

109 Freud 1905 [1890], »Psychische Behandlung (Seelenbehandlung)«, *G. W.* V, S. 301 f.

110 Die Feststellung, daß es einen Widerstand gibt, den die Hypnose zwar ›umgeht‹ und verhüllt, aber nicht zu überwinden vermag, sollte Freud zur Suche nach einer anderen Technik bewegen, die den Einblick in die innere Dynamik der psychischen Kräfte ermöglicht.

111 Vgl. insbesondere H.(ilda) D.(oolittle), *Visage de Freud*, Paris 1977; Lydia Flem, *La vie quotidienne de Freud et de ses patients*, Paris 1987, sowie A. Kardiners ungewollt ironischen Bericht seiner Lehranalyse bei dem Meister: *Meine Analyse bei Freud*, München 1979, hier insbesondere S. 92-94. (Während der Analyse war Freuds Arbeitszimmer dergestalt in heiliges Schweigen gehüllt, daß alle – ohne sich im geringsten daran zu stören – dachten, Freud sei eingeschlafen). Zu den rituellen Elementen der analytischen Behandlung schreibt Freud im Jahre 1913: »Noch ein Wort über ein gewisses Zeremoniell der Situation, in welcher die Kur ausgeführt wird. Ich halte an dem Rate fest, den Kranken auf einem Ruhebett lagern zu lassen, während man hinter ihm ungesehen Platz nimmt. Diese Veranstaltung hat einen historischen Sinn, sie ist der Rest der hypnotischen Behandlung, aus welcher sich die Psychoanalyse entwickelt hat«. Gleich darauf fügt Freud hinzu, daß es auch einen persönlichen Grund für diesen seltsamen Brauch gab: Er ertrage es nicht, stundenlang angesehen zu werden. (»Zur Einleitung der Behandlung« [»Weitere Ratschläge zur Technik der Psychoanalyse«, I], *G. W.* VIII, S. 467).

112 *G. W.* XIV, S. 214.

113 Vgl. B. Bettelheim, *Freud und die Seele des Menschen*, S. 33 f.

114 Vgl. Laín Entralgo, *The Therapy of the Word in Classical Antiquity*, S. 64-69.

115 Vgl. diesbezüglich M. Foucault, *La volonté de savoir*, Paris 1976, hier insbesondere das Kapitel »Scientia sexualis«.

Anmerkungen zu
III. Bemerkungen zur *Traumdeutung* (erster Teil)

* Bei diesem Kapitel handelt es sich, in leicht abgeänderter Form, um den Text eines Artikels, der vor einigen Jahren in der Zeitschrift MAIA erschien (vgl. Paola Traverso, »Psicoanalisi e cultura classica: il motto della *Traumdeutung*«, in: *MAIA. Rivista di letterature classiche*, 1995, 47, S. 253-278). Eine sehr ähnliche Interpretation, die wie meine das Motto mit der Traumwelt von Äneas' Katabasis und die Unterwelt mit der metapsychologischen Konstruktion des unbewußten Systems verknüpft, wurde jüngst von J. Starobinski vorgelegt, mit dem Unterschied, daß Starobinski den homerischen Subtext nicht einbezieht und sich im Hinblick auf Vergil stärker auf die linguistische Analyse des Mottos konzentriert (vgl. »Acheronta movebo. Nachdenken über das Motto der ›Traumdeutung‹«, in: J. Starobinski u. a., *Hundert Jahre ›Traumdeutung‹ von Sigmund Freud. Drei Essays*, Frankfurt a. M. 1999, S. 7-34).

1 Vgl. *G. W.* II/III, S. 627-642; die Erstausgabe der *Traumdeutung* enthielt eine Bibliographie von rund achtzig Titeln, die bis zur sechsten Auflage (1921), deren sich Otto Rank annahm, systematisch erweitert wurde. Vgl. zudem den von den Herausgebern besorgten bibliographischen Anhang A und B in der Studienausgabe (*Stud.* II, S. 593-621).

2 »Traumdeutung und Zauberei« lautet der Titel, den Theodor Gomperz 1866 für einen Vortrag über Artemidor wählte (vgl. »Traumdeutung und Zauberei. Ein Blick auf das Wesen des Aberglaubens. Vortrag gehalten zu Brünn am 9. April 1866«, in: Theodor Gomperz, *Essays und Erinnerungen*, Stuttgart 1905, S. 73-86); auch der mystische Philosoph Carl Du Prel betitelt eine Schrift über den Traum *Oneirokritikon. Der Traum vom Standpunkte des transcendentalen Idealismus*, Stuttgart 1869.

3 Vgl. beispielsweise den Brief vom 6. August 1899 in Freud, *Briefe an W. Fließ 1887-1904*, S. 402. Wahrscheinlich ist der Begriff »ägyptisch« hier in zweifacher Hinsicht zu verstehen. Einerseits spielt Freud auf die Tradition der antiken Traumdeutung an, die sich vor allem an ägyptischen Quellen inspiriert hatte, andererseits beinhaltet der Begriff ein Gleichnis zwischen dem manifesten Text des Traumes und der Hieroglyphenschrift. Mehrfach hatte Freud die Technik der Traumdeutung mit der Entzifferung des ägyptischen Alphabets verglichen: »Trotz dieser Vielseitigkeit darf man sagen, daß die Darstellung der Traumarbeit, die ja nicht beabsichtigt, verstanden zu werden, dem Übersetzer keine größeren Schwierigkeiten zumutet, als etwa die alten Hieroglyphenschreiber

ihren Lesern« (Freud 1900, *Traumdeutung*, G. W. II/III, S. 346 f.). Sowohl im Traum als auch in der Bilderschrift gebe es einige Elemente,
die nicht zur Interpretation bestimmt sind, sondern deren Funktion
darin besteht, in ihrer Eigenschaft als ›Determinative‹ das Verständnis
anderer Hauptelemente sicherzustellen. Die Polysemie vieler Traum-
elemente entspreche den alten ideographischen Systemen. Auch dort
würden die Kausalbeziehungen häufig fortgelassen und müßten durch
den Kontext integriert werden (vgl. Freud 1913, »Das Interesse an der
Psychoanalyse«, *G. W.* VIII, S. 404, sowie Freud 1900, *Traumdeutung*,
G. W. II/III, S. 319 f.).

4 Mit Ausnahme von Artemidors Werk sind uns nur wenige Traumbücher überliefert, die größtenteils aus späthellenistischer und byzanti-
nischer Zeit stammen. Vgl. die von K. Brackertz übersetzte und herausgegebene Sammlung *Die Volks-Traumbücher des byzantinischen Mittelalters*, München 1993, hier insbesondere den Anhang, S. 201-219.

5 Bettelheim, *Freud und die Seele des Menschen*, S. 80. Bettelheim diskutiert ausführlich das Problem der englischen Übersetzung des Origi-
naltitels *Traumdeutung*. Das deutsche Verb *deuten*, das dieselbe Wurzel
hat wie das Substantiv *Bedeutung* und das Verb *hindeuten* (a. etw. hinweisen, anspielen), bringe, so Bettelheim, eher den Versuch zum Ausdruck, »den tieferen Sinn einer Sache zu erfassen«, als die Tätigkeit des
Erklärens und Veranschaulichens zu bezeichnen, die besser durch Begriffe wie *erklären, analysieren* oder *interpretieren* wiedergegeben werde.
Wie die italienische Übersetzung – und das gleiche gilt im übrigen für
die spanische und die französische – enthält der Titel der englischen
Ausgabe das Substantiv »Interpretation«, das in *Interpretation* seine
Entsprechung im Deutschen hat, auf die Freud sicherlich zurückgegriffen hätte, wäre es seine Absicht gewesen, sich zu einer systematischen und ausschöpfenden Analyse der Traumphänomene anzu-
schicken. Weder das Englische noch das Italienische besitzen ein Substantiv, das das semantische Feld des deutschen Wortes *Deutung*
abdeckt. Bettelheim schlägt einige Titel vor, die zwar weniger griffig
sind als das aktuelle *The Interpretation of Dreams*, Freuds Intentionen
und den selbstgesetzten Grenzen seiner Untersuchung jedoch mehr
entsprechen: *A Search for the Meaning of Dreams* und *An Inquiry into
the Meaning of Dreams* (vgl. ebd., S. 82 f.).

6 Im Hinblick auf die Skepsis, die seine Traumtheorie hervorgerufen
hatte, spricht Freud in der *Selbstdarstellung* von sich selbst als von einem Wissenschaftler, der plötzlich als ›Traumdeuter‹ auftritt (vgl.
Freud 1925, *G. W.* XIV, S. 69) – zwei ›Berufe‹, die sich freilich nach Ansicht der zu jener Zeit geltenden medizinischen Theorien des Traumes
wechselseitig ausschlossen.

7 Freud 1916-17, *Vorlesungen zur Einführung in die Psychoanalyse*, G. W. XI, S. 83.

8 »Von meinen Arbeiten am ehesten verraten kann ich Dir die Mottos. Vor der Psychologie der Hysterie wird das stolze Wort stehen: Introite et hic dii sunt. [...] Vor der ›Symptombildung‹: Flectere si nequeo superos / Acheronta movebo« (Freud, *Briefe an W. Fließ 1887-1904*, S. 216 f.). Für eingehendere Überlegungen zu dieser Stelle der Korrespondenz vgl. den Exkurs der vorliegenden Arbeit.

9 Freud, *Briefe an W. Fließ 1887-1904*, S. 396. Schönau (*S. Freuds Prosa*, S. 73-80) hält es für wahrscheinlich, daß es sich um die Verse 1-3 und 10-12 der »Zueignung« des *Faust* handelt. Die ersten (»Ihr naht Euch wieder, schwankende Gestalten, / Die früh sich einst dem trüben Blick gezeigt«), die Freud in einem Brief an Fließ vom 11. Oktober 1899 (S. 417) zitiert, tauchen auch in der *Traumdeutung* wieder auf (*G. W.* II/III, S. 487), um das Konzept von *revenant* zu illustrieren, das auf Personen zutrifft, denen gegenüber man Übertragungsliebe empfindet und die gewöhnlich an die Stelle der Eltern oder anderer bestimmender Figuren aus der Kindheit treten. Fließ hatte das Motto abgelehnt und als allzu ›sentimental‹ bezeichnet, wahrscheinlich weil es mehr auf die persönlichen Umstände anspielte, unter denen das Buch entstanden war, als auf seine Inhalte.

10 Vgl. G. Büchmann, *Geflügelte Worte. Der Citatenschatz des deutschen Volkes*, Berlin 1889, S. 296. Zu dieser Sammlung, auch als mögliche Quelle für die lateinischen Zitate in Freuds Werk, vgl. Schönau, *S. Freuds Prosa*, S. 55 f., sowie den Exkurs in der vorliegenden Arbeit.

11 F. Della Corte, »Giunone«, in: *Enciclopedia Virgiliana*, II, Roma 1985, S. 756.

12 »Ich jedoch, Juppiters hehres Gemahl, die es über sich brachte, / Nichts ungewagt zu lassen, umsonst, die an alles sich wandte, / Werde besiegt von Äneas. Nun wohl, wenn die eigene Macht nicht / Hinreicht, scheu ich mich nicht, das ›Irgendwo‹ zu beschwören. / Kann ich den Himmel nicht beugen, so hetz ich die Hölle in Aufruhr.« (*Aen.* VII, 308-12).

13 Freud, *Briefe 1873-1939*, S. 372.

14 W. Achelis, *Das Problem des Traumes. Eine philosophische Abhandlung*, Stuttgart 1928, S. 12. Wahrscheinlich hätte Achelis sich noch mehr in seiner Annahme bestätigt gefühlt, wenn er die Etymologie des Eigennamens ›Alekto‹ berücksichtigt hätte.

15 Ebd., S. 10.

16 Ebd., S. 11. Vgl. auch Schönau, *S. Freuds Prosa*, S. 65.

17 Eine ausführliche Analyse der im folgenden skizzierten Positionen der Forschung findet sich bei Schönau, *S. Freuds Prosa*, S. 61-73.

18 Die Rezeption der *Studien über Hysterie* – und ähnliches gilt für die

Traumdeutung – stellt noch heute ein kontrovers diskutiertes Problem der Freud-Forschung dar. Die ›klassischen‹ Arbeiten über Freuds Leben und Werk, wie die Biographien von Ernest Jones (*Das Leben und Werk von Sigmund Freud*) oder Max Schur (*Sigmund Freud. Leben und Sterben*, Frankfurt a. M. 1973), halten übereinstimmend fest, daß die von Freud und Breuer entwickelten Theorien über Psychoneurosen in der medizinischen Forschung auf allgemeine Mißbilligung stießen. Dagegen haben spätere Studien (vgl. insbesondere Ellenberger, *Die Entdeckung des Unbewußten*, S. 610-615) mit dem Mythos von Freuds Isolation in den Jahren vom Erscheinen der *Studien* bis zu den ersten Treffen der sogenannten *Mittwoch-Gesellschaft* gegen 1902-1903 aufgeräumt. Ellenberger zufolge fanden die *Studien über Hysterie* auch in Fachkreisen ein breites, positives Echo. Wenn ich mich trotzdem an die traditionelle Version der Ereignisse halte, so deshalb, weil sie dem mehrfach von Freud in seinen Schriften und Briefen geäußerten Standpunkt entspricht. Das heißt natürlich nicht, daß Freuds Behauptungen der Realität entsprechen, sondern nur, daß er sich zum Zeitpunkt der ›Vergil-Entscheidung‹ tatsächlich isoliert und von Kollegen und Publikum verkannt fühlte.

19 Ein Vortrag über die Ätiologie der Hysterie (vgl. Freud 1896, »Zur Ätiologie der Hysterie«, *G. W.* I, S. 423-459), den Freud im April 1896 im *Verein für Psychiatrie und Neurologie* hielt, rief Entsetzen oder wenigstens Ungläubigkeit und Spott hervor, was Freud zum Bruch mit dem Verein bewog. Folgendermaßen kommentiert er das Ereignis in einem Brief an Fließ vom 26. April 1896: »Ein Vortrag über Ätiologie der Hysterie im Psychiatrischen Verein fand bei den Eseln eine eisige Aufnahme und von Krafft-Ebing die seltsame Beurteilung: Es klingt wie ein wissenschaftliches Märchen. Und dies nachdem man ihnen die Lösung eines mehrtausendjährigen Problems, ein caput Nili aufgezeigt hat! Sie können mich alle gern haben, euphemistisch ausgedrückt« (Freud, *Briefe an W. Fließ 1887-1904*, S. 193). In diesem Vortrag wurde die erste Theorie zur Ätiologie der Hysterie dargelegt, die Freud bald darauf zurücknahm. Es handelt sich um die bekannte »Verführungstheorie«, die den Ursprung der Hysterie in einem sexuellen Trauma sieht, das der Patient während der Kindheit seitens eines Familienmitglieds, meistens des Vaters, oder eines anderen Erwachsenen erlitten hat. Die Verführungstheorie setzte die Wahrhaftigkeit der Erzählung des hysterischen Patienten voraus, dessen Analyse regelmäßig die verdrängte Erinnerung an einen sexuellen Mißbrauch zutage förderte. Nur ein Jahr später erklärte Freud in einem berühmten Brief an Fließ vom 27. September 1897, er glaube nicht mehr an die reale Verführung seitens eines Elternteils, vielmehr verdanke sich die Erzählung des Pa-

tienten einer Projektion der Phantasie, die dem gegengeschlechtlichen Elternteil die reale Ausführung eines Aktes zuschreibt, den der Patient selbst als Kind hätte konkretisiert sehen wollen (Inzest-Wunsch) und den er später verdrängt hatte. Die Abkehr von der Verführungstheorie bildete folglich den ersten Schritt zur Formulierung des Ödipuskomplexes und bezeichnete den Übergang zur epistemologisch gefährlichen, folgenreichen Hypothese, wonach hinsichtlich der Ätiologie der Neurose historische Wirklichkeit und Phantasie bzw. unbewußter Wunsch gleichzusetzen seien. Nach Ansicht des Herausgebers (vgl. J. M. Masson, *»Was hat man dir, du armes Kind, getan?«. Freuds Unterdrückung der Verführungstheorie*, Reinbek bei Hamburg 1984) gehe aus den Briefen jener Zeit hervor, daß Freud aus dem Wunsch, seinen eigenen Vater von einem ähnlichen Vorwurf zu entlasten, und aus Furcht vor den gesellschaftlichen Implikationen einer solchen Interpretation (die Entheiligung der Institution Familie) geneigt war, den Worten seiner Patienten nicht länger Glauben zu schenken. Trotz aller Plausibilität einer solchen Hypothese nehmen der polemische Ton und der Stil eines skandalsüchtigen Pamphlets der Interpretation Massons einiges an Überzeugungskraft. Im übrigen sind Verführungstheorie und Ödipuskomplex nicht inkompatibel, und selbst der Verzicht auf letzteren (bzw. auf dessen universale Geltung) würde auch nicht notwendigerweise einer Negation des Unbewußten als psychischer Instanz gleichkommen und die Psychoanalyse als interpretierende Wissenschaft nicht in ihrem theoretischen, sondern allenfalls in ihrem therapeutischen Wert einschränken. Nach dem ersten kurzen Aufruhr gleich nach Erscheinen hat sich bald Schweigen über Massons Untersuchung gebreitet, und sie hat unter Theoretikern der Psychoanalyse und Freud-Forschern nicht die Debatte ausgelöst, die sie ungeachtet ihrer Begrenztheiten vielleicht verdiente. Wohlwollender haben die Psychoanalytiker der Ferenczischen Schule Massons Arbeit aufgenommen. Gerade die therapeutischen Aspekte der Psychoanalyse sowie Meinungsverschiedenheiten hinsichtlich der Verführungstheorie hatten in Ferenczis letzten Lebensjahren zu Konflikten zwischen ihm und Freud geführt (vgl. dazu S. Ferenczi, *Ohne Sympathie keine Heilung. Das klinische Tagebuch von 1932*, Frankfurt a. M. 1988). Zu Ferenczis ›Rückkehr‹ zur Verführungstheorie vgl. insbesondere seinen Aufsatz »Sprachverwirrung zwischen den Erwachsenen und dem Kind« (1933), in: S. Ferenczi, *Schriften zur Psychoanalyse, Auswahl in zwei Bänden*, herausgegeben von Michael Balint, Bd. II, Frankfurt a. M. 1982, S. 303-313. Ein interessanter Vergleich zwischen Freud und Ferenczi im Rahmen einer Revision der Freudschen Begriffe »Wirklichkeit« und »Phantasie« findet sich bei N. Rand und M. Torak, *Que-*

stions à Freud. Du devenir de la psychanalyse, Paris 1995, insbesondere Kap. III.

20 Freud, *Briefe an W. Fließ 1887-1904*, S. 188.

21 Es handelt sich um den 1895 von Freud verfaßten »Entwurf einer Psychologie«, der erstmals im Anhang zur ersten (unvollständigen) Ausgabe der Briefe an Fließ veröffentlicht wurde (vgl. Freud, *Aus den Anfängen der Psychoanalyse. Briefe an Wilhelm Fließ, Abhandlungen und Notizen aus den Jahren 1887-1902*, hg. v. M. Bonaparte, A. Freud und E. Kris, London 1950; korrig. Nachdruck Frankfurt a. M. 1975, S. 297-384; jetzt auch in *G. W., Nachtragsband*, S. 387-477). In der schwierigen, komplexen Schrift schlägt Freud eine auf der Entsprechung zwischen biologischen Einheiten (den Neuronen) und psychischen Energien fußende Analyse des psychischen Apparates und des Neurosenmechanismus vor. Später (vgl. Freud, *Briefe an W. Fließ 1887-1904*, S. 283 ff.) sollte Freud sie verwerfen; »Reminiszenzen« an diese neurologische Theorie finden sich im siebten Kapitel der *Traumdeutung* (vgl. Th. Köhler, *Das Werk Sigmund Freuds. Entstehung, Inhalt, Rezeption*, Eschborn bei Frankfurt 1987, Bd. 1, S. 234 f., sowie den kritischen Apparat zum dritten Band der *Studienausgabe*, der von der Psychologie des Unbewußten handelt). Eine sorgfältige Untersuchung dieser Freud-Schrift und ihrer Konsequenzen für die späteren metapsychologischen Theorien findet sich bei Lavagetto, *Freud, la letteratura ed altro*, S. 73-86; vgl. auch den bereits zitierten Aufsatz von C. Schmidt-Hellerau, »Die Geburt der Metapsychologie«.

22 In einem Brief vom 1. Januar 1896 schreibt Freud an Fließ: »Ich sehe, wie Du auf dem Umwege über das Arztsein Dein erstes Ideal erreichst, den Menschen als Physiologe zu verstehen, wie ich im geheimsten die Hoffnung nähre, über dieselben Wege zu meinem Anfangsziel, der Philosophie, zu kommen. Denn das wollte ich ursprünglich, als mir noch gar nicht klar war, wozu ich auf der Welt bin« (Freud, *Briefe an W. Fließ 1887-1904*, S. 165).

23 Ebd., S. 299.

24 Ebd., S. 374.

25 Ebd., S. 430.

26 Juno, die den Römern als Göttin des Guten, des Lichtes und der Fruchtbarkeit galt (vgl. W. Eisenhut, »Juno«, in: *Der Kleine Pauly. Lexikon der Antike in fünf Bänden*, hg. v. K. Ziegler und W. Sontheimer, München 1979, Bd. 2, Sp. 1563-1568), steht im narrativen Kontext der *Äneis*, als »argivisch, punisch, antirömisch«, auch aus dramaturgischen Gründen in enger Verbindung zu den Göttern der Unterwelt, fast eine Schwester jener Furien, Erbinnen der griechischen Erinnyen, die von den Sterblichen gefürchtet werden, weil sie, stets rachedurstig, keine

Gelegenheit versäumen, um Krieg, Zerstörung und Tod zu bringen (vgl. F. Della Corte, »Giunone«, S. 756).

27 So die Interpretation von P. Heller, »Zur Biographie Freuds«, in: *Merkur*, 1956, X, S. 1236.

28 In F. Lassalle, *Reden und Schriften. Neue Gesamtausgabe*, Bd. 1, hg. v. Ed. Bernstein, Berlin 1892. Die genaue Quellenangabe verdanken wir E. Simon, »Sigmund Freud the Jew«, in: *Publication of the Leo Baeck Institute*, 1957, 2, S. 270-305.

29 Vgl. insbesondere Worbs, *Nervenkunst*; Schorske, *Wien. Geist und Gesellschaft im Fin de Siècle*, Frankfurt a. M. 1982, sowie E. Fromm, *Sigmund Freuds Sendung. Persönlichkeit, geschichtlicher Standort und Wirkung*, Frankfurt a. M. – Berlin – Wien 1961.

30 Vgl. Worbs, *Nervenkunst*, S. 39.

31 Schiller hatte dieselben Verse in den *Xenien* (217) angeführt: »Acheronta movebo. / Hölle, jetzt nimm dich in acht! Es kommt ein Reisebeschreiber, / Und die Publizität deckt auch den Acheron auf.«

32 Vgl. Schorske, *Wien. Geist und Gesellschaft im Fin de Siècle*, S. 187.

33 Vergil, *Georg.* II, 490-492. Jones zitiert nach der englischen Version von Alfred Noyes: »Happy is he who can search on the causes of things, for thereby he masters all fear, and is throned above fate« (vgl. Jones, *Das Leben und Werk Sigmund Freuds*, Bd. II).

34 Vgl. W. Eisenhut, »Juno«, in: *Der Kleine Pauly*, Bd. 2, Sp. 1568.

35 Der Haarschopf der Furien, welche sich in die grauenvollsten wilden Tiere verwandeln konnten (Vergil, *Aen.* III, 384; VI, 873, und VII, 471-475), bestand aus Schlangen. Davon wirft Alekto eine in Amatas Gewand und füllt ihr Herz dergestalt mit Wahnsinn und Haß (*Aen.* VII, 501-510).

36 Vgl. Damrosch, »The Politics of Ethics: Freud and Rome«, S. 112 ff.

37 Vgl. *Aen.* VII, 540-586, insbesondere die Verse 581-586.

38 Vgl. Della Corte, »Giunone«, S. 752-759.

39 »Hannibal […] war aber der Lieblingsheld meiner Gymnasialjahre gewesen […]. Als dann im Obergymnasium das erste Verständnis für die Konsequenzen der Abstammung aus landesfremder Rasse erwuchs und die antisemitischen Regungen unter den Kameraden mahnten, Stellung zu nehmen, da hob sich die Gestalt des semitischen Feldherrn noch höher in meinen Augen. Hannibal und Rom symbolisierten dem Jüngling den Gegensatz zwischen der Zähigkeit des Judentums und der Organisation der katholischen Kirche« (Freud 1900, *Traumdeutung*, G. W. II/III, S. 202 f.) Zu Freuds Identifizierung mit Hannibal vgl. auch *Briefe an W. Fließ 1887-1904*, S. 309, 419 und 424.

40 Vgl. P. Heller, »Zur Biographie Freuds«, X, S. 1237.

41 Vgl. D. Bakan, *Freud and the Jewish Mystical Tradition*, Boston 1975.

Wie fast alle Studien, die die Frage des Judentums in Freuds Leben und Werk nicht unter einem gesellschaftlichen und biographischen Gesichtspunkt angehen, sondern dessen Wert für die Theoriebildung nachweisen wollen, wird auch Bakans Untersuchung deshalb problematisch, weil es keinen Beleg dafür gibt, daß Freud jemals den Talmud (den er jedoch in deutscher Übersetzung besaß – Hinweis von G. Fichtner) oder kabbalistische Werke gelesen habe. Obwohl er stets seine ethnisch-religiöse Zugehörigkeit zu der Gruppe betonte, die er einmal als jüdische »Minderheit«, ein andermal als jüdisches »Volk« bezeichnete (auch wenn er zugab, daß nicht einmal die Psychoanalyse erklären könne, worin die »jüdische Besonderheit« denn bestehe), behauptete er immer wieder, daß die jüdische Religionstradition ihm fremd sei. Zwar war Freud ein geschickter Verhüller seiner Biographie und seiner Quellen, doch können seine Erklärungen im Falle der vermeintlichen jüdisch-mystischen Wurzeln seiner Theorie, denke ich, schwer bezweifelt werden. Die überzeugendste Position hinsichtlich der Beziehungen Freud–Judentum, wenn auch eine der am wenigsten akzeptierten, ist meines Erachtens die von P. Gay, der Freuds jüdische Abstammung als grundlegende Komponente seiner Persönlichkeit, aber als nebensächlich für die Formulierung der psychoanalytischen Theorie ansieht. Unumgänglich sei dagegen Freuds Atheismus. Mit anderen Worten: nur ein Atheist, aber nicht notwendigerweise ein Jude, habe die psychoanalytische Theorie begründen können. Vgl. P. Gay, ›Ein gottloser Jude‹. Sigmund Freuds Atheismus und die Entwicklung der Psychoanalyse, Frankfurt a. M. 1988.

42 Vergil, The Aeneid. Transl. by C. Day Lewis, London 1952, S. 151; für Schönaus Bemerkung vgl. S. Freuds Prosa, S. 71.

43 Vgl. M. Lavagetto, Freud, la letteratura ed altro, Torino 1985, S. 41.

44 In kaum einem kritischen Kommentar zum Motto Vergils fehlt der Hinweis auf den Acheron. Im allgemeinen wird er als literarischer und psychoanalytischer Topos interpretiert und steht in vagem Sinne für die unbewußten, irrationalen Kräfte. Einige Untersuchungen richten sich auch auf die psychoanalytische Interpretation der unbewußten Motivationen, die Freud zur Benutzung jener Metapher bewogen haben. Die Resultate sind oft widersprüchlich. Einer angeblichen Identifikation mit Juno, der Widersacherin des römischen Genius, stellt Damrosch (»The Politics of Ethics: Freud and Rome«) diejenige mit Äneas, dem Eroberer und Gründer Roms, zur Seite, um schließlich nachzuweisen, daß Freud zugunsten der heidnischen Antike und gegen die jüdisch-christliche Tradition Stellung bezogen habe. Eine ähnliche Interpretation des Mottos, wie ich sie hier vorstellen möchte, findet sich bei Anzieu (L'auto-analyse de Freud et la découverte de la psychanalyse), der

die Worte Junos jedoch vor allem im Hinblick auf Freuds komplexe Beziehungen zu Rom interpretiert und auf die Identifikation Freuds mit Gestalt und Schicksal des Äneas abhebt, welcher mit »bewundernswertem Mut« den Höllenungeheuern entgegentrat, um seine Mission zu Ende zu führen.

45 Freud, *Briefe an W. Fließ 1887-1904*, S. 212.

46 Zur Frage der Kindesverführung und zu Freuds Konflikt im Verhältnis zu seinem Vater vgl. vor allem die bereits zitierte Arbeit von J. M. Masson, »*Was hat man Dir, Du armes Kind, getan?*« (vgl. Fn. 19 in diesem Kapitel). Siehe auch M. Krüll, *Freud und sein Vater. Die Entstehung der Psychoanalyse und Freuds ungelöste Vaterverbindung*, München 1979. Krülls Untersuchung enthält einen detaillierten Forschungsüberblick über die Arbeiten, die anhand der höchst spärlichen historisch gesicherten Daten, über die wir verfügen, die Biographie von Freuds Vater Jacob sowie die familiären Ursprünge allgemein zu rekonstruieren versucht haben. Die (Freudianischen) Spekulationen der Autorin zum Vater-Sohn-Konflikt sind dagegen derart kurios, daß sie referiert zu werden verdienen. Krüll zufolge litt Jacob Freud unter Schuldgefühlen, weil er von der jüdischen Tradition abgewandt hatte und zudem weil er sich auf den Reisen, die ihn zu häufiger Abwesenheit von Galizien und von seiner Ehefrau zwangen, oft – dies die Mutmaßung der Autorin – masturbiert habe. Diese Schuldgefühle habe Jacob (es fragt sich nur auf welchen Wegen) auf den jungen Freud übertragen. – Zu Freuds Beziehungen zum Judentum im Zusammenhang mit dem Vater-Konflikt vgl. auch Yerushalmi, *Freuds Moses*, hier insbesondere S. 94-112.

47 Freud, *Briefe an W. Fließ 1887-1904*, S. 245.

48 Ebd., S. 240.

49 Vgl. Sigmund Freud-Gesellschaft (Hrsg.), *Sigmund Freud-Haus. Katalog*, Wien 1975.

50 Vgl. H. und C. Weiss, »Eine Welt wie im Traum. Sigmund Freud als Sammler antiker Gegenstände«, S. 211-213.

51 Brief vom 17. Juli 1899, in: Freud, *Briefe an W. Fließ 1887-1904*, S. 397.

52 »Unlängst habe ich die erste Reaktion auf meine Einmengung in die Psychiatrie vernommen. ›Grauen, schauerlich, Altweiberpsychiatrie‹« (ebd., S. 213).

53 Vgl. E. P. Norden, *P. Vergilius Maro Aeneis Buch VI*, Darmstadt 1970 (5. Aufl.), sowie K. Kerényi, *Die Mythologie der Griechen*, 2 Bde., München 1966, hier insbesondere den Abschnitt »Unterweltgeschichten«, I, S. 193-198.

54 *Od.* X, 504-540.

55 »Du Sproß vom Geblüte der Götter, / Troer, Anchisessohn! Leicht ist zum Avernus der Abstieg, / Nacht und Tag steht offen das Tor des dü-

steren Pluto. / Aber zurückzulenken den Schritt zu den Lüften des
Himmels, / Leistung ist es und Last; nur wenige, huldvoll geliebt von
/ Juppiter oder von feuriger Kraft zum Himmel gehoben, / Götter-
söhne leisteten dies« (*Aen.* VI, 125-131, Übers. v. J. Götte).

56 Zu den Metaphern der Reise in Freuds Werk vgl. insbesondere L. Shengold, »The Metaphor of Journey in ›The Interpretation of Dreams‹«, in:
M. Kanzer und J. Glenn (Hrsg.), *Freud and his Self-Analysis*, New York
1979, S. 51-65.

57 Brief vom 6. August 1899, in: Freud, *Briefe an W. Fließ 1887-1904*,
S. 400.

58 Brief vom 7. Juli 1897, ebd., S. 271 f. (Hervorhebung d. Verf.).

59 Vgl. A. Setaioli, »Inferi«, in: *Enciclopedia Virgiliana*, II, S. 956.

60 Vgl. Anzieu, *L'auto-analyse de Freud et la découverte de la psychanalyse*,
I, S. 8.

61 Zu Ödipus als ›aktivem Gestalter‹ des eigenen Schicksals, der einer passiven Unbewußtheit schließlich den Weg der Wahrheit vorzieht und
den Preis dafür bezahlt, vgl. B. Knox, »Die Freiheit des Ödipus«, in: R.
Schlesier (Hrsg.), *Faszination des Mythos*, S. 124-143.

62 *König Ödipus*, 393.

63 Ebd., 417-420 und 425.

64 Ich spiele hier nicht auf die von Ferenczi vorgeschlagene und von Freud
übernommene psychoanalytische Interpretation an, die in den Augen
einen Ersatz für die Genitalien sieht und die Blindheit des Ödipus folglich als Ersatz für die Kastration, das heißt als die seiner inzestuösen
Schuld entsprechende Strafe betrachtet (vgl. Freud 1919, »Das Unheimliche«, *G. W.* XII, S. 243).

65 Vgl. Bettelheim, *Freud und die Seele des Menschen*, S. 35.

66 Vgl. Setaioli, »Inferi«, S. 956, sowie die in *Aen.* VII, 81-106, beschriebenen Riten, mit denen Latinus das Orakel seines Vaters Faunus an der
Quelle Albunea einholt, wohin alle Völker Italiens sich wandten, um
einen Orakelspruch von den Seelen der Toten zu erbitten. Nachdem er
sich auf dem Fell eines geopferten Lammes ausgestreckt hat, hört Latinus im Schlaf aus der Tiefe des Avernus die Stimme des Orakels, das
die Hochzeit seiner Tochter Lavinia mit dem fremden Helden verkündet, der dazu bestimmt ist, den Namen des latinischen Volkes zu ewi-
gem Ruhm zu erheben. Allgemein zur Rolle und Bedeutung der Ora-
kelsprüche der Toten in der Antike vgl. H. Bouché-Leclerc, *Histoire de
la divination dans l'antiquité*, 3 Bde., Paris 1879-82, Bd. 3, S. 363-369;
für eine allgemeine Behandlung des Traummotivs in der *Äneis* H. R.
Steiner, *Der Traum in der Äneis*, Bern 1952, insbesondere S. 59-104.

67 *Aen.* VI, 138.

68 »Götter im Seelenreich und ihr, tief schweigende Schatten, / Chaos

und Phlegethon auch, ihr stummen, nächtigen Weiten, / Göttliches Recht sei mir, Gehörtes zu sagen, mit eurem / Walten ein Sein zu enthüllen, in Abgrunds Dunkel versenktes« (*Aen.* VI, 264-267).

69 *Aen.* VI, 425-426. Setaioli (»Inferi«) stellt fest, daß die Höllenungeheuer mit der Traumlehre des Lukrez zu vergleichen sind. In *De rerum natura*, in dem Teil über die Träume, worin Lukrez sich vornimmt, nochmals mit Epikur zu beweisen, daß die Sinne niemals trügerisch sind, wohl aber das Urteilsvermögen (*opinatus*) Quelle von Fehlern sein kann (IV, 451-466), erscheinen die Ungeheuer, als seien es reale Gestalten, in jenen Träumen, von denen man voller Entsetzen erwacht, um dann zu entdecken, daß es sich lediglich um Schatten und Visionen handelte.

70 »Mitten im Hof reckt Zweige und jahrbelastete Äste / Weit eine schattende Ulme; dort nisten, so meldet die Sage, / Nichtige Träume und hängen umher unter allen den Blättern« (*Aen.* VI, 282-284, Übers. v. J. Götte).

71 *Aen.* VI, 292-294.

72 *Aen.* VI, 390-391, Übers. v. J. Götte.

73 »Sind zwei Pforten dort des Traumgotts: eine, so heißt es, / Ist aus Horn, läßt leicht die wahren Träume entschweben; / Schimmernd aus gleißendem Elfenbein ist die andre vollendet, / Falschen Traum aber senden aus ihr zum Himmel die Manen« (*Aen.* VI, 893-896).

74 *Od.* XIX, 560-569. Durch die Pforten des Schlafes hat man keinen direkten Zugang zur Unterwelt, aber auch in der *Odyssee* wird das Land der Träume in die Nähe des Totenreiches gerückt (*Od.* XXIV, 10-15). – Aus dem ersten Kapitel der *Traumdeutung*, worin Freud die Traumtheorien seit der Antike untersucht, geht hervor, daß er die homerische (oder Vergilsche) Unterscheidung zwischen trügerischen und wahren Träumen kannte (vgl. weiter unten, Kap. IV).

75 *Aen.* VI, 702.

76 Vgl. das Vorwort zur zweiten Auflage der *Traumdeutung*, G. W. II/III, S. X.

77 Vgl. Damrosch, »The Politics of Ethics: Freud and Rome«, S. 121.

78 Zum Begriff der *psyche* im archaischen und homerischen Griechenland, der weniger auf ein metaphysisches Konzept als auf die Idee des Doppelgängers verweist, vgl. vor allem die bereits zitierte Arbeit von J.-P. Vernant, »Psyché: Simulacre du corps ou image du divin?«. Zum besonderen Status des Heroen, der auch im Tod seine individuellen Merkmale bewahrt und der Anonymität eines »gemeinen« Todes entgeht, vgl. vom selben Autor »La belle morte et le cadavre outragé«, in: *Journal de Psychologie Normale et Pathologique*, 1980, 77 (2/3), S. 209-241. Es ist nicht auszuschließen, daß die ›konkrete‹ Doppelheit der ho-

merischen *psyche* zur Formulierung des ambivalenten Begriffes des »Unheimlichen« beigetragen hat (vgl. Freud, »Das Unheimliche«, *G. W.* XII, S. 229-268).

79 *Od.* XI, 207-208.

80 *Od.* XI, 475-476.

81 *Od.* XI, 222.

82 Die Weissagung des Teiresias ist kaum länger als 30 Zeilen (*Od.* XI, 100-137). Bis zum Erscheinen des Weissagers hatte Odysseus mit gezücktem Schwert den anderen Seelen verwehrt, sich zu nähern und von dem Blut zu trinken. Nachdem Teiresias sich zurückgezogen hat, beginnt der Aufzug der mythischen Gestalten und der Helden des Trojanischen Krieges. Die Begegnung mit Teiresias wirkt wie ein erzählerischer Vorwand oder wie eines jener für die homerischen Dichtungen typischen Elemente, die der ›Verzögerung‹ des Handlungsfortgangs dienen.

83 Vgl. Rohde, *Psyche*, Bd. 1, S. 50 f.

84 Eine Stelle des Gesprächs zwischen Odysseus und Achilleus, in dem letzterer sagt, er wäre lieber der ärmste und elendeste unter den Sterblichen als der Herrscher im Schattenreich der Toten (*Od.* XI, 484-491), wird von Freud in der Schrift von 1915 »Zeitgemäßes über Krieg und Tod« (*G. W.* X, S. 348) zitiert, um zu zeigen, daß die Idee von einem Leben nach dem Tod der fortlebenden Erinnerung an die Toten entsprungen ist und diese ursprünglich von den primitiven Völkern nicht mit übernatürlichen Kräften ausgestattet, sondern in eine Welt für sich verbannt wurden, wo sie ein erbärmliches Dasein fristeten.

85 Brief vom 15. Oktober 1897, in: Freud, *Briefe an W. Fließ 1887-1904*, S. 293.

86 Brief vom 27. Oktober 1897, ebd., S. 295.

87 Goethe, *Faust*, 10-12. In der sogenannten Goethe-Rede, Freuds Danksagung, die seine Tochter Anna anläßlich der Verleihung des Goethe-Preises der Stadt Frankfurt verlas, sollte Freud diese Verse erneut zitieren und Goethes dichterische Intuition loben, mit der er die große Intensität der Kindheitseindrücke erkannt habe (wobei Freud sich zwischen den Zeilen darüber beschwert, daß den Dichtern zu sagen erlaubt ist, was im Munde der Psychoanalyse Entsetzen und Spott hervorruft). Vgl. Freud 1930, »Ansprache im Frankfurter Goethe-Haus«, *G. W.* XIV, S. 548.

88 Im übrigen ist auch Faust der Protagonist einer Höllenreise und einer Herausforderung der dunklen Mächte des Unbewußten.

89 Die *Nekyia* ist die erste bekannte Quelle der Ödipus-Legende. Folgendermaßen erzählt sie Odysseus: »Hierauf kam Epikaste, die schöne, Ödipus' Mutter, / Welche die schrecklichste Tat mit geblendeter Seele

verübet: / Ihren leiblichen Sohn, der seinen Vater ermordet, / Nahm sie zum Mann! Allein bald rügten die Götter die Schandtat. / Ödipus herrschte, mit Kummer behäuft, in der lieblichen Thebai / Über Kadmos' Geschlecht, durch der Götter verderblichen Ratschluß. / Aber sie fuhr hinab zu den festen Toren des Todes, / Denn sie knüpft' an das hohe Gebälk, in der Wut der Verzweiflung, / Selbst das erdrosselnde Seil und ließ unnennbares Elend / Jenem zurück, den Fluch der blutgeschändeten Mutter« (*Od.* XI, 271-280, übers. v. Johann Heinrich Voß).

90 »Die Vorzeit, in welche die Traumarbeit uns zurückführt, ist eine zweifache, erstens die individuelle Vorzeit, die Kindheit, andererseits, insofern jedes Individuum in seiner Kindheit die ganze Entwicklung der Menschheit irgendwie abgekürzt wiederholt, auch diese Vorzeit, die phylogenetische« (Freud 1900, *Die Traumdeutung*, *G. W.* II/III, S. 198). Außerdem sei der Traum »ein Stück Regression zu den frühesten Verhältnissen des Träumers, ein Wiederbeleben seiner Kindheit, der in ihr herrschend gewesenen Triebregungen und verfügbar gewesenen Ausdrucksweisen. Hinter dieser individuellen Kindheit wird uns dann ein Einblick in die phylogenetische Kindheit, in die Entwicklung des Menschengeschlechts, versprochen, von der die des einzelnen tatsächlich eine abgekürzte, durch die zufälligen Lebensumstände beeinflußte Wiederholung ist. Wir ahnen, wie treffend die Worte Fr. Nietzsches sind, daß sich im Traume ›ein uraltes Stück Menschtum fortübt, zu dem man auf direktem Wege kaum mehr gelangen kann‹, und werden zur Erwartung veranlaßt, durch die Analyse der Träume zur Kenntnis der archaischen Erbschaft des Menschen zu kommen, das seelisch Angeborene in ihm zu erkennen« (*Traumdeutung*, *G. W.* II/III, S. 554).

91 Anzieu, *L'auto-analyse de Freud et la découverte de la psychanalyse*, S. 327.

92 Brief vom 7. Mai 1900, in: Freud, *Briefe an W. Fließ 1887-1904*, S. 452 f. (Hervorhebung d. Verf.).

93 *G. W.* X, S. 113.

94 Hier liegt der Hauptunterschied zwischen meiner Untersuchung und derjenigen Starobinskis, der eine Reihe wörtlicher Entsprechungen zwischen Vergils Versen und der Wortwahl Freuds im Bericht über seine Träume nachweist. Außerdem legt Starobinski größeres Gewicht auf die Untersuchung der formalen Aspekte des Mottos und sieht in den dynamischen Konzepten Trieb, Affekt und Wunsch die Erben des Vergilschen *movebo* (vgl. Starobinski, »Acheronta movebo«, S. 20-24).

95 Dantes Erzählung von Odysseus' ›toller‹ Reise soll eine Fortsetzung der Ovidschen Episode sein (*Met.* XIV, 436-440), in der Makareus dem Äneas die Abenteuer des Helden aus Ithaka erzählt und berichtet, er habe vom Strand aus gesehen, wie sich das Schiff des Odysseus und seiner Gefährten mit unbestimmtem Ziel aufs offene Meer hinaus ent-

fernte (vgl. dazu M. Picone, »Il contesto classico del canto di Ulisse«, in: *Strumenti critici*, 2000, 93, S. 171-191).

96 *Die Hölle* XXVI, 118-120. Mit diesen Worten überredet Odysseus seine Gefährten, wie er nunmehr *alt* und *gebrechlich*, nochmals aufs *offene Meer* zu fahren.

97 Zu der philosophischen und philologischen Kontroverse, die um die Gestalt des Ulisses entstanden ist, und vor allem zum Konzept der *curiositas*, vgl. A. Kablitz, »Il canto di Ulisse (*Inferno* XXVI) agli occhi dei commentatori contemporanei e delle indagini moderne«, in: *Letteratura italiana antica. Rivista annuale di testi e studi*, 2001, 2, S. 61-91).

98 Ganz sicher jedoch nicht gewagter als Bakans Hypothese vom vermeintlichen antichristlichen »Teufelspakt«.

99 Freud 1933, »Warum Krieg?« (Brief an Albert Einstein), *G. W.* XVI, S. 22.

100 Vgl. Freud 1937, »Die endliche und die unendliche Analyse«, *G. W.* XVI, S. 69.

101 Freud 1926, *Die Frage der Laienanalyse*, *G. W.* XIV, S. 222. Vgl. auch Freud 1915, »Triebe und Triebschicksale«, *G. W.* X, S. 210-232, hier insbesondere S. 210. Es ist fast unmöglich, eine vollständige Liste aller Äußerungen Freuds über den provisorischen Charakter der psychoanalytischen Konzepte zu erstellen. Der »Trick«, auf den Freud zurückgreift, um die Psychoanalyse als Wissenschaft zu erklären, besteht im Grunde nicht darin, der Psychoanalyse dieselbe Exaktheit zuzuschreiben, die jede Wissenschaft für sich beansprucht, sondern in der Behauptung, jede Wissenschaft sei ebenso inexakt und provisorisch wie die Psychoanalyse.

102 Vgl. Freud 1900, *Traumdeutung*, *G. W.* II/III, S. 496. Vgl. auch die lange archäologische Metapher zur Stadtentwicklung des antiken Roms in Freud 1930, *Das Unbehagen in der Kultur*, *G. W.* XIV, S. 434 f.

103 Zum Gebrauch der verschiedenen ›topographischen‹ Metaphern, mit denen Freud seine Theorie über die Seelentätigkeit veranschaulicht und jeweils modifiziert bzw. korrigiert hat, vgl. insbesondere S. M. Parrish und S. A. Guttmann, »Freuds Metaphern für die Seele«, in: *Jahrbuch der Psychoanalyse*, 1989, 24, S. 9-28 (hier findet sich jedoch kein Hinweis auf die acherontische Metapher).

104 Freud 1900, *Traumdeutung*, *G. W.* II/III, S. 559.

105 Ebd., S. 558.

106 Ebd., S. 255. Das virtuelle Leben der Schatten der Toten beschreibt Kirke in dem der *Nekyia* vorausgehenden Gesang. Hier weist die Zauberin Odysseus den Weg, der ihn an die Gestade des Ozeans, zu den heiligen Hainen der Persephone führen wird, wo Odysseus eine Grube graben, das Trankopfer für die Toten vorbereiten und einen Widder

und ein schwarzes Schaf schlachten soll. Sogleich werden sich die aus dem Hades aufgestiegenen »blutlosen Köpfe der Toten« (*nekyon amenena karena*) nähern, um von dem Blut zu trinken, denn nur das Blut gibt ihnen zeitweilig Leben und Sprache zurück; Odysseus muß sie dann zurücktreiben und warten, bis sich der Schatten des Wahrsagers Teiresias naht (vgl. *Od.* X, 504-540).

107 Freud 1900, *Traumdeutung*, *G. W.* II/III, S. 558 Fn.

108 Zum Ursprung dieses Begriffes vgl. in dieser Arbeit Kap. II, Fn. 21.

109 Freud 1933, *Neue Folge der Vorlesungen zur Einführung in die Psychoanalyse*, *G. W.* XV, S. 80.

110 Vgl. Freud 1912-13, *Totem und Tabu*, *G. W.* IX, S. 72 ff.

111 »Hinc via tartarei quae fert Acherontis ad Undas. / Turbidus hic caeno vestaque voragine gurges / Aestuat atque omnem Cocyto eructat harenam« (*Aen.* VI, 295-297).

112 »Portitur has horrendus aquas et flumina servat / Terribili squalore Charon [...] / Ipse ratem conto subigit velisque ministrat / Et ferruginea subvectat corpora cumba« (*Aen.* VI, 298-99; 302-303).

113 Vgl. C. Colombo, »Acheronte«, in: *Enciclopedia Virgiliana*, I, Roma 1984, S. 29.

114 Eine detaillierte Beschreibung des Tartaros und der Unterweltsflüsse, die in ihn münden, findet sich in Platos *Phaidon* (112-114). Hier fließt der Acheron in entgegengesetzter Richtung zum Okeanos (dem größten und am äußersten Rand rundherum fließenden Strom), durchquert sodann wüste Gegenden und fließt schließlich unterirdisch bis zum Acherusischen See weiter, wo die Seelen der Toten zusammenkommen. Hier verweilen sie so lange, wie ihnen vom Schicksal bestimmt wurde, um dann auf die Erde zurückzukehren und dort als Lebewesen neu geboren zu werden. Allgemein zum homerischen Hades vgl. Rohde, *Psyche*, insbesondere Bd. 1. Vgl. außerdem Norden, *Vergilius Maro Aeneis Buch VI*, S. 18 ff., sowie Della Corte, *La mappa dell' Eneide*, Firenze 1972, S. 102 ff.

115 Freud 1933, *Neue Folge der Vorlesungen zur Einführung in die Psychoanalyse*, *G. W.* XV, S. 101.

116 Die ersten Überlegungen zu den Fragen des Totem-Ursprungs der Gottheit (Sublimierung des Totemtieres), die dann in *Totem und Tabu* (1912-13) und in *Der Mann Moses und die monotheistische Religion* (1939) entwickelt werden, nehmen bei der Archäologie ihren Ausgang und werden in einem Brief an Fließ aus dem Jahre 1901 formuliert: »Hast Du gelesen, daß die Engländer auf Kreta (Knossos) einen alten Palast aufgegraben haben, den sie für das richtige Labyrinth des Minos erklären? Es scheint, daß Zeus ursprünglich ein Stier war. Auch unser alter Gott soll zuerst, vor der durch die Perser angeregten Sublimierung,

als Stier verehrt worden sein. Es gibt da allerlei zu denken, worüber noch nicht zu schreiben ist« (Freud, *Briefe an W. Fließ 1887-1904*, S. 490).

117 Freud, *Briefe an W. Fließ 1887-1904*, S. 311. In demselben Brief empfiehlt Freud seinem Freund die Lektüre eines Buches von R. Kleinpaul (*Die Lebendigen und die Toten in Volksglauben, Religion und Sage*, Leipzig 1898), das sich mit den animistischen Lehren und der Einstellung der Primitiven zum Tod befaßt. Später sollte Freud Kleinpauls Studien für die Abfassung des zweiten Kapitels von *Totem und Tabu* heranziehen.

118 *G. W.* IV, S. 287 f. (Hervorhebungen d. Verf.). Hier die letzte Aufzeichnung, fast ein Aphorismus, aus den Gedanken- und Projektskizzen, die Freud 1938, kurz vor seinem Tod, verfaßte und mit denen die Herausgeber der *Gesammelten Werke* den letzten Band beschließen: »22. VIII. Mystik die dunkle Selbstwahrnehmung des Reiches außerhalb des Ichs, des Es« (Freud 1941 [1938], »Ergebnisse, Ideen, Probleme«, *G. W.* XVII, S. 149-152).

119 Vgl. insbesondere die metapsychologischen Schriften von 1915, »Die Verdrängung« (*G. W.* X, S. 248-261) und »Das Unbewußte« (*G. W.* X, S. 264-303), sowie die kurze Darlegung in der 31. »Vorlesung« der *Neuen Folge der Vorlesungen zur Einführung in die Psychoanalyse* (*G. W.* XV, S. 62-86). Ich, Es und Über-Ich bezeichnen die Instanzen der psychischen Persönlichkeit im strukturellen, topischen, nicht im dynamisch-funktionalen Sinne; sie entsprechen nur teilweise den drei psychischen Systemen (oder Qualitäten) des Bewußten, Vorbewußten und Unbewußten. Eine graphische Darstellung der Beziehungen zwischen den drei Systemen findet sich im 7. Kapitel der *Traumdeutung* (Freud 1900, *G. W.* II/III, S. 542 f. und 546). Vgl. zu diesen Problemen außerdem die Schrift *Das Ich und das Es* (1923, *G. W.* XIII, S. 237-289, und *Stud.* III, S. 273-327) sowie den ersten Teil aus dem *Abriß der Psychoanalyse* (1940, *G. W.* XVII, S. 67-138), worin Freud die evolutionistische und phylogenetische Hypothese, die der metapsychologischen Konstruktion zugrunde liegt, noch stärker herausstreicht: »Die älteste dieser psychischen Provinzen oder Instanzen nennen wir das Es; sein Inhalt ist alles, was ererbt, bei Geburt mitgebracht, konstitutionell festgelegt ist, vor allem also die aus der Körperorganisation stammenden Triebe, die hier einen ersten uns in seinen Formen unbekannten psychischen Ausdruck finden. Unter dem Einfluß der uns umgebenden realen Außenwelt hat ein Teil des Es eine besondere Entwicklung erfahren. Ursprünglich als Rindenschicht mit den Organen zur Reizaufnahme und den Einrichtungen zum Reizschutz ausgestattet, hat sich eine besondere Organisation hergestellt, die von nun an zwischen Es und Außenwelt vermittelt. Diesem Bezirk unseres Seelenlebens lassen

wir den Namen des Ichs. [...] Als Niederschlag der langen Kindheits-
periode, während der der werdende Mensch in Abhängigkeit von seinen Eltern lebt, bildet sich in seinem Ich eine besondere Instanz heraus, in der sich dieser elterliche Einfluß fortsetzt. Sie hat den Namen
des Überichs erhalten. Insoweit dieses Überich sich vom Ich sondert
oder sich ihm entgegenstellt, ist es eine dritte Macht, der das Ich Rech-
nung tragen muß« (*G. W.* XVII, S. 67 und 69).

120 Freud 1923, *Das Ich und das Es, G. W.* XIII, S. 251f. (Hervorhebung d.
Verf.).

121 Freud 1933, *Neue Folge der Vorlesungen zur Einführung in die Psychoanalyse, G. W.* XV, S. 85. Die Positionierung des Über-Ich, das das Schema
nicht überragt, sondern vom Es zum Ich übergeht, verdankt sich der
Notwendigkeit, den ›historischen‹ Ursprung des Über-Ich hervorzuheben. Als Nachfolger des Ödipus-Komplexes wurzelt das Über-Ich
(›Verinnerlichung‹ der Eltern) im Es. Ein ganz ähnliches Diagramm, in
dem lediglich die Angabe *Über-Ich* fehlt, findet sich in *Das Ich und das
Es* (1923), *G. W.* XIII, S. 252.

122 Vgl. J. Latacz, »Funktionen des Traumes in der antiken Literatur«, in:
T. Wagner-Simon und G. Benedetti (Hrsg.), *Traum und Träumen*,
Göttingen 1984, S. 10-32.

123 H. von Hofmannsthal, *Aufzeichnungen*, Frankfurt a. M. 1973, S. 43.

124 Worbs, *Nervenkunst*, S. 333.

125 Freud 1900, *G. W.* II/III, S. 613f. Der Satz über die Traumdeutung als
Via regia ist ein Zusatz aus dem Jahre 1909.

Anmerkungen zu IV. Bemerkungen zur *Traumdeutung*
(zweiter Teil)

1 Ich beziehe mich hier vor allem auf den Aufsatz von Latacz, »Funktionen des Traums in der antiken Literatur«. Zur Vorwegnahme psychoanalytischer Konzepte in der klassischen Literatur vgl. den letzten Abschnitt dieses Kapitels.

2 Vgl. das Herausgebervorwort zur *Studienausgabe*, Bd. II. Die ersten Änderungen tauchen bereits in der zweiten Auflage von 1909 auf. Eine detaillierte Untersuchung zur Entstehung der verschiedenen Auflagen der *Traumdeutung* wurde kürzlich von I. Grubrich-Simitis vorgelegt: »Metamorphosen der ›Traumdeutung‹. Über Freuds Umgang mit seinem Jahrhundertbuch«, in: J. Starobinski u. a. (Hrsg.), *Hundert Jahre* ›*Traumdeutung*‹ *von Sigmund Freud. Drei Essays*, S. 35-72.

3 In weiten Teilen handelt es sich um eine Zusammenfassung der Schrift von B. Büchsenschütz über die Traumdeutung im antiken Griechenland (*Traum und Traumdeutung im Alterthume*, Berlin 1868; Nachdruck Vaduz-Liechtenstein 1987).

4 Für die Abfassung dieses Kapitels habe ich mich hauptsächlich auf die kritische Ausgabe (*Stud.*, Bd. II) gestützt; außerdem wurden die zweite und siebte Auflage von 1909 bzw. 1925 in zwei Bänden der *Gesammelten Schriften* herangezogen, wobei ich dort, wo es möglich war, den Text der Erstauflage (*G. S.* II) mit den späteren Ergänzungen (*G. S.* III) verglichen habe. Erscheinen bei den Zitatnachweisen zwei Daten, so bezieht sich das Datum in spitzen Klammern auf den Zeitpunkt der Ergänzung. Die von Freud zitierten und in meiner Untersuchung berücksichtigten Schriften sind in der Bibliographie im Anhang der vorliegenden Arbeit mit einem Sternchen gekennzeichnet.

5 Für die von Freud benutzte Ausgabe vgl. Aristoteles, *De insomniis; De divinatione per somnum*, deutsche Übersetzung von H. Bender: »Über Träume und Traumdeutung« (*De insomniis*) und »Von der Traumdeutung« (*De divinatione per somnum*), in: *Langenscheidtsche Bibliothek griechischer und römischer Klassiker*, Bd. 25; Aristoteles VI: *Kleine naturwissenschaftliche Schriften (Parva naturalia)*, Berlin – Stuttgart 1876, S. 60-70 und 70-75.

6 In einem Brief vom 12. November 1913 an Elise Gomperz, Patientin und ›Mäzenatin‹ Freuds, Ehefrau des Altphilologen Theodor Gomperz (sie hatte vergeblich zu Freuds Gunsten zu intervenieren versucht, damit ihm der Grad eines *Professor extraordinarius* verliehen würde), heißt es: »Das Heftchen mit der Handschrift Ihres unvergessenen Mannes hat mich an die hinter uns so weit liegende Zeit erinnert, da ich jung

zaghaft zuerst mit einem der Großen im Reich der Denkarbeit einige Worte wechseln durfte. Bald darauf hörte ich zuerst von ihm Bemerkungen über die Rolle des Traumes im Seelenleben der Urmenschen, Dinge, die mich seither so intensiv beschäftigt haben« (Freud 1960, *Briefe 1873-1939*, S. 300). Ohne Zweifel spielt Freud auf Gomperz' Schrift *Traumdeutung und Zauberei* an (in: Th. Gomperz, *Essays und Erinnerungen*, S. 73-86). Der Artemidor von Gomperz unterscheidet sich allerdings grundlegend von demjenigen, den Freud später ›entdecken‹ sollte. Nach Gomperz basiert das Symbolverfahren des Artemidor auf denselben Assoziationsprinzipien, welche die Kontaktmagie bei den primitiven Völkern (und in heutiger Zeit den Volksglauben an ›Hexerei‹ und den ›bösen Blick‹) kennzeichneten. Das Verzeichnis von Symbolen, das in den *Oneirokritika* präsentiert werde, sei lediglich ein seltsames Durcheinander von magischen Assoziationen, denen es an jeder Systematik und Kohärenz fehle. Der Ton, in dem Gomperz von Artemidor spricht, ist alles andere als schmeichelhaft. Nicht ungefähr schreibt er in einer Rezension der Übersetzung von Artemidors Werk (1881) durch Friedrich Krauss (ein damals kaum zwanzigjähriger Philologe, der, wie Freud, häufig im Hause Gomperz verkehrte): »Der junge Philologe [...] glaubte freilich [...] in diesem ältesten aller bekannten Traumbücher, dem ehrwürdigen Vorfahren des ›ägyptischen Traumbuchs‹ und anderer auf Jahrmärkten und Kirchtagsmessen noch immer heimischen literarischen Erzeugnisse, etwas anderes und Besseres erblicken zu sollen, als einen immerhin sehr merkwürdigen Beitrag zur Pathologie des menschlichen Geistes« (in Kann [Hrsg.], *Theodor Gomperz. Ein Gelehrtenleben im Bürgertum der Franz-Josefs-Zeit*, S. 119). Freud dachte anders darüber, und sicherlich kann der Essay von Gomperz keine ›Quelle‹ der *Traumdeutung* darstellen (nicht zufällig wird er von Freud nicht zitiert). Dennoch könnte er dazu beigetragen haben, Freuds Interesse für Artemidor zu wecken oder, besser gesagt, den Wunsch, ihn zu ›rehabilitieren‹. Viele der Kritikpunkte, die Gomperz in herablassendem Ton gegen Artemidor vorbrachte, ähneln tatsächlich den Vorwürfen, die später von seiten der Kritik an Freuds Adresse gerichtet wurden.

7 Vgl. den bereits zitierten Brief an Fließ vom 30. Januar 1899, worin Freud mitteilt, er habe sich zur Erholung an die Lektüre der *Griechischen Kulturgeschichte* von Burckhardt gemacht und darin »unerwartete Parallelen« zu den Problemen entdeckt, die ihn während der Arbeit an der *Traumdeutung* beschäftigten (vgl. Freud 1985, *Briefe an W. Fließ 1887-1904*, S. 374).

8 Auch der Hinweis auf diese Parallelen stellt jedoch nur dann eine Ausnahme dar, wenn man davon ausgeht, daß Freud auch das Kapitel über

die *Erkundung der Zukunft* vor Augen hatte, das einen Abschnitt über die Traumdeutung enthält, in dem Artemidors Werk beschrieben wird. Vgl. J. Burckhardt, *Griechische Kulturgeschichte*, S. 495-548.

9 Vgl. den Brief an Fließ vom 5. Dezember 1898 (S. 368). Daß Freud das erste Kapitel zur Forschungsliteratur über den Traum nur aus Pflicht geschrieben hat, das heißt, um sich wenigstens der Form nach an die üblichen Regeln wissenschaftlicher Abhandlungen anzupassen und zu verhindern, daß seine Studie *a priori* unter die philosophischen und ›spekulativen‹ Werke eingereiht wird, geht aus einem Brief an Fließ vom 6. August 1899 hervor (es ist derselbe Brief, in dem er den Aufbau seines Werkes mit einem Spaziergang durch den »dunklen Wald« der Literatur über den Traum vergleicht): »Im Inneren der Arbeit wolltest Du die Literatur nicht und hattest recht, am Anfang auch nicht und wieder recht. Es geht Dir wie mir, das Geheimnis dürfte sein, wir mögen sie überhaupt nicht. Wenn wir aber den ›Wissenschaftlern‹ nicht ein Beil in die Hand geben wollen, das arme Buch zu erschlagen, müssen wir sie irgendwo dulden. Nun ist das Ganze so auf eine Spaziergangsphantasie angelegt ...« (ebd., S. 400).

10 Freud 1900, *Traumdeutung*, Stud. II, S. 117.

11 Vgl. Ellenberger, *Die Entdeckung des Unbewußten*, S. 422-433. Unter den Hauptwerken zur Traumforschung sind vor allem die Pionierarbeiten von K. A. Scherner, *Das Leben des Traums*, Berlin 1861, A. Maury, *Le sommeil et les rêves*, Paris 1861, und H. de Saint-Denis, *Les rêves et les moyens de les diriger*, Paris 1867, anzuführen.

12 Vgl. Ellenberger, *Die Entdeckung des Unbewußten*, S. 281-304, und Anzieu, *L'auto-analyse de Freud et la découverte de la psychanalyse*, I, Kap. 2.

13 Vgl. Freud, *Traumdeutung*, Stud. II, S. 29-116.

14 Einen Abschnitt seiner Arbeit widmet Ellenberger Freuds Quellen (*Die Entdeckung des Unbewußten*, S. 742-760); Freuds Hauptbeitrag habe darin bestanden, daß er eine »mächtige Synthese« (S. 742) der zeitgenössischen Theorien vorgelegt und die romantische Tradition der dynamischen Psychiatrie wiederaufgegriffen habe. Ellenbergers Untersuchung, vielleicht die erschöpfendste der gegenwärtig verfügbaren, hat das Verdienst, eine historische Rekonstruktion des wissenschaftlichen und kulturellen Kontextes zu liefern, in dem die Psychoanalyse entstand, und so mit dem von den orthodoxen Freudianern verfochtenen Mythos von der *Kopfgeburt* aufzuräumen, wonach die Psychoanalyse das absolut originelle Erzeugnis ihres Begründers sei. Ellenberger ist weit davon entfernt zu behaupten (was nicht selten beinahe denunziatorisch von verschiedenen Kritikern unternommen wurde), Freud habe in Wirklichkeit überhaupt nichts entdeckt, sondern mit vollen Händen aus anderen Arbeiten geschöpft. Dennoch erscheint seine

These nicht ganz überzeugend. Die Ähnlichkeiten und Affinitäten mit anderen psychologischen Theorien – die Ellenberger unter Rückgriff auf eine oft stark assoziative Methode hervorhebt – erscheinen eher wörtlich als substantiell, das heißt, die Übereinstimmungen beschränken sich auf einzelne Aussagen, während es weitaus substantiellere Differenzen gibt, wenn man die Theorien als Ganzes betrachtet. Um die Überprüfung der Originalität der *Traumdeutung*, insbesondere hinsichtlich des Konzeptes der infantilen Wurzeln der Traumproduktion Erwachsener, geht es auch bei S. Kern, »The Prehistory of Freud's Dream Theory. Freud's Masterpiece Anticipated«, in: *History of Medicine*, 1975, 6, S. 83-92. Der innovativste Teil von Freuds Theorie betrifft Kern zufolge das Konzept der Traumarbeit, vor allem die Konstruktion eines topographischen Modells der Seelentätigkeit im Traum. Kern analysiert die vor Erscheinen der *Traumdeutung* publizierten Werke über den Traum, sowohl die von Freud im ersten Kapitel angeführten als auch andere, die Freud wahrscheinlich kannte, jedoch – vielleicht aus einer übertriebenen Sorge um den wissenschaftlichen Vorrang – nicht berücksichtigt hat. Dem Verfasser zufolge war ein Großteil der Freudschen Konzepte bereits von anderen Autoren ausgearbeitet worden (z. B. von J. Volkelt, *Die Traum-Phantasie*, Stuttgart 1875, L. Strümpell, *Die Natur und die Entstehung der Träume*, Leipzig 1874, oder F. W. Hildebrandt, *Der Traum und seine Verwerthung für's Leben*, Leipzig 1875), von denen Freud aber grundlegende Passagen, die mit seiner Theorie des Traumes als »Wunscherfüllung« zusammenfielen, gerade nicht zitiere. Er habe seine Schuld gegenüber der wissenschaftlichen Literatur nie voll anerkannt, es sei also möglich, daß er sich im ersten Kapitel der Traumdeutung auch anderer Werke außer der zitierten bedient habe. Zu Recht bemerkt Kern, daß Freud, seit die Psychoanalyse eine anerkannte Bewegung und eine Schule mit Anhängern und Gegnern geworden sei, absichtlich klassische Autoren als ›Vorläufer‹ bezeichnet, die wissenschaftliche Literatur dagegen fast gänzlich ausgeschlossen habe.

15 Freud 1900, *Traumdeutung*, *Stud.* II, S. 97.

16 Ebd., S. 33 f.

17 Ebd., S. 588.

18 Ebd., S. 581 f.

19 Freud 1916-17, *Vorlesungen zur Einführung in die Psychoanalyse*, *G. W.* XI, S. 83.

20 Freud 1900, *Traumdeutung*, *Stud.* II, S. 120.

21 Freud 1907, *Der Wahn und die Träume in W. Jensens ›Gradiva‹*, *G. W.* VII, S. 31 (Hervorhebung d. Verf.).

22 Ebd., S. 32 (Hervorhebung d. Verf.).

23 Strenggenommen geht die erste psychoanalytische Analyse eines literarischen Textes auf das Jahr 1898 zurück und erscheint in dem Briefwechsel mit Fließ, worin Freud dem Freund eine ›psychoanalytische‹ Auslegung der Novelle *Die Richterin* von C. F. Meyer vorstellt. In der *Traumdeutung* folgen dann die wenigen Seiten zu Sophokles' *König Ödipus* und zu Shakespeares *Hamlet*, doch stellt die *Gradiva* die erste eingehende Analyse eines literarischen Textes dar, die erste Arbeit, in der die Literatur nicht ›beiläufig‹ vorkommt, sondern im Mittelpunkt steht.

24 Seit den 1960er Jahren haben verschiedene Publikationen versucht, mit dem von Freud in der *Selbstdarstellung* geschaffenen und von seinen Interpreten, allen voran Jones, getreulich bekräftigten Mythos von der »splendid isolation« aufzuräumen, in der Freud mindestens zehn Jahre lang seit der Veröffentlichung der *Studien über Hysterie* gelebt habe. Sie haben sich vorgenommen, die offizielle Version, wonach der *Traumdeutung* eine negative Aufnahme seitens der Kritik beschieden war, zu widerlegen. Bry und Rifkin gehörten zu den ersten, die die in den Jahren unmittelbar nach Erscheinen der *Traumdeutung* publizierten Rezensionen – die weitaus positiver waren, als Freud geglaubt hatte oder glauben machen wollte – einer kritischen Durchsicht unterzogen und folglich Freuds Äußerungen hinsichtlich der Rezeption seiner frühen Werke berichtigten. Die Schlußfolgerungen, zu denen sie gelangen, stehen in klarem Widerspruch zu der bis dahin geltenden Version der Historiker der Psychoanalyse, Freuds neue Theorien seien gerade aufgrund ihrer absoluten Originalität bei den Zeitgenossen auf erbitterten Widerstand gestoßen. Ellenberger greift die Thesen von Bry und Rifkin wieder auf und geht noch weiter, indem er behauptet, Freud habe von Anfang an allgemeine Anerkennung seitens der Kritik und seiner Kollegen erfahren. Die Überzeugung, sich in einer Situation wissenschaftlicher Isoliertheit zu befinden, war – so Ellenberger – eine fixe Idee Freuds und gehörte zu dem klinischen Bild der sogenannten *maladie créatrice*, an der Freud in den Jahren der Arbeit an der *Traumdeutung* gelitten und die vor ihm den romantischen Philosophen Fechner geplagt habe (vgl. Ellenberger, S. 610-625). Die ausgewogenste und plausibelste Position findet sich in der Untersuchung von Norman Kiell (*Freud Without Hindsight. Reviews of His Work 1893-1939*, 2 Bde., Madison CT 1988), der eine breite Auswahl von bis zu Freuds Tod erschienenen Rezensionen gesammelt und kommentiert hat. Was die *Traumdeutung* angeht, so stimmt es nach Kiell zwar, daß ein Großteil der Kritik sich positiv geäußert hat, es stimme aber auch, daß die Mehrzahl der Rezensionen nicht in medizinischen Fachzeitschriften erschienen sei, obwohl sich Freud gerade aus dieser Richtung Anerken-

nung erhoffte. Außerdem war der Ton der Kritiken, stellt man ihn Freuds Erwartungen gegenüber, der fest davon überzeugt war, mit seiner Traumdeutung die *Via regia* für die Erforschung des Unbewußten entdeckt und damit ein Problem gelöst zu haben, das Philosophen und Wissenschaftler seit Jahrzehnten beschäftigte, zwar wohlwollend positiv, aber weit davon entfernt, in der *Traumdeutung* ein geniales, entscheidendes Pionierwerk zu sehen. Hinzu kommt, daß es zu Beginn des Jahrhunderts für die Autoren nicht immer leicht war, Kenntnis von den Rezensionen ihrer Werke zu erlangen. Kiell hat 22 Besprechungen, die zwischen 1899 und 1902 erschienen, und weitere 20, die zwischen 1903 und 1915 erschienen, ausfindig gemacht. Nach Sulloway (S. 452) kannte Freud davon mit Sicherheit sieben, von denen jedoch keine einzige in einer Fachzeitschrift erschienen war. Zur Bestätigung der Hypothese von Freuds Isolation sei zudem daran erinnert, daß es fast zehn Jahre brauchte, bis die Erstauflage (600 Exemplare) erschöpft war. Tatsache bleibt, daß Freuds subjektiver Eindruck der des unverstandenen, verkannten, mißachteten, ja sogar verhöhnten Genies war. Wenn ich wiederum beschlossen habe, mich ›unkritisch‹ an Freuds Version der Ereignisse zu halten, so nicht aus einer Art Treue gegenüber der Freud-Hagiographie, sondern weil ich der Ansicht bin, daß Freuds ›innere Perspektive‹ (und es besteht in diesem Fall, denke ich, kein Grund, an seiner Aufrichtigkeit zu zweifeln), unabhängig davon, ob sie der objektiven Realität entspricht oder nicht, für die Parteinahme zugunsten der antiken Traumdeutung ausschlaggebend war, mit der er auf die Vorwürfe der Kritik antwortete. In einer Art Trotzreaktion vergrößerte er den Abstand zwischen sich und der wissenschaftlichen und akademischen Welt (Vgl. zu dieser Frage I. Bry und A. H. Rifkin, »Freud and the History of Ideas: Primary Sources«, in: *Science and Psychoanalysis*, hg. v. J. H. Massermann, New York 1962, 5, S. 6-36, Ellenberger, *Die Entdeckung des Unbewußten*, H. S. Decker, *Freud in Germany: Revolution and Reaction in Science, 1893-1907, Psychological Issues*, Monogr. 41, New York 1977, F. Sulloway, *Freud, Biologist of the Mind*, J. N. Isbister, *Freud: An Introduction to His Life and Work*, Oxford 1985). – Außer in der *Selbstdarstellung* finden sich auch in seinen Briefen häufige Anspielungen auf die wissenschaftliche und persönliche Isolation jener Jahre. Vgl. beispielsweise den Brief an Jung vom 2. September 1907: »Ich möchte gerade um diese Zeit bei Ihnen sein, mich freuen, daß ich nicht mehr einsam bin, und Ihnen, wenn Sie etwa Aufmunterung brauchen, von meinen ganzen Jahren ehrenvoller, aber schmerzlicher Einsamkeit erzählen, die für mich begannen, nachdem ich den ersten Blick in die neue Welt getan, von der Teilnahmslosigkeit und Verständnislosigkeit der nächsten Freunde, von den bangen Episoden, in denen ich selbst meinte, geirrt zu haben, und erwog, wie man ein verfahrenes Leben zugunsten der Seinigen noch nützlich machen könne, von der allmählich sich befestigenden Überzeugung, die sich immer wieder an die Traumdeutung wie an einen Fels in der Brandung klammern konnte, und von der ruhigen Sicherheit, die mich endlich in Besitz nahm und warten hieß, bis eine Stimme aus dem unbekannten Haufen der meinigen antworten würde. Es war die Ihrige« (in S. Freud – C. G. Jung, *Briefwechsel*, hg. v. W. McGuire und W. Sauerländer, gekürzte Ausgabe, Frankfurt a. M. 1984); vgl. zudem den Brief, den Freud am 9. Juli 1913 Ferenczi zu dessen vierzigsten Geburtstag schrieb und in dem es heißt: »Ihr wehmütiger Brief hat mich sehr ergriffen, zunächst weil er mich an den eigenen 40. erinnerte [...]. Ich war damals (1896) auf dem Gipfel der Verlassenheit, hatte alle alten Freunde verloren, noch keinen neuen erworben; niemand kümmerte sich um mich, und mich hielt nur ein Stück Trotz und der Anfang der Traumdeutung aufrecht« (in S. Freud – S. Ferenczi, *Briefwechsel*, hg. v. E. Brabant, E. Falzeder und P. Giampieri-Deutsch, unter der wissenschaftl. Leitung von A. Haynal, Bd. I/2, 1912-1914, Wien – Köln – Weimar 1993).

25 Brief vom 9. Februar 1898, in: Freud 1985, *Briefe an W. Fließ 1887-1904*, S. 325.

26 Ebd., S. 425 (Brief vom 19. November 1899). In einem Brief vom 23. März 1900 lesen wir: »Seine Aufnahme [die der *Traumdeutung*] – die bisherige mindestens – hat mich zwar nicht gefreut; Verständnis ist spärlich, Lob nur wie Almosen, es ist den meisten offenbar unsympathisch, von einer Ahnung des Bedeutungsvollen an ihm habe ich noch keine Spur gesehen. Ich erkläre mir's so, daß ich um 15-20 Jahre voraus gekommen bin« (ebd., S. 444).

27 Mit folgenden Worten beginnt die erste Ausgabe der *Traumdeutung*: »Indem ich hier die Darstellung der Traumdeutung versuche, glaube ich den Umkreis neuropathologischer Interessen nicht überschritten zu haben« (*Stud.* II, S. 21).

28 Freud 1900 [1909], *Traumdeutung*, *Stud.* II, S. 23.

29 Freud 1971, »*Selbstdarstellung*«. *Schriften zur Geschichte der Psychoanalyse*, S. 72.

30 Vgl. insbesondere die Rezension von Fr. von der Leyen (1901), »Traum und Märchen«, in: G. Kimmerle (Hrsg.), *Freuds Traumdeutung. Frühe Rezensionen 1899-1903*, Tübingen 1986, S. 65-78.

31 Ein Blick auf Freuds Universitätsveranstaltungen jener Jahre zeigt, wie ungewöhnlich und fern aller akademischen Erwartungen die Behandlung des Themas der Deutbarkeit der Träume war. Im Sommersemester 1899 und im darauffolgenden Sommersemester 1900 hielt Freud

zum ersten (und letzten) Male eine Vorlesung über die »Psychologie des Traumes«. Im Jahre 1901 bot er ganz konventionell eine »Einführung in die Psychotherapie« an, denn nur vier Teilnehmer hatten im Sommersemester 1900 seine Veranstaltung zur Psychologie des Traumes besucht (vgl. Blumenberg, *Die Lesbarkeit der Welt*, S. 349 f.; vgl. auch die Briefe an Fließ vom 7. und 16. Mai 1900).

32 Die zitierten Auszüge entstammen den Rezensionen von Stern (1901, »Freud, Sigm. Die Traumdeutung«), Professor für Psychologie in Breslau, und Weygand (1901, »Sigmund Freud: Die Traumdeutung«), Professor für Psychiatrie in Würzburg, erschienen in der *Zeitschrift für Psychologie und Physiologie der Sinnesorgane* bzw. im *Centralblatt für Nervenheilkunde* (jetzt in: Kimmerle [Hrsg.], *Freuds Traumdeutung*, S. 60-65 und 78-80). In einem Brief an Fließ vom 17. Januar 1902 schreibt Freud: »In Fachzeitschriften habe ich erst zwei Kritiken gefunden, Zeitschrift für Psychologie und Physiologie der Sinnesorgane und Monatsschrift für Neurologie und Psychiatrie, beide natürlich entsetzt über den Einbruch in die Wissenschaft« (*Briefe an W. Fließ 1887-1904*, S. 500). Die zweite von Freud erwähnte Rezension stammt von Liepmann. Masson, der Herausgeber der Briefe an Fließ, gibt in einer Fußnote zu dem zitierten Brief den Schlußabschnitt der Kritik wieder: »Kurz – in der Arbeit triumphiert der geistvolle Gedankenkünstler über den wissenschaftlichen Forscher. Es ist zu befürchten, daß bei weniger feinen Köpfen sein Beispiel eine phantastische Afterpsychologie entfesselt, die mit in Deutungen schwelgendem Behagen in den dunklen Tiefen des Seelenlebens wühlt und die mühsam gewonnenen Einsichten einer wissenschaftlichen Seelenforschung in den Wind schlägt.«

33 Die Rezension von M. Burckhard, ehemaliger Intendant des Burgtheaters und Herausgeber der *Zeit*, erschien unter dem bezeichnenden Titel »Ein modernes Traumbuch« wenige Monate nach der Veröffentlichung der *Traumdeutung* (vgl. Burckhard, »Ein modernes Traumbuch«, *Die Zeit*, Nr. 257, 6.1.1900, S. 9-11, und Nr. 276, 13.1.1900, S. 25-27, jetzt in Kimmerle (Hrsg.), *Freuds Traumdeutung*, S. 27-46). Freud war besonders über den scheinbar lobenden, in Wahrheit aber ziemlich spöttischen Ton des Artikels gekränkt und schrieb Fließ in einem Brief vom 26. Januar 1900 dazu: »wenig schmeichelhaft, ungemein verständnislos«, und einige Tage später: »eine Kritik, die mit all ihrer Blödheit das Buch in Wien umgebracht hat« (Freud 1986, *Briefe an W. Fließ 1887-1904*, S. 433 und 447).

34 In der Erstauflage (vgl. *G. S.* II) hatte Freud nur *De divinatione per somnum* zitiert und angemerkt: »Zu einem tieferen Verständnis der aristotelischen Abhandlung vorzudringen, ist mir bei nicht ausreichender

Vorbildung und ohne kundige Hilfe nicht möglich geworden« (Freud 1900, *Traumdeutung*, *G. S.* II, S. 6). Von der nachfolgenden Auflage (1909) an war dieser Satz gestrichen. Die Studienausgabe weist diese textliche Veränderung nicht nach, die dagegen im dritten Band der *G. S.*, S. 4, angeführt wird.

35 »Ich halte nichts von Marsischen Auguren, nichts von dörflichen Weissagern, nichts von Zirkusastrologen, nichts von Isides Hellsehern, nichts von Traumdeutern. Weder aus Erfahrung noch aus Wissenschaft haben sie ihre Gabe«. Vgl. M. Burckhard, »Ein modernes Traumbuch«, S. 29 f. und 44 f.

36 Freud 1900 [1914], *Traumdeutung*, *Stud.* II, S. 118.

37 Zu Freuds ›natürlicher‹ Prädisposition, sich auf seiten der Opposition zu befinden, vgl. P. Gay, ›*Ein gottloser Jude*‹, der darin das spezifisch Jüdische an der Persönlichkeit Freuds erblickt.

38 Vgl. Freud 1900, *Traumdeutung*, *Stud.* II, S. 30.

39 Das Zitat aus *De rerum natura* steht im 1. Kapitel der *Traumdeutung*: »Et quo quisque fere studio devinctus adhaeret / Aut quibus in rebus multum sumus ante morati / Atque in ea ratione fuit contenta magis mens, / In somnis eadam plerumque videmur obire« (V, 959 ff.). – Auf die Lukrez-Verse folgen die Worte Ciceros (*De divinatione*, 2, 67): »Maximeque reliquiae rerum earum moventur in animis et agitantur, de quibus vigilantes aut cogitavimus aut egimus«. Die Zitate stehen in dem Abschnitt über die Forschungsliteratur zu den Beziehungen zwischen Schlaf und Wachleben (vgl. Freud 1900, *Traumdeutung*, *G. S.* II, S. 6-10) ohne Kommentar und werden zur Veranschaulichung der Theorien zweier Zeitgenossen, Mauss und Maury, erwähnt. Es geht darum, festzustellen, welche Beziehung zwischen Wach- und Nachtleben besteht und ob der Trauminhalt von dem herrührt, was Freud später »Tagesreste« nennen sollte. Im Hinblick auf dieses Problem beziehe die zeitgenössische Forschung eine ähnliche Haltung wie die Autoren der Antike, denn sie würden für den Traum dieselben Inhalte annehmen wie für das bewußte Denken. Die Worte der beiden antiken Autoren werden hier wie einfache Zeugnisse behandelt und dienen eher dazu, den Wert der Ansichten der Modernen zu mindern, als den Wahrheitsgehalt der Behauptungen der Klassiker hervorzuheben. Freud geht es vor allem darum, zu beweisen, daß der Traum die halluzinatorische Erfüllung eines *verdrängten* Wunsches darstellt. Um sich Ausdruck zu verschaffen, stütze sich der Wunsch auf das Absinken der Zensur während des Schlafes und tauche in verzerrter, maskierter Form auf (nachdem er die Prozesse der Entstellung, Verdichtung und Verschiebung durchlaufen hat) und bringe die manifesten Trauminhalte hervor. In den Zitaten aus Lukrez und Cicero ist von der Idee einer

symbolischen oder allegorischen Repräsentation im Traum keine Rede, und nicht zufällig repräsentierten sie diejenigen Strömungen der antiken Philosophie, die auf rationalistischer Grundlage über die praktische, populäre Oniromantie und die Wahrsagungstechniken der antiken Traumdeuter spotteten. Obwohl sie darin übereinstimmen, daß der Traum – indem er uns im Schlaf das präsentiert, was am Tage unseren Geist beschäftigt hat – Ausdruck eines Wunsches sein kann – doch diesen Aspekt erwähnt Freud nicht –, läßt nichts an ihren Worten irgend etwas von einer unbewußten Macht (eine Intuition, die Artemidor nicht völlig fernsteht) oder, in der Auffassung der antiken Traumdeutung, von einem göttlichen oder dämonischen Wirken durchscheinen. Cicero und Lukrez gelten folglich als zwei von vielen Vertretern einer Interpretation des Traumgeschehens, denen es nicht gelungen war, in das ›Geheimnis‹ der Träume einzudringen, dem sich der religiöse Irrationalismus und der magische Aberglauben am meisten genähert hatten.

40 Vgl. Freud 1900, *Traumdeutung*, *Stud.* II, S. 79.

41 Vgl. ebd., S. 119 f.

42 Vgl. Freud 1900 [1914], *Traumdeutung*, *Stud.* II, S. 30 und 59. Für die diagnostische Bedeutung der Träume bezieht Freud sich auf *Peri archaies ietrikes*.

43 Vgl. Freud 1900 [1914], ebd., S. 59.

44 Vgl. Freud 1900 [1911 und 1914], ebd., S. 31 f.

45 Freud 1900, ebd., S. 30. Vgl. außerdem Aristot., *De insomn.* 462 a, und Büchsenschütz, *Traum und Traumdeutung im Alterthume*, S. 20.

46 Vgl. Freud 1900, *Traumdeutung*, *Stud.* II, S. 59; vgl. auch Freud 1917 [1915], »Metapsychologische Ergänzung zur Traumlehre«, *G. W.* X, S. 412-426.

47 Vgl. Freud, *Traumdeutung*, *Stud.* II, S. 30. Der von Freud zitierte Passus findet sich in Aristot., *De divin. per somn.* 1, 462 b: »man glaubt, durch ein Feuer zu gehen und heiß zu werden, wenn nur eine ganz unbedeutende Erwärmung dieses oder jenes Gliedes stattfindet«. Freud zitiert nach der Übersetzung von Bender (vgl. Bibliographie, Aristoteles 1876).

48 Freud spielt hier auf den Philosophen Du Prel an (vgl. C. Du Prel, *Die Philosophie der Mystik*, Leipzig 1885, S. 40 ff.).

49 Vgl. Freud 1900, *Traumdeutung*, *Stud.* II, S. 65.

50 Das letzte Kapitel, »Zur Psychologie der Traumvorgänge«, ist wohl der komplexeste und außerhalb von Fachkreisen am wenigsten rezipierte Teil der *Traumdeutung*. Freud entwickelt darin zum ersten Mal eine Theorie der Strukturen und Kausalprinzipien, die den psychischen Vorgängen zugrunde liegen, indem er ein Modell des psychischen Ap-

parates ausarbeitet, das die Grundlage seiner Theorie des Unbewußten bildet. Das Kapitel »Zur Psychologie der Traumvorgänge« stellt in gewissem Sinne Freuds erste metapsychologische Schrift dar und ist vielleicht, wie Jones bemerkte, »das Schwierigste und Abstrakteste, was Freud je geschrieben hat« (*Das Leben und Werk Sigmund Freuds*, I, S. 417). Dies mag einer der Gründe dafür sein, warum sich die geisteswissenschaftlichen Studien eher den hermeneutischen als den phänomenologischen Aspekten von Freuds Traumtheorie gewidmet haben. Anders kann man sich schwer erklären, wie die Analogie zwischen dem aristotelischen und dem Freudschen Konzept der ›Regression‹ unbemerkt bleiben konnte.

51 Vgl. Freud 1900, *Traumdeutung, Stud.* II, S. 525. Im folgenden werden die Begriffe ›Traumgedanke‹ und ›Trauminhalt‹ – wie es sehr oft auch in Freuds Werk der Fall ist – synonym aufgefaßt.

52 Freud 1916-17, *Vorlesungen zur Einführung in die Psychoanalyse, G. W.* XI, S. 84 und 97 (Hervorhebung d. Verf.).

53 Vgl. Kap. III, Fn. 21, der vorliegenden Arbeit.

54 Freud, *Briefe an W. Fließ 1887-1904*, S. 357.

55 »Unbestritten bleibt die alte Definition des Traumes durch Aristoteles als das Seelenleben während des Schlafes. Es ist nicht ohne Sinn, daß ich mein Buch nicht den *Traum* betitelt habe, sondern *Die Traumdeutung*« (Freud 1971, *»Selbstdarstellung«. Schriften zur Geschichte der Psychoanalyse*, S. 75, Fn. 48).

56 Vgl. den Exkurs der vorliegenden Arbeit.

57 Assoun, *Freud, la philosophie et les philosophes*, S. 139.

58 Vgl. beispielsweise die Studie von W. W. Hemecker, *Vor Freud. Philosophiegeschichtliche Voraussetzungen der Psychoanalyse*, München – Hemden – Wien 1991. In einem Abschnitt zur antiken Philosophie (S. 37-50) vertritt Hemecker die Ansicht, daß allein Plato und Empedokles ein – wenn auch marginaler – Einfluß auf Freuds Denken zuerkannt werden könne, während sich dies im Fall des Aristoteles (außer für den Katharsis-Begriff, den Freud jedoch gar nicht direkt von Aristoteles übernommen hatte) nicht behaupten ließe. Die Frage der Traumphänomenologie bei Plato und Aristoteles und ihrer Beziehungen zur Psychoanalyse ist das Thema einer Studie von A. Pasa und V. Andreoli (»Inconscio e interpretazione dei sogni in Platone e Aristotele«, in: *Psicoanalisi e strutturalismo di fronte a Dante*, Firenze 1972, Bd. 1, S. 175-190). Im Bemühen, in der Antike Vorwegnahmen und Vorläufer von Freuds Theorie zu finden, verfallen die Autoren in den üblichen Irrtum, bei ihrer Interpretation psychoanalytische Kategorien an die Aristoteles-Schriften heranzutragen. Wenn es auch zulässig sein mag, in Platos Unterscheidung zwischen rationaler und irrationaler Seele die Prinzipien, die nach Freud

das Seelenleben regeln, zu sehen (oder sie darauf zu projizieren), so erscheint es mir hingegen gänzlich unbegründet, im aristotelischen Konzept der wahrnehmenden Seele eine Entsprechung zu Freuds Unbewußtem sehen zu wollen. Aristoteles interpretiert den Traum auf physiologischer Grundlage und sieht durchaus keinen Ausbruch dämonischer und irrationaler Triebe darin. Letzteres mag eine gewisse Gültigkeit für Platos *Timaios* haben, während Aristoteles seinen Begriff der Seele gerade in antiplatonischem Sinne entwickelt. Platos Seelenlehre beruht auf dem Prinzip der Nicht-Körperlichkeit; die Vereinigung der Seele mit dem Körper ist rein kontingent und wird darüber hinaus negativ als Resultat einer Schuld interpretiert. Für Aristoteles ist die Verbindung zwischen Seele und Körper dagegen notwendig, denn die Seele kann nur in dem Maße existieren, wie sie an einen Körper gebunden ist.

59 Diese Hypothese, die zu den problematischsten von Freuds Theorie zählt, wurde erstmals in *Jenseits des Lustprinzips* (1920), G. W. XIII, S. 3-69, formuliert.

60 Ein Paradigma, das in der Philosophie bereits durch Nietzsche vorweggenommen worden war und in der Literatur in (nicht zufällig ebenfalls spät rezipierten) Autoren wie Kafka oder Musil ihren Ausdruck fand.

61 Vgl. McGrath, *Freud's Discovery of Psychoanalysis*, hier insbesondere das Kapitel »Professionalization« (S. 95-152). Nach Ansicht des Biographen R. W. Clark – eine allerdings noch nicht bewiesene Hypothese – war Brentanos Hauptwerk über die Psychologie (*Psychologie vom empirischen Standpunkte*, Leipzig 1874), das sich ausführlich mit dem Konzept und der Begriffsgeschichte des Unbewußten (seit Thomas von Aquin) befaßt, für Freuds späteres Interesse an diesem Problem ausschlaggebend (vgl. *Sigmund Freud*, Frankfurt a. M. 1981, S. 48). Auch nach Meinung von G. Kimmerle (*Anatomie des Schicksals*, Tübingen 1986, S. 86) könnte eine eingehende Untersuchung zu Brentanos Einfluß die außergewöhnliche Synthese von Aristotelismus und Cartesianismus in Freuds Theorie des Unbewußten erhellen. Zu den Beziehungen zwischen Psychoanalyse und der Philosophie Brentanos vgl. außerdem die Untersuchung von James R. Barclay, »Franz Brentano and Sigmund Freud«, in: *Journal of Existentialism,* 1964, 5, S. 1-36, die besonders beachtenswert ist, wenn man bedenkt, daß der Autor von einer engen Beziehung zwischen Freud und Brentano ausging, noch ehe der Briefwechsel und die biographischen Werke diese Hypothese gestützt haben. Zu Brentano und zu Freuds jugendlicher Begeisterung für die Philosophie allgemein (insbesondere für Feuerbach, Volkelt und indirekt für Nietzsche) sowie zu seinen Beziehungen zum ›Leseverein der deutschen Studenten Wiens‹ vgl. G. Gödde, »Freuds philosophische Diskussionskreise in der Studentenzeit«, S. 73-113.

62 Vgl. McGrath, *Freud's Discovery of Psychoanalysis*, S. 111-128.

63 Vgl. insbesondere H. Cassirer, *Aristoteles' Schrift ›Von der Seele‹ und ihre Stellung innerhalb der aristotelischen Philosophie*, Darmstadt 1968, S. 140 ff.

64 Vgl. Brentano, *Die Psychologie des Aristoteles, insbesondere seine Lehre vom ›nous poietikos‹*, Mainz 1867.

65 Nach *De anima* ist die Seele, die nicht ›an sich‹ existiert, sondern die Form des Körpers ist, zu dem sie untrennbar gehört, hauptsächlich in drei Teile untergliedert: die *pars vegetativa*, die allen Lebewesen gemeinsam ist, die *pars sensitiva*, über die nur Tiere und Menschen verfügen, und die *pars rationalis*, die allein den Menschen vorbehalten ist. Diese Teile oder Vermögen der Seele sind hierarchisch geordnet, gemäß einem von oben nach unten sich fortsetzenden Abhängigkeitsverhältnis, so daß die unterste Instanz selbständig existiert, die je nachfolgende hingegen nicht ohne die je untere auskommen kann. Die drei Vermögen der Seele sind für unterschiedliche Funktionen zuständig, der wahrnehmende Teil etwa für die Vorstellungsfunktion und das Gedächtnis, der rationale Teil für die Meinung und die begehrende Seele. Das Seelenleben gehorcht einem Kontinuitätsprinzip, also einer allmählichen Progression zu immer abstrakteren Funktionen. Der aristotelische *logos* ist im Gegensatz zu Platos Idee, welche angeboren und von den biologischen Funktionen unabhängig ist, keine Entität ›an sich‹, sondern mißt sich an den Gegenständen und Resultaten der Wahrnehmung.

66 Für den Kommentar zu den aristotelischen Abhandlungen über Träume und Weissagung folge ich hier Aristoteles, ›De insomniis‹ und ›De divinatione per somnum‹, übersetzt und eingeleitet von Philip J. van der Eijk, in: *Aristoteles, Werke in deutscher Übersetzung*, begründet von Ernst Grumach und herausgegeben von Hellmut Flashar, Bd. 14, Teil III: *Parva naturalia*, Berlin 1994; hier insbesondere S. 52-67 und S. 251-337.

67 Dies ist das einzige, flüchtig eingeführte und nicht weiterentwickelte Argument, mit dem Aristoteles auf eine – nach van der Eijk – für ihn ungewöhnliche, fast apodiktische Weise die Beteiligung des rationalen Teils an der Entstehung des Traumes ausschließt.

68 Offensichtlich gibt es für Aristoteles verschiedene Formen von Sinnestätigkeit. So können die Verben, mit denen jeweils der Gedanke einer Beteiligung der Wahrnehmungsorgane ausgedrückt wird, entweder *paschein* oder *aisthanesthai* und schließlich auch *energein* sein. *Paschein* und *energein* sind folglich nicht als antithetisch aufzufassen, sondern durch ein Kontinuitätsverhältnis verbunden, mit dem Aristoteles das Konzept der Potentialität, welches der Wahrnehmungsfunktion inne-

wohnt, zum Ausdruck bringt. Im dritten Kapitel der Abhandlung erklärt Aristoteles, welche besondere Form von *paschein* im Traum stattfindet.

69 Die Theorie der Wahrnehmung legt Aristoteles in *De anima* dar. Die Wahrnehmung kann nur dank des Vorhandenseins sinnlich wahrnehmbarer Objekte zum Tragen kommen, die ihrerseits, auch wenn sie an sich existieren, nur unter der Bedingung des Wahrgenommenwerdens Wirklichkeit erlangen. Was die Wahrnehmung aufnimmt (oder »erleidet«), ist jedoch nicht die Materie (denn sonst würde sich die Wahrnehmung selbst in die Materie verwandeln), sondern die Form (*eidos*) der Materie: »Allgemein muß man alle Wahrnehmung so auffassen, daß die Wahrnehmung das die wahrnehmbaren Formen ohne die Materie Aufnehmende ist, wie das Wachs das Zeichen des Siegelrings ohne das Erz und das Gold aufnimmt; es empfängt zwar das goldene oder das eherne Zeichen, aber nicht insofern es Gold oder Erz ist. In analoger Weise leidet auch die Wahrnehmung eines jeden durch das, was Farbe oder Ton hat, aber nicht insofern es als ein jedes von diesen bezeichnet wird, sondern insofern es ein so und so Beschaffenes ist und gemäß dem Logos« (424a17, Übers. W. Theiler).

70 *De insomn.* 459a 1-22.

71 Daß die durch die Wahrnehmung ausgelöste Affektion erhalten bleibt, auch wenn jene nicht mehr aktiv ist, wird Aristoteles zufolge dadurch bewiesen, daß die Wahrnehmung, wenn sie sich, nachdem sie lange auf einem Gegenstand geruht hat, einem anderen Gegenstand zuwendet, von der früheren Wahrnehmung beeinflußt bleibt, weil die von dem ersten Gegenstand ausgelöste Affektion noch in den Sinnesorganen ist. Dies geschehe für den Sehsinn beim Übergang vom Licht zum Schatten, von einer Farbe zur anderen, von der Bewegung zur Statik, für den Hör- und Geruchssinn, wenn diese besonders stark gereizt würden (459b7-23). Im darauffolgenden Abschnitt (459b23-460a32) analysiert Aristoteles das seltsame Phänomen, wenn ein Spiegel sich beim Anblick einer menstruierenden Frau rot färbt. Dieser Exkurs, der kaum auf direkter Beobachtung beruhen kann – die einzig zuverlässige in dem streng induktiven Verfahren des Aristoteles –, sondern eher wie das Resultat der Rationalisierung eines Aberglaubens anmutet, scheint im Widerspruch zu der in *De anima* dargelegten Theorie der Wahrnehmung zu stehen, in der sich keinerlei Hinweis darauf findet, daß ein Wahrnehmungsorgan auch einen Wahrnehmungsgegenstand beeinflussen könnte. Außerdem dient die Argumentation nicht der Erklärung des Traumphänomens, weshalb nicht wenige Kritiker (vgl. den Kommentar von van der Eijk zu Aristoteles, *De insomniis,* S. 183-193) den Passus für nicht authentisch erachten.

72 An dieser Stelle wird der Zusammenhang zwischen Wärme und Blut nicht explizit formuliert, er wird jedoch bereits in der Abhandlung über den Schlaf hergestellt. Während des Schlafes findet eine Teilung des Blutes in unreine, dickflüssige Teile, die nach unten strömen, und klare, dünnflüssige Teile, die zum Gehirn strömen, statt (*De somn.*, 458a10 ff.). Diese Teilung des Blutes spielt auch für die Tätigkeit der denkenden Seele eine Rolle. Das reine Blut hat an der Herausbildung des abstrakten rationalen Denkens Anteil, wie es im Schlaf die klarsten, kohärentesten Traumbilder hervorbringt.

73 *De insomn.*, 462a29-31 (Hervorhebung d. Verf.).

74 Freud 1900, *Traumdeutung*, Stud. II, S. 30.

75 Zur Interpretation des *phantasia*-Begriffes bei Aristoteles vgl. insbesondere H. Cassirer, *Aristoteles' Schrift »Von der Seele«*, S. 108-121. Vgl. auch den Kommentar von H. Seidel zum dritten Buch von *De anima* in der zweisprachigen Ausgabe: Aristoteles, *Über die Seele*. Mit Einleitung, Übersetzung (nach W. Theiler) und Kommentar herausgegeben von Horst Seidel. Griechischer Text in der Edition von Wilhelm Biehl und Otto Apelt, Hamburg 1995; hier insbesondere S. 253-278.

76 Vgl. *De anima* 428a16.

77 Vgl. *De insomn.* 460b2.

78 In *De insomn.* ist die Frage der Auswirkung der Meinung (*doxa*) durchaus nicht klar. Zunächst hatte Aristoteles ausgeschlossen, daß der denkende Seelenteil für die Traumbildung verantwortlich sei (b10-25); die *doxa* könne dem Schlafenden danach höchstens das Bewußtsein eingeben, daß er träumt. Eine spätere Stelle (461a30-b20), an der es um die Analogie zwischen der Seelentätigkeit während des Wachens und während des Schlafes geht, scheint dagegen erneut die Möglichkeit einzuräumen, daß man vermöge der Meinung zu entscheiden vermag, ob ein Traumbild wahr oder falsch ist, so daß der Träumende zwischen Traum und Wirklichkeit unterscheiden könnte. Nach van der Eijk (vgl. seinen Kommentar zu Aristoteles, *De insomniis*, insbesondere S. 140 f.) schließt Aristoteles die Möglichkeit, daß die Meinung auch während des Traumes wirksam sei, durchaus nicht aus. H. Cassirer schreibt dagegen im Hinblick auf die Vorstellungsfunktion in *De anima*: »Die Vorstellungen sind von jeder Urteilsfunktion zu trennen; ich kann vermöge meines Wissens oder meiner Meinung fest überzeugt sein, daß das, was ich mir durch die Einbildungskraft vorstelle, nicht wahr ist; gleichwohl wird die Vorstellung nicht aufgehoben. Die Vorstellungen und die Meinungen des Urteilenden sind also etwas, was nicht zusammengehört.« Und weiter unten: »Wir sind bestimmten Phantasien z. B. im Traume und in der Krankheit einfach ausgeliefert, gerade so wie den Phantasmen, die

durch Sinnestäuschung entstehen« (*Aristoteles' Schrift ›Von der Seele‹*, S. 117 und S. 118).

79 Aristoteles unterscheidet zwischen dem Begriff *phantasma*, der sich auf das bloße im Traum erscheinende Bild bezieht, und dem Begriff *enypnion*, der die gesamte Traumerfahrung umfaßt: das Traumbild und den Gedanken, der sich auf dieses Bild bezieht. *Enypnion* ist im Unterschied zu dem älteren und vageren *oneiros* der wissenschaftliche Begriff, den Aristoteles vorzugsweise in seinen Abhandlungen verwendet.

80 *De insomn.* 462a15-25.

81 Die »Affektion [ist] nicht nur dann in den Wahrnehmungsorganen vorhanden [...], wenn die Wahrnehmungen aktuell sind, sondern auch dann, wenn sie verschwunden sind.« (*De insomn.* 459a26-28). Vgl. zudem 459a24 und 459b15-25.

82 Vgl. *De somn.* 453b8-10.

83 Vgl. insbesondere *De mem.* 450a22.

84 Freud 1900, *Traumdeutung, Stud.* II, S. 525.

85 Freud 1917 [1915], »Metapsychologische Ergänzung zur Traumlehre«, *G. W.* X, S. 426.

86 Vgl. *De somn.* 453b24-455a2.

87 *De insomn.* 462a2 (Hervorhebung d. Verf.).

88 *De insomn.* 461a4-8.

89 In der bereits erwähnten *Goethe-Rede* (vgl. Kap. III, Fn. 87) zitiert Freud zunächst einige Zeilen des Gedichtes »An den Mond«, in denen der Trauminhalt metaphorisch ausgedrückt werde: »Was von Menschen nicht gewußt / Oder nicht bedacht, / Durch das Labyrinth der Brust / Wandelt in der Nacht«, und kommentiert dann: »Hinter diesem Zauber erkennen wir die altehrwürdige, unbestreitbar richtige Aussage des Aristoteles, das Träumen sei die Fortsetzung unserer Tätigkeit in den Schlafzustand, vereint mit der Anerkennung des Unbewußten, die erst die Psychoanalyse hinzugefügt hat. Nur das Rätsel der Traumentstellung findet dabei keine Lösung« (Freud 1930, »Ansprache im Frankfurter Goethe-Haus«, *G. W.* XIV, S. 547).

90 Vgl. Kap. VII der *Traumdeutung, Stud.* II, S. 488-588.

91 G. Th. Fechner (1889), *Elemente der Psychophysik,* 2. Teil, S. 520, zit. in Freud 1900, *Traumdeutung, Stud.* II, S. 512.

92 »Das Lehrgebäude der Psychoanalyse [...] ist [...] ein Überbau, der irgend einmal auf sein organisches Fundament aufgesetzt werden soll; aber wir kennen dieses noch nicht« (Freud 1916-17, *Vorlesungen zur Einführung in die Psychoanalyse, G. W.* XI, S. 319). »Es ist ein unerschütterliches Resultat der Forschung, daß die seelische Tätigkeit an die Funktion des Gehirns gebunden ist wie an kein anderes Organ. [...] Aber alle Versuche, von da aus eine Lokalisation der seelischen Vorgänge zu

erraten, alle Bemühungen, die Vorstellungen in Nervenzellen aufgespeichert zu denken und die Erregungen auf Nervenfasern wandern zu lassen, sind gründlich gescheitert. Dasselbe Schicksal würde einer Lehre bevorstehen, die etwa den anatomischen Ort des Systems *Bw*, der bewußten Seelentätigkeit, in der Hirnrinde erkennen und die unbewußten Vorgänge in die subkortikalen Hirnpartien versetzen wollte. Es klafft hier eine Lücke, deren Ausfüllung derzeit nicht möglich ist, auch nicht zu den Aufgaben der Psychologie gehört. *Unsere psychische Topik hat vorläufig nichts mit der Anatomie zu tun*; sie bezieht sich auf Regionen des seelischen Apparats, wo immer sie im Körper gelegen sein mögen, und nicht auf anatomische Örtlichkeiten« (Freud 1915, »Das Unbewußte«, *G. W.* X, S. 273, Hervorhebung d. Verf.).

93 Freud 1900, *Traumdeutung, Stud.* II, S. 513 f.

94 Das Wahrnehmungssystem ist für die sinnlichen Qualitäten des Bewußtseins zuständig, die das Gedächtnis dagegen nicht kennt: »Werden aber Erinnerungen wieder bewußt, so zeigen sie keine sinnliche Qualität oder eine sehr geringfügige im Vergleich zu den Wahrnehmungen« (Freud 1900, *Traumdeutung, Stud.* II, S. 516). Nach Freuds Ansicht schließen sich Gedächtnis und sinnliche Qualität für das Bewußtsein wechselseitig aus. Diese Annahme wird in der Schrift über das Gedächtnis näher ausgearbeitet (vgl. Freud 1925, »Notiz über den Wunderblock«, *G. W.* XIV, S. 3-8).

95 Dabei handelt es sich wiederum um eine Vereinfachung. Wie Freud weiter unten erklärt, muß der Traum sich auf Traumgedanken stützen, die zum vorbewußten System gehören, um sich zur Geltung bringen zu können, doch liefert das Unbewußte die notwendige Triebkraft für seine Bildung.

96 Freud 1900, *Traumdeutung, Stud.* II, S. 519. Alle drei Formen der Regression unterstehen ein und demselben Prinzip: »Über die Regression wollen wir noch bemerken, daß sie in der Theorie der neurotischen Symptombildung eine nicht mindere Rolle wie in der des Traumes spielt. Wir unterscheiden dann eine dreifache Art der Regression: a) eine topische im Sinne des hier entwickelten Schemas der psi-Systeme, b) eine zeitliche, insofern es sich um ein Rückgreifen auf ältere psychische Bildungen handelt, und c) eine formale, wenn primitive Ausdrucks- und Darstellungsweisen die gewohnten ersetzen. Alle drei Arten von Regression sind aber im Grunde eines und treffen in den meisten Fällen zusammen, denn das zeitlich ältere ist zugleich das formal primitive und in der psychischen Topik dem Wahrnehmungsende nähere« (ebd., S. 524).

97 Ebd., S. 518.

98 Dem Hinweis auf Artemidor in der Erstausgabe, aber auch den Hin-

weisen in späteren Ausgaben nach zu urteilen, hat Freud sich für das Verständnis von Artemidors Methode vor allem auf die Abhandlung von Büchsenschütz (*Traum und Traumdeutung im Alterthume*) gestützt, die auf höchst detaillierte Weise die Klassifizierung der Träume und die Theorie des Artemidor beschreibt, mit zahlreichen Fußnoten versehen ist und darüber hinaus das Beispiel des Traumes vom *sa-Tyros* anführt sowie verschiedene Hinweise auf die ›ambivalente‹ Haltung des Artemidor im Hinblick auf den Gebrauch von Anagrammen, Wortspielen und die Methode der Zahlengleichwertigkeit (Isopsepha) enthält (S. 58 ff.).

99 Artemidors Werk war bereits in der ersten Bibliographie von 1900 aufgeführt. Außerdem wird Artemidor, anders als Musatti in seiner Einleitung zur Übersetzung der *Oneirokritika* durch Modenese behauptet (vgl. Artemidoro, *Dell'interpretazione dei sogni*, Übersetzung von Pietro Lauro Modenese, Einleitung von C. Musatti, Milano 1976), schon in der Ausgabe von 1900 erwähnt und 1911, nicht 1914 erstmals zitiert. Nur die ausführlichere Fußnote zu Artemidor stammt tatsächlich aus dem Jahre 1914 und geht in der Studienausgabe (*Stud.* II) derjenigen von 1911, in der Freud das Beispiel »*sa-Tyros*« erwähnt, unmittelbar voraus. Zudem wird F. Krauss als Übersetzer auch derjenigen Teile von Artemidors Werk genannt, die in der Ausgabe von 1881 fehlten. In Wirklichkeit wurde diese Übersetzung, die 1912 in der (von F. Krauss herausgegebenen) Zeitschrift *Anthropophyteia* erschien, von Hans Licht besorgt (vgl. Artemidorus, »Erotische Träume und ihre Symbolik«, aus dem Griechischen übersetzt von Dr. Hans Licht, in: *Anthropophyteia*, 1912, 9, S. 316-328). In einer langen Fußnote zur Erstausgabe hatte Freud erklärt, daß es keineswegs einer falschen Prüderie geschuldet war, wenn er den erotischen Träumen in seiner Arbeit nur einen relativ geringen Platz einräumte, sondern daß er nicht aus dem Bereich der ›Normalität‹ in den Bereich der Neurose oder der sexuellen Pathologie eindringen wollte, dem er einige Jahre später seine Studie über die Sexualität widmete (Freud 1905, *Drei Abhandlungen zur Sexualtheorie*, G. W. V). Außerdem hatte er es als »lächerlich« und unangebracht gewertet, daß der Übersetzer der *Oneirokritika* F. Krauss die Stellen über die erotischen Träume zensiert hatte. Als im Jahre 1912 die Übersetzung in der *Anthropophyteia* erschien, schrieb Hans Licht im Vorwort, daß die Bedeutung des Traumes für das Seelenleben, die durch die Studien Freuds und seiner Mitarbeiter bekräftigt worden sei, die Ergänzung der fehlenden Stellen des Textes von Artemidor notwendig erscheinen ließ (S. 316). Eine Neuauflage der Übersetzung von Krauss, herausgegeben von M. Kaiser, erschien 1965 (vgl. Artemidor von Daldis, *Traumbuch*. Übertragung von F. S. Krauss, bearbeitet und ergänzt von Martin Kai-

ser, Basel – Stuttgart 1965). Vgl. darin insbesondere die Einleitung des Herausgebers, S. 5-18, und den Anhang von H. Bender, S. 355-369.

100 Blumenberg ist eine der seltenen Stimmen der Forschung, die Artemidor und der antiken Traumforschung eine gewisse Bedeutung für die Abfassung von Freuds Theorie zugestehen. Obwohl Artemidors *Traumbuch* nicht zur Formulierung der Freudschen Interpretationsmethode beigetragen hat und Freud folglich in keiner wissenschaftlichen Schuld gegenüber Artemidor steht, habe Freud das Bedürfnis verspürt, sich mit ihm zu messen, um sich von ihm abzugrenzen, denn die Traumkritik des Artemidor sei ein Modell, das – ähnlich wie das Freudsche – beanspruche, erschöpfend zu sein, und teile mit der *Traumdeutung* die Überzeugung, daß der Traum nicht allein ein *seelisches*, sondern auch ein semantisch relevantes Phänomen sei. Blumenberg zufolge handele es sich also um einen nur *ex negativo* definierbaren Einfluß. Wie auch immer, Blumenbergs Urteil impliziert, daß der Grund für Freuds gewollte Abgrenzung in der hermeneutischen Nähe der beiden Theorien zu suchen ist, die eine explizite Stellungnahme erforderte (vgl. *Die Lesbarkeit der Welt*, S. 352-354).

101 Wie Musatti hervorhebt, gibt es in den *Oneirokritika* »Anzeichen« psychoanalytischer Antizipationen: die Intuition des Verhältnisses zwischen Wunschobjekt und Symbol (IV, *Vorwort*), die Interpretation der *enypnia*, die den von Freud als kindlich definierten Träumen ähneln, in denen sich die halluzinatorische Befriedigung eines aktuellen Wunsches vollzieht, oder die richtige Interpretation der Angstträume. Wenn hier auf die Behandlung dieser (bisweilen tatsächlich überraschenden) Aspekte von Artemidors Werk, der augenscheinlich ein guter Beobachter der Emotionen seiner Patienten war, verzichtet wurde, so deshalb, weil ich untersuchen möchte, welche Anregungen Freud von Artemidor übernommen hat, und nicht, wie weit Artemidor *an sich* der Psychoanalyse nahekommt. Daß den *enypnia* des Artemidor, wie von verschiedener Seite betont wurde, die halluzinatorische Wunscherfüllung entsprechen könnte oder den *theorematikoi oneiroi* die Freudschen »Tagesreste« näher kommen (also diejenigen Elemente, die bereits während des Wachlebens erlebt und unverändert in den Traum integriert werden), findet sich im Lichte von Freuds Theorien Bestätigung, doch scheint Freud diesen Aspekten von Artemidors Werk keine besondere Aufmerksamkeit geschenkt zu haben. Auch wenn er im ersten Kapitel die von Artemidor in Buch I untersuchte Klassifizierung der Träume einfügt, scheint er mir damit eher eine rein dokumentarische Absicht zu verfolgen. Die Ehre, das Konzept von der Wuncherfüllung vorweggenommen zu haben, weist Freud dagegen in einer Fußnote von 1914 Plotin zu. Das Plotin-Zitat »Wenn die Begierde sich regt,

dann kommt die Phantasie und präsentiert uns gleichsam das Objekt derselben« (Freud 1900 [1914], *Traumdeutung*, *Stud.* II, S. 151) entnahm er der Schrift des neuplatonischen Philosophen C. Du Prel, *Die Philosophie der Mystik*, Leipzig 1885. Diesmal handelt es sich tatsächlich um eine Legitimierung oder ›philosophische Antizipation‹, die nachträglich und weit entfernt gesucht wurde. Du Prel selbst hätte in einzelnen, verstreuten Zitaten weit mehr Antizipationen liefern können, als Freud bei den klassischen Autoren gesucht hat.

102 Freud 1900 [1911], *Traumdeutung*, *Stud.* II, S. 31.

103 Die Bedeutung der Traumsymbolik war, wie Freud selbst in der Einleitung des Abschnitts zur »Darstellung durch Symbole im Traume« (1900 [1925], *Stud.* II, S. 345-394) erwähnt, zunächst unterschätzt worden und hatte vor allem dank der Beiträge seiner Mitarbeiter, der Studien Ranks zur Mythologie und Symbolik des Wassers als Entsprechung der Geburt (*Der Mythos von der Geburt des Helden*, 1909), der Arbeiten Stekels zur Sprache des Traumes und zur Sexualsymbolik (*Die Sprache des Traumes*, Wiesbaden 1911) und, in geringerem Maße, der Untersuchungen von Herbert Silberer, einen immer größeren Stellenwert erlangt. Letzterer ist der Verfasser eines Artikels über »Mantik und Psychoanalyse«, der im *Zentralblatt für Psychoanalyse* (1912, 2, S. 78-83) erschien. Symbolismus und Mythologie sind ein häufiger Diskussionsgegenstand im Briefwechsel zwischen Freud und Jung. Zur Anwendung des Symbolverfahrens in der Psychoanalyse vgl. zudem Freud 1907, *Der Wahn und die Träume in W. Jensens ›Gradiva‹*, *G. W.* VII, S. 29-125; Freud 1923, »Bemerkungen zur Theorie und Praxis der Traumdeutung«, *G. W.* XIII, S. 301-314, sowie Freud 1940, *Abriß der Psychoanalyse*, *G. W.* XVII, S. 87-94. Zur Bedeutung der Symbolik in Freuds Theorie vgl. (neben dem inzwischen klassischen Aufsatz von Jones, »Theory of Symbolism«, in: *British Journal of Psychology*, 1916, 9): J. H. Phillips, *Psychoanalyse und Symbolik*, Bern 1962; G. Martin, *Die Sprache des Symbols*, München 1977; H. Speidel, »Freuds Symbolbegriff«, in: *Psyche*, 1977, 31, S. 689-711, und ders., »Über den Symbolbegriff in der Psychoanalyse«, in: *Psyche*, 1978, 32, S. 289-328. Im besonderen zur Ödipus-Symbolik vgl. P. Ricœur, *De l'interprétation*, Kap. II und IV.

104 Freud 1900 [1911], *Traumdeutung*, *G. W.* II/III, S. XI f.

105 Bereits in der Erstauflage hatte Freud, als er die »typischen Träume« kommentierte (Nacktheitsträume – in diesem Zusammenhang erwähnt er die Episode der *Odyssee*, in der Odysseus, als Schiffbrüchiger auf der Insel der Phäaken gelandet, von Nausikaa nackt überrascht wird –, Träume vom Tod Angehöriger usw.), bemerkt, daß diese sich seiner Interpretationsmethode am meisten entzögen, und hatte begon-

nen, die Spezifik der Symbolfunktion im Traum in Betracht zu ziehen.

106 Freud 1901, *Über den Traum*, G. W. II/III, S. 699.

107 Vgl. Freud 1916-17, *Vorlesungen zur Einführung in die Psychoanalyse*, G. W. XI, S. 168.

108 Freud 1900 [1914], *Traumdeutung, Stud.* II, S. 347.

109 Freud 1900 [1911], ebd., S. 120 Fn.

110 Ebd., S. 347.

111 Die Durchsichtigkeit eines Symbols ist Freud zufolge umgekehrt proportional zum Bildungsstand desjenigen, der es verwendet.

112 Freud 1900 [1909], *Traumdeutung, Stud.* II, S. 346. Vgl. zudem die Schrift, die Freud 1911 in Zusammenarbeit mit dem Altphilologen D. E. Oppenheim verfaßte: »Träume im Folklore«, jetzt in: Freud 1958, *G. W., Nachtragsband,* S. 576-600.

113 Freud 1916-17, *Vorlesungen zur Einführung in die Psychoanalyse*, G. W. XI, S. 160 f. Vgl. auch Freud 1933, *Neue Folge der Vorlesungen zur Einführung in die Psychoanalyse*, G. W. XV, S. 12 f.

114 Freud 1916-17, *Vorlesungen zur Einführung in die Psychoanalyse*, G. W. XI, S. 168.

115 Vgl. Artemidor. III, 38, und IV, 80.

116 Freud 1916-17, *Vorlesungen zur Einführung in die Psychoanalyse*, G. W. XI, S. 152.

117 Artemidor. I, 2; IV, 24; II, 25.

118 Artemidor. I, *Vorrede.*

119 Vgl. Büchsenschütz, *Traum und Traumdeutung im Alterthume*, S. 68. Büchsenschütz zufolge lassen sich in der langen, ausführlichen Darlegung über die »Zähne«, die Artemidor von Aristandros (I, 31) übernimmt, zahlreiche genaue Entsprechungen zu slawischen und germanischen Sprichwörtern und Glaubensformen wiederfinden – und vielleicht wird der Zahnsymbologie in der *Traumdeutung* nicht zufällig ein besonderes Gewicht eingeräumt.

120 Vgl. Artemidor IV, 83.

121 Der Abschnitt der *Traumdeutung* zur Symbolik wurde definitiv durch alle nach 1925 entstandenen Zusätze ergänzt, als Freud dem Gebrauch der Symboltechnik in der Psychoanalyse bereits mißtrauisch gegenüberstand. Aus diesem Grund habe ich versucht, die Überarbeitungen, die die 2., 3. und 4. Auflage, also bis einschließlich 1914, betreffen, zu verfolgen, oder habe das in den *Vorlesungen* (1916-17) enthaltene Kapitel »Die Symbolik im Traume« (10. Vorlesung) berücksichtigt, um innerhalb des Zeitraums zu bleiben, in dem Artemidor in Freuds Augen wohl das größte Ansehen genoß. Der Text der *Gesammelten Werke* (II/III) erscheint mir für die Analyse der ›Beiträge des Artemidor‹ zu Freuds Theorie wenig nützlich. Daß die Fußnote von 1914 (vgl. weiter

unten), die das Kapitel Artemidor »schließt«, allen anderen vorangestellt wurde, trägt zudem zu einer etwas verzerrten historischen Darstellung der Beziehungen zwischen Freud und der Onirokritik bei.

122 Auch die moderne psychoanalytische Forschung scheint vor allem auf diesen Aspekt der *Oneirokritika* ihre Aufmerksamkeit gelenkt zu haben (vgl. W. Kurth, »Das Traumbuch des Artemidoros im Lichte der Freudschen Traumlehre«, in: *Psyche*, 1950, 4, S. 489-512), indem sie im Wirrwarr der Symbole und Allegorien, die Artemidor nennt, diejenigen suchte, die in der von Freud im Abschnitt E des sechsten Kapitels der *Traumdeutung* zusammengestellten Liste sexueller Symbole eine Entsprechung finden, um *in absentia* das Unbewußte der Griechen im 2. nachchristlichen Jahrhundert zu untersuchen. Nach Kurths Ansicht waren die Träume der alten Griechen reicher an durchsichtigen Sexualsymbolen und einer geringeren Traumzensur unterworfen als die von »modernen« Menschen.

123 Die Sammlung verdankt sich dem »Symbolsammelforschungsprojekt« der *Internationalen Psychoanalytischen Vereinigung*, das von Stekel durchgeführt und 1911 abgeschlossen wurde. Zu den verschiedenen Projektphasen und zu den Beziehungen zwischen Stekel, Freud und Jung vgl. insbesondere den Briefwechsel Freud – Jung aus den Jahren 1910-1913; vgl. auch den Briefwechsel Freud – Ferenczi aus den Jahren 1912-1914 (Bd. I/2).

124 Auch für Artemidor, so Freud, »bedeutet die Schlafstube die Gattin, falls eine solche im Hause ist« (vgl. Freud 1900 [1919], *Traumdeutung*, *Stud.* II, S. 349). Freud zitiert Artemidor stets in der Übersetzung von Krauss.

125 Vgl. Freud 1901, *Über den Traum*, G. W. II/III, S. 699.

126 Freud 1933, *Neue Folge der Vorlesungen zur Einführung in die Psychoanalyse*, G. W. XV, S. 17. Zur Traumarbeit, deren Verfahren (Verschiebung, Verdichtung, Darstellbarkeit, sekundäre Bearbeitung) der rhetorischen Figuralität entsprechen, vgl. I. Berenstein, »De la phrase latente au contenu manifeste. Rhétorique du rêve«, in: *Bulletin de Psychologie*, 1977-78, 31, S. 674-690. Allgemein zur Rhetorik der unbewußten Sprache sei hier außer auf Lacans Werk auf die Arbeiten von Orlando (vgl. Einleitung, Fn. 8) und dessen Vorschlag für eine Freudsche (nicht psychoanalytische) Lesart literarischer Texte verwiesen. Er geht dabei von denjenigen Freud-Schriften aus, die sich nicht mit den pathologischen, selbstreferentiellen Formen der unbewußten Sprache (dem Symptom, dem Lapsus), sondern mit ihren kommunikativen Aspekten befassen. Insbesondere stützt sich Orlando für die Konstruktion seines Rhetorik-Modells auf die *Traumdeutung*, die Schrift über den Witz (vgl. Freud 1905, *Der Witz und seine Beziehung zum Unbewußten*, G. W. VI) sowie

die kurze Schrift, die einen besonderen Aspekt der Kommunikation zwischen Analytiker und Analysandem behandelt (vgl. Freud 1925, »Die Verneinung«, *G. W.* XIV, S. 11-15).

127 Freud 1900, *Traumdeutung, Stud.* II, S. 119.

128 Ebd.

129 »Mein Verfahren ist [...] nicht so bequem wie das der populären Chiffriermethode, welche den gegebenen Trauminhalt nach einem fixierten Schlüssel übersetzt; ich bin vielmehr gefaßt darauf, daß derselbe Trauminhalt bei verschiedenen Personen und in verschiedenem Zusammenhang auch einen anderen Sinn verbergen mag« (Freud 1900, *Traumdeutung, Stud.* II, S. 125).

130 Freud, 1900 [1911], *Traumdeutung, Stud.* II, S. 120, Fn.

131 Freud 1916-17, *Vorlesungen zur Einführung in die Psychoanalyse, G. W.* XI, S. 243.

132 Artemidor. IV, 24. Zur Methode der Anagramme und Zahlengleichwertigkeit vgl. zudem IV, 23 und 24; I, 11; III, 45.

133 Vgl. Freud 1900, *Traumdeutung, Stud.* II, S. 581. Vgl. auch Freud 1916-17, *Vorlesungen zur Einführung in die Psychoanalyse, G. W.* XI, S. 82.

134 Vgl. Freud 1900, *Traumdeutung, Stud.* II, S. 298.

135 Artemidor. I, 11.

136 Artemidor. IV, 4. »Der alte Artemidor hatte sicherlich recht mit der Behauptung, der Traum wandle seinen Sinn, je nach der Person des Träumers.« (Freud 1910, »Über einen besonderen Typus der Objektwahl beim Manne« [Beiträge zur Psychologie des Liebeslebens, I], *G. W.* VIII, S. 76).

137 Freud 1916-17, *Vorlesungen zur Einführung in die Psychoanalyse, G. W.* XI, S. 178 f.

138 Freud 1900, *Traumdeutung, Stud.* II, S. 281.

139 Zu den Beispielen (*sacer, altus* usw.), die im Abschnitt über die archaischen Sprachen angeführt werden, vgl. den Anhang dieser Arbeit.

140 Freud 1900, *Traumdeutung, Stud.* II, S. 325.

141 Vgl. Freud 1900 [1914], *Traumdeutung, Stud.* II, S. 325.

142 Artemidor. I, 11.

143 Freud 1916-17, *Vorlesungen zur Einführung in die Psychoanalyse, G. W.* XI, S. 176.

144 Artemidor. I, 4.

145 Vgl. Artemidor. IV, 27 und I, 9.

146 Freud 1914, »Zur Geschichte der Psychoanalytischen Bewegung«, *G. W.* X, S. 58.

147 Freud 1900 [1914], *Traumdeutung, Stud.* II, S. 119 Fn 1.

148 Freud 1925, »Einige Nachträge zum Ganzen der Traumdeutung«, *G. W.* I, S. 562 f.

149 Vgl. Freud 1900 [1925], *Traumdeutung, Stud.* II, S. 345 f.
150 Vgl. Roccatagliata, *Le origini della psicoanalisi nella cultura classica*, S. 170.
151 Vgl. Latacz, »Funktionen des Traums in der antiken Literatur«, S. 11 f.
152 Ebd., S. 13-15.
153 Ebd., S. 30, Fn. 4.
154 Vgl. Roccatagliata, *Le origini della psicoanalisi nella cultura classica*, S. 153.
155 Vgl. Latacz, »Funktionen des Traums in der antiken Literatur«, S. 29, Fn. 3.

Anmerkungen zu:
V. Exkurs: Von der Methaphorik zur Epistemik – Freud, das Lateinische und die Lateiner

1 Freud 1895, *Studien über Hysterie*, G. W. I, S. 227.
2 Für die Analyse von Freuds Stil folge ich hier Schönau, *S. Freuds Prosa*, insbesondere dem »Theoretischen Teil«, S. 3-49.
3 Das Zitat entstammt dem zusammen mit Josef Breuer verfaßten Vorwort zur Erstauflage der *Studien über Hysterie*, G. W. I, S. 77.
4 Von den deutschen Autoren, die Freud zitiert, ist allen voran Goethe zu nennen (vor allem dessen *Faust*) außerdem Schiller, Heine und Lessing. Auch die englische Literatur, namentlich die Shakespeare-Dramen (man denke an *Hamlet*, der neben der Interpretation des *König Ödipus* von Sophokles erscheint), spielen eine wichtige Rolle, sei es als literarische »Kronzeugen«, sei es als Untersuchungsgegenstand.
5 Freuds Verhältnis zu einigen zeitgenössischen Autoren, insbesondere zu Ludwig Börne, Conrad Ferdinand Meyer und Arthur Schnitzler (die Freud begeistert las, aber selten zitierte oder in seinen Schriften heranzog, vielleicht aus Furcht, seine eigene Originalität beeinträchtigt zu sehen), untersucht F. J. Beharriel, »Freud's Debts to Literature«, in: *Psychoanalysis*, 1957, 4/5, S. 18-27.
6 Zit. bei J. Wortis, *Fragments of an Analysis with Freud*, New York 1954, S. 109.
7 Vgl. Schönau, *S. Freuds Prosa* (»Lessing als Stilmuster«, S. 42-49). Freud definiert seine Darstellungsweise als »genetisch«, denn »sie wiederholt den Weg, den vorher der Forscher gegangen ist. Bei all ihren Vorzügen haftet ihr der Mangel an, daß sie dem Lernenden nicht genug Eindruck macht. Ihm wird etwas, was er entstehen und langsam unter Schwierigkeiten wachsen gesehen hat, lange nicht so imponieren, wie etwas, was ihm, anscheinend in sich geschlossen, fertig entgegentritt« (vgl. Freud 1940 [1938], »Some Elementary Lessons in Psycho-Analysis«, G. W. XVII, S. 141).
8 Das von Schönau vorgeschlagene Modell (vgl. *S. Freuds Prosa*), wonach die Wissenschaftsprosa aus der Umwandlung eines wissenschaftlichen Stoffes in Sprache hervorgehe, mit der Absicht, die Leserschaft zunächst intellektuell, durch die Information (*docere*) zu überzeugen (*persuadere*), um sie dann emotional zu berühren und zur rückhaltlosen Zustimmung zu bewegen (*movere*), bietet den Rahmen, in dem sich die Mehrzahl der Zitate, auch der lateinischen, in Freuds Werk interpretieren läßt. Den ästhetischen und literarischen Elementen der Wissenschaftsprosa kommt in diesem Modell die Funktion des *delectare* zu.

Die harmonische Verschmelzung der Absichten des *docere* und derjenigen des *delectare* ist das Hauptmerkmal von Freuds Prosa, die mit Schönau als meisterliches Beispiel für eine »schöne wissenschaftliche Prosa« betrachtet werden kann. Schönaus Untersuchung – die sorgfältigste unter den vielen, die sich mit Freud als Schriftsteller beschäftigt haben – berücksichtigt in erster Linie den Zitatenschatz, den Freud aus den Klassikern der deutschen Literatur geschöpft hat. Ausführliche Hinweise zu den lateinischen Zitaten finden sich in dem Kapitel über die Mottos.

9 In seinem Essay über Freud schreibt Ludwig Marcuse: »Die gebildeten Deutschen der letzten 150 Jahre sind mit Goethe wie mit einem nahen Familienmitglied großgeworden. Viele können sich an Goethes Liebschaften besser erinnern als an ihre eigenen« (L. Marcuse, *Sigmund Freud. Das Geheimnis Mensch*, München 1982, S. 139).

10 Freud, *Briefe 1873-1939*, S. 73.

11 Vgl. Jones, *Das Leben und Werk Sigmund Freuds*, Bd. II.

12 »Von meinen Arbeiten am ehesten verraten kann ich Dir die Mottos« (Freud 1985, *Briefe an W. Fließ 1887-1904*, S. 216).

13 Brief vom 24. April 1899 (ebd., S. 384).

14 Was die Wahl der Mottos angeht, berichtet Schönau, daß es etwa bis Mitte des 19. Jahrhunderts Brauch war, lateinische Zitate zu verwenden, während zu der Zeit, als Freud publizierte, nunmehr die Verwendung von Zitaten aus der deutschen Literatur des vorangegangenen Jahrhunderts, vor allem aus den Werken der Weimarer Autoren, in Mode gekommen war. Nach Schönau ist Freuds Vorliebe für lateinische Zitate einer Art Treue gegenüber traditionellen rhetorischen Mustern zuzuschreiben.

15 Aus dieser Untersuchung wird der Gebrauch des Lateinischen als medizinische Fachsprache natürlich ausgeschlossen. Freud verwendet im allgemeinen sowohl die lateinische als auch die entsprechende deutsche Terminologie. In den Briefen an Fließ, der ebenfalls Arzt war, ist der Rückgriff auf das Lateinische häufiger, während Freud in seinen Werken, mit Ausnahme der ersten Schriften, um so weniger auf lateinische Begriffe zurückgreift, je mehr er sich an ein Publikum wendet, das zwar aus gebildeten Lesern besteht, aber kein Fachpublikum ist. Ein bekanntes lateinisches ›Lehnwort‹ der Psychoanalyse ist der *Libido*-Begriff, den Freud nach eigenen Angaben einer Schrift von A. Moll entnommen hat: Moll (1898), *Untersuchungen über die libido sexualis*, Bd. I (vgl. J. Laplanche und J.-B. Pontalis, *Vocabulaire de la psychanalyse*, Paris 1971, S. 224-225). Seit 1920 führt Freud mit der Schrift *Jenseits des Lustprinzips* den Eros-Begriff ein, der ebenfalls für einen ›Lebenstrieb‹ steht, in seiner vermeintlichen Deckung mit dem Platonischen Eros

(vgl. die Einleitung dieser Arbeit) jedoch eher der Idee von einem Lebens- oder Sexualtrieb entspricht, der weder auf den Selbsterhaltungsnoch auf den Genitaltrieb reduziert werden kann.

16 Vgl. Kap. III, S. 85.

17 Wie Schönau in knapper und präziser Formulierung dargelegt hat, sind die von Büchmann bei seiner Materialauswahl angewandten Kriterien: die Existenz einer gesicherten Quelle, (die das *geflügelte Wort* vom Sprichwort oder von anonymen Redensarten unterscheidet), und die allgemeine Verbreitung eines Zitats, das folglich im Bewußtsein des Sprechers jede Verbindung zu seinem Ursprungskontext verloren hat.

18 Vgl. dazu Schönau, *S. Freuds Prosa*, S. 55 f. Büchmanns Werk befindet sich nicht in Freuds Bibliothek (Hinweis von G. Fichtner) und ist auch nicht unter den Titeln der in H. Trosman und R. D. Simmons (»The Freud library«, in: *Journal of the American Psychoanalytic Association*, 1973, 21, S. 647-687) wiedergegebenen Liste vermerkt, die den (leider unvollständigen) Katalog der Bände umfaßt, die Freud für seinen Umzug nach London im Jahre 1938 ausgewählt hatte, mit Ausnahme seiner eigenen psychoanalytischen Werke und der seiner Mitarbeiter; dennoch ist anzunehmen, daß Freud, wie jeder gutbürgerliche Mitteleuropäer der Zeit, sie kannte.

19 Latacz, »Funktionen des Traums in der antiken Literatur«, S. 11.

20 Vgl. R. Jakobson, »Über den Realismus in der Kunst« (1921), in: J. Striedter (Hg.), *Texte der russischen Formalisten,* Bd. 1: *Texte zur allgemeinen Literaturtheorie und zur Theorie der Prosa*, München 1969, S.372-391.

21 Vgl. Freud, *Briefe 1873-1939*, S. 19-24.

22 Vgl. den bereits zitierten (Kap. III, Fn. 8) Brief an Fließ vom 4. Dezember 1896: »Von meinen Arbeiten am ehesten verraten kann ich Dir die Mottos. Vor der Psychologie der Hysterie wird das stolze Wort stehen: Introite et hic dii sunt. Vor dem Kapitel über Summation: ›Sie treiben's toll, ich fürcht' es breche, / Nicht jeden Wochenschluß macht Gott die Zeche.‹ Vor dem ›Widerstand‹: ›Mach' kurz! Am jüngsten Tag ist doch nur ein …‹« (Freud 1985, *Briefe an W. Fließ 1887-1904*, S. 216). Für einen Kommentar zu den Goethe-Versen vgl. Schönau, *S. Freuds Prosa*, S. 80-83.

23 »Also der Nachweis der Echtheit und Gesetzmäßigkeit der hysterischen Phänomene (›Introite et hic dii sunt‹), des häufigen Vorkommens der Hysterie bei Männern, die Erzeugung hysterischer Lähmungen und Kontrakturen durch hypnotische Suggestion, das Ergebnis, daß diese Kunstprodukte dieselben Charaktere bis ins einzelnste zeigen wie die spontanen, oft durch Trauma hervorgerufenen Zufälle« (Freud 1925, *Selbstdarstellung, G. W.* XIV, S. 37).

24 Der Hinweis findet sich bei Schönau, *S. Freuds Prosa*, S. 60, dessen Analyse ich mich im folgenden anschließe.

25 Vgl. Freud 1900, *Traumdeutung*, G. W. II/III, S. 219 und 473.

26 Vgl. Büchmann, *Geflügelte Worte*, S. 387 f. Die von Büchmann wieder-gegebene Version lautet: *Flavit Jehova et dissipati sunt*. In späteren Auf-lagen wurde der hebräische Begriff durch das lateinische *Deus* ersetzt. Der erste – Freud höchst unwillkommene – Freud-Biograph Fritz Wit-tels (*Sigmund Freud. Der Mann, die Lehre, die Schule*) bemerkte die Auslassung in dem Zitat und versäumte es nicht, darauf hinzuweisen: Selbstverständlich habe Freud sich mit dem fehlenden *Deus* identifi-ziert, und die armen *dissipati* seien nicht die Symptome, sondern die Kritiker und Kollegen gewesen. In einer Fußnote zur Ausgabe der *Traumdeutung* von 1930 antwortete Freud seinem »ungebetenen Bio-graphen«, bei dieser Gelegenheit die Quelle des Mottos enthüllend, daß das Wort *Jehova* auf der Münze in hebräischer Schrift, zudem ein-gebunden in eine Zeichnung erschien, so daß durchaus nichts Seltsa-mes daran sei, wenn er es übersehen hatte (vgl. G. W. II/III, S. 219). Diese ›Fehlleistung‹ ist mehrfach Diskussionsstoff für diejenigen Auto-ren geworden, die Freuds Zugehörigkeit (bzw. verweigerte Zugehörig-keit) zur jüdischen Kultur behaupten (oder abstreiten) wollen. Wie fast immer im Falle ›Freudscher‹ Interpretationen Freuds ist auch diese Ge-ste sowohl zum Beweis der ersten Hypothese als auch zum Beweis des Gegenteils vorgeführt worden. Im übrigen stimmt es, daß Freud zwar in seinen Schriften die der Verneinung eigene Ambiguität behauptete (vgl. Freud 1925, »Die Verneinung«, G. W. XIV, S. 11-15), wenn es aber um seine eigene Person ging, schloß er immer aus, daß ein ›nein‹ auch Zustimmung bedeuten könne.

27 Vgl. den Brief vom 21. September 1897, in: Freud, *Briefe an W. Fließ 1887-1904*, S. 286.

28 Freud 1900, *Traumdeutung*, G. W. II/III, S. 219.

29 So Freuds optimistische Worte in einem Brief an Ferenczi vom 5. Sep-tember 1919 (vgl. Freud-Ferenczi [1992], *Briefwechsel*, Bd. II/2, S. 251).

30 Brief vom 21. September 1899, in: Freud, *Briefe an W. Fließ 1887-1904*, S. 410.

31 Die vollständige Liste der Zitate findet sich im Registerband der *Ge-sammelten Werke* (G. W. XVIII, S. 893-907). Was die Zitate im Brief-wechsel angeht, gilt allgemein die Regel, daß sie erst in den Briefen auf-tauchen und dann später ihren Ort in den Werken finden.

32 Vgl. Freud 1900, *Traumdeutung*, G. W. II/III, S. 314.

33 Ein Gebrauch des Lateinischen aus Prüderie, der von der Forschung mehrfach kommentiert wurde, findet sich auch in einem Brief an Fließ vom 3. Oktober 1897 (vielleicht dem berühmtesten, den Freud je ge-

schrieben hat), der nur wenige Tage vor demjenigen verfaßt wurde, in dem Freud die Intuition des Ödipuskomplexes ankündigt. Die Entdeckung der ›Unschuld‹ des Vaters (den er nach der Verführungstheorie des Mißbrauchs und der Neurose seiner Geschwister für schuldig hielt) und der infantilen Wünsche gegenüber der Mutter beschreibt er unter Rückgriff auf lateinische Wörter: »daß später (zwischen 2 und 2 1/2 Jahren) meine Libido gegen matrem erwacht ist, und zwar aus Anlaß der Reise mit ihr von Leipzig nach Wien, auf welcher ein gemeinsames Übernachten und Gelegenheit, sie nudam zu sehen, vorgefallen sein muß« (*Briefe an W. Fließ 1887-1904*, S. 288).

34 Ein Kollege von Freud, Dozent für Gynäkologie an der Universität Wien.

35 Vgl. S. Zweig, *Die Welt von gestern. Erinnerungen eines Europäers*, Frankfurt a. M. 1962, Kap. 2.

36 Freud 1914, »Zur Geschichte der Psychoanalytischen Bewegung«, *G. W.* X, S. 52.

37 Ebd. (Hervorhebung d. Verf.).

38 Freud 1925, *Selbstdarstellung, G. W.* XIV, S. 48 f. Vgl. zudem Freud 1893, »Charcot«, *G. W.* I, S. 21-35, und *Briefe an W. Fließ 1887-1904*, S. 371. Freud spielt in dem oben stehenden Zitat auf den bereits zitierten Aufsatz von Havelock Ellis über Hysterie und Sexualleben an, der 1898 in *Alienist and Neurologist* erschien und die Geschichte der Ätiologie der Hysterie von Plato bis zu Breuer und Freud nachzeichnete.

39 Aphorismen VII, 87, in: *Hippocrates. Eine Auslese seiner Gedanken über den gesunden und kranken Menschen und über die Heilkunst*, 1927, S. 32.

40 Freud 1915, »Bemerkungen über die Übertragungsliebe« (»Weitere Ratschläge zur Technik der Psychoanalyse, III«), *G. W.* X, S. 320.

41 Horat., *Epist.* 1, 10, 24.

42 Freud 1907, *Der Wahn und die Träume in W. Jensens ›Gradiva‹, G. W.* VII, S. 60.

43 Nach Worbs' Ansicht bildet das Horaz-Zitat ein weiteres Beispiel (zusammen mit demjenigen des von Lassalle übernommenen Vergil-Mottos) für Freuds Rückgriff auf die »politische Metapher« (vgl. *Nervenkunst*, S. 39).

44 Freud 1905, »Bruchstück einer Hysterie-Analyse«, *G. W.* V, S. 190.

45 Vgl. Freud 1930, *Das Unbehagen in der Kultur, G. W.* XIV, S. 421-506, hier insbesondere S. 466. Vgl. zudem Freud 1933, »Warum Krieg?«, *G. W.* XVI, S. 25 ff.

46 Freud 1896, »Zur Ätiologie der Hysterie«, *G. W.* I, S. 427.

47 Vgl. Freud 1927, *Die Zukunft einer Illusion, G. W.* XIV, S. 325-380; hier insbesondere S. 350 f.

48 Vgl. u. a. Freud 1930, *Das Unbehagen in der Kultur, G. W.* XIV, S. 470;

Freud 1933, *Neue Folge der Vorlesungen zur Einführung in die Psychoanalyse*, G. W. XV, S. 190, und Freud 1939, *Der Mann Moses und die monotheistische Religion*, G. W. XVI, S. 190 und 226.

49 Ps.-Aristot., *Problemata* 30, 1 (955a). Die Ermittlung der ursprünglichen Quelle des Zitats verdanken wir G. Fichtner (vgl. Freud, *Briefe an W. Fließ 1887-1904*, S. 89, Fn. 5), der ihm jüngst einen Aufsatz gewidmet hat (vgl. »Omne animal post coitum triste. Die Herkunft eines Sprichwortes und seine Verwendung bei Freud«, in: *Jahrbuch der Psychoanalyse*, 2002, 43, S. 151-171.

50 Freud 1899, »Über Deckerinnerungen«, G. W. I, S. 547.

51 Freud 1895, *Studien über Hysterie, G. W.* I, S. 192. Das Zitat findet sich in Freuds Bericht über den Fall »Katharina« (S. 184-195), der eine ›Gelegenheitstherapie‹ beschreibt, die Freud während eines Sommerurlaubs in den Bergen (Dolomiten) durchgeführt hatte. Der Text liest sich tatsächlich, noch mehr als andere, wie eine ›Novelle‹ nach dem Geschmack des 19. Jahrhunderts. Zu diesem Fall sowie zur möglichen Identität von ›Katharina‹ vgl. G. Fichtner und A. Hirschmüller, »Freuds ›Katharina‹ – Hintergrund, Entstehungsgeschichte und Bedeutung einer frühen psychoanalytischen Krankengeschichte«, in: *Psyche*, 1985, 39, S. 220-240.

52 Freud 1915, »Zeitgemäßes über Krieg und Tod«, G. W. X, S. 342.

53 Freud 1910, »Über den Gegensinn der Urworte«, G. W. VIII, S. 221.

54 Außerdem erklärt Freud am Anfang des Kapitels über das »Tabu und die Ambivalenz der Gefühlsregungen« den Ursprung des Wortes *tabu* und die Schwierigkeiten, die die Übersetzung dieses polynesischen Begriffes ins Deutsche bereitet. Unsere modernen Sprachen besäßen keinen entsprechenden Begriff, während die Römer etwa dem Begriff *sacer* die gleiche Bedeutung beilegten, die *tabu* im Polynesischen habe. Das Griechische kenne das Wort *hagios*, das Hebräische *kodausch*.

55 Vgl. auch *Totem und Tabu* (1912-13, G. W. XI, Kap. 4).

56 Freud 1939, *Der Mann Moses und die monotheistische Religion*, G. W. XVI, S. 229.

57 Vergil, *Aen.* III, 57.

58 Freud 1969, »Jugendbriefe an Emil Fluß«, S. 117.

59 Freud, *Briefe an W. Fließ 1887-1904*, S. 395.

60 In einer Anmerkung der Herausgeberin zu einem Brief an Emil Fluß von 1873, worin Freud dem Freund schreibt, es sei anläßlich der Weltausstellung in jenem Jahr ebenso normal, auf den Straßen Wiens Französisch und Englisch zu hören, wie es andernorts die Brombeeren seien, kommentiert Grubrich-Simitis: »Dieser seltsame Vergleich mit den Brombeeren ist ein schönes Beispiel für Freuds Sprachsensorium und Wortgedächtnis; bestimmte besonders prägnante Wendungen sei-

ner Lektüre hat er sich ein Leben lang merken können und immer wieder zitiert. Vermutlich hat er vor Niederschrift dieses Briefes Shakespeares Stück *Henry IV* gelesen, in dem Falstaff sagt: ›If reasons were as plenty as black berries ...‹. Rund vierzig Jahre später zitiert Freud den Ausspruch, daß Argumente so gemein wie Brombeeren seien, in der [...] ›Geschichte der psychoanalytischen Bewegung‹ [...] noch einmal. Und auch in der ein Jahr später, 1915, verfaßten Schrift ›Zeitgemäßes über Krieg und Tod‹ [...] taucht er wieder auf« (in: Freud 1969, »Jugendbriefe an Emil Fluß«, S. 116, Fn. 34).

61 Vgl. Freud, *Briefe an W. Fließ 1887-1904*, S. 342.

62 Freud 1900, *Traumdeutung*, *G. W.* II/III, S. 213 f.

63 Freud 1905, *Der Witz und seine Beziehung zum Unbewußten*, *G. W.* VI, S. 120 f.

64 Horat., *Carmina* I, 11.

65 Freud 1907, *Der Wahn und die Träume in W. Jensens ›Gradiva‹*, *G. W.* VII, S. 70.

66 Vgl. Arthur Schnitzler, *Sulla psicoanalisi*. Con in appendice il carteggio Schnitzler – Reik e le lettere di Freud a Schnitzler, hg. v. Luigi Reitani, Milano 1987, S. 84.

67 Freud 1960, *Briefe 1873-1939*, S. 249 f.

68 Zu den Beziehungen zwischen Psychoanalyse und dichterischer Schöpfung vgl. vor allem Freuds Schrift »Der Dichter und das Phantasieren« (1908, *G. W.* VII, S. 213-223) sowie seine Beiträge zum Thema in den Debatten der *Wiener Psychoanalytischen Vereinigung*, in: E. Federn (Hrsg.), *Freud im Gespräch mit seinen Mitarbeitern. Aus den Protokollen der Wiener Psychoanalytischen Vereinigung*, Frankfurt a. M. 1984, S. 257-302. Der ambitionierteste Versuch, das Problem der Kunstschöpfung vom psychoanalytischen Standpunkt aus zu lösen, verdanken wir K. R. Eissler; vgl. insbesondere sein monumentales Werk *Goethe. A Psychoanalytical Study*, 2 Bde., Detroit 1963. Vgl. zudem M. Rutschky, *Lektüre der Seele. Eine historische Studie über die Psychoanalyse der Literatur*, Frankfurt a. M. – Berlin – Wien 1981, der vor allem die traditionellen Methoden der psychoanalytischen Erforschung literarischer Werke, das heißt die der Biographieforschung, untersucht.

69 In der Schrift über den Witz bestätigt Freud durch ein Zitat aus *Die Spiele des Menschen* von C. Groos, daß sein Konzept des »Wiederfindens des Bekannten« von Aristoteles hergeleitet wurde. Freud weitet den aristotelischen Begriff des Wiedererkennens aus, indem er das Bekannte versteht als ›etwas, wovon man nicht wußte, daß man es weiß‹. Es handelt sich um denselben Mechanismus des *déjà vu*, den Freud bereits in der *Psychopathologie des Alltagslebens* (1901) entwickelt hatte und der sich durch die Erinnerung an eine unbewußte Phantasie erklärt.

70 Freud, *Briefe 1873-1939*, S. 317.
71 Vgl. Freud 1937, *G. W.* XVI, S. 59-99.

Bibliographie

Schriften von Sigmund Freud

Vorbemerkung:
Die Kursivbuchstaben neben dem Erscheinungsdatum entsprechen dem
Verzeichnis der *Freud-Bibliographie mit Werkkonkordanz*, bearbeitet von Ingeborg Meyer-Palmedo und Gerhard Fichtner, 2., verb. u. erw. Aufl., Frankfurt a. M. 1999.

Abkürzungen:
– *G. W.* = S. Freud, *Gesammelte Werke. Chronologisch geordnet* (18 Bde. so-
  wie ein unnumerierter Nachtragsband). Unter Mitwirkung von Marie
  Bonaparte, hg. v. Anna Freud, E. Bibring, W. Hoffer, E. Kriss, O. Isako-
  wer. Bde. 1-17, London: Imago Publishing Company 1940-1952; Bd. 18
  (Gesamtregister), Frankfurt a. M. 1968. Nachtragsband (hg. v. A. Ri-
  chards unter Mitwirkung von I. Grubrich-Simitis), Frankfurt a. M. 1987.
– *G. S.* = S. Freud, *Gesammelte Schriften* (12 Bde.). Unter Mitwirkung des
  Verfassers hg. v. A. Freud, O. Rank, A. J. Storfer, R. Waelder, Wien 1924-
  1934.
– *Stud.* = S. Freud, *Studienausgabe* (10 Bde. sowie ein unnumerierter Ergänzungsband). Bde. 1-10, hg. v. A. Mitscherlich, A. Richards, J. Stra-
  chey; Ergänzungsband hg. v. A. Mitscherlich, A. Richards, J. Strachey, I.
  Grubrich-Simitis, Frankfurt a. M. 1969-1975.

Freud, S. (1880*a*), Übersetzung von: J. St. Mill, »Review of Grote's *Plato and
the Other Companions of Sokrates*« (1866), unter dem Titel »Plato«, in: J.
St. Mill, *Gesammelte Werke,* hg. v. Th. Gomperz, Bd. 12, Leipzig 1880,
S. 30-110.
– (1886*d*), »Beobachtungen einer hochgradigen Hemianästhesie bei einem
  hysterischen Manne«, *G. W., Nachtragsband*, S. 54-66.
– (1888-89*a*), »Übersetzung (mit Vorrede des Übersetzers) von H. Bernheim, *De la suggestion et de ses applications à la thérapeutique*, Paris 1886,
  unter dem Titel *Die Suggestion und ihre Heilwirkung*«, I. Teil, Wien 1888-
  89. Freuds Vorwort ist wiederabgedruckt in: *G. W., Nachtragsband*,
  S. 109-120.
– (1888*b*), »Hysterie«, *G. W., Nachtragsband*, S. 69-90.
– (1889*a*), »Rezension von Auguste Forel, *Der Hypnotismus*, Stuttgart
  1889«, *G. W., Nachtragsband*, S. 123-139.
– (1891*b*), *Zur Auffassung der Aphasien*, *Stud*. III, S. 165-173.
– (1891*d*), »Hypnose«, *G. W., Nachtragsband*, S. 140-150.
– (1892-93*a*), »Ein Fall von hypnotischer Heilung, nebst Bemerkungen

über die Entstehung hysterischer Symptome durch den ›Gegenwillen‹«, *G. W.* I, S. 3-17.

– (1892*b*), »Bericht über einen Vortrag ›Über Hypnose und Suggestion‹«, *G. W., Nachtragsband,* S. 165-178.

– (1893*a*) (mit J. Breuer), »Über den psychischen Mechanismus hysterischer Phänomene. Vorläufige Mitteilung«, *G. W.* I, S. 81-98.

– (1893*c*), »Quelques considérations pour une étude comparative des paralysies motrices organiques et hystériques«, *G. W.* I, S. 39-55.

– (1893*f*), »Charcot«, *G. W.* I, S. 19-35.

– (1893*h*), »Vortrag: Über den psychischen Mechanismus hysterischer Phänomene«, *G. W., Nachtragsband,* S. 181-195.

– (1894*a*), »Die Abwehr-Neuropsychosen«, *G. W.* I, S. 59-74.

– (1895*d*) (mit J. Breuer), *Studien über Hysterie, G. W.* I, S. 75-312 (für Freuds Beiträge) und *Nachtragsband,* S. 221-310 (für Breuers Beiträge).

– (1896*c*), »Zur Ätiologie der Hysterie«, *G. W.* I, S. 423-459.

– (1899*a*), »Über Deckerinnerungen«, *G. W.* I, S. 529-547.

– (1900), *Die Traumdeutung.* Zweite vermehrte Auflage, Leipzig – Wien 1909.

– (1900*a*), *Die Traumdeutung, G. W.* II/III; *G. S.* II-III; *Stud.* II.

– (1901*a*), *Über den Traum, G. W.* II/III, S. 643-700.

– (1901*b*), *Zur Psychopathologie des Alltagslebens, G. W.* IV.

– (1904*a*), »Die Freudsche psychoanalytische Methode«, *G. W.* V., S. 3-10.

– (1905*a*), »Über Psychotherapie«, *G. W.* V, S. 13-26.

– (1905*b* ›1890‹), »Psychische Behandlung (Seelenbehandlung)«, *G. W.* V, S. 287-315.

– (1905*c*), *Der Witz und seine Beziehung zum Unbewußten, G. W.* VI.

– (1905*d*), *Drei Abhandlungen zur Sexualtheorie, G. W.* V, S. 33-145.

– (1905*e* ›1901‹), »Bruchstück einer Hysterie-Analyse«, *G. W.* V, S. 161-286.

– (1907*a*), *Der Wahn und die Träume in W. Jensens ›Gradiva‹, G. W.* VII, S. 29-125.

– (1907*b*), »Zwangshandlungen und Religionsübungen«, *G. W.* VII, S. 129-139.

– (1908*c*), »Über infantile Sexualtheorien«, *G. W.* VII, S. 171-188.

– (1908*e*) »Der Dichter und das Phantasieren«, *G. W.* VII, S. 213-223.

– (1909*c*), »Der Familienroman der Neurotiker«, *G. W.* VII, S. 227-231.

– (1909*d*), »Bemerkungen über einen Fall von Zwangsneurose«, *G. W.* VII, S. 379-463.

– (1910*a*), *Über Psychoanalyse. Fünf Vorlesungen, gehalten zur 20jährigen Gründungsfeier der Clark University in Worcester, Mass., September 1909, G. W.* VIII, S. 1-60.

– (1910*c*), *Eine Kindheitserinnerung des Leonardo da Vinci, G. W.* VIII, S. 127-211.

– (1910e), »Über den Gegensinn der Urworte«, *G. W.* VIII, S. 213-221.
– (1910h), »Über einen besonderen Typus der Objektwahl beim Manne« (Beiträge zur Psychologie des Liebeslebens, I), *G. W.* VIII, S. 66-77.
– (1912-1913a), *Totem und Tabu*, *G. W.* IX.
– (1913c), »Zur Einleitung der Behandlung« (»Weitere Ratschläge zur Technik der Psychoanalyse«, I), *G. W.* VIII, S. 454-478.
– (1913f), »Das Motiv der Kästchenwahl«, *G. W.* X, S. 24-37.
– (1913j), »Das Interesse an der Psychoanalyse«, *G. W.* VIII, S. 389-420.
– (1914c), »Zur Einführung des Narzißmus«, *G. W.* X, S. 137-170.
– (1914d), »Zur Geschichte der Psychoanalytischen Bewegung«, *G. W.* X, S. 43-113.
– (1915a), »Bemerkungen über die Übertragungsliebe« (»Weitere Ratschläge zur Technik der Psychoanalyse«, III), *G. W.* X, S. 306-321.
– (1915b), »Zeitgemäßes über Krieg und Tod«, *G. W.* X, S. 324-355.
– (1915c), »Triebe und Triebschicksale«, *G. W.* X, S. 210-232.
– (1915d), »Die Verdrängung«, *G. W.* X, S. 248-261.
– (1915e), »Das Unbewußte«, *G. W.* X, S. 264-303.
– (1916-17a), *Vorlesungen zur Einführung in die Psychoanalyse*, *G. W.* XI.
– (1917f 1915c), »Metapsychologische Ergänzung zur Traumlehre«, *G. W.* X, S. 412-426.
– (1919h), »Das Unheimliche«, *G. W.* XII, S. 229-268.
– (1920g), *Jenseits des Lustprinzips*, *G. W.* XIII, S. 3-69.
– (1921c), *Massenpsychologie und Ich-Analyse*, *G. W.* XIII, S. 71-161.
– (1923b), *Das Ich und das Es*, *G. W.* XIII, S. 237-289.
– (1923c), »Bemerkungen zur Theorie und Praxis der Traumdeutung«, *G. W.* XIII, S. 301-314.
– (1924f 1923c), »Kurzer Abriß der Psychoanalyse«, *G. W.* XIII, S. 405-427.
– (1925a), »Notiz über den Wunderblock«, *G. W.* XIV, S. 3-8.
– (1925d), *Selbstdarstellung*, *G. W.* XIV, S. 31-96.
– (1925e), »Die Widerstände gegen die Psychoanalyse«, *G. W.* XIV, S. 99-110.
– (1925h), »Die Verneinung«, *G. W.* XIV, S. 11-15.
– (1925i), »Einige Nachträge zum Ganzen der Traumdeutung«, *G. W.* I, S. 561-573.
– (1926e) *Die Frage der Laienanalyse. Unterredungen mit einem Unparteiischen*, *G. W.* XIV, S. 207-286.
– (1927a), »Nachwort zur *Frage der Laienanalyse*«, *G. W.* XIV, S. 287-296.
– (1927c), *Die Zukunft einer Illusion*, *G. W.* XIV, S. 325-380.
– (1928b), »Dostojewski und die Vatertötung«, *G. W.* XIV, S. 399-418.
– (1930a), *Das Unbehagen in der Kultur*, *G. W.* XIV, S. 421-506.
– (1930e), »Ansprache im Frankfurter Goethe-Haus«, *G. W.* XIV, S. 547-550.

- (1932*a*), »Zur Gewinnung des Feuers«, *G. W.* XVI, S. 3-9.
- (1933*a*), *Neue Folge der Vorlesungen zur Einführung in die Psychoanalyse, G. W.* XV.
- (1933*b*), »Warum Krieg?« (Brief an Albert Einstein), *G. W.* XVI, S. 13-27.
- (1935*a*), »Nachschrift 1935« (zu *Selbstdarstellung* 1925*d*), *G. W.* XVI, S. 31-34.
- (1936*a*), »Brief an Romain Rolland. Eine Erinnerungsstörung auf der Akropolis«, *G. W.* XVI, S. 250-257.
- (1937*c*), »Die endliche und die unendliche Analyse«, *G. W.* XVI, S. 59-99.
- (1937*d*), »Konstruktionen in der Analyse«, *G. W.* XVI, S. 43-56.
- (1939*a*), *Der Mann Moses und die monotheistische Religion, G. W.* XVI, S. 103-246.
- (1940*a* <1938>), *Abriß der Psychoanalyse, G. W.* XVII, S. 67-138.
- (1940*b* <1938>), »Some Elementary Lessons in Psycho-Analysis«, *G. W.* XVII, S. 139-147.
- (1940*c* <1922>), »Das Medusenhaupt«, *G. W.* XVII, S. 47 f.
- (1940*d* <1892>) (mit J. Breuer), »Zur Theorie des hysterischen Anfalles«, *G. W.* XVII, S. 7-13.
- (1941*a* <1892>), »Brief an Josef Breuer«, *G. W.* XVII, S. 5 f.
- (1941*f* <1938>), »Ergebnisse, Ideen, Probleme«, *G. W.* XVII, S. 149-152.
- (1942*a* <1905-1906>), »Psychopathische Personen auf der Bühne«, *G. W., Nachtragsband*, S. 655-661.
- (1950*a*), *Aus den Anfängen der Psychoanalyse. Briefe an Wilhelm Fließ; Abhandlungen und Notizen aus den Jahren 1887-1902*, hg. v. M. Bonaparte, A. Freud und E. Kris, London; korrig. Nachdruck Frankfurt a. M. 1975.
- (1950*c* <1895>), »Entwurf einer Psychologie«, *G. W., Nachtragsband*, S. 387-477.
- (1956*a* <1886>), »Bericht über meine mit Universitäts-Jubiläums-Reisestipendium unternommene Studienreise nach Paris und Berlin«, in: S. Freud (1971), *Selbstdarstellung*, S. 127-139; *G. W., Nachtragsband*, S. 31-44.
- (1958*a* <1911>), (mit D. E. Oppenheim) »Träume im Folklore«, *G. W., Nachtragsband*, S. 573-600.
- (1960*a*) *Briefe 1873-1939*, hg. v. E. und L. Freud, Frankfurt a. M.
- (1960*c b d* <1885>), »Habilitationsgesuch, Curriculum vitae, ›Lehrplan‹, Reisestipendiumsgesuch«, *G. W., Nachtragsband*, S. 45-49.
- (1969*a* <1872-74>), »Jugendbriefe an Emil Fluß«, in: S. Freud (1971), »*Selbstdarstellung*«, S. 107-123.
- (1971), »*Selbstdarstellung«. Schriften zur Geschichte der Psychoanalyse*, hg. v. I. Grubrich-Simitis, Frankfurt a. M.
- (1985*c*), *Briefe an Wilhelm Fließ 1887-1904*. Ungekürzte Ausgabe, hg. v. J. M. Masson, Bearbeitung von M. Schröter, Transkription von G. Fichtner, Frankfurt a. M.

- (1989*a*), *Jugendbriefe an Eduard Silberstein 1871-1881*, hg. v. Walter Boeh-lich, Frankfurt a. M.
Freud, S. – Ferenczi, S. (1992*g*), *Briefwechsel*, hg. v. Eva Brabant, Ernst Fal-zeder und Patrizia Giampieri-Deutsch unter der wiss. Leitung von André Haynal, Transkription von Ingeborg Meyer-Palmedo, bis jetzt erschie-nen: Bd. I/1 (1908-1911), I/2 (1912-1914), II/1 (1914-1916), II/2 (1917-1919), Wien – Köln – Weimar.
Freud, S. – Jung, C. G. (1984), *Briefwechsel*, hg. v. W. McGuire und W. Sau-erländer, gekürzte Taschenbuch-Ausgabe, Frankfurt a. M.
Freud, S. – Zweig, A. (1984), *Briefwechsel*, hg. v. E. L. Freud, Taschenbuch-Ausgabe, Frankfurt a. M.

Literaturverzeichnis

Vorbemerkung:
Im Text zitierte Werke klassischer Autoren werden in der Bibliographie nur aufgeführt, wenn eine besondere kritische Ausgabe herangezogen wurde. Die von Freud selbst berücksichtigten Quellen sind mit Sternchen gekennzeichnet.

Abadi, M., »Meditazione su (l')Edipo«, *Rivista di Psicoanalisi*, 1978, 24, S. 497-516.

Abel, K., *Über den Gegensinn der Urworte*, Leipzig 1884.*

Abraham, K., *Traum und Mythos. Eine Studie zur Völkerpsychologie*, Leipzig – Wien 1909.

Achelis, W., *Das Problem des Traumes. Eine philosophische Abhandlung*, Stuttgart 1928.

Aigrisse, G., *Psychanalyse de la Grèce antique*, Paris 1960.

Almansi, R. J., »On the Persistence of very Early Memory Traces in Psychoanalysis, Myth, Religion«, in: *Journal of the American Psychoanalytic Association*, 1983, 31, S. 391-421.

Andersson, O., *Freud avant Freud. La préhistoire de la psychanalyse (1886-1896)*, mit einem Vorwort von Élisabeth Roudinesco und Per Magnus Johansson, Paris 1997.

Andreas-Salomé, L., *In der Schule bei Freud. Tagebuch eines Jahres (1912/1913)*, Frankfurt a. M. – Berlin – Wien 1983, 1. Aufl. 1958.

Anzieu, D. u. a., *Psychanalyse et culture grecque*, Paris 1980.

Anzieu, D., »Freud et la mythologie«, in: *Nouvelle Revue de Psychanalyse*, 1970, 1, S. 217-274.

– *L'auto-analyse de Freud et la découverte de la psychanalyse*, 2 Bde., Paris 1975.

Aristoteles, *De insomniis* und *De divinatione per somnum*, übersetzt und eingeleitet von Philip J. van der Eijk, in: Aristoteles, *Werke in deutscher Übersetzung*, begründet von Ernst Grumach und herausgegeben von Hellmut Flashar, Bd. 14, Teil III: *Parva naturalia*, Berlin 1994.

– *De insomniis*; *De divinatione per somnum*, deutsche Übersetzung von H. Bender: »Über Träume und Traumdeutung« (*De insomniis*) und »Von der Traumdeutung« (*De divinatione per somnum*), in: *Langenscheidtsche Bibliothek griechischer und römischer Klassiker*, Bd. 25; Aristoteles VI: *Kleine naturwissenschaftliche Schriften* (*Parva naturalia*), Berlin – Stuttgart 1876, S. 60-70, S. 70-75.*

– *Poetik. Griechisch/Deutsch*, übersetzt und eingeleitet von Manfred Fuhrmann, Stuttgart 1994.

- *Poetik*. Übersetzt und eingeleitet von Theodor Gomperz. Mit einer Abhandlung: »Wahrheit und Irrtum in der Katharsislehre des Aristoteles« von Alfred Freiherr von Berger, Leipzig 1897.*
- *Über die Seele*. Mit Einleitung, Übersetzung (nach W. Theiler) und Kommentar herausgegeben von Horst Seidel. Griechischer Text in der Edition von Wilhelm Biehl u. Otto Apelt, Hamburg 1995.

Artemidor von Daldis, *Traumbuch*. Übertragung von F. S. Krauss, bearbeitet und ergänzt von M. Kaiser, Basel – Stuttgart 1965.

Artemidoro, *Dell'interpretazione dei sogni*, Übersetzung von Pietro Lauro Modenese, Einleitung von C. Musatti, Milano 1976.

Artemidorus, *Symbolik der Träume*. Übersetzt und mit Anmerkungen begleitet von Friedrich Krauss, Wien – Pest – Leipzig 1881.*

- »Erotische Träume und ihre Symbolik«, aus dem Griechischen des Artemidor übersetzt von Dr. Hans Licht, in: *Anthropophyteia*, 1912, IX, S. 316-328.*

Arvanitakis, K., »Aristotle's Poetics; the Origins of Tragedy and the Tragedy of Origins«, in: *American Imago*, 1982, 39, S. 255-268.

Askew, M. W., »Classical Tragedy and Psychotherapeutic Catharsis«, in: *Psychoanalysis and the Psychoanalytic Review*, 1960, 47, S. 116-123.

Assoun, P.-L., »L'archaïque chez Freud: entre Logos et Ananke«, in: *Nouvelle Revue de Psychanalyse*, 1982, 26, S. 11-45.

- *Freud, la philosophie et les philosophes*, Paris 1976.

Bachofen, J. J. (1861), *Das Mutterrecht*, Frankfurt a. M. 1975.

Bäumler, A. (1926), »Chthonisch, dionysisch, apollinisch«, in: Heinrichs, H.-J. (Hrsg.), *Materialien zu Bachofens ›Das Mutterrecht‹*, Frankfurt a. M. 1975, S. 135-149.

Bakan, D., *Freud and the Jewish Mystical Tradition*, Boston 1975.

Barclay, J. R., »Franz Brentano and Sigmund Freud«, in: *Journal of Existentialism*, 1964, 5, S. 1-36.

Beattie, J., *Other cultures. Aims, Methods and Achievements in Social Anthropology*, New York 1964.

Beharriel, F. J., »Freud's Debts to Literature«, in: *Psychoanalysis*, 1957, 4/5, S. 18-27.

Bender, H., »Prognose und Symbol bei Artemidor im Lichte der modernen Traumpsychologie«, in: Artemidor von Daldis, *Traumbuch*, Basel – Stuttgart 1965, S. 355-369.

Berczeller, E., »The ›Aesthetic Feeling‹ and Aristotle's Catharsis Theory«, in: *Journal of Psychology*, 1967, 65, S. 261-71.

Berenstein, Isidore, »De la phrase latente au contenu manifeste. Rhétorique du rêve«, in: *Bulletin de Psychologie*, 1977-78, 31, S. 674-690.

Berger, A. Freiherr von, »Chirurgie der Seele«, in: *Morgen-Presse*, Wien, 2.2.1896, Nr. 32, S. 1 f.

Bergoffen, D. B., »Sophocle's Antigone and Freud's Civilization and its Discontents«, in: *American Imago*, 1986, 43, S. 151-167.

Bernays, J., *Grundzüge der verlorenen Abhandlung des Aristoteles über die Wirkung der Tragödie*, Breslau 1858.

– *Zwei Abhandlungen über die aristotelische Theorie des Dramas*, Berlin 1880.

Bernfeld, S. und S. Cassirer-Bernfeld, *Bausteine der Freud-Biographik*. Eingeleitet, herausgegeben und übersetzt von I. Grubrich-Simitis, Frankfurt a. M. 1988.

Bernfeld, S., »Freud's Earliest Theories and the School of Helmholtz«, in: *The Psychoanalytic Quarterly*, 1944, 3, S. 341-362.

– »Freud's Scientific Beginnings«, in: *American Imago*, 1949, 6, S. 163-196.

Bettelheim, B., *Freud und die Seele des Menschen*, München 1986.

Blumenberg, H., *Die Lesbarkeit der Welt*, Frankfurt a. M. 1981.

Böhme, G., »Typen der Aufklärung: Sokrates und Odysseus«, in: *Luzifer-Amor*, 1988, 2, S. 113-127.

Bollack, J., »Der Menschensohn. Freuds Ödipusmythos«, in: *Psyche*, 1993, 47, S. 647-683.

Borch-Jacobsen, M., *Souvenirs d'Anna O.*, Paris 1995.

Bouché-Leclerc, H., *Histoire de la divination dans l'antiquité*, 3 Bde., Paris 1879-1882.*

Brackertz, K. (Hrsg.), *Die Volks-Traumbücher des byzantinischen Mittelalters*, München 1993.

Brandt, L. W., »Some Notes on English Freudian Terminology«, in: *Journal of the American Psychoanalytic Association*, 1969, 9, S. 331-339.

Brentano, F., *Die Psychologie des Aristoteles, insbesondere seine Lehre vom ›nous poietikos‹*, Mainz 1867.

Brücke, E. Th., *Ernst Brücke*, Wien 1928.

Brückner, P., *Sigmund Freuds Privatlektüre*, Köln 1975.

Bry, I. und A. H. Rifkin, »Freud and the History of Ideas: Primary Sources«, in: *Science and Psychoanalysis,* hg. v. I. H. Massermann, New York 1962, S. 6-36.

Büchmann, G., *Geflügelte Worte. Der Citatenschatz des deutschen Volkes*, Berlin 1889.

Büchsenschütz, B., *Traum und Traumdeutung im Alterthume*, Berlin 1868 (repr. Vaduz – Liechtenstein 1987).*

Burckhard, M. (1900), »Ein modernes Traumbuch«, *Die Zeit*, Nr. 257, 6.1.1900, S. 9-11; *Die Zeit*, Nr. 276, 13.1.1900, S. 25-27, jetzt in Kimmerle, G. (Hrsg.), *Freuds Traumdeutung. Frühe Rezensionen 1899-1903*, S. 27-46.

Burckhardt, J. (1898-1902), *Griechische Kulturgeschichte*, 3 Bde., Leipzig 1929.

Calvino, I., *Le città invisibili*, in: *Romanzi e racconti*, Bd. 2, Milano 1992.

– *Perché leggere i classici*, Milano 1991.

Cantarella, R., »Elementi psicoanalitici nella tragedia greca«, in: *Scritti minori sul teatro greco*, Brescia 1970, S. 59-112.

Cappelletti, V., *Freud. Struttura della metapsicologia*, Roma – Bari 1973.

Cassirer, H., *Aristoteles' Schrift »Von der Seele« und ihre Stellung innerhalb der aristotelischen Philosophie*, Darmstadt 1968.

Cassirer-Bernfeld, S., »Freud and Archaeology«, in: *American Imago*, 1951, 8, S. 107-128.

Cautela, J. R., »Use of Psychoanalysis in the Study of the Classics«, in: *Psychoanalytic Review*, 1960, 47, S. 117-119.

Charcot, M., *L'hystérie*, Textes choisis et présentés par E. Trillat, Paris 1971.

Cheshire, N. und H. Thomä, »Metaphor, Neologism and ›Open texture‹: Implications for Translating Freud's Scientifique Thought«, in: *International Review of Psycho-Analysis*, 1991, 18, S. 429-455.

Clark, R. W., *Sigmund Freud*, Frankfurt a. M. 1981.

Colombo, C., »Acheronte«, in: *Enciclopedia Virgiliana*, Roma 1984, Bd. I, S. 28-29.

Dahmer, H., Editorial »Zur Genealogie des ›Es‹«, in: *Psyche*, 1985, 2, S. 97-100.

Dalma, J., »Reminiscensias culturales clásicas en algunas corrientes de psicología moderna«, in: *Revista de la Facultad de Medicina de Tucumán*, 1962, 5, S. 301-332.

– »La Catarsis en Aristoteles, Bernays y Freud«, in: *Revista de Psiquiatría y Psicología Medica*, 1963, 6, S. 253-269.

Damrosch, D., »The Politics of Ethics: Freud and Rome«, in: J. H. Smith und W. Kerrigan (Hrsg.), *Pragmatism's Freud. The Moral Disposition of Psychoanalysis,* Baltimore – London 1986, S. 103-125.

Dante Alighieri, *Die göttliche Komödie*, italienisch und deutsch, übers. v. H. Gmelin, 3 Bde., Stuttgart 1949.

Decker, H. S., *Freud in Germany: Revolution and Reaction in Science, 1893-1907*, (*Psychological Issues*, Monogr. 41), New York 1977.

Delcourt, M., *Œdipe ou la légende du conquérant*, Paris 1981.

Della Corte, F., *La mappa dell'Eneide*, Firenze 1972.

– »Giunone«, in: *Enciclopedia Virgiliana*, Roma 1985, Bd. 2, S. 752-759.

Devereux, G., *Tragédie et Poésie grecques*, Paris 1975.

– »Considérations psychanalytiques sur la divination, particulièrement en Grèce«, in: A. Coquot und M. Lebovici (Hrsg.), *La Divination*, Bd. 2, Paris 1968, S. 449-471.

Dirlmeier, F. (1940), »Katharsis Pathematon«, in: M. Luserke (Hrsg.), *Die aristotelische Katharsis*, S. 220-231.

Doolittle, H., *Visage de Freud*, Paris 1977.

Downing, C., »Sigmund Freud and the Greek Mythological Tradition«, in: *Journal of the American Academy of Religion*, 1975, 43, S. 3-14.

Du Prel, C., *Die Philosophie der Mystik*, Leipzig 1885.*

– *Oneirokritikon. Der Traum vom Standpunkte des transcendentalen Idealismus*, Stuttgart 1869.*

Eckstein, R., »Psychoanalytic Precursors in Greek Antiquity«, in: *Bulletin of Menninger Clinic* (Topeka), 1975, 39, S. 246-267.

Edelson, J. T., »Freud's Use of Metaphor«, in: *The Psychoanalytic Study of the Child*, 1983, 38, S. 17-59.

Edinger, D., *Bertha Pappenheim, Leben und Schriften*, Frankfurt 1963.

Eisenhut, W., »Juno«, in: *Der Kleine Pauly. Lexikon der Antike in fünf Bänden*, München 1979, Bd. 2, Sp. 1563-1568.

Ellenberger, H. F., »The Story of Anna O.: A Critical Review with New Data«, in: *Journal of the History of Behavioral Sciences*, 1972, 8, S. 267-279.

– *Die Entdeckung des Unbewußten. Geschichte und Entwicklung der dynamischen Psychiatrie von den Anfängen bis zu Janet, Freud, Adler und Jung*, Zürich 1985.

Federn, E. (Hrsg.), *Freud im Gespräch mit seinen Mitarbeitern. Aus den Protokollen der Wiener Psychoanalytischen Vereinigung*, Frankfurt a. M. 1984.

Ferenczi, S. (1933), »Sprachverwirrung zwischen den Erwachsenen und dem Kind«, in: *Schriften zur Psychoanalyse*, Auswahl in zwei Bänden herausgegeben von Michael Balint, Bd. II, Frankfurt a. M. 1982, S. 303-313.

– *Ohne Sympathie keine Heilung. Das klinische Tagebuch von 1932*, Frankfurt a. M. 1988.

Fichtner, G., »Omne animal post coitum triste. Die Herkunft eines Sprichwortes und seine Verwendung bei Freud«, in: *Jahrbuch der Psychoanalyse*, 43, 2002, S. 151-171.

Fichtner, G. und A. Hirschmüller, »Freuds ›Katharina‹ – Hintergrund, Entstehungsgeschichte und Bedeutung einer frühen psychoanalytischen Krankengeschichte«, in: *Psyche*, 1985, 39, S. 220-240.

Fink, H., »Eine Erwiderung auf Bruno Bettelheims Buch ›Freud and Man's Soul‹«, in: *Jahrbuch der Psychoanalyse*, 1991, 27, S. 243-256.

Flashar, H. (1956), »Die medizinischen Grundlagen der Lehre von der Wirkung der Dichtung in der griechischen Poetik«, in: M. Luserke (Hrsg.), *Die aristotelische Katharsis*, S. 289-325.

Flem, L., »L'archéologie chez Freud, destin d'une passion et d'une métaphore«, in: *Nouvelle Revue de Psychanalyse*, 1982, 26, S. 71-93.

– *La vie quotidienne de Freud et de ses patients*, Paris 1987.

Foucault, M., *La volonté de savoir*, Paris 1976.

Fraenkel, M. (Hrsg.), *Jacob Bernays. Ein Lebensbild in Briefen*, Breslau 1932.

Freeman, L., *Die Geschichte der Anna O.*, München 1973.

Freud, E. u. a. (Hrsg.), *Sigmund Freud. Sein Leben in Bildern und Texten*, Frankfurt a. M. 1976.

Freud, M., *Sigmund Freud, man and father*, New York 1958.

Friedman, J. und S. Gassel, »Odysseus: the return of primal father«, in: *The Psychoanalytic Quarterly*, 1952, 21, S. 215-223.

Fromm, E., *Sigmund Freuds Sendung. Persönlichkeit, geschichtlicher Standort und Wirkung*, Frankfurt a. M. – Berlin – Wien 1961.

Funari, F., *Il giovane Sigmund Freud. Sigmund Freud e la scuola di Vienna*, Rimini 1975.

Gadamer, H.-G., *Wahrheit und Methode. Grundzüge einer philosophischen Hermeneutik*, Tübingen 1960.

Gamwell. L. und R. Wells (Hrsg.), *Sigmund Freud and Art. His Personal Collection of Antiquities. Introduction by P. Gay*, New York, London 1989.

Gantheret, F., »Habemus papam! Suivi de quelques fragments ›caviardés‹ de lettres de Freud à Fließ«, in: *Nouvelle Revue de Psychanalyse*, 1988, 38, S. 47-67.

Gay, P., ›*Ein gottloser Jude*‹. *Sigmund Freuds Atheismus und die Entwicklung der Psychoanalyse*, Frankfurt a. M. 1988.

– *Freud. Eine Biographie für unsere Zeit*, Frankfurt a. M. 1989.

Gicklhorn J. und R., *Sigmund Freuds akademische Laufbahn im Lichte der Dokumente*, Wien – Innsbruck 1960.

Ginn, I. L B., »Catharsis: Its Occurrence in Aristotle, Psychodrama and Psychoanalysis«, in: *Group Psychotherapy and Psychodrama*, 1973, 26 (1-2), S. 7-22.

Glenn, J., »Psychoanalytic Writings on Greek and Latin Authors 1911-1960«, in: *Classical World*, 1972, 66, S. 129-145.

– »Psychoanalytic Writings on Classical Mythology and Religion 1909-1960«, in: *Classical World*, 1976, 70, S. 225-247.

Gödde, G., »Freuds Adoleszenz im Lichte seiner Briefe an Eduard Silberstein«, in: *Luzifer-Amor*, 1990, 6, S. 7-26.

– »Freuds philosophische Diskussionskreise in der Studentenzeit«, in: *Jahrbuch der Psychoanalyse*, 1991, 27, S. 73-113.

– »Charcots neurologische Hysterietheorie. Vom Aufstieg und Niedergang eines wissenschaftlichen Paradigmas«, in: *Luzifer-Amor*, 1994, 14, S. 7-53.

– *Traditionslinien des Unbewussten. Schopenhauer, Nietzsche, Freud*, Tübingen 1999.

Goethe, J. W., Hamburger Ausgabe, *Briefe*, Bd. 4 (1821-1832).

– »Die Natur«, in: *Goethes Werke*, Bd. 12, *Philosophische und naturwissenschaftliche Schriften*, Berlin – Weimar 1981, S. 10-13.

– »Nachlese zu Aristoteles' ›Poetik‹«, in: *Goethes Werke*, Bd. 11, *Schriften zu Kunst und Literatur*, Berlin – Weimar 1981, S. 410-413.

Golden, L., »The Clarification Theory of Katharsis«, in: M. Luserke (Hrsg.), *Die aristotelische Katharsis*, S. 386-401.

Goldmann, S., »Das zusammengefallene Kartenhaus. Zu Bernd Nitzschkes Aufsatz über die Herkunft des ›Es‹«, in: *Psyche*, 1985, 2, S. 101-124.

Golnick, S. A., »Play, Myth, Theater and Psychoanalysis«, in: *Psychoanalytic Review*, 1984, 71, S. 247-262.

Gomperz, Th., »Traumdeutung und Zauberei. Ein Blick auf das Wesen des Aberglaubens. Vortrag, gehalten zu Brünn am 9. April 1866«, in: *Essays und Erinnerungen*, Stuttgart 1905, S. 73-86.*

Green, A., *Un œil en trop. Le complexe d'Œdipe dans la tragédie*, Paris 1969.

Groddeck, G., *Das Buch vom Es. Psychoanalytische Briefe an eine Freundin*, Wien 1923.

Grotjahn, M., *Die Sprache des Symbols*, München 1977.

Grubrich-Simitis, I., »Metamorphosen der ›Traumdeutung‹. Über Freuds Umgang mit seinem Jahrhundertbuch«, in: J. Starobinski u. a. (Hrsg.), *Hundert Jahre ›Traumdeutung‹ von Sigmund Freud. Drei Essays*, Frankfurt a. M. 1999, S. 35-72.

Gründer, K., »Jacob Bernays und der Streit um die Katharsis«, in: *Epirrhosis. Festgabe für Carl Schmitt*, hg. v. H. Barion, E.-W. Böckenförde, E. Forsthoff, W. Weber, 2. Teilband, Berlin 1968, S. 495-528.

Guthrie, Th. C., »Oedipus Myth in Ancient Greece«, in: *Psychiatric Quarterly*, 1955, 29, S. 543-554.

Haumann, M., »A Psychoanalytic Interpretation of Ovid's Myth of Narcissus and Echo«, *Psychoanalytic Review*, 1992, 72, S. 555-575.

Heinrichs, H.-J. (Hrsg.), *Materialien zu Bachofens ›Das Mutterrecht‹*, Frankfurt a. M. 1975.

Helck, H. W., »Katharsis«, in: *Der Kleine Pauly. Lexikon der Antike in fünf Bänden*, München 1979, Bd. 3, Sp. 165-166.

Heller, P., »Zur Biographie Freuds«, in: *Merkur*, 1956, X, S. 1233-1239.

Hemecker, W. W., *Vor Freud. Philosophiegeschichtliche Voraussetzungen der Psychoanalyse*, München – Hemden – Wien 1991.

Herzog, R., »Die Wunderheilungen von Epidauros«, in: *Philologus*, 1931, Beiheft XXII.

Hillmann, J., »Anima, Spring: an Annual of Analytical Psychology«, in: *Jungian Thought*, 1973, S. 97-132.

Hippocrates, *Eine Auslese seiner Gedanken über den Gesunden und kranken Menschen und über die Heilkunst*, hg. v. A. Sack, Berlin 1927.

Hirschmüller, A., *Physiologie und Psychoanalyse in Leben und Werk Josef Breuers*, Jahrbuch der Psychoanalyse, 1978, Beiheft 4.

– »Eine bisher unbekannte Krankengeschichte Sigmund Freuds und Josef Breuers aus der Entstehungszeit der ›Studien über Hysterie‹«, in: *Jahrbuch der Psychoanalyse*, 1978, 10, S. 136-168.

- »Briefe Josef Breuers an Wilhelm Fließ 1894-1898«, in: *Jahrbuch der Psychoanalyse*, 1986, 18, S. 239-261.
- *Freuds Begegnung mit der Psychiatrie. Von der Hirnmythologie zur Neurosenlehre*, Tübingen 1991.
- »Max Eitingon über Anna O.«, in: *Jahrbuch der Psychoanalyse*, 1998, 40, S. 9-30.

Hofmannsthal, H. von, *Aufzeichnungen*, Frankfurt a. M. 1973.
- *Dramen II (1892-1905)*, in: *Gesammelte Werke in zehn Einzelbänden*, Bd. 2, Frankfurt a. M. 1979.

Humphries, R., »The Dreams of Aeneas«, in: *Internationale Zeitschrift für Individualpsychologie*, 1927, 5, S. 344-347.

Ippocrate, *Testi di medicina greca*. Introduzione di V. Di Benedetto, traduzione e note di A. Lami, Milano 1983.

Isbister, J. N., *Freud: An Introduction to His Life and Work*, Oxford 1985.

Jakobson, R., »Über den Realismus in der Kunst« (1921), in: J. Striedter (Hrsg.), *Texte der russischen Formalisten*, Bd. 1: *Texte zur allgemeinen Literaturtheorie und zur Theorie der Prosa*, München 1969, S. 372-391.

Janet, P., *L'automatisme psychologique*, Paris 1889.

Jauß, H. R., *Literaturgeschichte als Provokation der Literaturwissenschaft*, Konstanz 1967.

Jensen, E., »Anna O., a Study of Her Later Life«, in: *Psychoanalytic Quarterly*, 1970, 39, S. 269-293.

Jobst, H., »Freud and archeology«, in: *Sigmund Freud-House-Bulletin*, 1978, 2, 1, S. 46-52.

Jones, E., *Das Leben und Werk Sigmund Freuds*, 3 Bde., Bern – Stuttgart – Wien 1960.

Kablitz, A., »Il canto di Ulisse (*Inferno XXVI*) agli occhi dei commentatori contemporanei e delle indagini moderne«, in: *Letteratura italiana antica. Rivista annuale di testi e studi*, 2001, 2, S. 61-91.

Kahn, L., »Die heitere Götterwelt Homers«, in: R. Schlesier (Hrsg.), *Die Faszination des Mythos*, S. 83-113.

Kann, R. A. (Hrsg.), *Theodor Gomperz. Ein Gelehrtenleben im Bürgertum der Franz-Josefs-Zeit. Auswahl seiner Briefe und Aufzeichnungen, 1869-1912*, erläutert und zu einer Darstellung seines Lebens verknüpft von Heinrich Gomperz, neubearbeitet und hg. v. Robert A. Kann, Wien 1974.

Kanzer, M., »On Interpreting the Oedipus Plays«, in: *The Psychoanalytic Study of Society*, 1964, 3, S. 26-38.

Kardiner, A., *Meine Analyse bei Freud*, München 1979.

Kerényi, K., *Die Mythologie der Griechen*, 2 Bde., München 1966.

Kern, S., »The Prehistory of Freud's Dream Theory. Freud's Masterpiece Anticipated«, in: *History of Medicine*, 1975, 6, S. 83-92.

Kerz, J. Ph., »Das wiedergefundene ›Es‹. Zu Bernd Nitzschkes Aufsatz über die Herkunft des ›Es‹«, in: *Psyche*, 1985, 2, S. 125-143.

Kiell, N., *Freud Without Hindsight. Reviews of His Work, 1893-1939*, 2 Bde., Madison CT 1988.

Kimmerle, G. (Hrsg.), *Freuds Traumdeutung. Frühe Rezensionen 1899-1903*, Tübingen 1986.

Kimmerle, G., *Anatomie des Schicksals*, Tübingen 1986.

Klaus, R. J., »Archäologie der Kindheit. Psychoanalytische Bedingungen für die Realisierung von kindlichen Lebensträumen am Beispiel Heinrich Schliemanns«, in: *Psyche*, 1992, 46, S. 1037-1069.

Klausmeier, R.-G., »Der Mythos von Orpheus. Versuch einer psychoanalytischen Interpretation«, in: *Jahrbuch der Psychoanalyse*, 1986, 18, S. 177-194.

Kleinpaul, R., *Die Lebendigen und die Toten in Volksglaube, Religion und Sage*, Leipzig 1898.

Knox, B., »Die Freiheit des Ödipus«, in: R. Schlesier (Hrsg.), *Die Faszination des Mythos*, S. 124-143.

Köhler, T., *Das Werk Sigmund Freuds. Entstehung, Inhalt, Rezeption*, Frankfurt a. M. 1987.

Kracauer, S., »Time and History«, in: *Zeugnisse. Theodor W. Adorno zum 60. Geburtstag*, Frankfurt a. M. 1963, S. 50-64.

Krüll, M., *Freud und sein Vater. Die Entstehung der Psychoanalyse und Freuds ungelöste Vaterverbindung*, München 1979.

Kuhn, Th., *Die Struktur wissenschaftlicher Revolutionen*, Frankfurt a. M. 1976.

Küpper, J., »Grenzen der Horizontverschmelzung. Überlegungen zu Hermeneutik und Archäologie«, in: W. Helmich u. a. (Hrsg.), *Poetologische Umbrüche. Festschrift Ulrich Schulz-Buschhaus zum sechzigsten Geburtstag*, München 2002, S. 428-451.

– »Kanon als Historiographie – Überlegungen im Anschluß an Nietzsches *Unzeitgemäße Betrachtungen, zweites Stück*«, in: M. Moog-Grünewald (Hrsg.), *Kanon und Theorie*, Heidelberg 1997, S. 41-64.

Kurth, W., »Das Traumbuch des Artemidoros im Lichte der Freudschen Traumlehre«, in: *Psyche*, 1950, 4, S. 489-512.

Laín Entralgo, P., *The Therapy of the Word in Classical Antiquity*, New Haven – London 1971.

Langholf, V., »Die ›Kathartische Methode‹. Klassische Philologie, literarische Tradition und Wissenschaftstheorie in der Frühgeschichte der Psychoanalyse«, in: *Medizinhistorisches Journal*, 1990, 25, S. 5-39.

Laplanche, J. und J.-B. Pontalis, *Vocabulaire de la psychanalyse*, Paris 1971.

– *Fantasme originaire, fantasme des origines, origines du fantasme*, Paris 1985.

Latacz, J., »Funktionen des Traums in der antiken Literatur«, in: T. Wagner-

Simon und G. Benedetti (Hrsg.), *Traum und Träumen*, Göttingen 1984, S. 10-32.

Lavagetto, M., »La critica psicoanalitica«, in: *Sette modi di fare critica*, Roma 1983.

– *Freud, la letteratura e altro*, Torino 1985.

Lesky, A., *Geschichte der griechischen Literatur*, Bern – München 1971.

Lesky, E., *Die Wiener Medizinische Schule im 19. Jahrhundert*, Graz – Köln 1965.

Lessing, G. E., *Hamburgische Dramaturgie*, in: *Lessings Werke in fünf Bänden*, Berlin – Weimar 1982, IV.

Lévi-Strauss, C., *Anthropologie structurale*, Paris 1958.

Leyen, F. von der (1901), »Traum und Märchen«, in: G. Kimmerle (Hrsg.), *Freuds Traumdeutung. Frühe Rezensionen 1899-1903*, S. 65-78.

Lorenzer, A., *Kritik des psychoanalytischen Symbolbegriffs*, Frankfurt a. M. 1970.

Luserke, M. (Hrsg.), *Die aristotelische Katharsis. Dokumente ihrer Deutung im 19. und 20. Jahrhundert*, Hildesheim – Zürich – New York 1991.

Marcuse, L., *Sigmund Freud. Das Geheimnis Mensch*, München 1982.

Martin, G., *Die Sprache des Symbols*, München 1977.

Masson, J. M., »Was hat man Dir, Du armes Kind, getan?«. *Freuds Unterdrückung der Verführungstheorie*, Reinbek bei Hamburg 1984.

Mattes, J., *Der Wahnsinn im griechischen Mythos und in der Dichtung bis zum Drama des 5. Jahrhunderts*, Heidelberg 1970.

Maury, A., *Le sommeil et les rêves*, Paris 1861.*

McGrath, W., *Freud's Discovery of Psychoanalysis*, New York 1986.

Meier, C. A., *Antike Inkubation und moderne Psychotherapie*, Zürich 1949.

Mill, J. S., *Über Frauenemanzipation. Plato. Arbeiterfrage. Sozialismus*, in: *Gesammelte Werke*. Autorisierte Übersetzung unter Redaktion von Prof. Dr. Th. Gomperz, 12. Bd., übersetzt von Sigmund Freud, Leipzig 1880.

Milner, M., *Freud et l'interprétation de la littérature*, Paris 1980.

Moreno, Z. T., »Beyond Aristotle, Breuer and Freud: Moreno's Contribution to the Concept of Catharsis«, in: *Group Psychotherapy and Psychodrama*, 1971, 24 (1-2), S. 34-43.

Nachmansohn, M., »Freuds Libidotheorie verglichen mit der Eroslehre Platos«, in: *Internationale Zeitschrift für ärztliche Psychoanalyse*, 1915, 3, S. 65-83.

Nash, H., »Freud and Metaphor«, in: *Archives of general Psychiatry*, 1962, 7, S. 25-29.

Niederland, W. G. und N. J. Englewood, »Die Philippssonsche Bibel und Freuds Faszination für die Archäologie«, in: *Psyche*, 1988, 42, 6, S. 465-471.

Niederland, W. G., »Freud's Literary Style: Some Observations«, in: *American Imago*, 1971, 28, S. 17-23.

Nitzschke, B., »Freud, Schopenhauer und das Problem der ›außersinnlichen‹ Wahrnehmung. Zur Kritik einer Erkenntnisstrategie«, in: G. Condrau (Hrsg.), *Transzendenz, Imagination und Kreativität. Die Psychologie des 20. Jahrhunderts*, Bd. XV, Zürich 1979, S. 538-545.

— »Körper und Emotion in der Philosophie Schopenhauers. Eine perspektivische Betrachtung der Psychoanalyse aus dem Blickwinkel des 19. Jahrhunderts«, in: *Analytische Psychologie*, 1983, 14, S. 285-304.

— »Zur Herkunft des ›Es‹: Freud, Groddeck, Nietzsche – Schopenhauer und E. von Hartmann«, in: *Psyche*, 1983, 37, S. 769-804.

— »Zur Herkunft des ›Es‹ (II). Einsprüche gegen die Fortschreibung einer Legende«, in: *Psyche*, 1985, 12, S. 1102-1132.

Norden, E., *P. Vergilius Maro Aeneis Buch VI*, Darmstadt 1970.

Nunberg, H. und E. Federn (Hrsg.), *Protokolle der Wiener Psychoanalytischen Vereinigung*, 4 Bde., Frankfurt a. M. 1976-1981.

Orlando, F., *Lettura freudiana della ›Phèdre‹*, Torino 1971.

— *Per una teoria freudiana della letteratura*, Torino 1973.

— *Illuminismo e retorica freudiana*, Torino 1982.

Ornston, D. G., »Freud's Conception is Different from Strachey's«, in: *Journal of the American Psychoanalytic Association*, 1985, 33, S. 379-412.

Parrish, S. M. und S. A. Guttmann, »Freuds Metaphern für die Seele«, in: *Jahrbuch der Psychoanalyse*, 1989, 24, S. 9-28.

Pasa, A. und V. Andreoli, »Inconscio e interpretazione dei sogni in Platone e Aristotele«, in: *Psicoanalisi e strutturalismo di fronte a Dante*, 3 Bde., Firenze 1972, Bd. 1, S. 175-190.

Pfister, O., »Plato als Vorläufer der Psychoanalyse«, in: *Internationale Zeitschrift für Psychoanalyse*, 1921, VII, S. 265-269.

Phillips, J. H., *Psychoanalyse und Symbolik*, Bern 1962.

Picone, M., »Il contesto classico del canto di Ulisse«, in: *Strumenti critici*, 2000, 93, S.171-191.

Pierce, C. M., »Greek Poetry and Modern Psychotherapy«, in: *American Journal of Psychotherapy*, 1963, 17, S. 631-640.

Platon, *Werke in acht Bänden, griechisch und deutsch*, hg. v. Gunther Eigler, übers. v. Friedrich Schleiermacher, Darmstadt 1977.

Plumpe, G., »Das Interesse am Anfang. Zur Bachofendeutung«, in: H.-J. Heinrichs (Hrsg.), *Materialien zu Bachofens ›Das Mutterrecht‹*, S. 196-212.

Pohlenz, M. (1956), »Furcht und Mitleid? Ein Nachwort«, in: M. Luserke (Hrsg.), *Die aristotelische Katharsis*, S. 326-351.

Politzer, H., *Hatte Ödipus einen Ödipuskomplex? Versuche zum Thema Psychoanalyse und Literatur*, München 1974.

Pontalis, J. B., *Après Freud*, Paris 1968.

Popper, K., *Scienza e filosofia. Problemi e scopi della scienza. Cinque saggi*, trad. it. Torino 1969.

Racamier, P. C., »Hystérie et Théâtre«, in: *Évolution Psychiatrique*, 1952, 2, S. 257-291.

Rand, N. und M. Torak, *Questions à Freud. Du devenir de la psychanalyse*, Paris 1995.

Rank, O. und H. Sachs, *Die Bedeutung der Psychoanalyse für die Geisteswissenschaften*, Leipzig – Wien 1913.

Rank, O., *Der Mythos von der Geburt des Helden. Versuch einer psychologischen Mythendeutung*, Wiesbaden 1909.

– *Das Inzest-Motiv in Dichtung und Sage*, Leipzig – Wien 1912.

Raumer, Fr. von (1828), »Über die Poetik des Aristoteles und sein Verhältnis zu den neuern Dramatikern«, in: M. Luserke (Hrsg.), *Die aristotelische Katharsis*, S. 1-68.

Reicheneder, J. G., »Sigmund Freud und die kathartische Methode Josef Breuers«, in: *Jahrbuch der Psychoanalyse*, 1983, 15, S. 229-250.

Ricœur, P., *De l'interprétation. Essai sur Freud*, Paris 1965.

Robert, M., *La révolution psychanalytique. La vie et l'œuvre de Freud*, Paris 1964.

– *De Œdipe à Moïse. Freud et la conscience juive*, Paris 1974.

Roccatagliata, G., *Le origini della psicoanalisi nella cultura classica*, Roma 1981.

Rohde, E., *Psyche. Seelencult und Unsterblichkeitsglaube der Griechen*, Darmstadt 1991 (reprographischer Nachdruck der 2. Aufl., Freiburg/Brsg. – Leipzig – Tübingen 1898).

Rosanoff, A. J., »Plato and Dostojevski Anticipating Freud«, in: *Psychoanalytic Review*, 1922, 9, S. 90-91.

Rosen, G., »Freud and Medicine in Vienna«, in: *Psychological Medicine*, 1972, 2, S. 332-344.

Rutschky, M., *Lektüre der Seele. Eine historische Studie über die Psychoanalyse der Literatur*, Frankfurt a. M. – Berlin – Wien 1981.

Sablik, E., »Sigmund Freud und die Gesellschaft der Ärzte in Wien«, in: *Wiener klinische Wochenschrift*, 1968, 80, S. 107-110.

Sachs, H., *Freud. Meister und Freund*, Frankfurt a. M. – Berlin – Wien 1982.

Safouan, M., *Études sur l'Œdipe. Introduction à une théorie du sujet*, Paris 1974.

Saint-Denis, H. de, *Les rêves et les moyens de les diriger*, Paris 1867.

Salin, E., »Bachofen als Mythologe der Romantik«, in: H.-J. Heinrichs (Hrsg.), *Materialien zu Bachofens ›Das Mutterrecht‹*, S. 150-160.

Santas, G., *Plato and Freud. Two Theories of Love*, New York 1988.

Schadewaldt, W., *Die griechische Tragödie. Tübinger Vorlesungen*, Band 4, Frankfurt a. M. 1991.

– *Hellas und Hesperien. Gesammelte Schriften zur antiken und zur neueren Literatur*, Bd. I, Zürich – Stuttgart 1970.

Scherner, K. A., *Das Leben des Traums*, Berlin 1861.*

Schlesier, R. (Hrsg.), *Faszination des Mythos. Studien zu antiken und modernen Interpretationen*, Basel – Frankfurt a. M. 1985.

Schmid Noerr, G., »Mythologie des Imaginären oder imaginäre Mythologie? Zur Geschichte und Kritik der psychoanalytischen Mythendeutung«, in: *Psyche*, 1982, 36, S. 577-608.

– »Eros und Todestrieb. Zur Dechiffrierung der psychoanalytischen ›Mythologie‹«, in: *Psyche*, 1987, 41, S. 677-698.

Schmidt-Hellerau , C., »Die Geburt der Metapsychologie«, in: *Psyche*, 1995, 49, S. 1156-1195.

Schnitzler, A., *Sulla psicoanalisi*. Con in appendice il carteggio Schnitzler–Reik e le lettere di Freud a Schnitzler, a cura di Luigi Reitani, Milano 1987.

Schönau, W., *Sigmund Freuds Prosa. Literarische Elemente seines Stils*, Stuttgart 1968.

Schorske, C. E., *Wien. Geist und Gesellschaft im Fin de Siècle*, Frankfurt a. M. 1982.

– *Thinking with History. Explorations in the Passage to Modernism*, Princeton 1988.

Schur, M., *Sigmund Freud. Leben und Sterben*, Frankfurt a. M. 1973.

Setaioli, A., »Inferi«, in: *Enciclopedia Virgiliana*, Roma 1985, II, S. 953-963.

Shengold, L., »The Metaphor of the Journey in ›The Interpretation of Dreams‹«, in: M. Kanzer und J. Glenn (Hrsg.), *Freud and his Self-Analysis*, New York 1979, S. 51-65.

Sigmund Freud Gesellschaft (Hrsg.), *Sigmund Freud-Haus. Katalog*, Wien 1975.

Silberer, H., »Mantik und Psychoanalyse«, in: *Zentralblatt für Psychoanalyse*, 1912, 2, S. 78-83.

Simon, B., *Mind and Madness in Ancient Greece: the Classical Roots of Modern Psychiatry*, London 1978.

– »Plato and Freud: the Mind in Conflict and the Mind in Dialogue«, in: *The Psychoanalytic Quarterly*, 1973, 42, S. 91-122.

– »Hysteria. The Greak Disease«, in: *The Psychoanalytic Study of Society*, 1979, 8, S. 175-218.

Simon, E., »Sigmund Freud the Jew«, in: *Publication of the Leo Baeck Institute*, 1957, 2, S. 270-305.

Société Psychanalytique de Paris (Hrsg.), *Mythes. (Colloque de Deauville. 24-25 octobre 1981)*, *Revue Française de Psychanalyse*, 1982, 4.

Sours, J. A., »Freud and the philosophers«, in: *Bulletin of the History of Medicine*, 1961, 35, S. 226-245.

Speidel, H., »Freuds Symbolbegriff«, in: *Psyche*, 1977, 31, S. 689-711.

– »Über den Symbolbegriff in der Psychoanalyse«, in: *Psyche*, 1978, 32, S. 289-328.

Spence, D. P., *The Freudian Metaphor*, New York 1987.

Starobinski, J., »Acheronta movebo. Nachdenken über das Motto der ›Traumdeutung‹«, in: J. Starobinski u. a. (Hrsg.), *Hundert Jahre ›Traumdeutung‹ von Sigmund Freud. Drei Essays*, Frankfurt a. M. 1999, S. 7-34.

Stekel, W., *Die Sprache des Traumes*, Wiesbaden 1911.

Steiner, H. R., *Der Traum in der Äneis*, Bern 1952.

Stephan, A., *Sinn als Bedeutung. Bedeutungstheoretische Untersuchungen zur Psychoanalyse Sigmund Freuds*, Berlin – New York 1989.

Stern, W. (1901), »Freud, Sigm. Die Traumdeutung«, in: *Zeitschrift für Psychologie und Physiologie der Sinnesorgane*, 26, S. 130-133, jetzt in: G. Kimmerle (Hrsg.), *Freuds Traumdeutung. Frühe Rezensionen 1899-1903*, S. 60-65.

Stockert Meynert, D., *Theodor Meynert und seine Zeit: Zur Geistesgeschichte Österreichs in der zweiten Hälfte des 19. Jahrhunderts*, Wien 1930.

Sullivan, J., »From Breuer to Freud«, in: *Psychoanalytic Review*, 1959, 46, S. 69-90.

Sulloway, F J., *Freud, Biologist of the Mind: Beyond the Psychoanalytic Legend*, New York 1979.

Swales, P. J., »Freud, his teacher, and the birth of psychoanalysis«, in: Paul E. Stepansky (Hrsg.), *Freud: Appraisals and reappraisals. Contributions to Freud studies*, Bd. 1, Hillsdale, N. J. 1986, S. 3-82.

Thomson, G., *Aischylos und Athen*, Berlin 1956.

Timpanaro, S., *Il lapsus freudiano. Psicanalisi e critica testuale*, Firenze 1975.

Tögel, C., *Berggasse – Pompeji und zurück. Sigmund Freuds Reisen in die Vergangenheit*, Tübingen 1989.

Tourney, G., »Freud and the Greeks. A Study of the Influence of Classical Greek Mythology and Philosophy upon the Development of Freudian Thought«, in: *Journal of the History of the Behavioral Sciences*, 1965, 1, S. 67-85.

Trosman, H. und R. D. Simmons, »The Freud Library«, in: *Journal of the American Psychoanalytic Association*, 1973, 21, S. 647-687.

Uglione, R. (Hrsg.), *Atti delle giornate di studio su Edipo*, Torino 1984.

Uthmann, J. von, »Bruchstücke der Vergangenheit. Freuds Antikensammlung: Eine Wanderausstellung«, in: *Geschichte der Psychologie*, 1992, 9, S. 60.

Van der Starren, D., *Œdipe. Une étude psychanalytique d'après les tragédies de Sophocle*, Paris 1976.

Vernant, J.-P. und P. Vidal-Naquet, *Œdipe et ses mythes*, Brüssel 1988.

Vernant, J.-P., »Œdipe sans complexe«, in: J.-P. Vernant und P. Vidal-Naquet, *Mythe et tragédie en Grèce ancienne*, Paris 1973, S. 75-98.

– »La belle morte et le cadavre outragé«, in: *Journal de Psychologie Normale et Pathologique*, 1980, 77, S. 209-241.

- »Psyché: Simulacre du corps ou image du divin?«, in: *Nouvelle Revue de Psychanalyse*, 1991, 44, S. 223-231.

Vigetti-Finzi, S., *Storia della psicoanalisi. Autori, opere, teorie 1895-1990*, Milano 1990.

Vogt, R., »Der Mythos. Versuch einer begrifflichen Annäherung«, in: *Psyche*, 1985, 9, S. 767-797.

Volkelt, J. (1898), »Die tragische Entladung der Affekte«, in: M. Luserke (Hrsg.), *Die aristotelische Katharsis*, S. 157-172.

Volkmann-Schluck, K.-H. (1952), »Die Lehre von der KATHARSIS in der Poetik des Aristoteles«, in: M. Luserke (Hrsg.), *Die aristotelische Katharsis*, S. 232-245.

Wagner, C. (1984), »Katharsis in der aristotelischen Tragödiendefinition«, in: M. Luserke (Hrsg.), *Die aristotelische Katharsis*, S. 423-443.

Weiss, C. und H., »Eine Welt wie im Traum. Sigmund Freud als Sammler antiker Gegenstände«, in: *Jahrbuch der Psychoanalyse*, 1984, 16, S. 189-217.

- »Dem Beispiel jener Forscher folgend ... Zur Bedeutung der Archäologie im Leben Freuds«, in: *Luzifer-Amor*, 1989, 2, S. 47-51.

Weygand, W., »Sigmund Freud: Die Traumdeutung«, in: *Centralblatt für Nervenheilkunde und Psychiatrie*, Leipzig 1901, S. 548-549, jetzt in: G. Kimmerle (Hrsg.), *Freuds Traumdeutung. Frühe Rezensionen 1899-1903*, S. 78-80.

Will, Fr., »Psychoanalysis and the Study of Ancient Greek Literature«, in: *Literature Inside Out*, Cleveland, Ohio 1966, S. 39-53.

Will, H., »Freud, Groddeck und die Geschichte des ›Es‹«, in: *Psyche*, 1985, 2, S. 150-169.

Winterstein, A. R. Fr., »Zur Entstehungsgeschichte der griechischen Tragödie«, in: *Imago*, 1922, 8, S. 440-505.

- *Der Ursprung der Tragödie. Ein psychoanalytischer Beitrag zur Geschichte des griechischen Theaters*, Wien 1925.

Wittels, F., *Sigmund Freud. Der Mann, die Lehre, die Schule*, Leipzig – Wien – Zürich 1924.

Worbs, M., *Nervenkunst. Literatur und Psychoanalyse im Wien der Jahrhundertwende*, Frankfurt a. M. 1988.

Wortis, J., *Fragments of an Analysis with Freud*, New York 1954.

Yerushalmi, Y. H., *Freuds Moses. Endliches und unendliches Judentum*, Frankfurt a. M. 1999.

Ziegler, K. und W. Sontheimer (Hrsg.), *Der Kleine Pauly. Lexikon der Antike in fünf Bänden*, München 1979.

Zinser, H., »Das Problem der psychoanalytischen Mytheninterpretation«, in: R. Schlesier (Hrsg.), *Die Faszination des Mythos*, S. 113-125.

Zweig, S., *Die Welt von gestern. Erinnerungen eines Europäers*, Frankfurt a. M. 1962.